Viehscheid
Das Ende des Alpsommers wird – wie hier in Gunzesried – aufwendig begangen.

23 ** Bad Oberdorf
Bei Bad Hindelang, im Ostrachtal, ist einer der größtem Kunstschätze des Allgäus zu finden: der Flügelaltar von Jörg Lederer. Auch die Madonna von Hans Holbein ist wunderbar. ► Seite 136

24 ** Falkenstein
Fast wäre hier ein zweites Neuschwanstein entstanden, auf dem Aussichtsbalkon zwischen dem seenreichen Vorland und dem Vilstal. ► Seite 255

25 ** Füssen
Besonders sehenswert: eine romantische Altstadt, das mächtige Hohe Schloss und das für die Geschichte des Allgäus bedeutende Kloster St. Mang ► Seite 154

26 ** Schloss Neuschwanstein
Wo das Allgäu auf Oberbayern trifft, entfaltet es – mit den weltberühmten Königsschlössern Neuschwanstein und Hohenschwangau – seine größte Schönheit. ► Seite 293

27 ** Auerberg
Ein bescheidener Buckel auf der Grenze zwischen Schwaben und Bayern mit fantastischem Panorama. Wallfahrtskirche und Gasthaus fehlen nicht. ► Seite 231

28 ** Kloster Irsee
Die unabhängige Reichsabtei ließ sich Anfang des 18. Jh.s eine großartige barocke Anlage erstellen, ein Hauptwerk der Vorarlberger Baumeister. Nicht weniger bekannt ist das Klosterbräu.
► Seite 179

29 ** Altenstadt
Der bedeutendste unverändert erhaltene romanische Kirchenbau Oberbayerns mit dem eindrucksvollen »Großen Gott von Altenstadt« ► Seite 286

30 ** Peißenberg
Lohnender Ausflug nach Oberbayern: Ein fast 200 km umfassendes Bergpanorama eröffnet der »bayerische Rigi«. Sehenswert ist auch die Gnadenkapelle.
► Seite 288

31 ** Wieskirche
Die schönste Rokoko-Kirche Bayerns, Hauptwerk des genialen Wessobrunner Baumeisters Dominikus Zimmermann und seines Bruders Johann Baptist
► Seite 302

DIE BESTEN BAEDEKER-TIPPS

Aus den Tipps in diesem Reiseführer haben wir einige besonders interessante zusammengestellt. Erleben Sie das Allgäu vor und in den Bergen von seiner schönsten Seite.

❗ Über den Wolken
Wenn's in Herbst und Winter grau ist: Hinauf auf den Berg! ▸ Seite 29

❗ Moderne Küche
Die Allgäuer Küche ist nicht bei Kässpatzen stehen geblieben.
▸ Seite 92

»Obere Mühle« im Ostrachtal
Nach Allgäuer Art hochklassig speisen in schönem alten Ambiente.

❗ Schalen aus Zirbelholz
Alte Handwerkskunst schafft auch heute noch schöne Dinge.
▸ Seite 106

❗ Aus luftiger Höhe …
Mal die Perspektive wechseln: Warum immer nur von unten nach oben schauen? Die Szenerie wirkt von oben noch eindrücklicher. ▸ Seite 108

❗ »Herzschlag bis obe na«
Hier können Sie ausloten (ohne echte Gefahren), was Körper und Geist leisten können. ▸ Seite 110

❗ Auf dem gelben Wagen
In einer echten alten Postkutsche können Sie das Allgäu »erfahren« wie anno dazumal. ▸ Seite 115

❗ Shoppen bei Wolford
Feines Drunter für Damen stellt die weltbekannte Firma in Bregenz her.
▸ Seite 152

❗ Advent in Roßhaupten
Der ganze Marktplatz wird zum großen Adventskalender. ▸ Seite 160

❗ Langer Grat
Prächtiger Aussichtsbalkon am Alpsee
▸ Seite 166

❗ Hechelmanns Visionen
Im Schloss zu Isny kann man die Märchenwelten des bekannten Grafikers bewundern. ▸ Seite 170

❗ Dampflokrunde
Erstrampeln Sie sich das Ostallgäu fast ohne Anstrengung auf ehemaligen Bahntrassen. ▸ Seite 180

❗ Mehlblock-Alpe
Auch im Alpenvorland – auf nicht einmal 900 m Höhe – gibt's eine echte, zünftige Alpe. ▸ Seite 190

❗ Natur- und Kulturwege
Lernen Sie das Kleinwalsertal, seine

Naturschönheiten und seine ungewöhnliche, interessante Geschichte und Kultur kennen. ▶ Seite 201

🛈 Kultur in Wolfegg
Nicht nur große Städte können mit einem hochkarätigen Konzertprogramm aufwarten; Rittersaal, Alte Pfarr und St. Katharina bilden den schönen Rahmen.
▶ Seite 210

🛈 Weiße Flotte
Eine Schiffsfahrt auf dem Bodensee gehört zum Ausflugsprogramm eines Allgäu-Urlaubs. ▶ Seite 218

🛈 Lindauer Badefreuden
Unter den schönen Bädern der Bodenseestadt sind zwei besonders charmant.
▶ Seite 220

🛈 Käsestraße
Eine ganze Palette erlebnis- und genussreicher Touren zu Westallgäuer kulinarischen Freuden: Käse, Bier und Schnaps
▶ Seite 224

🛈 Stadtbach und Fischertag
In Memmingen und an seiner »Schlagader« findet eines der originellsten Stadtfeste der Region statt. ▶ Seite 238

🛈 Feines aus dem Land
Biologische Produkte sind heute in aller Munde – kaufen Sie hier (fast) direkt vom Erzeuger. ▶ Seite 257

🛈 Kamele im Allgäu?
Das Allgäu ist keine Wüste, trotzdem erweisen sich die exotischen Tiere als ideale Ausflugs-Transportmittel.
▶ Seite 258

🛈 Paradies
Der Name kommt nicht von ungefähr: Allgäuer Panorama vom Feinsten.
▶ Seite 262

🛈 Kraft heimischer Kräuter
Am Hang des Hochgrats wachsen die Grundstoffe, die Michael Schneider zu Likören, Schnäpsen, Tees und anderem veredelt. ▶ Seite 265

🛈 Stadt der Spiele
Der große Ravensburger Kinderbuch- und Spieleverlag öffnet seine Spieletruhe für jedermann. ▶ Seite 265

Sonniger Herbst
Auf Bergeshöhen (hier am Hochgrat) die Sonne genießen, wenn's im Tal grau ist.

🛈 Musik auf Neuschwanstein
Die beste Möglichkeit, das Märchenschloss in Ruhe auf sich wirken zu lassen
▶ Seite 293

🛈 Die Seele des Allgäus
Die berühmte Spezialität lernt man beim Fidelisbäck in Wangen besonders angenehm kennen. ▶ Seite 310

Auch Windsurfer finden im Allgäu gute Bedingungen vor, wie hier am Rottachsee.
▶ **Seite 110**

HINTERGRUND

14 Dem Himmel nahe …
18 Fakten
19 Natur und Landschaften
29 Bevölkerung und Wirtschaft
36 Geschichte
37 Vor- und Frühgeschichte
38 Römische Zeit
39 Früh- und Hochmittelalter
42 Spätmittelalter · Frühe Neuzeit
45 19. Jahrhundert
48 *Special: »Ein ewig Rätsel«*
51 20./21. Jahrhundert
54 Kunst und Kultur
55 Kunstgeschichte
66 Traditionen
70 *Special: Von Alphorn und Scherrzither*
76 Berühmte Persönlichkeiten

PRAKTISCHE INFORMATIONEN VON A BIS Z

86 Anreise · Reiseplanung
87 Auskunft
89 Mit Behinderung unterwegs
89 Essen und Trinken
94 Feiertage, Feste und Events
97 Geld
97 Gesundheit
97 Mit Kindern unterwegs
98 Konzert und Theater
100 Kur und Wellness
101 Literaturempfehlungen
102 Medien

Alte Kirche und Renaissance-Schloss in Rauhenzell: schöne Zeugen der Geschichte
▶ **Seite 163**

Schöne alte Häuser sind im Allgäu nicht selten – in manchen kann man sogar seine Ferien verbringen.
▸ **Seite 139**

- **102** Museen
- **103** Notrufe
- **104** Post und Telekommunikation
- **104** Preise und Vergünstigungen
- **105** Reisezeit
- **106** Shopping
- **107** Sport & Fun
- **112** Übernachten
- **114** Verkehr
- **115** Wandern und Bergsteigen

TOUREN

- **122** Überblick
- **124** Im Allgäu unterwegs
- **124** Tour 1: Deutsche Alpenstraße
- **127** Tour 2: Oberschwäbische Barockstraße
- **130** Tour 3: Im Unter- und Ostallgäu

In den Bergen des Allgäus gibt es für jeden Geschmack die passenden Touren. Hier der Stuiben, ein Gipfel der Nagelfluhkette.
▸ **Seite 265**

INHALT ▸ Inhaltsverzeichnis

Nervenkitzel auf dem Klettersteig
▸ **Seite 115**

REISEZIELE VON A BIS Z

- 136 Bad Hindelang
- 140 Bad Wörishofen
- 144 Bad Wurzach
- 148 Bregenz
- 154 Füssen
- 161 Immenstadt

PREISKATEGORIEN

▶ **Hotels**
2 Personen im Doppelzimmer mit Bad und Frühstück
Luxus	über 130 €
Komfortabel	80 – 130 €
Günstig	bis 80 €

▶ **Restaurants**
Preise für ein Hauptgericht
Fein & teuer	15 – 35 €
Erschwinglich	10 – 20 €
Preiswert	6 – 15 €

- 167 Isny
- 174 Kaufbeuren
- 180 Kempten
- 191 Kleinwalsertal
- **192** *Special: Alpen, Kühe, Milch und Käse*
- 202 Leutkirch
- 212 Lindau
- 212 Lindenberg
- 228 Marktoberdorf
- 233 Memmingen
- **246** *3 D: Kloster Ottobeuren*
- 249 Mindelheim
- 253 Nesselwang · Pfronten
- 259 Oberstaufen
- 266 Oberstdorf
- 277 Ravensburg
- 286 Schongau
- 289 Schwangau
- **294** *3 D: Schloss Neuschwanstein*
- 296 Sonthofen
- 301 Steingaden · Wieskirche
- 307 Wangen

- 314 Register
- 318 Kartenverzeichnis
- 319 Bildnachweis
- 320 Impressum
- 321 atmosfair

nachdenken · klimabewusst reisen
atmosfair

Noch ist nicht jede Alpe mit einem fahrbaren Untersatz zu erreichen: mit Packpferden auf dem Weg zur Willersalpe
▸ **Seite 219**

Hintergrund

PRÄCHTIGE LANDSCHAFT, EINE INTERESSANTE GESCHICHTE, GROSSE KUNST UND LEBENDIGE TRADITIONEN: EIN KLEINES PORTRÄT DES ALLGÄUS

DEM HIMMEL NAHE

Eine ungeahnte Karriere, die das Allgäu genommen hat: von einem rauhen, kalten Bergland früherer Zeiten, das seine Bewohner mehr schlecht als recht ernährte und das man möglichst mied, zu einem der beliebtesten und meistbesuchten Ferienziele Deutschlands.

»Ein rauch, wintrigs Land« – als Sebastian Münster im 16. Jahrhundert in seiner *Cosmographia* das Allgäu so beschrieb, übernahm er Charakterisierungen, die seit Jahrhunderten gang und gäbe waren. Auch waren die Grenzen, die er zog, recht ungefähr: vom »Schneegebirg« im Süden bis zur Donau, vom Bodensee bis an den Lech. Der »gemein man«, schrieb er, esse »gar rauch und schwartz gersten- oder haberbrot«. Es gebe »allda vil Vich, Küw und Roß, vil Tannwäld, Vögel und Fisch«; immerhin galten ihm die Männer und Frauen dieses Landstrichs als stark und schön, und alle könnten »trefflich spinnen«.

Gipfelziele
Ob vom Nebelhorn oder vom bescheideneren Falkenstein bei Pfronten: Atemberaubende Aussichten sind garantiert.

← *Füssen*

Land der Weiden

Es dauerte viele Jahrhunderte, bis das Land vor und in den Bergen urbar gemacht und besiedelt war. Als wohl im 8. Jh. der Name entstand – aus »Alpe« und »Geäu« zusammengesetzt, was etwa »Land der wasserreichen Weiden« bedeutet –, war damit ein Gebiet zwischen Scheidegg, Niedersonthofen und Oberstdorf gemeint. Bis weit ins 19. Jh. blieb das Allgäu, mit wenigen Ausnahmen, ein Land der Bauern, die ihren Unterhalt den harten natürlichen Bedingungen abrangen. Seit römischer Zeit war es ein Durchgangsland, ein Land »dazwischen«, zwischen Bayern, Schwaben, der Schweiz und Österreich. Eine politische Einheit wurde es nie, und das »Nationalgefühl« blieb eher zurückhaltend, eher ein Bewusstsein der eigenen Kraft und Unabhängigkeit gegenüber Potentaten aller Art (noch heute gilt als hervorstechendste Eigenart des Allgäuers die Dickschäligkeit). Die Lage »dazwischen« sorgte aber auch für einen bescheidenen Wohlstand; die Salz- und Handelsstraßen brachten gute Arbeit für Fuhrknechte, Wirte und Schmiede. Hinzu kamen die Pferde- und Viehzucht, die Produktion von hochwertigem Leinen (ein wichtiges zweites Standbein für die Bauern) und eine kleine Eisenindustrie am Grünten und im Hintersteiner Tal. Erst der

▶ Dem Himmel nahe **FAKTEN** 15

Freie Reichsstädte
Im Allgäu konnten – naheliegend bei den natürlichen Bedingungen – keine großen Metropolen entstehen. Dafür entschädigen eine ganze Reihe von kleineren Städten, wie Wangen oft einst Freie Reichsstädte, mit einer ebenso »historischen« wie jungen Atmosphäre.

Bäuerliche Traditionen
Schwer zu glauben, dass das »grüne Allgäu« mit seinen Weiden und seinem Milchvieh erst im 19. Jh. entstand. Die großen Termine im ländlichen Jahreslauf wie der Alpabtrieb (hier in Gunzesried) sind zu touristischen Attraktionen geworden, was ihrer Ursprünglichkeit aber kaum etwas anhaben konnte.

Winterfreuden
Natürlich sind die Allgäuer Alpen (noch?) ein Wintersportgebiet par excellence. Am Fellhorn bei Oberstdorf und an vielen anderen Plätzen finden sich Pisten für jeden Bedarf und Geschmack.

Barocker Überschwang
Im Allgäu begegnen sich die Kunstlandschaften Oberschwabens und Bayerns. Ergebnis sind prachtvolle Gotteshäuser und Schlösser aus Barock und Rokoko, die der heiteren Natur des Landstrichs so wunderbar entsprechen. Ein Blick in die Kirche St. Katharina in Wolfegg.

Es ist nicht alles Käse …
… aber was wäre das Allgäu ohne ihn? Eine ganze Zahl kleiner Sennereien – hier wird auf der Laufbichl-Alpe der Bruch aus der Molke gehoben – verarbeitet die naturbelassene Milch an Ort und Stelle.

Weites Unterallgäu
Das Allgäu, das sind nicht nur Berge. Je weiter man nach Norden kommt, desto sanfter wird die Landschaft – für viele ein kleines Paradies zum Ausspannen, abseits der Touristenströme.

Bau der Eisenbahn – die Strecke zwischen Augsburg und Kaufbeuren war 1847 fertig, bis Lindau schon 1853 – und der Ausbau der Viehwirtschaft zu einer gut organisierten »Industrie« mit neuen Produkten und Absatzmärkten brachten neue Verdienstmöglichkeiten und eine Öffnung nach außen. Wenig später wurde dann das so wichtige Kapital des Allgäus entdeckt: seine wunderbare, abwechslungsreiche Landschaft, die es heute zu einem der beliebtesten deutschen Urlaubsziele macht. Was allerdings seinen Tribut fordert: Fremdenverkehrsorte sind in die Umgebung hinausgewuchert, die Täler auf weite Strecken zersiedelt, der alpine Einheits-Baustil beherrscht das Bild.

Allgäuer Vielfalt

»Wenn es auf der Welt ein Fleckchen Erde gibt, das als Abglanz des Paradieses gelten könnte, dann müsste auch immer Bayern genannt werden« – meinte einst der bayerische Ministerpräsident Edmund Stoiber. In dieser Hinsicht darf sich das Allgäu als Teil Bayerns fühlen, auch wenn es zum schwäbisch-alemannischen Kulturkreis gehört. Kühn aufragendes, zerklüftetes Gebirge im Oberallgäu kontrastiert mit sanften, von Wald und kleinen Seen durchsetzten Wiesen, die das Westallgäu zum Bodensee und nach Oberschwaben hin prägen; noch weiter ist der Horizont im flacheren Ost- und Unterallgäu. Die Möglichkeiten, einen gleichzeitig geruhsamen und aktiven Urlaub zu verbringen, sind ohne Zahl: vor herrlichen Bergpanoramen über bucklige Viehweiden und durch melancholische Moore wandern, an großen und kleinen Seen relaxen, staunen über die verschwenderische Pracht barocker Residenzen und Kirchen, in gemütlichen Gasthöfen eine bodenständige, habhafte Küche genießen, nach allen Regeln der Kunst kuren (Kneipp und Schroth waren hier zu Hause) und – wer's kann oder lernen will – anspruchsvolle Berg- und Klettertouren unternehmen. Entspannung und Freude findet der Mensch auch bei hochkarätigen Kulturveranstaltungen in wunderschöner Umgebung, seien es Serenaden in 2000 m Höhe beim Oberstdorfer Musiksommer, klassische Konzerte in der Basilika Ottobeuren oder Groovendes beim Kemptener Jazzfrühling. Und nicht zuletzt: Hervorragend wird für Familien gesorgt, von den Ferienwohnungen auf dem Bauernhof (mit entsprechendem »Abenteuerspielplatz« im Stall) bis zu den vielfältigen Angeboten an Aktivitäten für Kinder.

Nichts für Turnschuh-Touristen
Alpine Herausforderungen wie der Hindelanger Klettersteig verlangen Training und Kondition.

Fakten

Wie sind die Berge und ihr seenreiches Vorland entstanden, das touristische Hauptkapital einer der beliebtesten Ferienregionen Deutschlands? Welche Geschichte nahm das Allgäu zwischen Bayern und Schwaben, und wie steht es mit dem Milchvieh und seinen Produkten, die nicht aus der Region fortzudenken sind? Wissenswertes über Land und Leute, Natur und Kultur.

Natur und Landschaften

Das Allgäu – was gehört dazu?

Wie viele Landschaften hat das Allgäu keine klaren, eindeutigen Grenzen. Seit den Zeiten der alemannischen Besiedlung hat sich der Inhalt des Begriffs »Allgäu« immer wieder geändert, und zwar in einem Maß, dass J. v. Stichaner 1815 schreiben konnte: »Nicht leicht sind in und über einen District so mancherley Begriffe im Umlauf, als man über das Allgäu selbst unter seinen Bewohnern findet.« Dies gilt heute genauso; so sind sich etwa die Memminger im Landkreis Unterallgäu uneinig, ob sie sich zu den Allgäuern oder den Schwaben rechnen sollen. Andererseits sehen sich die Lindauer als (bayerische) Schwaben, während man im 18 km entfernten Scheidegg eindeutig im Allgäu ist. Innerhalb des Gebiets, das heute zum Allgäu gezählt wird, fühlen sich die einen, die »Oberländer«, als richtige Allgäuer, die auf die im »Unterland« ein wenig herabschauen – auch im wörtlichen Sinn. Beim »Allgäuer Tor«, bekannt durch die Raststätte an der A 7, hat man von Memmingen kommend zum ersten Mal das Panorama der Allgäuer Alpen vor sich. Zuvor hat die Autobahn eine Endmoräne erklommen, nur etwa 50 m hoch, aber hoch genug, dass sie eine Art Wetterscheide bildet: im Winter die Grenze zwischen dem Nebel im Unterland und Sonnenschein im Oberland. Auf jeden Fall ist das Allgäu seit je ein landschaftliches Gebilde, das sich weder nach politischen noch nach wirtschaftlichen oder auch sprachlichen Grenzen richtet(e). Einige der verschiedenen Gesichtspunkte werden im folgenden Kapitel über das Land und seine Geschichte deutlich werden. Im engsten Sinn kann als »Allgäu« heute das Gebiet innerhalb folgender Grenzen gelten: im Westen vom Ostrand des Bodensees (Pfänder) nördlich bis Wolfegg, dann östlich über Kaufbeuren bis zum Lech, diesen aufwärts nach Schwangau bzw. zum Säuling, nun westlich in etwa entlang dem Kamm der Allgäuer Alpen – mit weitem Ausgriff nach Süden, das österreichische Kleinwalsertal einschließend – wieder zum Pfänder. Da aber am Rand dieses Gebiets eine ganze Reihe hervorragender Attraktionen liegen, umfasst dieser Reiseführer auch Lindau und Bregenz, Ravensburg und Bad Wurzach, Memmingen mit dem Illerwinkel und Ottobeuren, Mindelheim und Bad Wörishofen sowie Steingaden mit der Wieskirche.

Ein Ausflug in die Erdgeschichte

Wo heute die Alpen liegen, breitete sich in grauer Vorzeit ein Arm des Tethysmeers aus, in dem sich vor 250 bis 50 Mio. Jahren – im Wesentlichen während der Perioden Trias, Jura und Kreide – eine

Die Entstehung der Alpen

← *Einödsbach, die südlichste Siedlung Deutschlands, mit Trettachspitze, Mädelegabel und Hochfrottspitze (von links)*

? WUSSTEN SIE SCHON …?

- Der Umbau der Erdoberfläche geht in »geologischen Zeiträumen« vor sich, die man eher in Jahrmillionen als Jahrtausenden misst. Dennoch sind Veränderungen fast noch innerhalb eines Menschenlebens feststellbar. So soll man Ende des 19. Jh.s vom Blasenberg aus, dem Aussichtspunkt in Scheidegg, nur Turm und Dach der Oberreuter Kirche gesehen haben, heute ist sie fast ganz zu sehen.

große Zahl unterschiedlichster Gesteine ablagerten. Als sich gegen Ende der Kreidezeit und zu Beginn des Alttertiärs, vor ca. 100 bis 40 Mio. Jahren, die Afrikanische bzw. Adriatische Platte nordwärts gegen die Europäische Platte bewegte, wurden diese Gesteinsschichten in vielfältigster Form zusammengeschoben, angehoben, gefaltet, zerbrochen und z. T. über mehrere hundert Kilometer übereinandergeschoben. Man schätzt, dass das Gesteinsmaterial der 150 km breiten Alpen einst ca. 600 km Breite einnahm. Gleichzeitig sorgten Verwitterung und Erosion für den Abbau des entstehenden Gebirges, das heute sonst wohl an die 14 km hoch wäre. Das abgetragene Material lagerte sich nördlich der Alpen ab und formte dort als schmalen Streifen die **Flyschzone** und das große **Molassebecken** (vom lateinischen Wort »molere«, »mahlen«), das etwa bis zur Donau reicht. Der Flysch und der südlichste Bereich der Molasse wurden später selbst noch von der Faltung erfasst und bilden die Allgäuer Vorberge.

Die Eiszeiten Außer der »alpidischen Gebirgsbildung« ist ein weiterer Faktor für das Allgäuer Landschaftsbild verantwortlich: die Eiszeiten. Im Quartär – vor ca. 1 Mio. bis 10 000 Jahren – gab es mehrere Kalt- bzw. Eiszeiten, während derer die Alpen bis auf die höchsten Gipfel unter

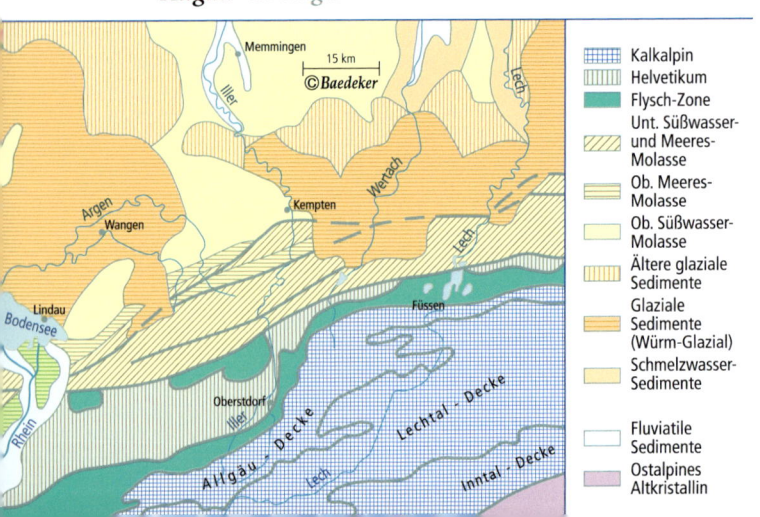

Allgäu Geologie

»Königin der Allgäuer Blumenberge«: die Höfats (ganz rechts die Große Höfats)

einem Eispanzer lagen und sich große Eisströme aus den Tälern weit in die Ebenen vorschoben. Im Bereich von Oberschwaben und Allgäu waren dies (von Westen) der Rhein-Bodensee-, der Iller- und der Wertach-Lech-Gletscher, die in fünf Perioden – Donau-, Günz-, Mindel-, Riß- und Würm-Eiszeit – das Vorland bedeckten. Welche Geländeformen auf sie zurückgehen, ist auf S. 24 f. erläutert. Auch die Alpen selbst wurden in den Eiszeiten teilweise überformt. Gipfel, die aus den Eismassen herausragten, blieben als schroffe Pyramiden (z. B. Säuling, Widderstein) und Kämme (Allgäuer Hauptkamm mit Mädelegabelgruppe) erhalten. Auch im Vorland wurden höhere Berge vom Eis umflossen, wie der Pfänder, der Grünten und die Adelegg. Gletscher hobelten Kare in die Bergflanken, die heute zum Teil herrliche Seen enthalten (z. B. Rappensee, Seealpsee, Geisalpseen). Ehemals V-förmige Flusstäler wie das obere Illertal wurden zu Trogtälern mit U-förmigem Querschnitt geweitet, seitlich mündende Täler wurden dadurch zu »Hängetälern«, die erst hoch über dem Grund des Haupttals ansetzen: So liegt der Boden des Dietersbachtals bei Gerstruben gut 200 m über dem Trettachtal. Oft haben dort die Bäche enge Tobel in den Steilabsatz gesägt oder bilden hohe Wasserfälle (z. B. Traufbach- und Hölltobel, Stuibenfall, alle bei Oberstdorf). Trogtäler können großartige Schlüsse in Form eines weiten, steilwandigen Kessels aufweisen, etwa das Traufbachtal oder das Ostrachtal. Heute besitzen die Allgäuer Alpen nur mehr einen kleinen Gletscher, den Schwarzmilzferner südlich des Mädelegabel-Gipfels.

Die Allgäuer Alpen

Die bayerischen Alpen stellen innerhalb der Nördlichen Kalkalpen einen ca. 260 km langen und 10–30 km breiten Streifen dar, bestehend aus den Allgäuer Alpen zwischen Bodensee und Lech – die sich über ca. 75 km erstrecken –, den Oberbayerischen Alpen östlich des Lechs und den Berchtesgadener Alpen. Nicht zufällig gehören die Allgäuer Berge zu den beliebtesten Tourengebieten der Alpen: Die außergewöhnliche geologische Vielfalt hat ein sehr abwechslungsreiches Landschaftsbild zur Folge und darüber hinaus eine prachtvolle, vielfältige Flora. Einzigartig im Alpenraum sind die **Grasberge**, auch Steilgrasberge oder Grasschrofen genannt, deren Flanken bis zu 70° geneigt und sehr schwierig zu begehen sind. Sie bestehen aus sog. Fleckenmergeln und Aptychenkalken aus dem Jura, berühmte Vertreter sind der bizarr geformte Schneck (2268 m) und die Zacken der Höfats (2258 m, ▶ S. 21) südöstlich von Oberstdorf.

Kammweg auf dem Hochgrat

Als schönstes Molasse-Gebirge der Alpen zwischen Genf und Wien gilt die **Nagelfluhkette** im westlichen Oberallgäu mit Hochgrat und Stuiben. Als »Nagelfluh« bezeichnet man ein fast betonhartes Konglomerat aus Flusskieseln, die mit Kalk und Sand verkittet wurden. Aus Molasse-Gestein bestehen z. B. auch der Pfänder am Ostufer des Bodensees, die Adelegg bei Isny und der Auerberg nahe Marktoberdorf. Die südlich an die Nagelfluhkette anschließende Gruppe der **Hörner** (Riedberger Horn, 1787 m) mit ihren sanft-runden Formen besteht aus leicht verwitterndem Flysch, der aus schieferigen Schichten aus Mergeln, Ton und Sandstein gebildet wird. Der Ostschweizer Begriff »Flysch« (gesprochen »fliesch«) bedeutet soviel wie »fließend«. Ein ganz anderes Bild bieten hingegen die scharfkantig-zerklüfteten **Schrattenkalke** der Kreidezeit (Helvetikum): etwa der Grünten bei Sonthofen, der Besler und vor allem der Hohe Ifen mit dem Gottesackerplateau westlich von Oberstdorf. Diese Karststöcke enthalten auch Höhlen, darunter die einzige Schauhöhle des Allgäus (Sturmannshöhle bei Obermaiselstein). Ein hochalpines Felsgebirge schließlich ist der aus hartem Hauptdolomit bestehende **Allgäuer Hauptkamm** in seinem östlich-südöstlichen Teil, zwischen dem Schrofenpass im Süden und Oberjoch im Norden. Hier ragen die majestätischen höchsten Gipfel des Allgäus auf: Großer Krottenkopf (2657 m), Hohes Licht (2651 m), Hochfrottspitze (2648 m), Mädelegabel (2645 m), Biberkopf (2599 m), Trettachspitze (2595 m) und Hochvogel (2593 m).

Der andere Hauptfelsbildner der bayerischen Alpen, der widerstandsfähige **Wettersteinkalk** aus der Mittleren Trias – der seinen Namen vom Wettersteinmassiv mit der Zugspitze hat –, ist im Allgäu nur im Osten anzutreffen, wo er steile Gipfel mit glatten Felswänden bildet: Säuling, Gimpel, Hoher Straußberg, Hochplatte; auch ein Teil des Falkensteins gehört dazu.

Höhenstufen

Flora und Fauna der Alpen, ihr Vorkommen und ihre Verbreitung, sind abhängig von den Vegetationszonen. Auf der Alpennordseite unterscheidet man fünf Höhenstufen, deren Grenzen allerdings je nach den kleinklimatischen Verhältnissen variieren:
– die **Hügelstufe** (bis 600 m ü. d. M.) mit Acker- und Obstbau
– die **Bergstufe** bis zur Laubwaldgrenze (1200 m) mit Laubmischwald (Buche, Eiche, Ahorn) und Weidewirtschaft
– die **Untere Alpenstufe** bis zur Baumgrenze (1800 m), gekennzeichnet durch Nadelwald (Fichten, Weißtannen, Föhren)
– die **Obere Alpenstufe** bis zur Schneegrenze (bis 2300 m) mit Sommerweiden, Einzelbäumen (Lärchen, Arven), Legföhren (Latschen) und einer besonders reichhaltigen, prächtigen Blumenflora
– die **Schneestufe** (über 2300 m) mit Schutt- und Geröllhalden, Schneefeldern und Gletschern.

Flora und Fauna

Besonders artenreich ist die **Flora** der Alpenstufe, die z. T. unter schwierigen Verhältnissen gedeiht. In der kurzen Vegetationszeit kann intensive Sonne über 40 °C erwärmen, nachts kann auch im Sommer Frost auftreten; das Biotop kann wüstenartig oder auch sumpfig-nass sein. Zu den typischen Arten – die meisten stehen unter Naturschutz – zählen v. a. die Alpenrose, die ganze Buschflächen bilden kann, Enziane, Alpenveilchen, Primeln, Türkenbund, Trollblumen, Alpenmohn, Silberdistel und Eisenhut. In der Schneestufe leben hauptsächlich Moose, Flechten und Algen; zu den wenigen Blütenpflanzen dort gehört das seltene Edelweiß. Einige Vertreter der **Tierwelt**: In den höheren Bergregionen sind putzige Murmeltiere

Stachelige Silberdistel

Ein Einödhof (bei Immenstadt), an den Hang eines Drumlins gebaut, unter weiß-blauem Himmel: Allgäuer Voralpenland aus dem Bilderbuch

zu sehen, die bei Gefahr mit gellendem Pfiff in ihrem Bau verschwinden. Als gewandte, kühne Flieger zeigen sich die kleinen schwarzen Alpendohlen. Ab und zu sind Steinadler zu entdecken. Meist nur mit dem Fernglas kann man Rotwild sowie Gemsen und Steinböcke beobachten, die leichtfüßig an den Felswänden herumkraxeln. Selten geworden sind Schneehase, Schnee-, Birk- und Auerhuhn sowie der schwarze Alpensalamander. Wer genauer wissen will, was ihm am Wegesrand alles begegnet, findet im Buchhandel eine Reihe geeigneter Bestimmungsführer (►S. 101).

Das Vorland

Moränenlandschaften

Mit dem vielfachen Wechsel von buckligen Wiesen, Wald, Mooren und Seen, die nach Norden in die Ebene auslaufen, gehört dieser Teil des Allgäus zu den schönsten Landschaften Deutschlands. Die wunderbare Szenerie des Alpenvorlands ist ein Produkt der eiszeitlichen Gletscher. Das vom Eis transportierte Gesteinsmaterial aus den Alpen lagerte sich an den Rändern der Gletscher als **Seiten- und Endmoränen** ab; heute grasen auf dem wellig-hügeligen Grünland die Milchkühe. Aus Molassemergeln und Moränenschutt bestehen die eigentümlichen **Drumlins**, kleine längliche Hügel, deren Form noch die Fließrichtung des Eises erkennen lässt. Sie treten in großen Feldern auf und erzeugen besonders reizvolle Landschaften: im Hinterland von Lindau etwa bis Ravensburg und Wangen, links und rechts der Iller um Kempten, nördlich der Linie Nesselwang – Füssen bis auf die Höhe des Auerbergs. Am Ende der Eiszeit blieben **Gletscherseen** zurück, deren Reste als Alpsee, Niedersonthofener See u. a. erhalten blieben; viele wurden bald von den Schmelzwasserflüssen mit Schotter und Tonen aufgefüllt und bilden heute z. T. moorige Ebenen. Der künstlich gestaute Forggensee liegt im Bereich des einstigen Füssener Sees, der durch einen Moränenwall (Illasberg) im Norden abgeschlossen und durch die Illasschlucht bei Roßhaupten entwässert wurde. Eine Reihe von kleinen Seen und Weihern, wie Hopfensee, Weißensee, die Weiher bei Seeg und der Öschlesee bei Durach, sind **Toteisseen**: Sie gehen auf Eisblöcke zurück, die am Ende der Eiszeit zurückblieben und nur langsam abschmolzen. Besonders bekannt ist das Allgäu für seine riesigen Felsblöcke, sog. **Findlinge**, die von den Gletschern an ihren heutigen Platz verfrachtet wurden. Beeindruckende Exemplare finden sich im Kempter Wald (Dengelstein, Baltenstein mit einer Burgruine), südlich von Sulzberg, bei Weiler, im Ellhofer Moos und bei Bodelsberg.

Die Flüsse

Der Lech, der nördlich von Schongau heute noch recht deutlich die Grenze zwischen dem Schwäbischen und dem Baierischen markiert, entspringt in der Nähe von Lech am Arlberg und tritt bei Füssen in deutsches Gebiet. Sein Name rührt vom lateinischen »licus« bzw. keltischen »Lik« (»der Reißende«), das glasartig-smaragdgrüne Aussehen seines Wassers von der niedrigen Temperatur und dem hohen Kalkgehalt. Ist der Fluss in Österreich ein ungezähmtes Wildwasser, so wird er in Deutschland bis zur Grenze des Möglichen zur Energiegewinnung genützt; allein auf den 100 km zwischen Füssen und Landsberg liegen 15 Kraftwerke. Den Auftakt bildet der **Forggensee**, Bayerns fünftgrößter See; der Stausee fasst 150 Mio. m³ und wurde 1954 in Betrieb genommen, wobei der Weiler Forggen unterging. Der Lech-Höhenweg (▶ S. 117) folgt dem windungsreichen Lauf des Flusses und erschließt eine eindrucksvolle Landschaft. Die **Litzauer Schleife** bei Burggen, der letzte unverbaute Abschnitt des Lechs, steht unter Naturschutz.

Lech

Im Gebiet von Hindelang, zwischen Ober- und Unterjoch, fließen in 1078 m Höhe zwei Bäche zur Wertach zusammen, die 151 km später in Augsburg in den Lech mündet. Ihr Name stammt aus keltischer Zeit und bedeutet soviel wie »die kräftig sich vorwärts Bewegende«. Nahe Oy-Mittelberg ist sie zum **Grüntensee** aufgestaut, einem beliebten Freizeitgewässer. Dann windet sie sich naturbelassen durch eine romantische Landschaft mit einigen Höhepunkten: zwischen Maria Rain und Görisried, bei Kaltenbrunn sowie zwischen Görisried und Leuterschach (▶ Nesselwang, S. 255; Marktoberdorf, S. 232). Ab

Wertach

Heuernte im Unterallgäu

Marktoberdorf ist es mit der Romantik weitgehend vorbei; Ende des 19. Jh.s wurde die Wertach begradigt, einige Staustufen dienen der Energiegewinnung.

Iller Nördlich von Oberstdorf vereinen sich Breitach (s. u.), Trettach und Stillach zur Iller, die bei Immenstadt aus den Allgäuer Alpen ins tertiäre Hügel- bzw. Schotterland tritt und nach 147 km bei Ulm in die Donau mündet. Ihr Name ist im 8. Jh. lateinisch als »Hilaria« dokumentiert; er soll auf ein keltisches Wort für »eilig« zurückgehen. Trotz einiger Kraftwerke zeigt der Fluss mit seinem Kiesbett bis zur Mündung einen »alpinen« Charakter. Die interessantesten Teile des Mittellaufs sind der **Durchbruch bei Altusried** (▶ Kempten, S. 190) und der folgende malerische **Illerwinkel** (▶ Memmingen, S. 241). Radwanderer können dem 145 km langen Iller-Radweg von Ulm bis nach Oberstdorf folgen. Die Breitach, die bei Baad im Kleinwalsertal aus drei Bächen entsteht, ist für ihre spektakuläre Klamm berühmt.

Argen Für Wanderer und Naturfreunde besonders interessant ist das System der Argen mit Oberer und Unterer Argen. Anders als die anderen Allgäuer Flüsse fließt sie westlich in den Bodensee und ist damit ein Nebenfluss des Rheins. Ihre Quellgebiete liegen nahe beieinander: Die **Obere Argen** entspringt bei Oberstaufen, die **Untere Argen** bei Missen-Wilhams; beide machen einen mehr oder weniger weiten Bogen in nordwestlicher Richtung und vereinen sich unterhalb von Wangen, bei Neuravensburg, zur Argen; bei Kressbronn mündet sie in den Bodensee. Die natürlichen oder naturnahen Flußläufe – die Verbauungen am Unterlauf werden allmählich rückgängig gemacht – bieten überaus abwechslungsreiche Szenerien, dazu Lebensraum für seltene oder gefährdete Pflanzen und Tiere. Im **Eistobel** bei Grünen-

Wanderer am Hohen Ifen, einer der beeindruckendsten Naturschönheiten des Allgäus

bach bildet die Obere Argen eine der großen Naturschönheiten des Allgäus. Auch die vielen Brücken sind interessant, von der 56 m hohen Argentobel-(Eistobel-)brücke über die gedeckten Holzbrücken bei Hiltensweiler und Neuravensburg – beide 1790 durch das Kloster St. Gallen erstellt – bis zu den Hängebrücken bzw. -stegen über den Unterlauf, die Wanderern und Radlern zur Verfügung stehen.

Naturschutzgebiete

Von den 2017 km² , die in Bayern als Naturschutzgebiete ausgewiesen sind, liegen ca. 355 km² in den vier Allgäuer Landkreisen. Dazu kommen im württembergischen Allgäu ca. 35 km². Das bedeutendste und größte sind die **Allgäuer Hochalpen** mit 207 km², der Hohe Ifen (24 km²) und der Westteil des Ammergebirges bei Schwangau. Der nächstwichtige Typ sind die **Moore**, die sich im bayerischen Teil auf ca. 8,3 km² Gesamtfläche summieren; hier sind v. a. die Hochmoore im Kempter Wald (3 km²), das Breitenmoos im Oberallgäu, das Schornmoos im Ostallgäu und das Degermoos im Lindauer Hinterland zu nennen. Im württembergischen Allgäu stellen Moore den Hauptteil der Naturschutzgebiete (ca. 31 km²), allen voran das Wurzacher Moos mit 18 km²; nennenswert sind auch das Bodenmöser, das Gründlenried und das Taufach-Fetzach-Moos. Hervorragende Biotope bieten die eindrucksvollen **Tobel** des Vorlands: Eistobel (s. o.), Rohrachschlucht bei Scheidegg, der Hölzlers-Tobel, der Rohrbachtobel bei Buchenberg. Desgleichen stehen einige **Seen** unter Naturschutz: Bannwaldsee, Attlesee, Stockenweiler Weiher, Widdumer Weiher, Bichlweiher, Rohrsee bei Bad Wurzach; dazu Uferpartien am Bodensee. An der **Argen** (s. o.) sind etwa 16 km² als Landschaftsschutzgebiet ausgewiesen, davon knapp 3 km² als Naturschutzgebiet. Dazu kommen eindrucksvolle Einzelobjekte wie die uralten Eiben bei Balderschwang und auf der Oberen Lauchalpe bei Steibis. Zum Verhalten in Naturschutzgebieten ►S. 117.

Klima

Das atlantisch geprägte Klima des Allgäus unterliegt mehreren unterschiedlichen Faktoren: der West-Ost-Lage, der Höhe über dem Meer, der Nähe der Alpen oder größerer Seen. Generell gilt: Je näher man den Bergen kommt, desto größer werden die jährlichen Niederschläge und die Temperaturunterschiede zwischen Sommer und Winter sowie zwischen Tag und Nacht.

Die höheren, meist nebelfreien Lagen des Allgäus erfreuen sich besonders im Winter oft strahlender Sonne: Wenn im Januar am Bodensee die Sonne an 40–45 Stunden scheint, sind es in Scheidegg 75 und in Hindelang 85 Stunden. Im Sommer ist das Bild anders: In Lindau zählt man Juni–August zwischen 220 und 250 Sonnenstunden/Monat, in Lindenberg/Scheidegg 220, in Hindelang 155–185.

Sonnenschein

Niederschläge Die von Nordwesten kommenden atlantischen Luftmassen steigen am Alpenwall an und geben dort ihre Feuchtigkeit ab. Von Lindau nehmen die Niederschläge in nordöstlicher Richtung rasch zu (Lindau, 400 m ü. NN: 1420 mm/Jahr; Lindenberg, 760 m ü. NN: 1848 mm/Jahr) und die Durchschnittstemperaturen ab. Dasselbe Bild ergibt der Vergleich von Memmingen mit Kempten und Oberstdorf (1017/1237/1831 mm). Die niederschlagreichsten Monate sind überall Juni, Juli und August – Regenkleidung und -schirm gehören also immer ins Gepäck. Je näher man an den Bergen dran ist, desto geringer werden jedoch die jahreszeitlichen Unterschiede.

Schnee Seit Ende der 1980er-Jahre macht sich die Klimaerwärmung bemerkbar, die milde, schneearme Winter verursacht. Beschneiungsanlagen werden zunehmend installiert, das Skigebiet Oberstdorf/Kleinwalsertal wird schon zu 70 % künstlich beschneit. Wenn allerdings, wie im Winter 2006/2007, Temperaturen von deutlich unter 0 °C ausbleiben, nützen auch die Schneekanonen nichts. Als relativ schneesicher kann man inzwischen erst Regionen über 1600 m Höhe bezeichnen.

Heilklima Die teils starken Temperaturschwankungen wirken als Reizklima, in höheren Lagen kommen die intensive Sonneneinstrahlung und die

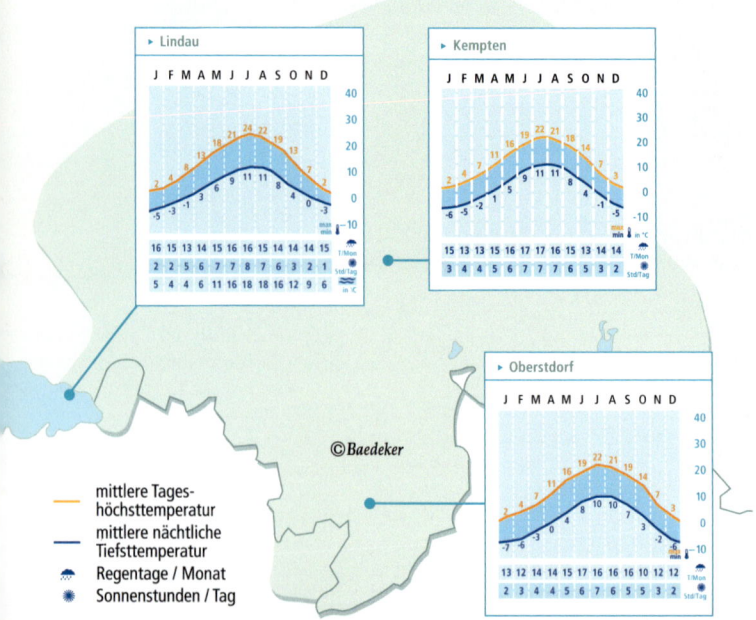

Allgäu Regionaltypische Klimastationen

saubere Luft hinzu. Höhen von über 1500 m sind eine Zuflucht für Pollengeplagte und andere Allergiker; in dieser Hinsicht hat Bad Hindelang einen besonders guten Ruf. In den Tälern und am Alpenrand gibt es fast keinen Ort, der sich nicht mit dem Etikett »Luftkurort« schmückt. Strenger Überwachung – mit der der Deutsche Wetterdienst beauftragt ist – unterliegt hingegen das Prädikat »Heilklimatischer Kurort«, das Bad Hindelang, Fischen, Isny, Oberstaufen, Oberstdorf, Scheidegg und Schwangau tragen.

> ! **Baedeker TIPP**
>
> **Über den Wolken**
>
> Wenn in Herbst und Winter über den Tälern eine zähe Nebeldecke liegt, gibt's nur eines: hinauf auf den Berg! Die »Inversion« sorgt dafür, dass über dem Kältesee die Sonne scheint; auf dem Nebelhorn (!) ist es dann oft wärmer als im flachen Vorland. Wer zweifelt, kann sich via Webcam informieren.

Berg- und Talwind

Kennzeichnend für das Bergklima ist an schönen Tagen der regelmäßige Wechsel von Berg- und Talwind. Tagsüber wirken die erwärmten Berghänge wie ein Schornstein: Die Luft strömt an ihnen talaufwärts und löst die Wolken auf; nachts strömt die kalte Luft ins Tal und weit ins Vorland hinaus – ein willkommener Effekt in sommerlichen Schönwetterperioden.

Föhn

Den einen bringt er Kopfschmerzen, die andern macht er »high«: der Föhn, der bis zu 100 km/h heftig übers Land fegt. Großräumige Luftdruckunterschiede lassen feuchtwarme Luft an der Alpensüdseite aufsteigen, wobei sie sich abkühlt; die Feuchtigkeit kondensiert und regnet ab. Aufgrund der freiwerdenden Kondensationswärme kühlt sich die Luft beim Aufsteigen weniger ab als sie sich jenseits des Alpenkamms wieder erwärmt – mit dem Ergebnis, dass sie bei uns warm und trocken ankommt. Zu den sichtbaren, eindrucksvollen Effekten des Föhns gehören die »Föhnmauer« (eine Wolkenbank auf dem Alpenkamm), linsenförmige Wolken (»Föhnfische«) über dem Vorland, die Aufheiterung und die gute Fernsicht.

Bevölkerung und Wirtschaft

Das Allgäu zwischen Schwaben und Bayern

Das Gebiet dieses Reiseführers gehört zum größten Teil zum bayerischen Regierungsbezirk Schwaben. Ein schmaler Streifen im Osten, bis zur jahrhundertealten Grenzlinie des Lechs, steht unter der Obhut des Regierungsbezirks Oberbayern, und im württembergischen Landkreis Ravensburg geht das Allgäu in Oberschwaben über. Zum Allgäu zählt man auch die österreichischen Exklaven Kleinwalsertal und Jungholz, die mit Vorarlberg bzw. Tirol keine Straßenverbindung besitzen. Im 6.–8. Jh. n. Chr. wurde dieses Gebiet von Nordwesten her alemannisch besiedelt (mit Ausnahme des Kleinwalsertals, in dem sich erst im 13. Jh. Alemannen aus dem Wallis niederließen), und so ist die Identität des Allgäus immer noch alemannisch geprägt – nicht schwäbisch (im engeren Sinn) und nicht bairisch. Denn erst seit 200 Jahren, seitdem Napoleon das alte Europa über den Haufen warf und die bayerischen Kurfürsten und württembergischen Herzöge zu Königen machte, gehört das Allgäu zu Bayern bzw. zu Württemberg, und man legt heute noch Wert auf die eigene Art und Kultur. Die ist jedoch durchaus Gefahren ausgesetzt. Neben dem Traditionsverlust wird – nicht erst in unseren Zeiten grenzenloser Mobilität und Kommunikation – oft die zunehmende »Bajuwarisierung« beklagt. Wer sich wundert, dass bei einem »Heimatabend« ein baierischer Schuhplattler vorgeführt wird, sei daran erinnert, dass dieser Tanz schon vor über hundert Jahren importiert wurde, auch die Knödel sind auf Allgäuer Speisekarten längst genauso heimisch wie die schwäbischen Spätzle. Weitere Beispiele gibt es zuhauf, von den Verkleinerungsformen »-erl«, wo es »-le« heißen müsste (Stüberl/Stüble), bis zur »Alp«, die durch die baierische »Alm« verdrängt wird. Allerdings wäre es falsch, daraus seine Glaubensfrage zu machen, wie etwa der Streit um die Allgäuer Tracht in den 1960er-Jahren zeigte (▶ S. 68).

Bodenständig und weltoffen: Mannsbilder beim Viehscheid

Allgäuer »Nationalcharakter«

Bei aller Vorsicht gegenüber solchen Zuschreibungen: Einige Attribute werden immer wieder (noch) genannt, wenn es um die Feststellung der »Allgäuer Art« geht. F. J. Bronner schrieb 1910 in seinem Bericht über »Bayerisch' Land und Volk«: Die Allgäuer »sind staader [stiller] als die Burschen im Altbayerischen mit ihrer sakrischen Schneid. Ihr Wesen ist mehr behaglich ..., ähnlich dem Charakter der Landschaft, die mit Ausnahme der Bergmasse auch mehr anmutig als großartig ist.« Das weist auf eine gewisse Zurückhaltung, die auch als Eigenbrötelei und (wie man dort sagt) Maulfaulheit bezeichnet werden kann. Nun, nicht jeder trägt das Herz auf der Zunge, aber Herzlichkeit hat mit Wortreichtum nichts zu tun. Auch verbohrt und stur sei der Allgäuer, ein Querschädel (nicht zufällig wohnt er gern auf einem Einödhof), jedoch pfiffig und wach. Das lässt sich u. a. an seinem Faible für Tüftelei und Genauigkeit ablesen, die z. B. im Pfrontener Tal eine berühmte Präzisionsgeräte-Industrie entstehen ließ (▶ S. 34). Und die empfindlichste Stelle des Allgäuers sei, wie der Heimatpfleger Dr. Dr. Alfred Weitnauer (1905–1974) seinerzeit über seinen eigenen Stamm dichtete, der Geldbeutel: »Des isch a Raß, für an Profit / Fürchtet die Dod und Deifl nit.«

▶ Bevölkerung und Wirtschaft **FAKTEN** 31

Zahlen und Fakten *Allgäu*

Geografische Daten
- West-Ost-Ausdehnung: ca. 80 km
- Nord-Süd-Ausdehnung: ca. 80 km
- Fläche:
  Bayerisches Allgäu ca. 4000 km²
  Württembergisches Allgäu ca. 800 km²
- Einwohner:
  Bayerisches Allgäu ca. 590 000
  Württembergisches Allgäu ca. 100 000
- Niedrigster Punkt: Lindau 400 m
  Höchster Punkt in den Allgäuer Alpen: Großer Krottenkopf 2657 m (in Österreich); höchster Punkt auf deutschem Gebiet: Hochfrottspitze 2649 m
  Südlichster Punkt Deutschlands: Haldenwanger Eck

Verwaltung
- Bundesländer:
  Bayern, Baden-Württemberg, Vorarlberg / Österreich
- Landkreise:
  Lindau, Oberallgäu, Ostallgäu (Teil), Unterallgäu (Teil), Ravensburg (Teil, bis 1973 Landkreis Wangen), Bregenz
- Kreisfreie Städte:
  Kaufbeuren, Kempten, Memmingen

Wirtschaft
- Beschäftigte: Dienstleistungen 62 % (Tourismus 12 %), Produzierendes Gewerbe 34 %, Landwirtschaft 4 % (ohne Städte: 6,5 %); Arbeitslose: 8 %
- Anteil am Bruttoinlandsprodukt: Dienstleistungen gesamt 64 % (Tourismus 10 – 30 %), Produzierendes Gewerbe 34,5 %, Landwirtschaft 1,5 %

Tourismus
- im Jahr ca. 2,3 Mio. Gäste, davon ca. 16 % aus dem Ausland

Ein wenig Sprachkunde

Die Sprache ist überall ein zentrales Element der kulturellen Identität. Und im Allgäu spricht man anders als in Oberbayern, anders als in Württemberg. Auch für weniger geübte Ohren hat das Allgäuische (nicht »Allgäuerische«) leicht erkennbare Merkmale: neben dem allgemein-schwäbischen »sch« für »s« die ausgeprägten, gerollten Laute »l« und »r«, die für die lokale Färbung sorgen, selbst wenn ein Allgäuer sonst Hochdeutsch spricht. Ein wenig Erfahrung ist aber nötig, um die Unterschiede zwischen den Allgäuer Regionen zu erkennen. Das Kerngebiet teilt sich in das **Ostschwäbische** und das **Niederalemannische**; im Kleinwalsertal mit seiner eigenen Siedlungsgeschichte wird höchstalemannisch gesprochen, und im Osten geht das Schwäbische allmählich, mit diversen Mischformen, ins Bairische über (▶ Grafik unten). Die Grenze zwischen Alemannisch und Schwäbisch wird als »Wiib-Weib-Linie« definiert: Im Spätmittelalter trennten sich die Sprachgruppen; die eine blieb bei den alten Langvokalen (alemannisch: Wiib, Ziit), die andere machte die »Diphthongierung« mit (schwäbisch: Weib, Zeit). Natürlich gibt es eine Unzahl weiterer Eigenheiten, die das Allgäuische bestimmen und differenzieren, so die Formen für »gewesen«: westallgäuisch »gsi«, ober-/ostallgäuisch »gwäa«. Wer einen Eindruck von der – im Klang ebenso wie in der Bildhaftigkeit – herzhaften Schönheit des Allgäuischen gewinnen möchte, wird unter www.dein-allgaeu.de und im »Allgäuer Dialektbuch« (mit CD) von Manfred Renn fündig. Als Beispiel sei hier wenigstens ein bekannter, auch landeskundlich interessanter Satz zitiert: »S Allgai fengt do a, wo d'Schumpa scheaner sind wia d'Fähla« (»Das Allgäu beginnt dort, wo die jungen Rinder schöner sind als die Mädchen«). Das Wort »Föhl« oder »Fähl« für »Mädchen« stammt übrigens noch aus römischer Zeit – es kommt von lateinisch »filia«.

»Reigschmeckte« Dieses schwäbische Wort bezeichnet Menschen von Woandersher. Nicht nur in grauer Vorzeit kamen Menschen ins Land: Kelten, Römer, Alemannen, sogar (Nieder-)Sachsen, die Karl der Große um

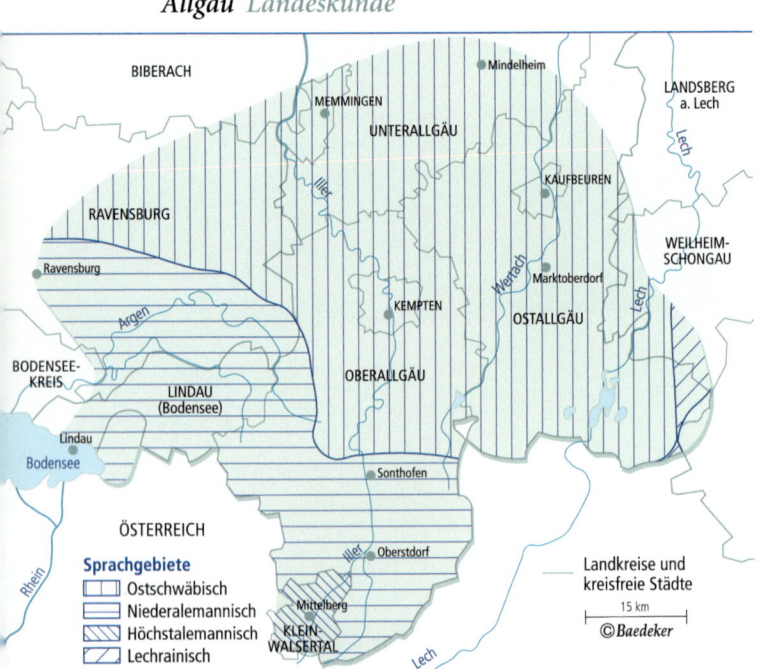

790 ansiedelte (Sachsenried bei Schongau). Im 19. Jh. verdingten sich »Itaker« als billige Arbeitskräfte, eine Tradition, die seit den 1950er- mit weitreichenden Folgen wieder aufgenommen wurde. Zu Ende des 2. Weltkriegs kamen Tausende Flüchtlinge, in den Jahren danach etwa 1,7 Mio. Vertriebene aus Böhmen und Schlesien nach Oberbayern und ins Allgäu. Seit der deutschen Wiedervereinigung zog es über eine halbe Million aus den neuen Bundesländern ins Alpenvorland. Gegenwärtig weist die Statistik für Oberbayern 13 % Ausländer auf, für Schwaben 9 %, die bzw. deren Nachkommen einmal dort »zu Hause« sein werden.

Auf den steilen Wiesen sind manchmal akrobatische Fähigkeiten gefragt.

Wirtschaft

Das Allgäu ist Bauernland, ein Land der Vieh- und Milchwirtschaft (▶Baedeker Special S. 192). Doch so wichtig die grünen Wiesen und die grasenden Kühe für das Heimatgefühl und die Attraktivität als Urlaubsland sind, so marginal ist ihr unmittelbarer Anteil am Bruttoinlandsprodukt: Im Oberallgäu sind es 2,1 %, im Ostallgäu 2,9 %, im Unterallgäu 3,5 %. Noch arbeiten in diesen Landkreisen etwa 6,5 % der Erwerbstätigen in der Landwirtschaft, im bayerischen Durchschnitt sind es nur noch 3 % – ein Zeichen dafür, dass das Höfesterben hier etwas weniger heftig ausfällt als sonst. Dennoch ist die Tendenz deutlich negativ, unter dem Druck der EU-Gesetze und der Großabnehmer – vor allem der Handelsketten – machen gegenwärtig pro Jahr etwa 5 % der Bauern ihre Stalltür zu. Dafür hat sich die Zahl der Betriebe mit über 30 ha Land in den letzten 25 Jahren verdreifacht, bei etwa gleichbleibender Milchproduktion. Selbst Betriebe mit 80 Stück Vieh und mehr wirtschaften am Rand der Rentabilität. Verständlich, wenn die Bauern einen »fairen Milchpreis« fordern und viele ihren Hof im Nebenerwerb führen (37 % im Oberallgäu, 29 % im Unterallgäu). Auch wenn die bayerische Regierung und der Deutsche Bauernverband in Berlin und Brüssel die Interessen der

Landwirtschaft

> **? WUSSTEN SIE SCHON …?**
>
> ■ In Wangen wurde eine Käseart geboren, die heute »in aller Munde« ist: der Schmelzkäse. 1922 brachte dort die Großhandlung der Gebrüder Wiedemann – unter der auch heute bekannten Marke Adler – den ersten Schmelzkäse auf den Markt. Ursprünglich als Verwertung der Überschuss- oder zweiten Ware der vielen Kleinbetriebe gedacht, ist Schmelzkäse heute eines der am stärksten industrialisierten Käseerzeugnisse.

Bauern zu wahren versuchen, sieht es nicht gut aus. Vielleicht wird das Allgäu, das erst im 19. Jh. vom blauen Flachsland zum grünen Grasland wurde, bald gelb und grün sein: als Produzent von Raps und Mais für die Treibstoff- bzw. Energieversorgung.

Industrie Dass es im Allgäu eine beachtliche Industrie gibt, ist wenig bekannt. Ca. 35 % der Arbeitsplätze vereint das produzierende Gewerbe inkl. Handwerk auf sich. Auch hier ist seit 1945 der Strukturwandel weg vom »rückständigen« Bauernland zu verzeichnen. Wie in einst armen, klimatisch benachteiligten Gegenden öfter anzutreffen, war man immer darauf aus, die karge bäuerliche Lebensgrundlage zu ergänzen. So entwickelte sich eine bedeutende Leinenindustrie, die sich auf Heimarbeit stützte, ebenso wie die Hutfabrikation in Lindenberg.

Moderne Schlepper bei Fendt

Im Bereich des Grüntens verarbeitete man Eisenerz, und im Nesselwanger Tal tüftelte man an Präzisions- und Messgeräten. Einige bekannte Firmen seien stellvertretend genannt. In Immenstadt produziert Bosch ABS-Systeme, dort ist auch die Strumpffabrik Kunert zu Hause. Die BHS Sonthofen stellt Maschinen für die Misch- und Filtertechnik her, in Pfronten ist die Deckel Maho ansässig, eine der bedeutendsten Maschinenbaufirmen der Welt. Weltgeltung haben auch die Webstühle von Dornier in Lindau und die Landmaschinen von Fendt in Marktoberdorf. Die Firmen Riefler in Nesselwang und Haff in Pfronten gehören zu den großen Namen in Sachen Mess- und Zeichengeräte, und Grob in Mindelheim baut nicht nur Fertigungsstraßen für den Maschinenbau, sondern auch das erste aus Karbonfasern bestehende Flugzeug der Welt.

Tourismus Nicht nur imagemäßig, sondern auch in harter Münze floriert das Tourismusgewerbe; das bayerische Alpenvorland rangiert in der Beliebtheit noch vor der Nord- und Ostseeküste. Gegenwärtig zählt man in Bayern insgesamt pro Jahr etwa 25 Millionen Gäste, davon entfallen auf das Allgäu ca. 2,3 Millionen. Gemessen an der durchschnittlichen Aufenthaltsdauer rangiert das Oberallgäu noch vor solchen bayerischen Attraktionen wie dem Berchtesgadener Land und Garmisch-Partenkirchen. Im Oberallgäu trägt der Fremdenverkehr über 30 % zur Wertschöpfung bei, in Oberstdorf sogar 50–60 %. Das touristisch weniger bedeutende Unterallgäu hat seinen Magneten im »Kneippland«, allein Bad Wörishofen vereint dort mit 850 000

Übernachtungen über 80 % auf sich. Zu den größten Attraktionen Europas zählt, wie bekannt, das Schloss Neuschwanstein im Ostallgäu; die meisten Besucher sind allerdings Tagesausflügler und Bustouristen auf Sightseeing-Tour, die wenig »Geld liegen lassen«. Die Beliebtheit als Urlaubsziel hat ihre Schattenseiten. Die Idylle, mit der in den Prospekten geworben wird, ist vor allem in größeren Orten nur mehr zum Teil anzutreffen. Auch hier muss man sich mit massivem Autoverkehr, Häusern im alpenländischen Einheitsstil (»Jodelstil«), Fußgängerzonen mit Beton-Blumenkübeln, den weltweit gleichen Plastikstühlen und den Super- und Baumärkten an den Peripherien anfreunden. Das schöne schindelverkleidete Westallgäuer Haus ist selten geworden. Da und dort beginnt man jedoch zu realisieren, dass das Heil nicht in der Ausweitung des Tourismus und im Wildwuchs von Feriendomizilen liegen kann, sondern in einer Begrenzung und Umorientierung, und zwar in Zusammenarbeit mit den ums Überleben kämpfenden Bauern: in Richtung Landschaftsschutz und -pflege, in Richtung hochwertiger Produkte und deren lokaler Vermarktung. Immerhin hat das Allgäu heute die größte Dichte ökologisch arbeitender Betriebe in Bayern. Doch ist auch hier den Tourismusmanagern das Hemd wohl näher als die Jacke: 2007 wurde auf dem Flugplatz Memmingerberg der Linien- und Charterverkehr aufgenommen, für 2008 sind 400 000 Passagiere angepeilt – das ist selbst dem Tourismusdirektor des Heilklimatischen Kurorts Bad Hindelang kein Anlass zum Stirnrunzeln. »Der Anschluss an das internationale Luftverkehrsnetz bringt das Allgäu dem Ziel einen Schritt näher, eine der Top-Urlaubsregionen im Alpenraum zu werden«, so der Traum der Gesellschaft »Allgäu Marketing«.

Vom Bauern- zum Ferienland: Windsurfer auf dem Rottachsee

Geschichte

Woher kamen die Menschen, die das bergige Land urbar machten, und wer waren die »Freien im Allgäu«? Was hat es mit der »Vereinödung« auf sich, und warum ist das Allgäu heute auf Bayern und Baden-Württemberg aufgeteilt? Stationen auf dem Weg des Allgäus von einer wilden Bergregion zum prosperierenden Wirtschaftsstandort und Tourismusmagneten.

Vor- und Frühgeschichte

um 8000 v. Chr.	Jungsteinzeit: Erste Siedlungsspuren
um 1200 v. Chr.	Illyrer kommen nach Schwaben
5. Jh. v. Chr.	Keltische Besiedlung

Steinzeit

Gegen Ende der letzten Eiszeit, vor 15 000 bis 11 000 Jahren, haben Menschen in Oberschwaben Pferde und Rentiere gejagt, wie bei Schussenried gefundene Spuren bezeugen. Etwa 11 500 Jahre alt sind die Steinwerkzeuge vom Weißenseeberg bei Füssen. An zahlreichen Plätzen fanden sich Werkzeuge und Siedlungsspuren aus der Mittelsteinzeit (um 8000 v. Chr.), so im Füssener Raum auf den Höhen um den damaligen Füssener See (heute Forggensee), im Raum Leutkirch/Kißlegg und um Oberstdorf. Dort liegen einige Fundstellen über 1800 m hoch – Zeugnisse der **»ersten Bergler«**! In der Jungsteinzeit (3500 bis ca. 2000 v. Chr.) werden die Menschen als Bauern sesshaft. Siedlungen sind in klimatisch begünstigten, fruchtbaren Randzonen des Allgäus nachgewiesen, so am Bodensee und in Mittelschwaben; im höheren Alpenvorland lassen nur Einzelfunde auf die Anwesenheit des Menschen schließen.

Bronze- und Eisenzeit

In der Bronzezeit (1800–1200 v. Chr.) dringt die Siedlungstätigkeit allmählich in gebirgsnahe Gegenden vor, wie auch viele Einzelfunde von Geräten bis hinauf nach Einödsbach (1700 m) zeigen. Um 1200 v. Chr. lassen sich **Illyrer** aus der Ungarischen Tiefebene in Schwaben nieder, die die Technik der Eisenverarbeitung kennen. Den Übergang von der Bronze- zur Eisenzeit (ab 8. Jh. v. Chr.) bringt jedoch erst die **Hallstattkultur** mit Neuerungen in Siedlung, Bestattung, Gebrauchsgeräten (Töpferscheibe) und Schmuckformen (Zierfibeln), die aus dem Mittelmeerraum übernommen werden. Um 600 v. Chr. hat sich im Allgäu die Verhüttung des heimischen Eisenerzes etabliert. Eine bedeutende Rolle spielt auch der Handel, insbesondere von Salz. Aus illyrischer Zeit stammen u. a. die Namen der Flüsse Iller und Argen sowie der Ortsnamen Foetibus, das mit Füssen identifiziert wird. Im 5. Jh. v. Chr. dringen von Westen die **Kelten** der Latènezeit ein, die ersten Bewohner des bayerischen Raums, die in antiken Quellen genannt werden. Sie bilden das beherrschende Bevölkerungselement der Gegend: Vindeliker im Alpenvorland bis zur Donau, Raeter im Alpenraum. Münzen, Bronzefibeln und Glasschmuck, die Reste von Befestigungen (u. a. auf dem Auerberg bei Marktoberdorf, auf der Schöllanger Burg, auf dem Menschenstein bei Weiler) zeugen von der hohen Kultur. Sprachliche Spuren haben sich in Namen wie Wertach, Lech, Inn und Kempten erhalten.

← *Vom Rathaus in Mindelheim grüßt Georg von Frundsberg, der »Vater der Landsknechte«*

Römische Zeit

ab 15 v. Chr.	Besetzung des Alpenvorlands durch die Römer. Gründung der Provinz Raetia
3./4. Jh. n. Chr.	Eindringen der Alemannen
5. Jh. n. Chr.	Rückzug der Römer aus den Donauprovinzen

Frühe und mittlere Kaiserzeit

Unter dem römischen Kaiser Augustus beginnt 15 v. Chr. die Eroberung des Alpenraums. In diesem Jahr stoßen die Feldherrn Tiberius vom Bodensee her und Drusus über den Fernpass ins Allgäu vor. Dabei schlägt Tiberius die Brigantier in einer Schlacht auf dem Bodensee. Die keltischen Gebiete bis zur Donau werden dem Römischen Reich einverleibt und bilden die **Provinz Raetia** mit der Hauptstadt Augusta Vindelicorum (Augsburg). Die keltische Festung auf dem Auerberg wird zum römischen Militärposten, Straßen werden gebaut und gesichert, v. a. zwischen Bregenz und Kempten (über Heimenkirch – Wengen – Buchenberg) und die Via Claudia Augusta, die von Rom über Reschen- und Fernpass nach Augsburg führt. (Die angebliche Via Decia von Innsbruck nach Bregenz über Lermoos – Oberjoch – Scheidegg ist weder dokumentarisch noch archäologisch nachgewiesen; ihre »Existenz« verdankt sie einer Fehlinterpretation zweier Meilensteine.) Neue Ansiedlungen werden gegründet, bestehende wie Bregenz (Brigantium) und **Kempten** (Cambodunum) ausgebaut. Bereits 18 n. Chr. erwähnt der griechische Historiker Strabo in seiner »Geographika« Kempten als »Kambodunon«, ein keltischer Name, der soviel wie »befestigter Ort an der Flussbiegung« heißt. Die keltische Bevölkerung vermischt sich allmählich mit den Eroberern, der mit keltischen Elementen angereicherte römische Kultus setzt sich durch, bevor er ab dem 4. Jh. vom Christentum – durch Kaufleute, Soldaten und Sklaven ins Land gebracht – abgelöst wird.

Römischer Meilenstein bei Wengen

Spätantike

Verstärkte Einfälle germanischer Völker (Alemannen, Franken) ab dem 3. Jh. läuten das Ende der römischen Herrschaft ein. Nach ersten Angriffen 213 fällt der Limes 233 zu großen Teilen. **Alemannen** dringen 233 und 250 nach Cambodunum vor, das sie teilweise zerstören, bevor sie ab 259 die Provinz Raetia allmählich in Besitz nehmen. Von den Wirren der Zeit zeugen u. a. die Funde von vergrabenen Schätzen und Ruinen von Villen, etwa in Wiggensbach, Steinegaden bei Sulzberg, Bad Faulenbach und Roßhaupten bei Füssen. Die Absetzung des Kaisers Romulus Augustulus durch den germanischen Heerführer Odoaker 476 bedeutet das Ende des Weströmischen Reichs; die Donauprovinzen werden geräumt, Teile der römischen Bevölkerung kehren nach Italien zurück. Zwischen dem Bayerischen Wald, dem Lech und den Alpen lassen sich ab Ende des 5. Jh.s Ostgermanen nieder – hauptsächlich aus Böhmen, wovon die Bezeichnung **Bajuwaren** für die östlichen Nachbarn abgeleitet ist.

Früh- und Hochmittelalter

536/537	Einrichtung alemannischer Herzogtümer
um 750	Missionstätigkeit St. Galler Mönche Gründung der Klöster Füssen, Kempten und Ottobeuren
817	Erste Erwähnung des Namens »Allgäu«
ab 839	Aufstieg der Welfen
1079–1268	Herrschaft der Staufer in Schwaben

Ab Ende des 5. Jh.s geraten die Alemannen zunehmend in Konflikt mit den Franken. 536 fällt Letzteren der ganze alemannisch-baierische Raum zu. Sie setzen **Stammesherzöge** ein, die relativ unabhängig regieren; auch behalten die Alemannen ihr eigenes Recht. Das Verhältnis bleibt aber immer gespannt, und 746 eliminiert Karlmann die alemannische Führungselite; Schwaben wird Eigentum des fränkischen Königs und durch **Gaugrafen** verwaltet. Aus dem 7. Jh. sind im Oberallgäu nur in Sonthofen, Altstädten, Fischen und Oberstdorf Siedlungsreste bekannt. Die frühalemannische Landnahme hatte ihren Südrand in dem weiten Bogen von Lindau über Leutkirch, Memmingen und Kaufbeuren bis Füssen. Im 8. Jh. schreitet die Besiedlung nach Süden voran (Orte auf -ingen, -hofen, -beuren, -wang). Einen wichtigen Beitrag zur Zivilisation des Landes leistet die **Kirche**, organisiert in den Bistümern Augsburg, das im 3. Jh.

Fränkische Herrschaft und Christianisierung

Die Legende von St. Mang und dem Drachen (Deckenfresko in der Füssener Klosterkirche)

Allgäu, Land der Burgen: Ruine Rauhlaubenberg östlich von Immenstadt

entstand, und Konstanz, gegründet Ende des 6./Anfang des 7. Jh.s. Mönche aus St. Gallen, vor allem der »Apostel des Allgäus«, der hl. Magnus, sind um die Mitte des 8. Jh.s missionierend tätig; aus ihren Zellen entstehen die Klöster Füssen und Kempten. 764 stiftet ein fränkischer Graf das Kloster Ottobeuren, das mit Reichenauer und St. Galler Mönchen besetzt wird. 817 wird in einer St. Galler Urkunde zum ersten Mal das **»Allgäu«** genannt, als »pagus albigaugensis«, womit der Bereich etwa zwischen Scheidegg, Niedersonthofen und Oberstdorf gemeint ist. Die **Klöster** werden Zentren der Kultur. Literatur, Buchmalerei und Kunsthandwerk erleben dort eine hohe Blüte. Mit dieser Rolle der Klöster werden Traditionen begründet, die Land und Leute bis zur Säkularisation prägen sollten.

Welfen und Staufer

Als die fränkische Zentralgewalt bröckelt, kann im Jahr 839 der in Oberschwaben ansässige Zweig der **Welfen** die Udalrichinger als Gaugrafen ablösen. Welf IV. wird 1070 mit der baierischen Herzogswürde belehnt; in der Folge dehnt das Geschlecht seinen Besitz bis nach Südtirol aus. In den Wirren um den päpstlichen Bann über König Heinrich IV. stellen sich die Welfen auf die Seite des Gegenkönigs Rudolf von Rheinfelden. Nachdem Heinrich Schwaben und das Allgäu blutig zurückerobert hat, macht er 1079 **Friedrich von Staufen** zum Herzog von Schwaben. 1138 wird Konrad von Staufen König, 1155 Friedrich I. Barbarossa Kaiser. In Schwaben geht der zerstörerische Konflikt zwischen den

? WUSSTEN SIE SCHON ...?

- Im Allgäu wie in Schwaben gibt es viele Gasthäuser namens »Adler« (»Schwarzer Adler«, »Goldener Adler«) – eine Anspielung auf den Adler des Heiligen Römischen Reichs und seines Kaisers, dem die meisten Allgäuer Territorien unterstanden.

Welfen und den Staufern bis 1191 weiter, als Welf VI. stirbt und sein schwäbischer Besitz, den er aufgrund seiner Verschwendungssucht den Staufern verpfändet hatte, an den Erzfeind fällt. Mit weiteren Erwerbungen verfügen die Staufer nun über ein relativ geschlossenes Eigengebiet, das sie aber nicht lange halten können: Nach dem Tod des letzten Staufers Konradin 1268 zerbricht es in kleine **weltliche und geistliche Territorien sowie Freie Reichsstädte** wie Lindau und Kempten. Die politische Karte des 14.–18. Jh.s zeigt für Oberschwaben und das Allgäu einen bunten Flickenteppich, in dem das Hochstift Augsburg und das Fürststift Kempten größere Flächen einnehmen; über nennenswerte Territorien verfügen auch das Kloster Ottobeuren, die Truchsessen von Waldburg und die Grafen von Montfort (-Rothenfels u. a.). Im Westen sichern sich die württembergischen Herzöge große Teile des Gebiets. Im östlich benachbarten Baiern können sich ab 1180 die **Wittelsbacher Herzöge** – trotz wiederholter Teilung – ein großes Herrschaftsgebiet aufbauen und erhalten. Aus der Konradinischen Erbschaft gehen westlich des Lechs Schongau und Landsberg an die Wittelsbacher. Dass sie sich nicht mehr von Schwaben aneignen können, liegt einerseits an den Habsburgern, die 1301 die Markgrafschaft Burgau erwerben, andererseits am Widerstand des Schwäbischen Bunds (▶S. 42).

In einer Reihe von Orten entsteht schon im frühen Mittelalter eine wohlhabende, einflussreiche Schicht von Handwerkern und Kaufleuten, die naturgemäß auch politisches Selbstbewusstsein entwickelt. Um sie sich gewogen zu machen, gewähren Könige und Kaiser ihnen Privilegien, die Stadtrechte (vor allem im 13. Jh.) und später den Status der **Freien Reichsstadt**, womit sie sich neben weltlichen und kirchlichen Territorien als dritte Kraft etablieren. Diese Städte – Lindau, Wangen, Isny, Leutkirch, Memmingen, Kempten, Kaufbeuren – liegen außerhalb des Gebiets, das zu dieser Zeit als »Allgäu« gilt und als raues Bauernland keine städtischen Strukturen ausbildet.

Freie Reichsstädte ...

Zwei bemerkenswerte Sonderfälle weist die Geschichte des Allgäus auf: die Freien von Eglofs und die Freien auf der Leutkircher Heide. 1243 hat Friedrich II. die »Grafschaft im Albgau mit der Burg Eglofs« gekauft und mit Bauern besiedelt, denen er persönliche Freiheit, Eigentum an ihren Gütern und weitere wichtige Privilegien gewährt. Diese Bauern sind nicht ganz arm, denn ein Viertel der Kaufsumme bringen sie selbst auf. 1282 bekommt Eglofs gar das Stadtrecht, eine für das Heilige Römische Reich einzigartige Stellung. Das Siedlungsgebiet der Eglofser Freien entspricht dabei, mit einigen Ausweitungen, dem »Ur Allgäu«, dem alten **»pagus albigaugensis«**. Die ähnlich privilegierten Freien auf der Leutkircher Heide, im alten Nibelgau, gehen auf den Kauf der Grafschaft Zeil durch Friedrich II. um 1240 zurück (bei Hundhöfe an der B 18 südwestlich von Leutkirch erinnern Findlinge an sie). Beide Gruppen haben als »Freie im Allgäu« wesentlichen Anteil am Überleben des Namens »Allgäu«.

... und Freie Bauern

Besiedlung und Ortsnamen

Einige häufige Typen von Ortsnamen rühren aus der Siedlungstätigkeit im Mittelalter. Die Namen auf »-weiler« lassen erkennen, dass Einzelhöfe und kleine Hofgruppen schon vor der Vereinödung (▶ S. 45) existierten. Die fortschreitende Urbarmachung durch Rodung signalisieren Namen auf »-ried«, »-reut«, »-schwend« und ähnliche. Eine echte Allgäuer Besonderheit sind die sog. elliptischen oder genitivischen Ortsnamen, abgeleitet von einem Personennamen: z. B. Siebers, Eglofs, Metzlers, Diepolz (von Diepolt), Eckarts. Meist wird ein »-ried« oder ein »-weiler« zu ergänzen sein.

Spätmittelalter · Frühe Neuzeit

1488	Gründung des Schwäbischen Bunds
1525	Bauernkrieg
1618–1648	Dreißigjähriger Krieg

Reichsritter und Schwäbischer Bund

Was wenig bekannt ist: Das Allgäu war ein Land der Burgen, über hundert sollen es gewesen sein. Auf ihnen sitzen einstige Dienstmannen und Ministerialen, die sich aus den Lehensbeziehungen größtenteils gelöst haben. Zum Schutz vor den Landesherren gründen sie schon im 14. Jh. Rittergesellschaften, die 1407 in der **Reichsritterschaft mit St.-Jörgen-Schild** aufgehen. Anlass für deren Gründung ist die Bedrohung durch die Appenzeller Bauern, die sich gegen den St. Galler Abt und Habsburg erfolgreich erhoben haben, ins Allgäu einmarschieren und für Aufruhr sorgen. Als sie 1408 Bregenz bedrohen, können die Ritter sie zurückschlagen. Um den Landfrieden zu bewahren – d. h. die Wittelsbacher an der Expansion nach Westen zu hindern –, veranlasst Kaiser Friedrich III. 1488 die Städte und Stände zum Zusammenschluss im Schwäbischen Bund.

Bauernkrieg und Reformation

Nachdem die stiftskemptischen Bauern schon 1491 den Widerstand geprobt hatten, erheben sich unter dem Einfluss der Reformation (1517 hatte Luther in Wittenberg seine »95 Thesen« veröffentlicht) 1524/1525 die schwäbischen Bauern und ihre Standesgenossen zwischen Bern und Thüringen gegen die Feudalherren. Im **Bauernkrieg** tritt das Allgäu zum einzigen Mal in den Blick der großen Geschichte: Die **»Zwölf Artikel«**, die am 15. März 1525 in Memmingen auf der Grundlage evangelisch-christlicher Vorstellungen formuliert werden, gelten als frühes Manifest der Menschenrechte. Unmittelbare Not ist nur zu einem geringen Teil Anlass; allerdings sind die feudalen Lasten – Zinsen, Zehnte, Frondienste – drückend, und als besonders negativ werden die fortschreitende Entrechtung, die Willkür und Erpressung durch die Grundherren vermerkt. Im oberschwäbisch-allgäuischen Raum formieren sich drei große Gruppen, der Baltringer Haufen, der Seehaufen und der **Allgäuer Haufen** (Letzterer

Spätmittelalter · Frühe Neuzeit

mit 13 Einzelhaufen). Die v. a. auf Rechtssicherheit zielenden Zwölf Artikel bleiben wirkungslos. Den folgenden kriegerischen Aufstand wirft der Heerführer des Schwäbischen Bundes, **Georg Truchsess von Waldburg** (»Bauernjörg«), grausam nieder; am 14./15. Juli 1525 wird an der Leubas die letzte Schlacht geschlagen. Man schätzt, dass der Aufstand 100 000 Bauern das Leben gekostet hat. Viele haben alles verloren, ihr Widerstandsgeist ist gebrochen. Bis zum Augsburger Religionsfrieden 1555, auf dem die Maxime »cuius regio, eius religio«, d. h. soviel wie »Der Landesherr bestimmt die Konfession«, angenommen wird, setzt sich die **Lehre Luthers** in den schwäbischen Territorien zum Teil und in den meisten Freien Reichsstädten durch, nicht ohne massive katholische Repressalien und protestantische Märtyrer. Aufgrund der Beziehungen der schwäbischen Reichsstädte zur Schweiz ist der Einfluss Zwinglis stark. In einigen Städten praktiziert man eine Koexistenz, die bis in die politische Verwaltung reicht. Demgegenüber stellen sich die Wittelsbacher östlich des Lechs auf die Seite des Katholizismus und des Papsttums; Baiern wird zur führenden Macht der **Gegenreformation**. Großen Einfluss erlangt die 1550 gegründete Universität in Dillingen, die 1563 dem Jesuitenorden übergeben wird. Der Konflikt zwischen den Konfessionen wird bis weit ins 18. Jh. weiterwirken.

Mit den in Memmingen verkündeten »Zwölf Artikeln« forderten die Bauern die Erhaltung ihrer Rechte.

Dreißigjähriger Krieg

Die Gegensätze zwischen Katholiken und Protestanten spalten auch die Territorien in Schwaben. Der 1608 gegründeten Protestantischen Union schließen sich u. a. Memmingen und Kempten an, der 1609 gegründeten Katholischen Liga unter dem bairischen Herzog Maximilian I. der Fürstbischof von Augsburg und der Fürstabt von Kempten. Zwischen 1618 und 1648 leidet das Land unter dem Hin und Her der Feldzüge, bei denen sich die Söldner beider Lager an Grausamkeit zu übertrumpfen versuchen, dazu kommt 1630–1632 die Pest. Im Juni 1630 macht **Wallenstein** Memmingen zum Hauptquartier; im Oktober wird er aber als Oberbefehlshaber des kaiserlichen Heers entlassen. Ab 1632 tobt im Allgäu der Kampf zwischen den **Schweden und den Kaiserlichen**. Besonders übel geht es in Kempten zu, das in katholisches Stift und protestantische Stadt gespalten ist. Am Ende des Kriegs 1648 ist die Bevölkerung des Allgäus auf etwa ein Drittel geschrumpft, diejenige Kemptens gar auf ein Zehntel.

Zeit des Absolutismus

Nach dem Westfälischen Frieden hat das Allgäu etwa 50 Jahre Zeit zur Erholung. Erstaunlicherweise kann der Fürstabt zu Kempten schon 1651 mit dem Bau der neuen prächtigen Residenz beginnen. Auch die **Klöster** in Irsee (ab 1699), Füssen (1701) und insbesondere Ottobeuren (1711) sowie Weingarten (1715) erstehen unter großem Aufwand neu, nicht zu vergessen einige Schlösser; eine große Zahl von Gotteshäusern wird barock umgestaltet. Ansonsten ist das Allgäu im 18. Jh. Spielball der großen Politik, was für seine Bewohner viel Ungemach bedeutet. Im **Spanischen Erbfolgekrieg** (1701–1714), den der baierische Kurfürst Max Emanuel mit Frankreich gegen Habsburg führt, werden besonders Memmingen und Kempten, aber auch das Westallgäu bis nach Oberschwaben hinein in Mitleidenschaft gezogen. Weitere Lasten bringen der Österreichische Erbfolgekrieg 1740–1748 und dann die **Napoleonischen Kriege** zwischen 1796 und 1810, in denen das Allgäu von allen Kontrahenten geplündert wird und Schauplatz regionaler Aufstände gegen die Franzosen ist. Das Mittelalter – so könnte man sagen – endet im Allgäu im Jahr 1775, als in Kempten zum letzten Mal in Deutschland eine »Hexe« enthauptet und verbrannt wird.

Kempten in einem Merian-Stich von 1640

Vereinödung

Was wäre die reizvolle Allgäuer Landschaft ohne die vielen **einzeln stehenden Bauernhöfe**? Zwar ist die Siedlung in verstreuten Höfen und Weilern schon im Mittelalter üblich – 1627 schreibt ein Kemptener Pfarrer von der Alleinherrschaft des Allgäuers auf seinem Einödhof –, doch haben wir hier im Wesentlichen das Ergebnis einer Aktivität vor uns, die zum größten Teil in die Jahre 1769 bis 1802 fällt. Während die erste bekannte Vereinödung für 1550 dokumentiert ist, werden in diesen Jahren – von insgesamt ca. 1200 – etwa 500 vorgenommen. Zur Vereinödung gehören die Zusammenlegung zu kleiner Parzellen (Flurbereinigung), Aufhebung des Flurzwangs und (nicht immer) die Aussiedlung aus dem Dorf, der »Ausbau«. Die Bewegung, die sich vom stiftskemptischen Gebiet aus westlich über fast ganz Oberschwaben ausbreitet, gründet nicht auf obrigkeitlicher Anweisung, sondern auf eigener Initiative; erst 1791 erlässt der Kemptener Fürstabt eine regulierende Verordnung. Wenn einmal der Beschluss in einem Dorf gefasst ist, werden z. T. innerhalb weniger Wochen die Grundstücke neu verteilt und gegebenenfalls Höfe abgebrochen und neu aufgebaut, wobei es bemerkenswert wenig Streitfälle gibt. Diese Neuordnung rechtlich-betriebwirtschaftlicher Verhältnisse sorgt für eine Verbesserung der bäuerlichen Einkommen und ist für den Aufstieg der Milchwirtschaft ab 1827 von großer Bedeutung.

19. Jahrhundert

1803 / 1806	Geistliche und weltliche Territorien werden aufgehoben und den neuen Königreichen Bayern und Württemberg zugeschlagen.
1810	Bayern und Württemberg legen ihre heute noch gültige gemeinsame Grenze fest.
ab 1827	Aufstieg der Milchwirtschaft und Käseproduktion zum wichtigsten Wirtschaftsfaktor
1848	Aufhebung der Grundherrschaft in Bayern
1852 – 1854	Eröffnung der Bahnlinie Kaufbeuren – Lindau

Politische Neuordnung

Das 19. Jh. bringt dem Allgäu von Beginn an tiefgreifende Umwälzungen. Nachdem schon 1796 das französische Revolutionsheer bis nach Bayern vorgedrungen war, schlagen am 3. Dez. 1800 Napoleonische Truppen das bayerisch-österreichische Heer bei Hohenlinden. Im Reichsdeputationshauptschluss 1803 verlieren Reichsstädte und Hunderte kleiner weltlicher und geistlicher Territorien ihre Unabhängigkeit (Mediatisierung, Säkularisation). Der größte Teil des Allgäus kommt mit Ostschwaben zu Bayern, der kleinere Teil – v. a. die Besitzungen der Fürsten von Waldburg, Isny und Eglofs, dazu 1809

Bau der Eisenbahnbrücke bei Ellhofen. Aquarell von Karl Herrle, 1853.

Wangen – zu Württemberg; das Kleinwalsertal wird im Wiener Kongress 1815 österreichisch. Am 1. Jan. 1806 werden das Kurfürstentum Baiern (ab 1825 »Bayern« geschrieben) und das Herzogtum Württemberg von Napoleon zu Königtümern erhoben. Auf diese Weise ist nun **das alemannische Allgäu gespalten** und zum größeren Teil Bestandteil eines Staats, der politisch und kulturell eine andere Geschichte hat. Damals hieß es weithin: »Wir sind also bayrisch – Gott gnade uns allen!« Im übermächtigen, auf den Münchner Hof zentrierten bayerischen Staat spielt das Allgäu eine periphere Rolle.

Das neue Bayern Unter dem bayerischen König Maximilian I. (1806–1825) und seinem Minister Maximilian Joseph Graf von Montgelas – dem Schöpfer des modernen bayerischen Staats – wird das Land in einer »Revolution von oben« reformiert: Abschaffung von Adelsprivilegien, Rechtsgleichheit, Gleichstellung der christlichen Konfessionen. 1818 fixiert der Monarch in einer der ersten deutschen Verfassungen die bürgerlichen Grundrechte; 1848 wird die Grundherrschaft abgeschafft, die Bauern werden Herren ihres Landes. Allerdings bewirkt die Aufhebung von Fürstentümern und Klöstern eine Provinzialisierung des Landes, das seiner Bildungs- und Kulturzentren beraubt wird. Gerade in bäuerlich geprägten Gebieten wie dem Allgäu hatte der Klerus wichtige Funktionen in puncto Volksbildung und sozialer Fürsorge erfüllt. Die kirchlichen Ländereien helfen nun der Staatskasse wieder auf, Kunstschätze werden verschleppt, wertvolle Bibliotheksbestände nach München geschafft oder als Altpapier verhökert.

»Vom blauen zum grünen Allgäu« Andererseits bereitet die Neuorganisation des Staatswesens den Boden für die großen wirtschaftlichen Umwälzungen im Allgäu des 19. Jh.s, das zunehmend auch von internationalen Einflüssen abhängig wird. Bisher umfasst die Landwirtschaft v. a. eine Viehzucht, die ihre

»Produkte« bis nach Italien verkauft, und den Ackerbau zur Selbstversorgung, der Getreide (Hafer, Dinkel, Gerste), Hülsenfrüchte und Kraut liefert, außerdem Flachs, seit dem Mittelalter Grundlage für ein eine florierende **Leinenindustrie**; kaum ein Bauernhaus gibt es, in dem nicht Männer, Frauen und Kinder Garn spinnen und Stoffe weben. Der blau blühende Flachs ist so verbreitet, dass man vom »blauen Allgäu« spricht. Milch und Käse stellt man nur für den Eigenbedarf her. Seit dem Spätmittelalter haben sich aber die klimatischen Verhältnisse für den Ackerbau verschlechtert, dazu ist die Konkurrenz durch die englische Baumwollindustrie übermächtig: Armut und Not sind die Folge. In dieser Situation sorgen tatkräftige Männer für den neuen Erwerbszweig, der das Bild und den Ruf des Allgäus bis heute prägt: die **Milch- und Käseproduktion** (▶ Special S. 192). Der rasche, große Erfolg beruht auch auf der Gründung des Deutschen Zollvereins 1834 (der übrigens eine Wurzel in einer Denkschrift des Kaufbeurer Fabrikanten Elch von 1819 hat) und dem Ausbau der Infrastruktur, v. a. der Bahnlinie Kaufbeuren – Lindau, die zwischen 1852 und 1854 in Betrieb geht. Die Industrialisierung beschränkt sich auf wenige größere Orte, anknüpfend vor allem an die bisherige Textilproduktion und die kleine Metallindustrie im Raum Sonthofen. Viele Bewohner wandern in die Industriezentren nördlich der Donau ab oder in die USA aus.

Milchtransport auf der Willersalpe – noch 1937 eine Knochenarbeit mit einfachsten Mitteln

Zur selben Zeit bahnt sich die Entdeckung des Allgäus als Ferienland an. Schon 1782 hatte sich der Augsburger Fürstbischof Clemens Wenzeslaus in einer Sänfte auf den Grünten tragen lassen – mit einem Tross von Hofschranzen und über 50 Bauern als Träger. Auch die Wittelsbacher schätzen die pittoreske Landschaft: Kronprinz Maximilian, später König Max II., lässt sich ab 1832 das Schloss Hohenschwangau bei Füssen als Wohnsitz erstellen; **Prinz Luitpold**, passionierter Jäger und später Prinzregent, macht ab 1851 Oberstdorf zu seiner zweiten Heimat; König Ludwig II. gibt dem bayerischen Alpenvorland mit dem Schloss Neuschwanstein, erbaut 1869 – 1886, das berühmteste Wahrzeichen. Bald kommen mit der Bahn die ersten Sommerfrischler, die sich auf die bequemen Täler beschränken.

Touristen kommen ins Allgäu

»EIN EWIG RÄTSEL«

Ein schlichtes Holzkreuz nahe dem Ufer markiert im Starnberger See die Stelle, an der am 13. Juni 1886 das Leben König Ludwigs II. zu Ende ging. Unter welchen Umständen er und sein Arzt Dr. von Gudden umkamen, ist bis heute nicht geklärt. Doch erhält gerade auch der mysteriöse Tod des »Kini« seine Anziehungskraft weit über Bayern hinaus.

Ludwig ließ wunderschöne Schlösser bauen, die heute zu den größten Attraktionen Bayerns zählen und einen ganzen Wirtschaftszweig unterhalten. Er war schön wie der sprichwörtliche Märchenprinz. Aber: Er war schon mit knapp vierzig dick und aufgeschwemmt, litt fürchterlich unter verfaulenden Zähnen, saß einsam in seinen Schlössern und jagte nächtens im elektrisch beleuchteten Schlitten durch verschneite Wälder.

Nein, märchenhaft war sein Leben nicht, und dabei hatte alles so verheißungsvoll begonnen. Just am Geburtstag des Großvaters König Ludwig I., am 25. August 1845, kam der lang ersehnte Thronerbe im **Schloss Nymphenburg** zur Welt. Schon früh entwickelte der kleine Ludwig eine lebhafte Fantasie, ließ sich gerne Geschichten erzählen oder erfand welche, freute sich am Theaterspielen und konstruierte mit seinen Bauklötzen kunstvolle Gebäude. Besonders angetan hatten es ihm die prachtvollen Sagengemälde auf **Schloss Hohenschwangau**, wo er und sein Bruder Otto (der später geisteskrank wurde) den größten Teil der Kindheit verbrachten. Stundenlang saß er in seinem Zimmer und flüchtete vor der strengen Erziehung in die Welt seines Lieblingshelden, des Schwanenritters Lohengrin. Denn weder zu seinem Vater noch zu seiner Mutter hatte er ein gutes Verhältnis – vermutlich begann damals schon sein innerer Rückzug.

Schöner junger König

Gut 18 Jahre alt war Ludwig erst, als er die Nachfolge seines Vaters antreten musste. Ein strahlend schöner junger Mann mit dunklen Locken und tiefblauen Augen, der mit seinen Einsneunzig alle überragte, schritt hinter dem Sarg einher. Hingerissen jubelte ihm das Volk zu, voll Eifer stürzte er sich in die Regierungsarbeit. Doch wohl nur er selbst kannte seine Angst und Unerfahrenheit; bald schon langweilte ihn alles, widerten ihn die Staatsgeschäfte an, die mehr einem Königspielen denn einem echten Regieren glichen. Eine der wich-

Ludwig II., von 1864 bis 1886 König von Bayern, in Generalsuniform. Gemälde von F. Piloty, 1865

tigsten Ursachen für diesen Rückzug mag der **Krieg von 1866** gewesen sein, zu dem man den König zwingen musste. Das Ergebnis war ein Bündnis mit Preußen, wonach im Kriegsfall der preußische König Oberbefehlshaber der bayerischen Truppen wurde – für Ludwig eine Verletzung seiner Souveränität, die nur vier Jahre später im Deutsch-Französischen Krieg vollendet wurde.

Der Rückzug

Aus der Welt, in der er nicht mehr König sein konnte, zog er sich zurück in eine andere: Kein König der Kriege, ein König der Kunst wollte er sein. Er begann mit dem geradezu hektischen Bau von Schlössern, so dass innerhalb weniger Jahre wahre Architekturwunder entstanden: Neu-Hohenschwangau (Neuschwanstein) als Gralsburg aus Wagners »Lohengrin«, Herrenchiemsee und – als einziger Bau zu seinen Lebzeiten vollendet – Linderhof mit der berühmten Grotte und dem See mit Wellenmaschine, auf dem sich der König nachts in einem Muschelkahn herumrudern ließ. Lange hat man in den Schlössern großartige Leistungen des Kunsthandwerks gesehen und Ludwig als Förderer und Auftraggeber, in zwischen weiß man aber, dass er bei fast allen Arbeiten selbst am Werk war. Ein anderes bleibendes Verdienst des Königs ist die zwanzig Jahre dauernde Protektion **Richard Wagners**. Als Fünfzehnjähriger hatte Ludwig in München tief ergriffen den »Lohengrin« erlebt und war in grenzenlose Schwärmerei für den Komponisten verfallen. Schon einige Monate nach Regierungsantritt schickte er seinen Staatssekretär Pfistermeyer aus, den Meister, in den er regelrecht verliebt war, nach München zu holen. Ludwig überschüttete den »erhabenen, göttlichen Freund« mit Gunst und Geld, doch die Minister teilten die königliche Begeisterung mitnichten, zumal sich Wagner auch in politische Angelegenheiten einmischte. Für Ludwig brach dann eine Welt zusammen, als er feststellen musste, dass Wagners angebliche Arbeitsbeziehung zu Cosima von Bülow eindeutig erotischer Art war. Tief enttäuscht von diesem Verrat zog er sich von Wagners Person zurück, hielt aber seiner Musik die Treue und half ihm auch finanziell. Die Schwärmerei für Wagners Musik

»Nächtliche Schlittenfahrt König Ludwigs II. im Ammergebirge«. Gemälde von R. Wenig, um 1860

war es auch zunächst, die Ludwig mit **Herzogin Sophie in Bayern** zusammenführte. Doch die am 22. Januar 1867 geschlossene Verlobung währte nicht lange, denn bald wurde Ludwig klar, dass es mit seiner Frau über die Musikbegeisterung hinaus keine tieferen Gemeinsamkeiten gab. Als die Entlobung bekanntgegeben wurde, war zwar die Verwandtschaft verstimmt und das Volk enttäuscht, der König aber atmete auf.

Es gab nur eine Frau in seinem Leben, der er tief verbunden war: Sophies ältere Schwester **Elisabeth, spätere Kaiserin von Österreich**, die berühmte Sisi. Beider Verhältnis war kein erotisches; Ludwigs Homosexualität war ein Tabu und stürzte ihn selbst in Konflikte. Die tiefe Verehrung, die er seiner acht Jahre älteren Cousine entgegenbrachte, lag in ihrer Wesensähnlichkeit. Auch Sisi war schön und exzentrisch, schwärmerisch und fantasievoll, litt wie er unter der Last der Krone. War Ludwig für den Zeitgeschmack zu weich oder gar zu weibisch geraten, galt Elisabeth als zu männlich und zu emanzipiert. Beide kamen mit den Konventionen ihrer Zeit und ihrer Stellung nicht zurecht und schufen sich ihre Refugien. Wann immer sie konnten, trafen sie sich auf der Roseninsel im Starnberger See oder schrieben sich Briefe, in denen sie sich »Adler« und »Taube« nannten.

In den letzten Jahren seiner Regierung wurde Ludwig immer mehr zum Einsiedler. Immer häufiger stürzte er sich in Affären mit Schauspielern und Reitknechten, lebte praktisch nur noch nachts, sah mehrmals in der Woche im gespenstisch leeren Münchener Residenztheater eigens für ihn gespielte Aufführungen. Immer manischer betrieb er den Schlösserbau, bis ihm schließlich der Landtag weitere Gelder verweigerte.

Das Ende

In Absprache mit Ludwigs Onkel, dem Prinzen Luitpold, ließ Ministerpräsident Lutz den König entmündigen und in **Schloss Berg** arretieren. Der weitere Fortgang ist bekannt: Ludwigs Drohung – »Und wenn ich nicht mehr bauen kann, will ich nicht mehr leben« – wurde innerhalb von Stunden bittere Wahrheit. Die Spekulationen über den 13. Juni 1886 reißen bis heute nicht ab. Für die letzten Stunden des Königs und den Spaziergang im Schlosspark gibt es keine Zeugen. War es Selbstmord? Hat Dr. von Gudden ihn zu retten versucht oder einen Fluchtversuch vereiteln wollen? War es ein politisch motivierter Mord? Diese Fragen sind immer noch offen, und so hat König Ludwig II. eines mit Sicherheit erreicht: »Ein ewig Rätsel will ich bleiben, mir und den anderen.«

Industrialisierung im Allgäu: Nähsaal in einer Lindenberger Hutfabrik, um 1930

Nachdem im Jahre 1818 bei der bayerischen Landvermessung auf über 50 Gipfeln Signalstangen gepflanzt worden waren, schlägt 1869 die Geburtsstunde des alpinen Tourismus im Allgäu: In diesem Jahr besteigt der junge Rechtspraktikant **Hermann von Barth** 44 Gipfel! Das Wegenetz, das dem Normalverbraucher schöne Bergerlebnisse ermöglicht, initiiert A. Spiehler, unterstützt vom 1869 gegründeten Deutschen Alpenverein. Zwischen 1875 (Waltenberger-Haus) und 1929 (Landsberger Hütte) werden die wichtigen Stützpunkte erbaut. Und 1897 bezwingen F. X. Euringer und M. Madlener auf Skiern den Stuiben, die ersten Wintersportler kommen 1905 nach Oberstdorf: Der Siegeszug des weißen Sports ist nicht mehr aufzuhalten. Für die Entwicklung geruhsamerer Urlaubsformen sorgte besonders der Geistliche **Sebastian Kneipp** ab 1855 in Wörishofen im Unterallgäu – mit seiner heute weltweit berühmten Kaltwasserkur.

20./21. Jahrhundert

1921	Gründung der Allgäuer Butter- und Käsebörse
ab 1934	KdF-Urlaubsreisen ins Allgäu
1945	Das Allgäu wird von den US-Amerikanern besetzt, der Landkreis Lindau von den Franzosen
1972	Verwaltungsreform: Entstehung der Landkreise Oberallgäu, Ostallgäu, Unterallgäu

Von 1914 bis 1945

Der Erste Weltkrieg bereitet einer prosperierenden Zeit unter dem Prinzregenten Luitpold (1886–1912) ein jähes Ende. Über 900 000 bayerische Soldaten ziehen in den Krieg, etwa 180 000 kehren nicht mehr heim. Auf Initiative des Kemptener Oberbürgermeisters Otto Merkt – der sich auch in der Heimatpflege große Verdienste erwirbt – wird dort 1921 die **Allgäuer Butter- und Käsebörse** gegründet, seit 1950 Süddeutsche Butter- und Käsebörse, die heute in Baden-Württemberg, Bayern und Sachsen Angebot und Nachfrage für Butter und Käse ermittelt und so die Grundlage für die Notierung bildet. Das Jahr 1922 sieht ein zweites wichtiges Ereignis in puncto Käse: In Wangen wird der erste Schmelzkäse hergestellt. Der **Tourismus** wird in der benachteiligten Wirtschaftsregion Allgäu zu einem unverzichtbaren Standbein. In den Jahren der Inflation verzeichnen die Hütten des Deutschen Alpenvereins einen Gästeboom, und 1934 kommen die ersten »Kraft-durch-Freude«-Urlauber. Auch das KdF-Programm wird bewusst zur Wirtschaftsförderung eingesetzt. 1937 eröffnet Adolf Hitler in Sonthofen die Ordensburg, eine Kaderschule der NSDAP (heute Feldjäger- und Sportschule der Bundeswehr). In den letzten Wochen des Zweiten Weltkriegs soll das Allgäu Teil der **»Alpenfestung«** werden, eine Propagandablase, die dazu führt, dass die US-Truppen nicht nach Berlin marschieren, sondern den Süden Deutschlands einnehmen. Hochkarätige Wissenschaftler – wie die Raketenspezialisten unter Wernher von Braun und Konrad Zuse mit seinem Computer Z 4 – werden nach Hindelang verlagert, wo sie sich vorteilhaft den Amerikanern ergeben können.

Alte und neue Zeit treffen am Oberstdorfer Bahnhof aufeinander: 1930 wurde die Buslinie ins Kleinwalsertal eröffnet.

▶ 20./21. Jahrhundert   **FAKTEN**   53

Der bayerische Teil des Allgäus wird 1945 amerikanisch besetzt, der württembergische französisch. Eine Sonderstellung nimmt der Landkreis Lindau ein, der als einziger in Bayern zur französischen Besatzungszone gehört (in puncto Weinbau und Fußball ist Lindau heute noch »württembergisch«); 1955 wird er wieder Bayern eingegliedert. Eine große Leistung ist die Aufnahme vieler tausend **Flüchtlinge und Vertriebene** (in Bayern ca. 1,9 Mio.), durch die die Bevölkerung des Allgäus um fast ein Drittel wächst; im neuen Kaufbeurer Stadtteil Neugablonz werden ca. 18 000 Menschen aus dem Sudetenland angesiedelt. Die wirtschaftliche Entwicklung des Allgäus nach dem Zweiten Weltkrieg ist vom raschen **Schrumpfen der Landwirtschaft** – ebenso in der Anzahl der Höfe wie der Beschäftigten – gekennzeichnet, wenn auch in geringerem Maß als im deutschen Durchschnitt. Parallel dazu geht die Zahl der milchverarbeitenden Betriebe (Molkereien, Käsereien) drastisch zurück, die sich dafür zu Industrieanlagen entwickeln. Aufgefangen werden die Arbeitskräfte vom wachsenden Tourismus (der zweigleisige Broterwerb ist für das Allgäu wichtig) und der mittelständischen Industrie, die in Nachfolge der frühen Allgäuer Tüftler insbesondere mit High-Tech glänzt – auch im Allgäu setzt die bayerische Politik auf eine Verbindung von Tradition und Fortschritt. Die **Verwaltungsreform** 1972 ordnet die Landkreise neu: Die Landkreise Oberallgäu, Ostallgäu und Unterallgäu entstehen, Kempten, Memmingen und Kaufbeuren werden kreisfrei, während Lindau in seinen Landkreis eingegliedert wird. Auf württembergischer Seite wird der Landkreis Wangen unter Protest der Bevölkerung dem Landkreis Ravensburg zugeschlagen. Gegen Ende des Jahrtausends entsteht am Forggensee bei Füssen ein riesiges Musicaltheater mit 1400 Plätzen. Im Jahr 2000 hat »Ludwig – Sehnsucht nach dem Paradies« Premiere, ab 2003 wird – um dem Zuschauerschwund zu begegnen – »Ludwig²« gegeben, aber 2007 kommt aufgrund unzureichender Besucherzahlen das endgültige Aus. Wenn die Investoren hier ihre Chancen zu optimistisch sahen, so zeigt der gegenwärtige Oberstdorfer Streit um die touristische Zukunft des Orts – in Zeiten des Klimawandels wurden in den letzten Jahren 23 Mio. € in neue Wintersportanlagen investiert, davon ca. 17 Mio. € öffentliche Gelder, mit hohen Folgekosten für die Gemeinde –, wohin die Tourismuswirtschaft im Filz von Lokalpolitikern, Sportfunktionären und privaten Geldgebern gelangen kann. Demgegenüber setzt Bad Hindelang mit dem »Ökomodell Natur & Kultur« auf den »sanften« Tourismus; dem drohenden Verfall der Kulturlandschaft und den Existenzproblemen der Bauern will man vor allem mit ökologischer Landwirtschaft und der Direktvermarktung ihrer hochwertigen Produkte entgegenwirken.

Von 1945 bis heute

Kunst und Kultur

Wie wenige andere Gegenden Deutschlands ist das Allgäu von lebendigen Traditionen geprägt. Barocke Kirchen mit Zwiebeltürmen und überwältigendem Stuck- und Freskenschmuck gehören ebenso zum Bild der Landschaft vor den Bergen wie schöne Trachten, Bauernhäuser und alte Bräuche.

Kunstgeschichte

Die bildende Kunst des Allgäus ist, wie des deutschen Alpenvorlands im ganzen, vor allem von zwei Hochphasen geprägt: dem Übergang vom Spätmittelalter zur Renaissance und der Epoche des Barocks. Augenfällig sind dabei in früherer Zeit die Verbindungen zu den Kunstzentren des nördlich und westlich angrenzenden Schwabens, später zum östlich gelegenen Oberbayern. Zahlreiche ältere Kunstwerke finden sich heute in einem barocken Rahmen, denn viele ältere Bauwerke wurden in späterer Zeit umgestaltet; da und dort lassen z. B. romanische Turmgeschosse und gotische Wandmalereien den älteren Bestand noch erahnen. Unverändert blieben Gebäude in der Regel dann, wenn für einen Neubau kein Geld da war. Bedeutende Kunstdenkmäler findet man vorwiegend in der Nordhälfte des Allgäus mit ihren einstigen Freien Reichsstädten und Klöstern. Demgegenüber ist der gebirgsnahe Süden, der seit alter Zeit naturgemäß schwach besiedelt und dazu sehr arm war, weniger üppig mit Bau- und Kunstzeugnissen gesegnet. Dafür liegen dort die Kirchen und Kapellen oft sehr reizvoll vor der Kulisse der Berge.

Antike

Unter den Kelten entstanden frühe Siedlungen im Allgäu, das in den vorchristlichen Jahrhunderten spärlich besiedelt blieb. Der wichtigste Ort war das an der Iller gelegene Kempten, das schon in illyrischer und keltischer Zeit existierte. Unter Kaiser Augustus eroberten römische Truppen das Alpenvorland (▶ S. 38). Durch die entlang des Lechs angelegte Via Claudia Augusta, die Augsburg über Füssen und den Reschenpass mit Trient verband, und eine zum Bodensee führende Straße war die Region an das römische Reich angeschlossen. Vom 1. bis zum 3. Jh. entwickelte sich die provinzialrömische Kultur. Die bedeutendste Stadt war **Cambodunum** (Kempten), ein Verwaltungszentrum der Provinz Raetia. Die Ausgrabungen lassen die an den Hauptachsen »decumanus« und »cardo« orientierte typisch römische Bauweise erkennen. Die Grundmauern von Forum, Basilika und Statthalterpalast mit Thermen sind im Archäologischen Park Cambodunum konserviert. Bei Burkwang östlich von Isny ist das spätrömische Kastell Vemania noch erkennbar, das im Itinerarium Antonini aus der Zeit Kaiser Caracallas (um 215) erwähnt ist. Auch der Auerberg wurde für ein Kastell genützt. Am Fuß des Tegelbergs bei Schwangau wurde eine römische Villa entdeckt, die vermutlich einem Bergwerksunternehmer gehörte (die Wandmalereien aus dem Badehaus, für Südbayern einzigartig, sind in der Archäologischen Staatssammlung München zu sehen).

← *Die prunkvolle Kirche des Benediktinerklosters Ottobeuren gilt als Höhe- und Schlusspunkt des süddeutschen Barocks.*

Frühes Mittelalter

In nachrömischer Zeit legten die im 6. Jh. beginnende alemannische Landnahme und die Christianisierung im 7./8. Jh. die Basis für die kulturelle Entwicklung im westlichen Voralpenland. St. Gallen sandte Mönche aus, die erste Kirchen gründeten. Ein Mönch Theodor errichtete um 730 in **Kempten** eine Missionszelle, 752 entstand dort ein mit Privilegien ausgestattetes königliches Eigenkloster. Der ebenfalls von St. Gallen kommende Magnus, der »Apostel des Allgäus«, errichtete um 748 in **Füssen** eine Zelle und begann mit der Mission. Im 8. Jh. wurde auch das Benediktinerkloster **Ottobeuren** im Anschluss an einen fränkischen Königshof gegründet. In karolingischer Zeit entstand in Lindau ein Benediktinerinnenkloster. Von den Bauten dieser Frühzeit blieb nichts erhalten. Die Buckelquader der sog. Heidenmauer auf der Insel Lindau stammen wohl aus dem 9. Jahrhundert. Allein die außerhalb des Allgäus gelegenen Kirchen auf der **Insel Reichenau** im Bodensee sowie der St. Gallener Klosterplan vermitteln einen Eindruck von dieser Zeit. Der Blick zur Reichenau ist bedeutsam, da sich in der Ostkrypta von **St. Mang in Füssen** ottonische Wandmalereien des späten 10. Jh.s erhalten haben, die mit der starken Gestik der dargestellten Missionare Magnus und Gallus der Malerei der Reichenau verwandt sind. Die Umgangskrypta entstand, als eine nun schon dem hl. Mang geweihte Kirche am Platz der ersten Zelle des Magnus errichtet wurde. Die Krypta besitzt einen tonnengewölbten Hallenraum mit Pfeilern und Trapezkapitellen, der mit der Westkrypta des Augsburger Doms vergleichbar ist.

Ottonische Fresken in St. Mang, Füssen

Romanische Kunst

Die aus der Romanik überlieferten Werke geben bereits einen tieferen Einblick in die Kultur der Zeit. Die Kirche St. Georg auf dem **Georgenberg** bei Germaringen, um 1180 zum Teil aus Tuffsteinquadern erbaut, zeigt an der Apsis die typisch romanischen Dekorationsformen wie Blendbögen auf Halbsäulenvorlagen und Würfelkapitelle. In der Kirche sind figürliche Darstellungen wie die Wandmalereien (v. a. in der Apsis, 13. Jh.), das hölzerne Kreuz im Langhaus (um 1170; Kopie, Original im Bayerischen Nationalmuseum München) und Steinreliefs der Zeit um 1200 zu sehen. **Lindau** besitzt eine Reihe von Zeugnissen aus romanischer Zeit. Die ehemalige Stiftskirche Mariä Himmelfahrt geht auf eine um 1100 entstandene hirsauische Säulenbasilika mit Westturm, Querhaus und Rechteckchor zurück. An der ehemaligen Kirche St. Peter sind im Osten noch Bauteile von Mitte des 12. Jh.s erhalten. Ein um 1200 entstandenes Relief mit einem Seeungeheuer befindet sich an St. Stephan. Auch der alte Lindauer Leuchtturm, der Mangturm, entstammt der Romanik. In einigen wenigen Orten des Allgäus datieren Kirchen aus dieser Epoche. In **Kempten** besteht mit der Keckkapelle aus dem 13. Jh. ein im Kern romanisches Gebäude. In Emmereis bei Rettenberg hat sich mit der Kapelle St. Nikolaus eine ehemalige Chorturmkirche des 12./13. Jh.s teilweise erhalten. In **Kaufbeuren** besitzt St. Martin noch das romanische Hauptportal. St. Cosmas und Damian in Rauns bei Waltenhofen hat einen spätromanischen Turm. Andere Orte wie Füssen und das Kloster Isny besaßen bedeutende romanische Bauwerke, die jedoch nicht erhalten sind. Im östlichen Randbereich des Allgäus existiert mit dem 1147 von Herzog Welf VI. gegründeten Prämonstratenserkloster **Steingaden** ein barockisierter Kirchenbau, dessen romanischer Ursprung, eine dreischiffige, querhauslose Pfeilerbasilika, noch gut zu erkennen ist. Die etwas weiter nördlich gelegene Basilika St. Michael in **Altenstadt**, um 1200 erbaut, ist mit ihrer östlichen Turmfront nicht nur eines der schönsten und geschlossensten romanischen Bauwerke der ganzen Region, sie ist auch eines der ältesten Beispiele für einen vollständig mit Kreuzgratgewölben versehenen Kirchenbau in Bayern. Architektur und Ornamentik verweisen hier auf lombardische Einflüsse. Mit dem zu einer Triumphkreuzgruppe gehörenden großen Kruzifixus (»Großer Gott von Altenstadt«) und dem Taufbecken sind in der Kirche bedeutende Ausstattungsstücke aus dem frühen 13. Jh. erhalten.

Gotische Architektur

Auffallende Bauten aus der Gotik sind vor allem die Burgen und die Wehranlagen der Städte. Das Hohe Schloss in **Füssen** wurde ab 1290 unter dem bayerischen Herzog Ludwig begonnen und gegen Ende des 15. Jh.s von den Augsburger Bischöfen repräsentativ ausgebaut. Dem Typus nach gehört die Höhenburg mit Bergfried, drei Flügeln und dem östlichem Mauerring noch dem Hochmittelalter an. In Oflings bei Wangen steht eine Turmburg, deren Untergeschosse in das 12. und 13. Jh. datiert werden. Die Burg Sulzberg (▶ S. 191), deren imposante Ruine als größte im Allgäu gilt, datiert in die Mitte des 12. Jh.s. Später treten auch die Stadtbefestigungen architektonisch hervor, künden zugleich von der Macht der aufstrebenden Städte. Am Übergang von der Hoch- zur Spätgotik steht das Kemptner Tor in **Memmingen**, das 1393 vollendet wurde. Als Wahrzeichen von **Kaufbeuren** erhebt sich in der Stadtmauer der Fünfknopfturm, der 100 Jahre jünger ist. Die in der Mitte des 12. Jh.s in der Ile-de-France entstandene Gotik kam etwa 80 Jahre später nach Deutschland. Eines

Wehrhafte Städte: Fünfknopfturm in Kaufbeuren

der frühesten Zeugnisse in Süddeutschland ist die Dominikanerkirche in Regensburg (um 1230 bis 1300), die das gotische System ganz flächig abwickelt und auf ein Querhaus verzichtet. An diesem schlichten Bautyp der Bettelordenskirche halten die Stadtkirchen des Allgäus und Oberschwabens fest, die dreischiffig, im Langhaus öfter flach gedeckt und entlang der Wände weitgehend ohne Bauzier ausgestattet ist. Die St. Martin geweihten Pfarrkirchen in Kaufbeuren und Memmingen aus dem 15. Jh. sind dafür prominente Beispiele. Höheren Anspruch verkörpert der Chor der Memminger Martinskirche, der unter dem Ulmer Münsterbaumeister Matthäus Böblinger kurz vor 1500 mit spätgotischem Netzgewölbe erbaut wurde. Als qualität- und anspruchsvoller spätgotischer Bau des 15. Jh.s präsentiert sich die Blasiuskirche an der Stadtmauer von Kaufbeuren. Die besterhaltene spätgotische Burg, erbaut 1418–1432, ist die Ruine Hohenfreyberg bei Eisenberg.

Zwischen Spätgotik und Renaissance

Bildende Kunst　Aus dem 14. Jh. sind nur wenige künstlerisch bedeutsame Skulpturen zu nennen, so der Christus auf dem Palmesel in der Pfarrkirche von Petersthal (Oy-Mittelberg) und die thronende Madonna in Schloss Rauhenzell (Immenstadt), beide dürften in das frühe 14. Jh. gehören. In den Werken dieser Zeit lässt sich eine kunstlandschaftliche Eigenart noch kaum feststellen. Erst im 15. und im beginnenden 16. Jh. tritt die Allgäuer Kunst klarer vor Augen. Meister, die in den freien Reichsstädten wie Memmingen und Kaufbeuren ansässig waren, pflegten eigene Stile. Um 1420 entstand die überlebensgroße Ton-Madonna in der Buxheimer Pfarrkirche, die als ostschwäbische, vielleicht augsburgische Arbeit gilt und den »Weichen Stil« repräsentiert.

Im Allgäu selbst vertrat **Hans Strigel d. Ä.** den fließenden Weichen Stil mit zartem Kolorit (Verkündigung und Kreuzigung in St. Martin in Memmingen, 1430 bzw. 1445; Schreinaltar in St. Bartholomäus in Zell bei Oberstaufen, 1442). St. Leonhard in Berghofen (bei Sonthofen) besitzt einen vermutlich von ihm geschaffenen Schreinaltar (1438). Schon in den 1420er-Jahren fertigte der in Reichenhofen bei Leutkirch geborene **Hans Multscher** seine ersten Arbeiten, eher er 1427 nach Ulm ging. Multscher kannte die frankoflämische Kunst und war mit seinem realistischeren Stil der einflussreichste Bildhauer seiner Zeit in Süddeutschland. Eine Madonna (um 1425) in der Kirche von Reichenhofen (bei Leutkirch) wird zu seinem Umkreis gerechnet. Aus Wurzach stammt eine Folge von Tafelbildern (1437, heute in der Berliner Gemäldegalerie), die wohl als eigenhändige Werke Multschers gelten dürfen. Einige Schnitzer wie der Meister des Füssener Hochaltars (St. Mang, Madonna auf dem südlichen Tabernakel) oder der **Meister des Imberger Altars** gingen vermutlich aus der Werkstatt Multschers hervor. Um 1475/1480 schuf der Ulmer Michel Erhart den Hochaltar für die Kaufbeurer St. Martinskirche, von dem vier große Schnitzfiguren in der Kirche blieben. Gegen 1500 erlebte die Kunst im Allgäu ihre bis dahin größte Blüte. Zu den hier tätigen Meistern gehörte der in Füssen und Kaufbeuren nachweisbare Bildschnitzer **Jörg Lederer**, dessen Altäre bis nach Tirol geliefert wurden. Von ihm stammen wohl die figürlichen Schnitzereien der Kassettendecke im Rittersaal des Hohen Schlosses von Füssen und Teile des Choraltars der Kaufbeurer Blasiuskirche. Sein 1519 für die Pfarrkirche von Hindelang geschaffener Hochaltar (heute in Bad Oberdorf) ist mit seiner klar komponierten und tief empfundenen Darstellung der Krönung Mariens das Hauptwerk der Allgäuer Skulptur der Zeit. Dort befindet sich auch das qualitätvolle Gemälde einer Madonna von der Hand des Augsburgers **Hans Holbein d. Ä.** Zur gleichen Zeit wie Lederer war **Hans Kels d. Ä.** in Kaufbeuren tätig, der stark von der Augsburger Renaissance beeinflusst war. Er schnitzte für König Ferdinand I. 1537 ein kostbares Spielbrett (heute im Kunsthistorischen Museum in Wien). Ihm werden

Lederer-Altar in Bad Oberdorf

Der Dreikönigsaltar von Bernhard Strigel im Memminger Strigel-Museum

die Figuren der Muttergottes und der hll. Coloman und Apollonia in der Kirche St. Coloman bei Schwangau zugeschrieben, die um 1520 den Ausklang der Spätgotik im Allgäu markieren. Über mehrere Generationen hinweg war in Memmingen die Malerfamilie Strigel ansässig (s. o. Hans Strigel d. Ä.). Ihr bedeutendster Meister war **Bernhard Strigel**, der v. a. als Altarmaler und Porträtist tätig war (1515 malte er in Wien die Familie Kaiser Maximilians I.). Werke der Strigels sind in Memmingen in den Kirchen St. Martin und Unser Frauen sowie im Strigel-Museum zu sehen. Die Martinskirche besitzt zudem ein großartiges, bald nach 1500 geschaffenes Chorgestühl mit Wangenbüsten, die Memminger Bürger lebensvoll charakterisieren. Möglicherweise aus Memmingen stammte der **Meister von Ottobeuren**, benannt nach den Reliefs im einzigartigen, eigentümlichen »Parallelfaltenstil«, die im Ottobeurer Klostermuseum gezeigt werden. Er wird mit dem 1514–1525 in Memmingen nachweisbaren Hans Thoman identifiziert.

Kunst der Renaissance

Architektur Vom künstlerischen Reichtum der Renaissance, die auf antike Gestaltungsprinzipien zurückgriff, kündet das Rathaus in **Memmingen**, das 1522 erweitert wurde und 1589 die Fassade mit den drei anmutigen Erkern erhielt (Rokokodekor von 1765). Das alte Rathaus in **Lindau** wurde im 16. Jh. ebenfalls umgebaut und durch einen Erker zur Stadtseite hin aufgewertet. Der neue Stil verbreitete sich auch auf den zahlreichen schwäbischen **Adelssitzen**. Das südöstlich von Wangen gelegene Schloss Syrgenstein besitzt Räume mit bedeutendem Täfer sowie fein dekorierten Türen, die 1539 unter augsburgischem Einfluss geschaffen wurden. Um 1580 ließen die Schellenberger das Alte Schloss in Kißlegg durch einen Treppengiebel und Rundtürme erweitern. In der Zeit um 1600 wurde bei Leutkirch das Schloss Zeil der Truchsessen von Waldburg als mächtige Vierflügelanlage gebaut. Das Truchsessenzimmer gehört schon der Spätrenaissance an. Als neuer Kirchentyp kommt in der Reformation die **Predigtkirche** ohne Chor auf. Als frühester protestantischer Kirchenbau im württembergischen Allgäu wurde die Dreifaltigkeitskirche in Leutkirch von Daniel Schopf errichtet (1615), der sich an der Stadtkirche von Freudenstadt (E. Gunzenhäuser/H. Schickhardt, ab 1599) orientierte.

Eine interessantes Phänomen der beginnenden Neuzeit ist die Verbreitung des Werks wichtiger Künstler dank neuer Druckverfahren. Der aus Kaufbeuren stammende **Daniel Hopfer** (um 1470 bis 1536) stellte die Technik des Waffenätzens in den Dienst der Druckgrafik; mit seinen Ätzradierungen auf Eisenplatten hatte er entschei-

»Verkündigung« und »Geburt Christi« des Meisters von Ottobeuren

denden Anteil an der Verbreitung der neuen Bildwirklichkeiten von Dürer, Urs Graf, Hans Burgkmair und Lukas Cranach, aber auch des Italieners Mantegna. Zudem fertigte er Ornamentblätter, die den neuen Stil der italienischen Renaissance bekannt machten. Die Kapelle St. Anna in **Rohrmoos** bei Oberstdorf, die älteste Holzkapelle Bayerns (1568), besitzt einen Altar nach Holzschnitten Dürers und Malerei nach einem Stich von Marten van Heemskerck. Auch in **Genhofen** zeigt der Altar (außer spätgotischen Schnitzfiguren in der Art von Jörg Syrlin d. Ä.) auf der Rückseite eine Schmerzensmutter und einen Schmerzensmann nach Dürers Kupferstich B3.

Barock und Rokoko

Im 17. und besonders im 18. Jh. entstand eine große Zahl an Kirchen- und Klosterbauten, die aus dem Bild des Allgäus nicht wegzudenken sind. Selbst kleine Dörfer, wie Seeg nördlich von Pfronten, besitzen ein echtes Juwel. Den großartigen und kunsthistorisch bedeutenden Auftakt bildete die **Kemptener Reichsabtei**, die im Dreißigjährigen Krieg von schwedischen Truppen und protestantischen Kemptener Bürgern zerstört worden war: 1652 begann man mit dem Neubau der Stiftskirche. Erster Architekt war der Vorarlberger Mi-

Architektur

Klosterkirche Irsee, eine typisch vorarlbergische Wandpfeilerkirche mit Emporen

chael Beer, von 1654 bis 1670 hatte der Graubündner Johann Serro die Bauleitung. Der beeindruckendste Teil der Kirche ist der achteckige Chorbau mit seinem vierstöckigen Kuppelschacht. Neben den Gestaltungselementen der italienischen Renaissance ist im Langhaus das sog. **Vorarlberger Münsterschema** zu erkennen, das den ganzen süddeutschen Barock prägt (herausragend: Obermarchtal, Weingarten, St. Gallen, Einsiedeln). Es ist im Kern bestimmt durch ein einschiffiges, tonnengewölbtes Langhaus, in dem mehr oder weniger tiefe Wandpfeiler Kapellen abteilen. Diese »Mauerzungen« werden von Emporen durchbrochen. Das Querhaus ist wenig ausgeprägt und wie die Seitenkapellen mit Quertonnen abgeschlossen. Im Bereich des Allgäus folgen diesem Typ u. a. die Klosterkirche in Irsee (Franz Beer, ab 1699), die Dominikanerinnenkirche Wörishofen (Franz und Michael Beer, 1723), die Stiftskirche in Lindau (Johann Caspar Bagnato, 1752) und die Benediktinerkirche in Ottobeuren (v. a. Johann Michael Fischer, 1756). In Letzterer wird, wie schon in Kempten, ein weiterer für die Vorarlberger Schule wichtiger Gedanke tragend, die Verbindung von Längs- und Zentralbau (s. u.).

Eine Rarität ist die 1661–1664 erbaute Benediktinerklosterkirche St. Georg und St. Jakob in **Isny**: Sie hat die Form einer Hallenkirche. Ihre zierliche Innendekoration entstand erst hundert Jahre später. In **Füssen** beauftragte man 1701 den aus Sameister bei Roßhaupten stammenden Johann Jakob Herkomer mit dem Neubau der Kirche St. Mang, wobei er sich am mittelalterlichen Grundriss zu orientieren hatte. Im eher kühl anmutenden Kirchenraum erkennt man in den flachen Kuppeln, den Pfeiler- und Fensterformen Herkomers

Schulung an der venezianischen Architektur. Repräsentativer für die Kunstlandschaft Schwabens sind Bauten wie die Klosterkirche in Irsee und die einfallsreich gestaltete Wallfahrtskirche **Maria Steinbach** (1754) im Illerwinkel bei Memmingen. Höhepunkt und Vollendung der süddeutschen Barockbaukunst bildet die unter den Äbten Rupert Neß und Anselm Erb zwischen 1711 und 1766 erbaute Klosteranlage von **Ottobeuren**. Die Kirche, für die mehrere Architekten Entwürfe lieferten, wurde im Wesentlichen von Johann Michael Fischer aus München gestaltet. Das von einer Kuppelfolge geprägte Innere stellt eine wunderbare Verbindung von Längs- und Zentralbau dar. Die harmonisch abgestimmte Ausstattung mit farbigem Stuck, Fresken und Altären verleiht dem weiten Raum eine überwältigende Pracht.

Für das Entstehen eines barocken »Gesamtkunstwerks« war es notwendig, dass Architekt, Stuckateur, Maler und Bildhauer eng zusammenarbeiteten. Dekor und Ausstattung bestimmen wesentlich die mal mächtig-festliche, mal heiter-verspielte Ausstrahlung der Kirchenräume. Viele Allgäuer Bauten wurden in den Gewölben und an den Wänden von Meistern aus **Wessobrunn** stuckiert. Aus dem nahe dem Lech gelegenen oberbayerischen Ort stammte eine große Zahl von Stuckateuren, Baumeistern und Malern. Da die Meister innerhalb weniger Jahre ihre Muster veränderten oder wechselten, können Stuckdekore gut datiert werden. Aus einer weit verzweigten Künstlerfamilie stammte Joseph Schmuzer, der 1702/1703 in der Klosterkirche Irsee arbeitete. Feinteiliger noch als dieser dekorierte Matthias Stiller 1709 die Kreuzherrnkirche in Memmingen. In Kempten ließ der 1728–1748 amtierende Fürstabt von Reichlin-Meldegg seine Residenz in prunkvollem Rokoko gestalten. Die ab 1733 entstandenen Arbeiten von Johann Schütz und anderen sind von außerordentlicher Formenvielfalt. Schwungvollen Rocaillestuck führte Johann Michael Feichtmayr gegen 1760 in der Ottobeurer Klosterkirche aus. An Feichtmayr anknüpfend schuf Johann Georg Üblher große Rocaillekartuschen in der Wallfahrtskirche Maria Steinbach.

Wessobrunner Stuck

Herrlichen Wessobrunner Stuck besitzt die Kirche Maria Schnee in Markt Rettenbach.

FAKTEN ▶ Kunstgeschichte

Malerei und Bildhauerei

Mehr noch als die Architektur war die süddeutsche Malerei italienischen Vorbildern verpflichtet. Für besonders wichtige Aufträge rief man gelegentlich italienische Meister. Der für den Münchner Hof arbeitende Venezianer Jacopo Amigoni malte im Ottobeurer Kloster in den 1720er-Jahren mehrere Deckenbilder. Der in Kempten gebürtige Maler **Franz Georg Hermann** lernte in Venedig bei Antonio Pellegrini und war 1712/1713 mit Cosmas Damian Asam in Rom. Von Hermann stammen u. a. Altarbilder in Füssen (St. Mang), Deckengemälde im Thronsaal der Kemptener Residenz und in Maria Steinbach. Ein überaus bedeutender Auftrag war die Ausmalung der Kuppeln in der Ottobeurer Klosterkirche, die die Tiroler Brüder **Johann Jakob und Franz Anton Zeiller** ausführten. Die vielfigurigen und in illusionistischer Untersicht gemalten Fresken zählen zu den Hauptwerken barocker Deckenmalerei in Süddeutschland.

Unter den Bildhauern ist der aus dem Oberinntal stammende und in Füssen ansässige **Anton Sturm** von Interesse, da er als einer der wenigen Meister hierzulande auch Figuren aus Marmor fertigte. Um 1717 entstanden seine vom oberitalienischen Barock angeregten Bildwerke in der Magnuskapelle von St. Mang in Füssen. Wenige Jahre später schnitzte der Einheimische **Thomas Seitz** die leuchtertragenden Drachenfiguren im Chor von St. Mang. In den 1740er-Jahren fertigte der Niederländer **Aegid Verhelst**, von dem u. a. die Hochaltarstatuen der Wieskirche stammen, mehrere Allegoriefiguren für den Thronsaal der Kemptener Residenz. Seiner Kunst steht auch die grazil bewegte Immaculata in der Pfarrkirche von Deuchelried bei Wangen nahe. Für die Ottobeurer Klosterkirche schufen **Joseph Christian** und **Johann Michael Feichtmayr** kurz nach 1760 bedeutende Skulpturen, darunter die Taufgruppe über dem Taufstein.

Klassizismus

Der Klassizismus entstand im Gegensatz zum illusionistischen Barock als Rückgriff auf die klare Formenwelt der Antike. Ab 1770 ist der Übergang zum Klassizismus festzustellen. Für den Wandel in der Auffassung ist besonders die ab 1783 errichtete Prämonstratenserkirche von **Rot an der Rot** sehenswert (nahe Buxheim, knapp außerhalb des in diesem Führer erfassten Gebiets). Zwar folgt der Bau noch dem barocken Schema einer Wandpfeilerkirche, doch erzeugt das Plafondgewölbe in Verbindung mit dem klassizistischen Dekor nun einen tempelartigen Eindruck. Auch in die von Januarius Zick gemalten Deckenbilder ist eine strenge Ordnung eingekehrt. Die kleinere Pfarrkirche von **Bad Wurzach** (1777) zeigt, wie schnell sich der Klassizismus in Schwaben verbreitete. Vorbild war die von Michel d'Ixnard, einem der Hauptarchitekten der Zeit, entworfene Damenstiftskirche von Bad Buchau. Ein Profanbau des Klassizismus ist in **Kempten** das Zumsteinhaus von 1802, in dem das Römische Museum untergebracht ist. Werke der klassizistischen Malerei sind eine »Geburt Christi« von Anton Raphael Mengs (um 1760/70) in der Pfarrkirche von Oberstdorf und ein Angelika Kauffmann zugeschriebener Gekreuzigter in der Pfarrkirche von Opfenbach.

Romantik und Historismus

1803 fiel das Allgäu zu weiten Teilen an das Königtum Bayern. König Ludwig I. förderte die Künste, und der romantische Stil der Nazarener hielt verspätet auch im Allgäu Einzug. Zu nennen sind hier etwa die Ausmalung von St. Blasius in Dietmannsried (1861) durch Fidelis Schabert, einen Schüler von Peter Cornelius, und die aus Oberstdorf stammenden Brüder **Johann Baptist und Claudius Schraudolph**; ihr Hauptwerk war die Ausmalung des Speyerer Doms, im Allgäu sind sie v. a. in Oberstdorf vertreten (Pfarrkirche St. Johannes, Kapellen in der Birgsau). Zu den größten Attraktionen gehören aber die Schlossbauten der bayerischen Könige, die eine Vorliebe für Ritterburgen und alte Sagen besaßen. Der spätere König Maximilian II. ließ in den 1830er-Jahren die Ruine **Hohenschwangau** von seinem Zeichenlehrer Domenico Quaglio im englischen Tudorstil ausbauen und mit Szenen aus alten Sagen ausgestalten. Der Rückgriff auf das Mittelalter fand seinen märchenhaften Höhepunkt im benachbarten Schloss **Neuschwanstein**, das grandios landschaftsbeherrschend auf steilem Felsen aufragt. König Ludwig II. ließ es ab 1868 im Stil einer spätromanischen Burg erbauen. Die Wandbilder zeigen Szenen aus Opern von Richard Wagner, den Ludwig II. fast abgöttisch verehrte. In der Zeit um 1880 wurde auch in den Städten im historisierenden Stil gebaut. Eine fantasievolle Neorenaissance zeigt der Treppengiebel des Rathauses von **Lindau,** entworfen von Friedrich von Thiersch, der auch sonst viel in der Bodenseestadt baute. Das Rathaus in **Kaufbeuren** gestaltete Georg Hauberrisser in den Formen der Neorenaissance. Wie diese beiden Architekten kamen auch die Maler oft aus der Landeshauptstadt München.

»Maria Himmelskönigin« von Claudius Schraudolph in der Kapelle Maria Loreto (Oberstdorf).

20./21. Jahrhundert

Einerseits wirkte Anfang des 20. Jh.s der **Historismus** fort (z. B. mit den neobarocken Kirchen St. Andreas in Nesselwang, 1906, und St. Peter und Paul in Lindenberg, 1914), andererseits versuchte man sich vom Überlieferten zu lösen. Der an Pflanzenformen orientierte **Jugendstil** findet sich etwa am Brunnen vor St. Mang in Kempten (Georg Wrba, 1905) und in der Kaufbeurer Dreifaltigkeitskirche, die

Bis 1945

ab 1901 von Albert Schmidt (Stuck) und Kunz Meyer (Fresken) umgestaltet wurde. In den 1920er-Jahren entstanden etliche Privatvillen im Stil der **klassischen Moderne**. In ihrer Nachfolge steht das Hindelanger Terrassenhotel am Oberjoch (Lois Welzenbacher, 1937), das ein älteres Bauernhaus um zwei Terrassengeschosse erweiterte. Im Dritten Reich erbaute Hermann Giesler in Sonthofen von 1934 bis 1941 die Ordensburg, eine monumentale Ausbildungsstätte für Eliteeinheiten, aus mit Naturstein verkleidetem Stahlbeton.

Gegenwart Nach dem Zweiten Weltkrieg entstanden wieder neue Sakralbauten. Ein Beispiel ist die Kartause Marienau bei Bad Wurzach (E. Steffan/ G. Hülsmann, 1964); Zellen und Kreuzgang sind in einer einfachen, mittelalterlich anmutenden Bauweise vereint. Die Wallfahrtskirche in Wigratzbad bei Opfenbach, die sich wie die Stahl-Glas-Version einer Zeltstadt ausnimmt, ist das Werk von **Gottfried Böhm** (1972), einem der wichtigsten deutschen Architekten seit 1945. In den 1970er-, 1980er-Jahren hatte der bedeutende Designer **Otl Aicher** (u. a. Gestaltung der Olympischen Spiele München 1972) sein Atelier in Rotis bei Legau; dort entwickelte er 1988 die gleichnamige Schriftfamilie, die v. a. in der Werbung häufig verwendet wird. Gegenwärtig ist im Allgäu eine **Wiederentdeckung des Holzbaus** zu verzeichnen, teils in Anlehnung an die Bauhaus-Ästhetik, teils unter Aufnahme traditioneller Formen. So bei den aufsehenerregenden Wohnhäusern von SoHo Architektur oder becker architekten, dem Ausstellungsgebäude Baufritz in Erkheim, der Fachoberschule Memmingen und den Firmengebäuden Sirch in Böhen und Altenried in Hergatz (die beiden letzteren entworfen von Baumschlager & Eberle, Lochau/Vorarlberg). Auch die neuen Bergstationen der Hörnerbahn (Bolsterlang) und der Kanzelwandbahn (Kleinwalsertal) übertragen lokale Traditionen in eine »Zweite Moderne«.

Traditionen

Trachten

Tracht gestern und heute Zum Bild des Ferienlandes Allgäu, wie es auch die Werbeprospekte verbreiten, gehört die Tracht, wenn auch weniger ausgeprägt als im benachbarten Oberbayern. Das Allgäu folgt kleidungsmäßig den allgemeinen Gepflogenheiten, Standard ist auch dort die Jeans. Die Tracht ist eine Reminiszenz an frühere Zeiten, die bewusst am Leben gehalten und gepflegt wird – eine Inszenierung, schwankend zwischen echtem, liebenswertem Ausdruck der Identität und touristischer Verwertung, die auf »Authentizität« nicht unbedingt Wert legt. Doch ist das mit der Authentizität gerade im Allgäu so eine Sache. Einmal vermischen sich dort unterschiedliche Kulturkreise und Kleidungstraditionen, zum anderen ist die Vorstellung, jeder ländliche

Raum habe sozusagen von Natur aus seine typische, farben- und formenprächtige Tracht, ein Produkt des romantischen 19. Jh.s. Um 1870 schrieb der Fischinger Pfarrer und Reichstagsabgeordnete Joseph Schelbert: »Das Allgäuer Volk hat weder im allgemeinen, noch in einzelnen Tälern eine solche Kleidung, daß man sagen könnte, sie sei ihm eigentümlich ... Die Schutztüchtigkeit und Bequemlichkeit bleibt ... die Haupteigenschaft der Kleidung.« Dass im ganzen deutschen Alpenvorland Trachten

Trachten in oberbayerischer ...

»hoffähig« wurden und auch heute noch zu politischen Anlässen getragen werden, geht in besonderem Maß auf **König Max II.** zurück, der in den 1840er-Jahren »zur Hebung des Nationalgefühls« eine Kampagne zur Stärkung der Traditionen startete; u. a. wies er 1853 Amtsträger an, die Bevölkerung bei Anlässen wie Hochzeiten, Wallfahrten oder Schulprüfungen zur Tracht anzuhalten. Er war jedoch nur der prominenteste Vertreter der »Heimatschutzbewegung«, die in der entstehenden Industriegesellschaft das Eigentümliche einer Landschaft (oder was dafür galt) zu erhalten suchte. Im Oberbayerischen wurden im 19. Jh. die Lederhosen allmählich von langen Tuchhosen verdrängt, die als städtisch und feiner galten. 1883 zog dort der Bayrischzeller Lehrer Josef Vogl die Notbremse und gründete den ersten Trachtenverein Bayerns, den »Verein für Erhaltung der Volkstracht im Leitzachthale/Bayrischzell«. Der **erste Allgäuer Trachtenverein** wurde 1898 in Immenstadt ins Leben gerufen, 1912 in Kempten der »Allgäuer Gauverband der Gebirgstrachten- und Heimatvereine«, der sich in Trachten, Musik und Tanz vollständig nach Oberbayern orientiert (s. u.). Von ihm spaltete sich 1969 die »Interessen-Gemeinschaft der Oberallgäuer Gebirgstrachten und der Historischen Tracht« ab. Etwa 100 Allgäuer Trachtenvereine mit ca. 15 000 Mitgliedern sorgen dafür, dass die jeweilige Kleiderordnung penibel eingehalten wird, was manchmal allerdings leicht groteske Züge annimmt.

... und schwäbischer Tradition

Allgäuer Tracht zwischen Bayern und Schwaben

Im Allgäu trifft man auf zwei Grundtypen. Die **Schwabentracht** präsentiert sich in Rot und Weiß, den angestammten Farben Schwabens: für Männer über dem weißen Hemd eine rote Weste (»Leible« genannt, hochgeschlossen, mit 16 oder 18 Silberknöpfen), dazu Bund- oder lange Hosen aus dunklem Stoff. Die aus Oberbayern übernommene **Gebirgstracht** kopiert weitgehend die Miesbacher Tracht, mit der grauen Lodenjoppe, der (im Allgäu auffällig knappen) kurzen oder knielangen Lederhose, wobei die Hosenträger mit Edelweißen bestickt sind, und dem Hut mit prachtvollem Gamsbart. Die Frauen tragen entsprechende Dirndl: oberbayerisch mit dunklem Mieder (mit Schnürkette und Blumenschmuck) sowie Schürze in unterschiedlichen Farben; die »schwäbischen« sind einfacher und überwiegend in Rot und Weiß gehalten. Bis 1969 tobte der Streit um die »wahre« Tracht. Dabei tat sich der legendäre Bezirksheimatpfleger Dr. Alfred Weitnauer hervor, der seit den 1930er-Jahren gegen den »schwäbischen Bayernkomplex« kämpfte und die schwäbische Tracht aus dem Unterland gegen den Widerstand der Oberallgäuer durchsetzen wollte. Doch konnten Letztere nachweisen, dass ihre Liebe zur Lederhose auf den Prinzregenten Luitpold zurückging, der ab der Mitte des 19. Jh.s in der Kurzen im Allgäu auf die Jagd ging und seinen Helfern – die grobe Leinenhosen mit Hanfstricken als Gürtel gewöhnt waren – ein menschenwürdiges Gewand mitbrachte. Seit langem hat die bayerische Tradition die Übermacht, wie sich am Allgäuer Gauverband und der Interessen-Gemeinschaft der Gebirgstrachten erkennen lässt. Bemerkenswerterweise bevorzugen die Musikkapellen – auch im Oberland – die schwäbische Tracht. Das ist ein Ergebnis der Arbeit des **Heimatbundes Allgäu**, der 1884 in Kempten als Allgäuer Alterthumsverein gegründet wurde und sich die Erhaltung des »schwäbischen« Brauchtums auf die Fahnen geschrieben hat. Aber wie es so geht: Vielfältige Mixturen – wie bayerischer Lodenjanker und/oder Lederhose zu schwäbischem Leible – sind inzwischen normal.

Allgäuer Bauernhäuser

Während im inneralpinen Bereich aufgrund der Geländebedingungen die Mehrhausanlage vorherrscht, ist an der Alpennordseite der **Einfirsthof** typisch. Wohntrakt, Stall und Scheune sind unter einem durchgehenden Dach vereint, was sich in den strengen Wintern bewährte. Die Höfe, v. a. die freistehenden, sind mit der Scheune nach Westen ausgerichtet, der Hauptwetterseite. Lüftlmalerei und eindrucksvolle Balkone mit üppigem Blumenschmuck, wie sie das benachbarte Oberbayern prägen, sind selten – im Allgäu hielt man es schlichter. Das flache Satteldach war früher mit Legschindeln gedeckt, 15 – 20 mm dicken Holzbrettchen in mehreren Lagen und mit

weiter auf S. 73 ▶

Stattliches Anwesen (mit Hofkapelle von 1863) am Hegratsrieder See, →
einem beliebten Badeplatz

VON ALPHORN UND SCHERZZITHER

Wer auf der A 7 ins Allgäu kommt, wird auf Höhe der Raststätte »Allgäuer Tor«, die imposanten Allgäuer Alpen schon im Blick, ein Schild am Straßenrand mit einem Alphornbläser vor gebirgigem Hintergrund entdecken. So wird man schon auf die lebendige Allgäuer Musiklandschaft aufmerksam gemacht.

Die ganz eigene Art und Vielfalt der Allgäuer Volksmusik ist in vielen Veranstaltungen zu erfahren, im Bierzelt bei Dorf- und Vereinsfesten, bei Brauchtumsabenden oder beim Marien- oder Adventssingen.

Vielfältige Einflüsse

Was ist das Besondere an der Allgäuer Musik? Im Allgäu sind immer wieder Einflüsse der benachbarten Regionen festzustellen, so aus Oberbayern und Tirol, Vorarlberg und der Schweiz, wodurch aber doch wieder Eigenes entsteht. Gerade wegen der Offenheit der geographischen und gesellschaftlichen Grenzen zeigt die Allgäuer Volksmusik ein besonderes, interessantes Profil. Und: Sie ist stark von Einzelpersonen geprägt. Ob nun ganz traditionell oder auf neuen Wegen, wie sie etwa die »Kerber Brothers Alpenfusion« mit ihrem Stilmix oder der Mundart-Liedermacher Werner Specht aus Lindenberg gehen, in ihrer Musik kommt die Heimatverbundenheit und erdige Kraft der Bewohner dieser Landschaft zum Ausdruck.

Das Alphorn

Das eigentümliche Alphorn ist nicht zufällig auf das Schild an der Autobahn geraten, kann es doch als typisches Beispiel für die Musikgeschichte der Region gelten. Das **alte Hirteninstrument** hat im Allgäu eine über 400-jährige Tradition, was eine Darstellung aus dem Jahr 1568 in der Annakapelle in Rohrmoos bei Oberstdorf belegt. Offenbar kamen die Hirten und Älpler aber allmählich von diesem urtümlichen Instrument ab – das einst als »Telefon« diente –, so dass es einer Wiederbelebung bedurfte: Nach langer Zeit wurde im Allgäu 1958 zum ersten Mal wieder Alphorn geblasen. Die Initiative dazu ging insbesondere (wieder einmal) vom Heimatpfleger Alfred Weitnauer und von **Michael Bredl** (1916–1999) aus, der aus dem Bayerischen Wald stammte und zeit seines Lebens mit dem Kiem Pauli (s. u.) befreundet war; er war Lehrer in Hindelang und später verdienstvoller Volksmusikpfleger für Schwaben. Seither ist das Alphorn zu einer Art Markenzeichen des Allgäus geworden, und im August

Alphornbläser auf dem Fellhorn. Großer Beliebtheit erfreuen sich die »Berglar-Kirben« und die Bergmessen, bei denen große Alphornchöre zu hören sind.

wird an wechselnden Orten das »Allgäuer Alphornbläsertreffen« mit über 200 Teilnehmern abgehalten.

Bewusste Pflege

Im östlichen Alpenraum, in Österreich und Oberbayern, setzte schon in der ersten Hälfte des 19. Jh.s, eine bewusste »Pflege« von Liedern und Musik der Einheimischen ein, oft initiiert von Adligen wie Herzog Max in Bayern – dem »Zithermaxl«, bekannt auch als Vater der österreichischen Kaiserin Elisabeth (»Sisi«) – oder Erzherzog Johann von Österreich. In Oberbayern hat sich v. a. der Kiem Pauli (Paul Kiem, 1882 – 1960), unterstützt von den Wittelsbachern, durch seine große, nachhaltige Sammlertätigkeit um die Volksmusik- und Volksliedpflege verdient gemacht. Im Allgäu sind solche sammlerischen Tätigkeiten, die den Blick auf in der Region ursprünglich Beheimatetes richten, zur gleichen Zeit so gut wie nicht auszumachen. Erst über Kiem Pauli, den Münchner Psychologieprofessor und Musikwissenschaftler Kurt Huber (Mitglied der »Weißen Rose«) und den Musiker Wastl Fanderl kamen entscheidende Impulse aus Oberbayern in den Südwesten Bayerns, wo z. B. der Hindelanger Lehrer Karl Hafner, der Heimatpfleger Max Probst aus Oberstaufen, der Schulleiter Wilhelm Fritz aus dem Kleinwalsertal das Allgäuer Mundartlied mit Neukompositionen belebten und bereicherten. Sie verwandten dazu Texte von Mundartdichtern, weil kaum eigenes Liedgut vorhanden war oder die Bevölkerung auf Tiroler und oberbayerische Lieder »stand« – obwohl 1904 ein Aufruf an alle singfreudigen Allgäuer erging, Lieder aus der Heimat zu sammeln. Die eingesandten Lieder und Weisen wurden in dem Buch **»Lieder aus dem Allgäu – Sr. Kgl. Hoheit, dem Prinz-Regenten Luitpold v. Bayern, dem Freunde des Allgäus, in tiefster Ehrfurcht gewidmet«** veröffentlicht. Es fand allerdings wenig Anklang. Die Lieder, geprägt von romantisierender Heimatliebe und vaterländischem Geist, waren schon nach dem Ersten Weltkrieg nicht mehr gefragt. Ein Kennzeichen zahlreicher Allgäuer Lieder, wie man sie heute kennt, ist daher ihre »Jugend«, sie sind meist kaum älter als 80 Jahre, und sowohl Komponist als auch Textdichter sind bekannt.

Instrumentalmusik

Die Neubelebung der instrumentalen Volksmusik setzte im großen Ganzen nach dem Zweiten Weltkrieg ein und verlief ähnlich wie in anderen Gebieten Bayerns. Die Saiteninstrumente (chromatisches) Hackbrett, Zither, Gitarre und Harfe erlebten einen

*Gelegenheiten zum Musikmachen gibt es genug, und sie werden gerne genützt.
Im Bierzelt übernimmt in der typischen Trio-Besetzung eine Basstuba die »grundlegende« Rolle.*

Aufschwung, viele **»Stubenmusiken«** entstanden. Orientierung boten dort Gruppen wie das Tobi-Reiser-Ensemble aus Salzburg oder die Schönauer Musikanten. Diese Art des »alpenländischen« Musizierens ist seither auch im Allgäu weit verbreitet. In dieser Tradition steht das weithin bekannte Kerber-Ensemble aus Oberstaufen, das sich durch viele Eigenkompositionen ein »Allgäuer« Profil schuf. Ein typisches Instrument der Allgäuer Volksmusik ist die **Scherrzither**, die mit Plektron gespielt wird; um ihre Wiederbelebung hat sich seit den 1950er-Jahren der Oberstdorfer Max Schraudolph verdient gemacht. Die Besaitung besteht in der Regel aus drei Griffsaiten und unterschiedlich vielen frei schwingenden (Bordun-) Saiten. Mit dieser Vorläuferin der Zither ist eine besonders »rassige« Spielweise möglich: durch das »Scherren« (Scharren) mit dem Plektron. Eine weitere, jüngere Allgäuer Eigenart stellt die **Trio-Besetzung** dar, wie sie seit ca. 1950 (etwa beim Oberstdorfer Trettach-Trio) zu erleben ist: Harmonika, Gitarre, Kontrabass. Die Begleitgitarre wird dabei – in traditionellen Volksmusikkreisen sonst nicht üblich – nicht gezupft, sondern »geschlagen«. Im Oberallgäu finden sich auch Musikanten, die das Spiel auf dem **Schweizer Örgele** beherrschen, einer Variante des diatonischen Akkordeons. Viele Trios zeichnen sich dazu durch ihre Gesangs- und Jodelkünste und ihre Vielseitigkeit aus und sind in der Region sehr beliebt.

Jodeln

Die Verbindungen zum alemannischen Nachbarland Schweiz zeigen sich nicht nur im Alphorn und im »Schwyzer Örgeli«, sondern auch in Bedeutung und Art des Jodelns, was aufgrund der eng verwandten Mundart naheliegt. Um 1920 wurde die erste Jodlergruppe in Hindelang gegründet. An wechselnden Orten kommen seit 1949 einmal im Jahr, meist Anfang September, Jodlergruppen – über 200 Sänger vom Duo bis zur großen »Johlargruppe« – beim **Allgäuer Lieder- und Jodlertag** in einem großen Festzelt zusammen, um sich in einem Wertungssingen der Jury und dem großen Publikum zu präsentieren. Charakteristisch ist im Allgäu die Größe der Jodlergruppen: Nicht selten sind da bis zu 16 gestandene Mannsbilder vereint, die vierstimmig singen (oft a cappella) und unter denen ein oder zwei Solisten herausragen, ähnlich wie in der Schweiz. Diese »Großform« ist fast eine reine Männerdomäne. Doch hin und wieder werden die Solojodler durch eine Frauenstimme unterstützt. Was akustisch und auch optisch einen willkommenen zusätzlichen Reiz bietet ...

Steinen beschwert. Ab etwa 1860, nach der Erfindung des Falzziegels, bekamen die Häuser steilere Dächer. Die diversen Varianten des Allgäuer Bauernhauses wurden fast ausschließlich aus Holz errichtet, und zwar im sog. Strickbau, d. h. aus Balken mit verzahnten Eckverbindungen. Der Riegel- oder Fachwerkbau verbreitete sich im 18. Jh. v. a. im **Unterallgäu**. Sein Erdgeschoss ist gemauert oder ebenfalls in Strickbauweise ausgeführt; sein Dach steht ringsum viel weiter über. Besonderheiten weist auch das **Westallgäuer Haus** auf: Sein Wohnteil ist mit Schindeln verkleidet, seine Fenster liegen unter geschweiften Wandvorsprüngen. Im ganzen Allgäu, v. a. im **Oberallgäu**, lässt sich der wachsende Raumbedarf im 19. Jh. aufgrund der Umstellung auf Grünlandwirtschaft an charakteristischen Veränderungen ablesen. Alte Grundform ist ein einfaches Rechteck, das durch den Hausgang in Wohn- und Wirtschaftstrakt geteilt wird. Dann wurde südlich an den Wirtschaftstrakt der Hakenschopf (Schopf = Schuppen) angebaut, später kam diagonal gegenüber, am Wohntrakt, der Wagenschopf hinzu. Etwa ab 1870 wurde der Wirtschaftstrakt um den sog. Wiederkehr vergrößert, einen quer zum Hauptfirst orientierten Scheunenbau, entweder einseitig nach Süden abgewinkelt oder zweiseitig. Um auch den Raum unter seinem Dach nutzen zu können, bekam er häufig ein Obergeschoss (Hoch- oder Obertenne), das über die »Hoch(ein)fahrt« zu erreichen ist. Heute muss man genauer hinschauen, um unter der mehr oder weniger geschmackvollen Einheitsarchitektur im bajuwarischen bzw. alpinen »Jodelstil« Beispiele echter alter Baukunst oder gute moderne Weiterentwicklungen zu finden (in dieser Hinsicht lohnt sich ein Ausflug in den Bregenzerwald). Das Museumsdorf Gerstruben bei Oberstdorf, die Bauernhausmuseen Illerbeuren, Wolfegg, Knechtenhofen bei Oberstaufen und Diepolz bei Immenstadt sowie einige Heimatmuseen – in Weiler, Gestratz, Oberstaufen, Fischen, Nesselwang, Buchenberg, dazu die Katzbrui-Muhle bei Apfeltrach – zeigen, wie's früher aussah.

Bräuche und Feste

Die traditionellen Termine des bäuerlichen Lebens und des Kirchenjahres haben auch heute noch, bei aller Vereinnahmung oder gar Verfälschung als Touristenattraktion oder kommerzielle Freizeitaktivität, große Bedeutung. Mindestens in demselben Maß dienen sie seit je auch ganz unmittelbaren irdischen Freuden.

Weniger verbreitet als im Oberbayerischen, dennoch sehr prächtig sind die Pferde- bzw. Reiterprozessionen. Der hl. Georg, der wie der hl. Leonhard als Schutzpatron der Pferde gilt, hat seinen Festtag am 23. April; an diesem Tag oder dem folgenden Sonntag wird er auf dem Auerberg begangen, am letzten Sonntag des Monats in Bodelsberg bei Kempten. Am zweiten Oktober-Sonntag hat eine Wallfahrt mit schöner Reiterprozession die Kirche St. Coloman bei Schwangau zum Ziel. Ebenfalls Mitte Oktober finden Wendelinsritte u. a. in

Reiterprozessionen

Scheidegg und Fischen statt. Die großartigsten Ereignisse aber verzeichnet das benachbarte Oberschwaben: in Weingarten den Blutfreitag am Tag nach Himmelfahrt, die größte Reiterprozession der Welt; nur wenig steht dem das Heilig-Blut-Fest in Bad Wurzach am zweiten Juli-Freitag nach.

Frühjahr Bevor der Frühling kommen kann, muss der **Winter ausgetrieben** werden, was man passenderweise mit vorfastenzeitlicher Ausgelassenheit verbindet: Wie im ganzen alemannischen Raum gehört die **Fasnacht** (Fasnet) zu den großen Ereignissen des Jahres; in Scheidegg treffen sich gar Tausende Narren. Gefeiert wird im fantasievollen »Häs« (Kostüm) und grotesken Holzmasken; zunehmend beliebt werden die aus der Schweiz »importierten« Guggenmusiken. Die hohe Zeit dauert vom »Unsinnigen/Gumpigen/Schmutzigen Donnerstag« bis Fasnachtsdienstag, dann gibt's auch auf den Skipisten Mummenschanz. Am ersten Fastensonntag, dem Funkensonntag, werden Hexen aus Stroh in großen Feuern verbrannt, auch dies ein heidnischer Brauch, der Böses abwenden und Fruchtbarkeit fürs neue Jahr bringen soll. Dazu werden in Schmalz ausgebackene »Funkakiachle« verspeist. In Bayern beginnt in der Mitte der Fastenzeit die »fünfte Jahreszeit«, die **Starkbierzeit**, eingeläutet vom Salvator-Anstich auf dem Münchner Nockherberg: Nach klösterlicher Tradition frönt man auch im Allgäu dem über 7 % starken Bockbier. Die **Karwoche** von Palmsonntag bis Ostersonntag wird feierlich begangen, von der Weihe der Palmbuschen und Palmeselprozessionen über das Verteilen »geweihten Feuers« am Karfreitag bis zu diversen Osterbräuchen; die Osterbrunnen, in der Fränkischen Schweiz zu Hause, sind auch schon im Allgäu anzutreffen. Richtig Frühling ist es, wenn am **1. Mai** der Maibaum aufgestellt wird, ein bayerischer Brauch, der auch im Allgäu Fuß gefasst hat. Der Baum ist weiß-blau bemalt oder mit Tannengrün umwunden, mit Gewerbesymbolen und Trachtenfiguren geschmückt und mit einem Kranz bekrönt. Der Mai ist als »Marienmonat« auch die wichtigste Wallfahrtszeit in Bayern.

Sommer **Fronleichnam** am 2. Donnerstag nach Pfingsten ist eines der prachtvollsten Feste des Jahres. Prozessionen bewegen sich, vorbei an blumengeschmückten Altären, durch Städte und Fluren. Das Fest des Leibes Christi geht auf ein Blutwunder im italienischen Bolsena zurück und wurde 1264 offiziell angeordnet, neun Jahre später fand in Benediktbeuern die erste Prozession in Bayern statt. Die heidnischen Sonnwendfeuer sind heute wieder im Schwang, verpackt als **Johannisfeuer** am 14. Juni. Der Juli ist kein Festmonat, jedenfalls nicht im bäuerlichen Umkreis (wenngleich in Oberstdorf alle paar Jahre die Wilden Mändle tanzen). Dafür finden in den einstigen Freien Reichsstädten wie Lindau, Wangen und Kaufbeuren **traditionsreiche Kinderfeste** statt, anderswo – wie in Memmingen mit dem Wallensteinfest und dem Fischertag – wird mit Stadt- und Volksfesten Unterhaltung geboten. Am 15. August, zum Höhepunkt des Sommers, ist wieder ein Marientag zu feiern: Zu **Mariä Himmelfahrt** werden »Kräuterboschen« gesammelt und geweiht. Viele Wallfahrtskirchen feiern ihr Marien-Patrozinium, etwa Maria Trost bei Nesselwang.

Herbst

Im September geht der dreimonatige Sommer auf den Alpen zu Ende. Blieb alles Vieh wohlbehalten, werden die Kühe mit prächtigem Kopfschmuck ins Tal getrieben und auf dem »Scheidplatz« an ihre Besitzer verteilt. Meist findet der **Viehscheid** an traditionellen Terminen zwischen dem 10. und 24. Sept. statt (heute allerdings z. T. auf das Wochenende verlegt). Als schönster und größter gilt der in Gunzesried. Am 1. Sonntag im Oktober wird Erntedank da und dort mit festlichen Gottesdiensten gefeiert. **Kirchweih**, das seit 1868 am 3. Oktober-Sonntag begangen wird, ist im Grund ein Dankfest, an dem sich Familien und Sippen bei Speis & Trank, Musik & Tanz treffen; religiöse Dinge sind zweitrangig vor der Frage, wie die Kirchweihgans gerät. An Martini (11. Nov.) langte man in früheren Zeiten vor dem Adventsfasten bei der Martinsgans noch einmal richtig zu.

Winter

Advent wird gern als besinnliche Zeit apostrophiert, der Weihnachtsrummel, die inflationären Christkindlmärkte und kommerziellen Weihnachtskonzerte lassen davon jedoch wenig übrig. Ein **Adventssingen** in einer Dorfkirche sollte man sich aber nicht entgehen lassen. Wie überall ist am 6. Dez. der hl. **Nikolaus** unterwegs, wobei er im Bereich der Alpen von schreckerregenden Höllengeistern begleitet wird: Am 5./6. Dez. treiben die **Klausen** ihr (Un-)Wesen; schon am 4. Dez., dem Barbaratag, finden Mädchen und Frauen beim **Bärbeletreiben** Gelegenheit zu entsprechendem Tun.

Wildwest auf Allgäuerisch: Alpabtrieb

Berühmte Persönlichkeiten

Naturgemäß versorgte das Allgäu den Wintersport lange Zeit mit bekannten Größen. Doch wer weiß, dass dieser Landstrich auch in Sachen Kultur und Wissenschaft keineswegs Provinz ist? Und was hat ein Carl Hirnbein für das Allgäu geleistet? Eine kleine Ruhmeshalle für Menschen, die im Allgäu und weit darüber hinaus bedeutende Spuren hinterlassen haben.

Ludwig Aurbacher (1784–1847)

An den immer kränklichen Sohn eines armen Nagelschmieds, geboren im schwäbischen Türkheim, würde sich wohl kaum jemand mehr erinnern, stände sein Name nicht für eine der bekanntesten Geschichten der Region: die von den »Sieben Schwaben«. Sein mühevoller Werdegang führte ihn – mit dem Ziel einer geistlichen Laufbahn – u. a. durch die Klöster Ottobeuren und Wiblingen. Nachdem er aus gesundheitlichen Gründen und Glaubenszweifeln den Orden 1803 verlassen hatte, war er von 1809 bis 1834 Professor der Rhetorik und Poetik am Münchner Königlichen Kadettenkorps. Er verfasste nicht nur Lehrbücher für sein Fach, über Orthographie, Rhetorik, Poetik, Stilistik und Literaturgeschichte, sondern auch pädagogisch-moralische Schriften. Seine besondere Liebe aber galt den volkstümlichen Erzählstoffen, den Schwänken und Historien, die er sammelte, neu fasste und erweiterte. 1827/1829 erschien in München sein zweibändiges »Volksbüchlein«, das durch die »Abenteuer der sieben Schwaben« und die »Wanderungen des Spiegelschwaben« – nach Aurbacher »die schwäbische Ilias und Odyssee« – zu seinem populärsten Werk wurden.

Vater der »Sieben Schwaben«

Claude Dornier (1884–1969)

Neben Ernst Heinkel und Willy Messerschmitt war der in Kempten geborene Claude Dornier der bedeutendste deutsche Flugzeugbauer des 20. Jh.s. Als Maschinenbauingenieur begann er 1910 in der Versuchsabteilung der Zeppelin GmbH in Friedrichshafen, 1917 wurde seine Abteilung eine eigenständige Gesellschaft im Zeppelin-Konzern. Nach dem Ersten Weltkrieg wich Dornier wegen des alliierten Verbots, Flugzeuge zu bauen, zunächst nach Marina di Pisa in Italien aus. 1922 flog der Dornier-»Wal« – mit dem Roald Amundsen 1926 den Nordpol überquerte – zum ersten Mal, 1928 das riesige zwölfmotorige Flugboot Do-X; mit solchen Flugbooten wurde der Post- und Passagierverkehr über den Nord- und Südatlantik abgeschlossen. Für den Zweiten Weltkrieg baute Dornier, der 1940 in die NSDAP eintrat und »Wehrwirtschaftsführer« wurde, in Friedrichshafen-Manzell diverse Kampfflugzeugtypen. Nach dem Krieg begann man im Lindauer Stadtteil Rickenbach – da der Flugzeugbau wieder verboten war – mit Entwicklung und Bau von Webstühlen, die heute Weltgeltung besitzen. Die Flugzeugproduktion wurde 1956 in München-Neuaubing und Oberpfaffenhofen aufgenommen; hier entstanden bekannte Typen wie die einmotorige Do 27 und der erste Senkrechtstarter der Welt, die Do 31. Claude Dornier schied 1962 aus dem Unternehmen aus. Heute ist der Name Dornier, nach Managementfehlern und heftigen Kämpfen unter den Erben, aus dem Flugzeugbau verschwunden.

Flugzeugbauer

← *Ernst Mayr aus Kempten, einer der bedeutendsten Biologen des 20. Jh.s*

Hans Magnus Enzensberger (geb. 1929)

Klassiker der Gegenwartsliteratur

Neben Sophie von La Roche und Ludwig Ganghofer die dritte Literaturgröße aus Kaufbeuren. Der Sohn eines Ingenieurs studierte Literaturwissenschaft und Philosophie, 1955 promovierte er mit einer Arbeit über die Poetik des Romantikers Clemens Brentano. Bis 1957 war er Hörfunkredakteur in Stuttgart, und als er 1963 mit dem renommiertesten deutschen Literaturpreis geehrt wurde, dem Georg-Büchner-Preis, hatte er sich schon als Lyriker, Essayist, Hörspielautor und Übersetzer einen Namen gemacht; später war er auch für Theater, Oper und Fernsehen tätig. Von 1965 bis 1975 gab Enzensberger die Zeitschrift »Kursbuch« heraus, die im geistig-politischen Aufbruch der 1968er-Generation eine große Rolle spielte, von 1985 bis 2007 »Die Andere Bibliothek«, die bald als »die schönste Buchreihe der Welt« galt. Bis heute ist sein Werk von einer unglaublichen Fülle und Bandbreite, sowohl in der Thematik wie im Genre: Hermetisch-esoterische Lyrik und Reflexionen über das Verhältnis von Literatur und Politik finden sich ebenso wie die pointierte Kritik an Kultur und Politik, erotische Erzählungen ebenso wie ein hochgelobtes Kinderbuch über Mathematik. Bereits sein erster Gedichtband wurde als Werk eines »zornigen jungen Mannes« apostrophiert, und immer noch zeichnet den streitbaren Dichter die Lust an der Provokation aus.

Hans Magnus Enzensberger auf der Leipziger Buchmesse 2007

Georg von Frundsberg (1473–1528)

Kriegsunternehmer

In der Kriegstaktik endete das Mittelalter, so könnte man sagen, mit dem Niedergang der gepanzerten Ritter und dem Aufkommen der viel wendigeren, schlagkräftigen Landsknechte. An diesem Wandel war Georg von Frundberg, der 1473 auf der Mindelburg geboren wurde, wesentlich beteiligt. Sein aus dem tirolischen Schwaz stammender Vater Ulrich, Hauptmann des Schwäbischen Bundes, hatte 1467 Stadt und Herrschaft Mindelheim gekauft. Georg machte sich als Feldhauptmann unter Kaiser Maximilian I. und seinem Nachfolger Karl V. einen großen Namen. Er formte (nach Schweizer Vorbild) die lanzentragende Infanterie zu einer den Rittern überlegenen Truppe, mit der er entscheidenden Anteil am Sieg Kaiser Karls V. über das französische Heer bei Pavia im Jahr 1525 hatte. Den schrecklichen »Sacco di Roma«, die Plünderung Roms im Jahr 1527 durch die Landsknechte, die seit Pavia nicht mehr regelmäßig bezahlt worden waren, konnte er nicht verhindern. Er erlitt einen Schlaganfall, kehrte nach Hause zurück und starb ein Jahr später.

Ludwig Ganghofer (1855–1920)

»Wenn ich a Büchl lies, möcht ich mei' Freud dran haben! Daß ich's ganze Sauleben drüber vergessen kann!« Dieser Satz aus einem seiner berühmtesten Romane, dem »Schweigen im Walde«, begründet Ganghofers einzigartigen Erfolg ebenso wie das Verdikt seiner Kritiker: Trivial-sentimentale, naiv-gemütvolle Heimatromane habe er geschrieben, die mit ihrer Verklärung des kraftvollen Bergbauerntums das Muster reaktionärer Kritik der modernen Gesellschaft liefere. In Kaufbeuren geboren, lebte Ganghofer ab 1882 in Wien, ab 1893 in München; nach einer Tätigkeit als Kriegsberichterstatter zog er 1919 nach Tegernsee, bestattet ist er in Rottach-Egern. Überraschend und nicht unbedeutend ist, dass er seinen Durchbruch mit dem »Herrgottschnitzer von Ammergau« in Berlin erlebte. Er wurde einer der erfolgreichsten Schriftsteller des wilhelminischen Deutschlands und einer der meistverfilmten Autoren, und wie wenige andere prägt er

Romanschriftsteller

Ludwig Ganghofer an seinem Schreibtisch, um 1900

das Bild von den südbayerischen Landen. Für den Heimatfilm der 1950er-Jahre waren seine Romane ideale Vorlagen. Von Vorteil war dabei, dass er seine Figuren in einem diffusen Kunstdialekt mit oberbayerischen und schwäbischen Elementen reden ließ, was bei einem breiten nichtbayerischen Publikum für Verständlichkeit und ein angenehm exotisches Flair sorgte. Trotz alldem sollte man sich einmal einen oder mehrere Romane zu Gemüte führen: denn immerhin schildert er auch das »Sauleben«.

Carl Hirnbein (1807 – 1871)

Schöpfer des »grünen« Allgäus

Dass das Allgäu nicht seit je, sozusagen von Natur aus, ein grünes Land mit Kühen und Weiden ist, kann man sich kaum vorstellen. Ebenso, dass es hier keinen Romadur gibt, diesen herzhaften kleinen Käse. Und doch geht dies auf einem Unternehmer zurück, der vor 200 Jahren in Wilhams nahe Immenstadt geboren wurde: Carl Hirnbein, genannt der »Patriarch des Allgäus«, der »Notwender, Zwingherr und Alpkönig«, wie der Priester und Heimatdichter Peter Dörfler die drei Bände seiner Hirnbein-Biografie betitelte (erschienen 1934 – 1936). Damals lebte man vor allem von der Produktion hochwertiger Leinwand – blühender Flachs färbte das Allgäu im Sommer blau –, die sehr mühsam und langwierig war und längst nicht mehr das Auskommen sicherte. Hirnbein, ein Großbauer mit 1000 ha Grundbesitz und später Landtagsabgeordneter, der mit den Ideen der 1848er-Revolution sympathisierte, lernte in den Niederlanden die Weichkäseproduktion kennen und stellte 1830 in Wilhams den ersten Limburger aus Allgäuer Milch her. Dazu holte er Fachleute aus Belgien und begründete ein Vertriebssystem mit Niederlassungen in Mannheim, Kassel und Stuttgart. 1844 besaß er nicht nur 100 Sennereien, sondern auch fast den ganzen Grünten. Vom Schweizer Tourismus inspiriert, baute er dort 1852 das erste Berghotel der deutschen Alpen, das Grüntenhaus, und er druckte auch den ersten Prospekt mit Allgäu-Werbung – er war also sowohl ein Initiator der Allgäuer Milch- und Käsewirtschaft als auch des Allgäu-Tourismus.

Carl Hirnbein in einem Porträt von M. Bentele, 1857

Sebastian Kneipp (1821–1897)

Sebastian Kneipp, der den Kurtourismus nicht nur im Allgäu nachhaltig prägen sollte, lernte als Sohn eines armen Webers früh, sich durchzubeißen. Bevor er, als 23-Jähriger, das Gymnasium besuchen konnte, arbeitete er als Knecht. Als man ihm später immer wieder die »Kurpfuscherei« austreiben wollte, beeindruckte ihn das wenig. Während seines Theologiestudiums in München an Tuberkulose erkrankt, kurierte er sich mit Bädern in der eiskalten Isar, auch einem Kommilitonen half er so. Inspiriert hatte ihn dazu die Lehre von J. S. Hahn, der als Begründer der Wassertherapie gilt. Ab 1855 Pfarrer des Dominikanerinnenklosters in Wörishofen, stellte er nicht nur dessen Betrieb auf eine feste wirtschaftliche Basis, er behandelte auch die zunehmende Zahl der Gäste, die zur Sommerfrische kamen. Kneipp beschrieb sein Konzept einer gesunden Lebensführung – ausgewogene Ernährung, körperliche Tätigkeit und seelische Ordnung, ergänzt durch die Heilkraft von kaltem Wasser und Kräutern – in den Büchern »Meine Wasserkur« (1886) und »So sollt ihr leben« (1889), die Millionenauflagen erlebten und seiner Kur weltweite Anerkennung verschafften. Er wurde 1893 mit dem Titel eines Päpstlichen Geheimkämmerers geehrt und starb 1897 an einem Bauchtumor, den er nicht operieren ließ.

Der Wasserpfarrer

Sebastian Kneipp im Jahr 1891

Prinz Luitpold von Bayern (1821–1912)

Der mit dem Allgäu am engsten verbundene Angehörige des bayerischen Königshauses war Prinz Luitpold, der – als fünftes Kind König Ludwigs I. geboren – keine Thronambitionen hatte und auch sonst dem Leben bei Hofe wenig abgewann. Er ging lieber auf die Jagd. 1851 wurde er Jagdherr im Hintersteiner und im Oberstdorfer Revier; in seinen letzten Jahren hatte er etwa 750 km² allein im Allgäu zu seiner Verfügung, v. a. im Allgäuer Hauptkamm bis nach Rettenberg. Als Oberstdorf 1865 in Schutt und Asche fiel, unterstützte er den Wiederaufbau, und wenn er zur Jagd kam, brachte er seinen Gehilfen Lederhosen mit – Beginn der bayerischen Tracht im Allgäu.

Prinzregent und Jäger

Prinzregent Luitpold beim Aufbruch in sein Oberstdorfer Jagdrevier Warmatsgund (1909)

Der junge Prinz durchlief eine Militärzeit, war später Reichsrat und vertrat seinen menschenscheuen Neffen Ludwig II. bei offiziellen Anlässen. Im Rentenalter, mit 65, fiel ihm als ältestem männlichem Mitglied der Königsfamilie zu, nach dem mysteriösen Tod Ludwigs II. »des Königreiches Bayern Verweser« zu werden. Es dauerte seine Zeit, bis er nicht mehr als Königsmörder galt; mit seiner bescheidenen, leutseligen Art erwarb er sich große Sympathien, und als er am denkwürdigen Datum des 12.12.1912 starb, trauerte das Land aufrichtig. Ein Politiker mit Ideen und Statur war Luitpold hingegen nicht, was in den schwierigen Zeiten durchaus problematisch war; so hätte er vor allem dem mörderisch-selbstmörderischen Wilhelminismus Widerpart bieten müssen. Dass in der Revolution 1918 Bayern so rasch und »schmerzlos« von der Monarchie Abschied nahm, dürfte zu einem guten Teil dem Prinzregenten zuzurechnen sein.

Ernst Mayr (1904–2005)

Biologe und Evolutionsforscher

Wirklich berühmt, also allgemein geläufig, ist der Name Ernst Mayr nicht. Doch von der Fachwelt wird der gebürtige Kemptener rundweg als der »Darwin des 20. Jh.s« gefeiert. Schon als Kind sehr an der lebendigen Natur interessiert, studierte er in Berlin zunächst Medizin; rasch aber wechselte er zur Zoologie, genauer zur Vogelkunde. Den grundlegenden Anstoß für seine Forscherlaufbahn gaben 1928–1930 Reisen nach Neuguinea und zu den Salomonen, die der vielversprechende Ornithologe für Lord Walter Rothschild und das Berliner Museum für Naturkunde unternahm. Die dort gesammelten Erkenntnisse waren die Basis für die Weiterentwicklung der Darwinschen Evolutionslehre: Wo Darwin bei Thesen geblieben war und Fragen offen gelassen hatte, kläre Mayr an vielen Beispielen die Mechanismen der Evolution. 1942 erschien sein Hauptwerk, »Systematics and the Origin of Species«, das in einer »synthetischen Theorie der Evolution« Befunde aus Genetik, Paläontologie, Zoologie und Systematik vereinte. Ab 1931 arbeitete er für das American Museum of Natural History in New York, 1953 wechselte er an das Museum for Comparative Zoology an der Universität Harvard. Im Alter von 101 Jahren starb er 2005 in Bedford (Massachusetts).

Sportgrößen aus dem Allgäu

Die Zahl der SportlerInnen, die sich im Allgäu ihre Sporen verdienten, ist Legende. Verständlicherweise ist die Liste der bekannten Namen aus dem Wintersport – Skifahren, Skispringen, Eislauf, Eishockey – besonders lang, aber auch Fußballer und Rennfahrer sind vertreten. Einige sollen hier erwähnt werden. Überraschend zahlreich sind bei den Wintersportlern die Skiläuferinnen, beginnend bei der legendären **Christl Cranz** (1914–2004). Ihre Familie hatte nach Beginn des Ersten Weltkriegs Belgien verlassen, und nach etlichen Stationen ließ sie sich 1947 in Steibis nieder, wo sie mit ihrem Mann eine Skischule betrieb. Mit zwölf Weltmeistertiteln und der Goldmedaille bei den Olympischen Spielen 1936 in der Kombination gilt sie als erfolgreichste Skifahrerin seinen Coup bei der Abfahrt der Olympischen Spiele in Squaw Valley: **Heidi Biebl**. Zu ihrer Erfolgsbilanz zählen 15 deutsche Meistertitel und 30 Weltcup-Siege. Mit 25 stieg sie aus, wurde Skilehrerin und eröffnete im heimatlichen Oberstaufen ein Kurhotel. In jüngerer Zeit von sich reden machten **Pamela Behr** (geb. 1956 in Hindelang), und die Schwestern **Irene und Maria Epple** (geb. 1957 bzw. 1959 in Seeg) mit Olympiamedaillen und Weltcupsiegen. Unvergessen ist der »schnelle Henne«, **Ernst Jakob Henne** aus Weiler (1904–2005), Motorrad- und Autorennfahrer der 1920er-, 1930er-Jahre, der 76 Geschwindigkeitsweltrekorde aufstellte und 1928 die Targa Florio gewann. Ein Weltklasse-Fußballer war **Karl-Heinz Riedle** (geb. 1965 in Weiler), der mit Werder Bremen und Borussia Dortmund mehrmals deutscher Meister sowie 1990 Weltmeister wurde. Heute betreibt er in Oberstaufen ein Sporthotel, das auch Fußball-Ferienkurse für 6–15-Jährige veranstaltet.

Heidi Biebl beim Training Ende der 1950er-Jahre

Praktische Informationen

WANN UND WO FINDEN SCHÖNE FESTE STATT? WAS MUSS MAN IN DEN BERGEN BEACHTEN? WAS BIETET DAS ALLGÄU KULINARISCH? WICHTIGES UND WISSENSWERTES FÜR EINEN GELUNGENEN URLAUB

Anreise · Reiseplanung

Mit dem Auto

Das »Autobahn-Rückgrat« für den Zugang zum Allgäu ist die A 96 München – Lindau. Von Memmingen führt die von Ulm kommende A 7 nach Kempten/Nesselwang (die Verlängerung nach Füssen soll 2008 eröffnet werden). Hauptverkehrsadern sind auch die Bundesstraßen 17 (»Romantische Straße« Landsberg a. L. – Schongau – Füssen), 12 (Buchloe – Kaufbeuren – Kempten – Isny – Lindau), 16 (Mindelheim – Marktoberdorf – Füssen) sowie die B 308/310 (Deutsche Alpenstraße) von Lindau über Immenstadt und Bad Hindelang nach Füssen.

Mit der Bahn

Die Hauptverteiler für die Anreise per Bahn sind München, Augsburg, Ulm und Lindau, die mit ICE, IC oder EC zu erreichen sind. Mit Regionalzügen fährt man dann weiter, und zwar meist im Stundentakt (▶ Verkehr, S. 114). Direkte Züge nach Oberstdorf fahren von Hannover (über Dortmund – Köln) und von Hamburg-Altona (über Hannover – Würzburg). Viele Orte bieten zusammen mit der DB Pauschalarrangements an. Besonders bequem ist die **Anreise über Nacht** nach München mit DB NachtZug/EuroNight bzw. der CityNightLine (Letztere auch nach Garmisch-Partenkirchen). **Autozüge** nach München-Ost fahren von Berlin-Wannsee, Hamburg-Altona, Bremen, Hildesheim, Düsseldorf und Köln-Troisdorf, nach Lindau-Reutin von Düsseldorf und Köln-Troisdorf. Informationen zur **Mit-**

← *Bayerniederhofen, Ortsteil von Halblech*

Die kurvenreiche Eisenbahntrasse durch das südliche Allgäu – hier die Passage am Niedersonthofener See – ist für ihre Schönheit berühmt.

INFORMATIONEN ANREISE

▶ **Straßenverkehr**
ADAC Verkehrsservice
Mobilnetze Tel. 22 4 11
Festnetz Tel. 0900 11 22 4 11

ADAC Stau-Info
Mobilnetze Tel. 22 4 99
Festnetz Tel. 0900 11 22 4 99

▶ **Deutsche Bahn**
Reiseservice Tel. 0180 599 66 33
(14 ct/Min.), www.bahn.de

Bahn & Bike
Tel. 01805 15 14 15

Service NachtZug
Tel. 01859 14 15 14
www.nachtzugreise.de

Service AutoZug
Tel. 01805 24 12 24
www.dbautozug.de

▶ **Flughafen München**
Flugplanauskunft
Tel. (0 89) 9 75-2 13 13
www.flughafen-muenchen.de

▶ **Allgäu Airport**
Flugplanauskunft
Tel. (0 83 31) 98 42 00-0
www.allgaeu-airport.de

▶ **Flughafen Friedrichshafen**
Flugplanauskunft
Tel. (0 75 41) 2 84-01
www.fly-away.de
www.allgaeu-walser-express.de

nahme von **Fahrrädern** in Fern- und Regionalzügen enthält die Broschüre »Bahn & Bike« der DB. Vergünstigungen ▶S. 104, 114.

Der Flughafen Franz Josef Strauß, ca. 35 km nordöstlich von **München** gelegen, ist aus dem In- und Ausland hervorragend erreichbar. Die S-Bahn verbindet ihn mit den Münchner Hauptbahnhof (Fahrzeit ca. 40 Min.). Den **Allgäu Airport Memmingen** bedient die TUI täglich von Berlin-Tegel und Hamburg aus (Busverbindung mit der Stadt, Hoteltransfer im Umkreis von 100 km). Der Flughafen **Friedrichshafen** wird u. a. von Hamburg, Köln- Bonn, Frankfurt, Berlin, Dresden und Wien aus angeflogen. Er verfügt über einen Bahnhaltepunkt, der »Allgäu-Walser-Express« sorgt im Sommerhalbjahr (Mai bis Okt., nur Do.– So.) für den direkten Bustransfer zum Hotel in Oberallgäu und Kleinwalsertal (Buchung mindestens 2 Tage vor der Reise, Tel. 0 83 21 / 67 10 10).

Mit dem Flugzeug

Auskunft

Im Urlaubsland Allgäu ist das System der Tourismusorganisationen auf regionaler und lokaler Ebene bestens ausgebaut. Ihre Prospekte, Websites und Telefondienste lassen fast keine Frage unbeantwortet.

Das Internet ist eine fast unerschöpfliche Informationsquelle, es gibt kaum einen Punkt des Landes, ein Verkehrsmittel, einen Reiseveranstalter, ein Museum, ein Event oder eine Nächtigungsmöglichkeit, die nicht vertreten wären.

ADRESSEN AUSKUNFT

DACHORGANISATIONEN

▶ **Bayern Tourismus Marketing**
Leopoldstr. 146
80804 München
Tel. (0 89) 21 23 97 - 0
www.bayern.by

▶ **Tourismusverband Allgäu / Bayerisch-Schwaben**
Fuggerstr. 9
86150 Augsburg
Tel. (0 8 21) 45 04 01-0
www.bayerisch-schwaben.de

▶ **Allgäu Marketing**
Allgäuer Str. 1
87435 Kempten
www.allgaeu.info
Prospektservice Allgäu
Postfach 10 25 29
86015 Augsburg
Tel. 01805 12 70 00

▶ **Tourismus-Marketing Baden-Württemberg**
Esslinger Straße 8
70182 Stuttgart
Tel. (07 11) 23 85 80
Die Website www.tourismus-bw.de ist leider praktisch wertlos, insbesondere für das Allgäu.

REGIONALE ORGANISATIONEN

▶ **Touristikverband Westallgäu**
Stiftsplatz 4, 88131 Lindau
Tel. (0 83 82) 2 70-1 36
www.lindau-westallgaeu.org
http://west.allgaeuserver.de

▶ **Ferienregion Allgäu – Bodensee**
Kurhaus am Park
88316 Isny
Tel. (0 75 62) 9 84-1 10
www.ferienregion-allgaeu.de

▶ **Gebietsgemeinschaft Allgäu-Bodensee-Oberschwaben**
Ravensburger Straße 1
88333 Bad Waldsee
Tel. (0 75 24) 94 13 43

▶ **Oberschwäbische Barockstraße**
Oberschwaben-Tourismus
Klosterhof 1, 88427 Bad Schussenried
Tel. (0 75 83) 33 10 60
www.barockstrasse.org

▶ **Oberallgäu Tourismus**
Hindelanger Str. 35
87527 Sonthofen
Tel. (0 83 21) 80 04-0
Info-Tel. (0 83 21) 80 04-5 40
www.oberallgaeu.de

▶ **Oberallgäu Ferien**
Hindelanger Str. 35
87527 Sonthofen
Tel. (0 83 21) 6 12-6 12
www.oberallgaeu-ferien.de

▶ **Tourismusverband Ostallgäu**
Schwabenstr. 11
87616 Marktoberdorf
Tel. (0 83 42) 9 11-3 13
www.ostallgaeu.de

▶ **Kneippland Unterallgäu**
Postfach 13 62
87713 Mindelheim
Tel. (0 82 61) 99 53 75
www.unterallgaeu.de

▶ **Tourismusverband Pfaffenwinkel**
Bauerngasse 5, 86956 Schongau
Tel. (0 88 61) 77 73
www.pfaffenwinkel.com

WEITERE INTERNET-ADRESSEN

▶ **www.dein-allgaeu.de**
Das beste Portal zum Allgäu: unabhängig, nicht kommerziell, sehr objektiv und schier unerschöpflich. Mit wichtigen und interessanten Informationen, Fotos und Links.

▶ **www.allgaeu-abc.de**
www.oa-aktuell.de
Marketing-Portale ebenfalls mit vielen wertvollen Infos und Links, mit Schwergewicht auf kommerziellen Anbietern.

▶ **www.all-in.de**
www.szon.de
www.derwestallgaeuer.de
Websites der Allgäuer Zeitung, der Schwäbischen Zeitung und des Westallgäuers. Interessant vor allem für aktuelle Nachrichten, Tipps, Veranstaltungen und Links.

▶ **www.sennalpwege.de**
Kleiner Führer zu 31 über 1000 m hoch gelegenen Allgäuer Alpen, die Käse, Butter und andere Milchprodukte herstellen.

Mit Behinderung unterwegs

In den Kur- und den wichtigen Urlaubsorten sind die meisten Einrichtungen behindertengerecht ausgestattet. Im Verlag FMG (Postfach 2154, 40644 Meerbusch, Tel. 0 21 59 / 81 56 22) erscheint der Reiseratgeber »Handicapped-Reisen Deutschland«. Information geben auch die Tourismusverbände und- büros.

Essen und Trinken

Wie jede traditionelle regionale Küche weist die Allgäuer Küche nur eine kleine Zahl typischer Gerichte auf. Ihren Charakter bestimmen die einfachen Zutaten, die immer vorrätig waren und die nötige Kalorienzufuhr sicherten: Mehl, Eier, Milch, Butter und Käse, dazu ein paar Gemüsesorten, die in dem Land mit mehr oder weniger rauem Klima gedichen. Fleisch wurde erst mit dem Wachsen des allgemeinen Wohlstands in neuerer Zeit wichtig. Verblüffend ist, in wie vielen Varianten die simplen Zutaten zu herzerwärmenden Köstlichkeiten verarbeitet werden – »aus wenig sparsam vielerloi, des isch d'schwäbisch Kocherei«. In den 200 Jahren bayerischer Herrschaft haben aber auch die bekannten »Schmankerln« von jenseits des Lechs auf dem Allgäuer Speisezettel Einzug gehalten.

Aus der Mehltruhe Im Mehl hat die Allgäuer Küche – als eine Spielart der schwäbischen – ihr Zentrum; die Mehltruhe, so heißt es, ist das Schatzkästlein der schwäbischen Kochkunst. Allgegenwärtig sind die **Knöpfle** (klein und rund) bzw. **Spätzle** (mehr oder weniger groß und wurmförmig). Traditionell kamen in den Teig, der kaugummiartig zäh sein muss, keine Eier; heute nimmt man doch ein paar Eier aufs Pfund Mehl. Man kann den Teig variieren (z. B. mit Spinat) oder die fertigen Spätzle kombinieren: zum Allgäuer Nationalgericht schlechthin, den **Kässpatzen**, mit viel gerafeltem Käse (am besten würziger Bergkäse oder je zur Hälfte Emmentaler und Romadur) und viel braun gebratenen Zwiebeln, oder zu **Krautspatzen** mit Sauerkraut. Die Kombination von dünn ausgewelltem Nudelteig und Kraut gibt's als **Krautkrapfen** (mit begehrter Kruste); eine Füllung aus Brät, Spinat und Zwiebeln ergibt die schwäbischen **Maultaschen**, die in Brühe, gebraten mit Ei oder mit Käse überbacken serviert werden. Als die Kartoffeln ins Land kamen, erweiterte das den Speisezettel beträchtlich; vereint man etwa gekochte Kartoffeln und Mehl, macht man daraus **Buabaspitzle**. Sie gibt es meist angebraten als Beilage; aber auch solo mit einem grünen Salat sind sie ein Gedicht. Da und dort bekommt man sogar wieder den **Brenntar**: ein Mus aus Hafer- oder Dinkelmehl, als »Rallemues« mit Zwiebeln und Käse.

Ein Gedicht: knusprige Krautkrapfen

Die Brotzeit Abgesehen vom Käse (▶S. 194) wird das Brotzeitbrett von allgemeinbayerischen »Schmankerln« beherrscht. Die berühmte Münchner **Weißwurst**, die die 1857 das Licht der Welt erblickte, besteht aus Kalbsbrät und Schweinespeck, gewürzt mit Pfeffer, Zwiebeln, Zitrone und Petersilie. Dazu gehören Brezen und süßer Senf. Am besten isst man sie so: Die Weißwurst quer halbieren, dann eine Hälfte mit der Gabel festpieksen, der Länge nach bis auf die unten liegende Haut durchschneiden und die freie Hälfte der Fülle mit dem Messer von der Haut schaben. Der **Leberkäs** enthält weder Leber noch Käse, sondern Rinder- und Schweinebrät, Speck und Zwiebeln. Er wird gebacken, so dass er eine schöne braune Kruste bekommt, und wenn er gerade frisch aus dem Ofen kommt, ist das ein Fest. Den **Wurstsalat**

(mit Zwiebeln, Öl und Essig) macht man meist aus Fleischwurst; kommt Emmentaler dazu, heißt er Schweizer Wurstsalat. Den **Pressack** aus Schweinefleisch und Schwarten gibt's in Weiß und Rot (Letzterer mit Blut). Ebenfalls aus Oberbayern stammt der **Obatzte** – auf Hochdeutsch »Zu Matsch Angerührte« – aus reifem Camembert und Butter, Zwiebeln, Paprika und Kümmel.

Suppen: Beliebte Vorspeise ist eine Fleischbrühe mit Einlage: mit Flädle (Pfannkuchenstreifen), mit Leberknödel oder -spätzle, mit Grießknödeln und/oder Käse.

Fleisch: Das edelste Stück der Allgäuer Fleischküche ist das **Böfflamott**, das Bœuf à la mode der französischen Besatzungszeiten: Rindfleisch, das sauer mariniert und mit Wein und Wurzelwerk geschmort wird. Längst Fuß gefasst haben die bayerischen Nationalgerichte Schweinsbraten und Haxe. Zum **Schweinebraten** (oder Schweinsbraten) aus Schulter oder Hals – mit knuspriger Schwarte – gehören Semmelknödel, als Gemüse ein Krautsalat (rohes Weißkraut, gewürzt mit Kümmel) oder im Winter Sauerkraut. Die **Haxen**, vom Schwein oder vom Kalb, werden im Ofen gebraten oder gegrillt und mit ebenfalls mit Knödel und Kraut serviert. Für ein **Tellerfleisch** wird Rindfleisch in Brühe gesotten, in Scheiben geschnitten und mit frischem Meerrettich und scharfem Senf serviert. Die **Fleischküchle** (oft leider als »Fleischpflanzerl« angeboten), im nördlichen Deutschland als Frikadellen oder Buletten bekannt, schmecken am besten mit Kartoffelsalat. Kenner schätzen das

i Gastronomie hoch droben

- In den Restaurants von Nebelhorn, Fellhorn, Kanzelwand, Walmerdinger Horn und Ifen gibt es für jeden Geschmack etwas, egal ob mit oder ohne Bedienung. Sonnenterrassen mit Liegestühlen, gemütliche Hütten, Schnee- oder Sommer-Bars runden das Angebot ab (Infos unter www.das-hoechste.de).
- **Walmendingerhorn bei Mittelberg:**
Gipfelstuba und Hora@Bar, in der Bergstation auf 1946 m Höhe
Obere Lüchlealpe und Stutzalpe, original Walser Sennalpen im Ski- und Wandergebiet
Bühlalpe, Restaurant mit Walserstube (1683)
Max's Hütte mit schöner Sonnenterrasse auf 1380 m
Schirmcafé Bäraweid an der Talstation der Walmendingerhornbahn
- **Fellhorn-Kanzelwand bei Oberstdorf/ Riezlern**
Adlerhorst, Ski- und Wanderhütte an der Kanzelwand
Alpe Obere Bierenwang, gemütliche Hütte mit Allgäuer Spezialitäten
Balzplatz-Skibar, Talstation der Möserbahn
Bergrestaurant an der Fellhorn-Mittelstation auf 1780 m
Gipfelrestaurant am Fellhorn auf 1967 m
Panoramarestaurant an der Kanzelwand-Bergstation auf 1957 m
Schirmbar an der Fellhorn-Mittelstation und Schirmbar an der Bergstation Kanzelwand
- **Nebelhorn bei Oberstdorf**
Marktrestaurant am Nebelhorn, Station Höfatsblick auf 1932 m
Gipfelhütte am Nebelhorn auf 2224 m
Berggasthof Seealpe an der Nebelhorn-Mittelstation, Seealpe auf 1280 m
Edmund-Probst-Haus, DAV-Hütte an der Station Höfatsblick am Nebelhorn
Gemsnest am Nebelhorn, Station Höfatsblick auf 1932 m Höhe!
- **Hoher Ifen bei Hirschegg:**
Auenhütte in 1280 m Höhe an der Ifen-Talstation
Gasthof Bergadler an der Ifen-Bergstation, Hahnenköpfle auf 2030 m Höhe

> **Baedeker TIPP**
>
> **Moderne Küche**
>
> Moderne Zeiten gehen auch an der Allgäuer Küche nicht vorbei. Mit vielfältigsten Kräutern, wilden oder kultivierten, werden nicht nur Spätzle und Maultaschen, Salate und Saucen variiert; das Allgäu hat sich geradezu zum Kräuterland entwickelt (www.allgäuer-kräuterland.de). Findige Wirte haben das Heu von naturbelassenen Wiesen in die Küche geholt, mit dem z. B. ein »Bergwiesensüppchen«, ein Rinderfilet oder eine »Heublumencreme« ein ungewöhnliches Aroma erhalten (Websuche unter »Allgäuer Heuwirt«). Viele Restaurants und Wirtschaften pflegen unter dem Namen »LandZunge« eine authentische Küche mit alten und neuen Rezepten, wobei sie sich auf regionale Produkte stützen (www.landzunge.info).

Saure Lüngerl mit Semmelknödel und das in Konsistenz und Geschmack ähnliche **Beuschel**; außer Lunge enthält es noch Herz und Milz. Aus der schwäbischen Küche wiederum kommen die **Kutteln** (fein geschnittener Rindermagen in sauer abgeschmeckter Sauce). Zu den Winterfreuden gehört die **Schlachtschüssel** mit gekochtem Schweinebauch, Leber- und Blutwurst und Zunge, dazu – wie zu erwarten – Sauerkraut, Spätzle oder Schupfnudeln. Nicht zu vergessen **Geflügel und Wild**: ob als Hirschgulasch, Rehragout oder Gamskeule, ob als Gans zur Kirchweih erfreuen sie sich größter Beliebtheit.

Süßes   Für **Dampfnudeln** werden Hefeteigklöße in einem Milch-Fußbad gedämpft (besonders begehrt ist die karamellig-knusprige Kruste, im Allgäu »Schuepet« geheißen), dazu gibt's Vanillesauce oder ein Dörrobstkompott. Bäckt man die Hefeteigklöße, entstehen **Rohrnudeln**. **Schmalzgebackenes** ist beliebt: als feine Nonnafürzle aus Brandteig, als Versoffene Jungfern aus Mehl-Eier-Teig, die mit heißem Most oder Wein übergossen werden, als Krapfen, traditionell mit Marmelade gefüllt, oder als Funaküachle bzw. Pfosen: Für sie wird ein Stück Hefeteig so auseinandergezogen, dass es in der Mitte papierdünn wird. Für den bayerischen Prinzregenten Luitpold kreierte ein Hofkonditor die **Prinzregententorte**: Sieben (ursprünglich acht) Biskuitschichten – die die Regierungsbezirke symbolisieren – werden mit Schokoladenbuttercreme gefüllt und dick mit Schokolade überzogen. Im ganzen Alpenland schätzt man den **Strudel**, dünn ausgerollter Nudelteig, der mit Äpfeln oder Topfen (Quark) gefüllt wird, im Allgäu auch mit Sauerkraut zu den erwähnten Krautkrapfen. Als herbstlicher Genuss ist der saftig-säuerliche **Zwetschgendatschi** zu empfehlen, ein Zwetschgenkuchen aus dünnem Hefeteig; sehr gut dazu ist kalte, leicht gesüßte Schlagsahne.

Das Bier

Bayern ist Bierland – das Allgäu macht da keine Ausnahme. Im 14. Jh. entwickelten sich Brauereien, die meist von Klöstern und Herrschaften betrieben wurden; die älteste Allgäuer Brauerei, die noch heute besteht, wurde 1447 in Rettenberg gegründet (heute Zötler). Zu Beginn der Neuzeit begründeten zwei Ereignisse die Qualität und die führende Stellung des bayerischen Biers: Im 15. Jh. kam die untergärige Brauweise auf, die haltbareres und daher transport- und lagerfähiges Bier ergab, und 1516 erließ Herzog Wilhelm IV. das immer noch gültige Reinheitsgebot, nach dem Bier nur aus Gerste, Hopfen und Wasser hergestellt werden darf. Vorzügliches Bier erzeugen eine große Zahl großer und kleiner, meist inhabergeführter Brauhäuser, u. a. Klosterbrauerei Irsee, Löwenbräu Meckatz, Postbrauerei Weiler, Farny Wangen, Postbrauerei Nesselwang, Kösselbräu in Speiden, Zötler und Engelbräu in Rettenberg.

Kleine Bierkunde

Die beiden großen bayerischen Spezialitäten sind das Weizenbier und das Helle. Das säuerlich-frische **Weizenbier** (auch als Weißbier bekannt) wird aus Weizen obergärig gebraut und vorzugsweise zusammen mit dem vitaminreichen Hefesatz (Hefeweizen) abgefüllt. Das **Zwickelbier** ist ein untergäriges Bier, das ungefiltert vom Lagertank ins Faß abgefüllt wird. Zu den untergärigen Bieren zählen auch das milde, süffige **Helle** und das herbere Pils. Liebhaber malziger Aromen greifen zum **dunklen Bier** mit seiner interessanten Balance zwischen leichter Süße und hopfiger Bittere. Alle diese Sorten haben 4,5 – 5 % Alkohol. Klösterlicher Tradition sind die besonders kräftigen **Fastenbiere** zu verdanken: Bock mit über 6 %, Doppelbock über 7 % Alkohol. Auch im Allgäu sind zwei bayerische Durstlöscher auf Bierbasis beliebt, das Radler und der Russen. Beide haben einen interessanten Hintergrund. Das **Radler** (Helles mit Zitronenlimo) erfand 1922 der Wirt der Kugler-Alm bei München, als Hunderte von

Zünftige Einkehr: Schlossbergalm bei Eisenberg

Ausflüglern seinen Biervorrat zu rasch zu dezimieren drohten. Als Kind der Revolution von 1918 gilt der **Russen**, die Radler-Variante mit Weißbier: Russen hießen im Münchner Volksmund die Anhänger der Räterepublik; bei ihren Treffen streckten sie das Bier, um einen klaren Kopf zu behalten.

Feiertage, Feste und Events

Im Allgäu werden das ganze Jahr über viele traditionelle Feste gefeiert, häufig religiöser Art, immer aber auch um sich zu treffen und sich des Lebens zu freuen. Die Kulturszene des Allgäus, das man zunächst eher unter »Provinz« abhaken würde, glänzt mit einer großen Zahl hochkarätiger Veranstaltungen. Ergänzt wird das Programm durch Sport, Stadt- und Kinderfeste und diverse neuzeitliche Events. Die regionalen und örtlichen Tourismusbüros informieren gerne. Für Konzert und Theater ►S. 99.

TERMINKALENDER

FEIERTAGE
1. Jan.: Neujahr
6. Jan.: Heilige Drei Könige
Karfreitag, Ostermontag
1. Mai: Tag der Arbeit
Christi Himmelfahrt
Pfingstmontag, Fronleichnam
15. Aug.: Mariä Himmelfahrt
3. Okt.: Tag der deutschen Einheit
1. Nov.: Allerheiligen
25./26. Dez.: Weihnachten

FESTE UND EVENTS
► **Februar**
Um den 2. Februar Lichtmessmarkt in Bad Wurzach. Fasnacht mit Umzügen an vielen Orten, u. a. in Lindau, Oberstaufen, Isny, Bad Wurzach, Mindelheim, Marktoberdorf, Schwangau. In Scheidegg großes Narrentreffen am Sonntag vor der Fasnachtswoche. Am Fasnachtssamstag Rennen mit alten »Schalengen« (Hörnerschlitten) in Gunzesried, Pfronten, Sulzberg und Wengen. Am Fasnachtssonntag »Eggaspiel« in Sonthofen (alle 3 Jahre, wieder 2009).

► **Februar / März**
Der 1. Fasten-Sonntag ist v. a. im Oberallgäu »Funkensonntag«: An vielen exponierten Stellen brennt ein großes Funkenfeuer, ein alemannischer Brauch, der den Winter und böse Geister – symbolisiert durch eine Strohhexe, die verbrannt wird – vertreiben soll. Besonders spektakulär ist der »Funken« in Hirschegg im Kleinwalsertal.

► **April**
Georgimarkt in Isny. Am 23. April oder am folgenden Sonntag Georgiritt auf den Auerberg; letzter April-So. Georgiritt in Bodelsberg (bei Durach). Maibaum-Aufstellen und Tanz in den Mai am 30. April, u. a. in Immenstadt und Lindenberg.

Mit dem prunkvollen Kaiserfest erinnert Füssen an die Aufenthalte Maximilians I.

▶ **Mai**
1. Mai Maibaum-Aufstellen. Fronleichnam: Prozessionen an vielen Orten. Maimarkt in Immenstadt, Pfingstmarkt in Wangen. In Lindenberg Hut-Tag (vier Wochen nach Ostern, in geraden Jahren Wahl der Hutkönigin). Bodensee-Festival in Lindau.

▶ **Juni**
Immenstadt: Anfang Juni Illermarathon. Am Vorabend des 24. Juni Johannisfeuer auf vielen Bergen, u. a. bei Nesselwang und besonders »feurig« in Hirschberg (Kleinwalsertal). Stadtfeste in Sonthofen und Memmingen.

▶ **Juli**
Große Kinderfeste in Lindau, Isny, Wangen und Kaufbeuren (Tänzelfest). Historische Feste in Memmingen (Wallensteinspiele, Ende Juli, alle vier Jahre, wieder 2008) und Mindelheim (Frundsbergfest, 10 Tage Anfang Juli, alle drei Jahre, wieder 2009). Fischertag in Memmingen (Ende Juli). Nesselwang: Fest am Attlesee. Bad Wurzach, am 2. Fr.: Heilig-Blut-Fest (Wallfahrt, Reiterprozession). Immenstadt: Seenachtsfest am Alpsee (letzter Juli-Samstag). Ulrichsritt auf den Kreuzberg bei Steingaden. Oberstdorf: Bergfest zur Alpenrosenblüte (Anfang Juli), Berglar-Kirbe Fellhorn. Wilde-Mändle-Tanz (nächster Termin 2010)

▶ **August**
Wangen: Burgfest Neuravensburg (Anfang Aug.). Mariä Himmelfahrt (15. Aug.) wird an vielen Orten mit Palm- und Kräuterbuschen gefeiert. Kloster Irsee: Schwäbischer Kunstsommer mit legendärer Kunstnacht zum Abschluss (1. oder 2. Sa. im Aug.). Füssen Schindau- und Kaiserfest (Mitte Aug.), Festwoche zum Geburtstag König Ludwigs II. (Ende Aug.). Kempten: Allgäuer Festwoche (bedeutendste Wirtschaftsausstellung und größtes Sommerfest der Region, ab Mitte

Aug.). Internationales Käsefest in Lindenberg, Bauern- und Käsemarkt in Immenstadt (beide gegen Ende Aug.).

▶ **September**
Anfang Sept., an wechelnden Orten: Allgäuer Lieder- und Jodlertag. Burgfest in Sulzberg (Anfang Sept.). Michaeli-Markt in Immenstadt, Matthäus-Markt in Wangen. In Weiler Kunsthandwerkermarkt (2. So.). In der 2. und 3. Woche Alpabtrieb und Viehscheid in Bad Hindelang, Balderschwang, Bolsterlang, Buching, Eisenberg/Zell, Gunzesried, Immenstadt, Jungholz, Kranzegg, Maierhöfen, Missen, Nesselwang, Obermaiselstein, Oberstaufen, Oberstdorf, Oy-Mittelberg/Haslach, Pfronten, Riezlern, Schöllang, Seeg, Thalkirchdorf, Wengen, Wertach (▶S. 195).

▶ **Oktober**
2. So.: Colomansfest (Reiterprozession) in Schwangau. 3. So.: Kirchweihfeste überall. Wendelinsritte u. a. in Scheidegg und Fischen. Michaelimarkt in Isny, Gallusmarkt in Sonthofen, Oberstdorf, Leutkirch und anderen Orten, Simonmarkt in Lindenberg, Kathreinermarkt in Kempten (Ende Okt.).

▶ **November**
Anfang Nov. Martinimarkt u. a. in Bad Wurzach, Ottobeuren, Wangen, Isny, Kaufbeuren. Sonntag vor dem 11. Nov.: Martinusritt in Blaichach bei Sonthofen.

▶ **Dezember**
Roßhauptener »Adventskalender« (Illumination des Dorfplatzes). 5./6. Dez. Klausentreiben an vielen Orten, u. a. in Immenstadt, Sonthofen, Oberstdorf, Bad Hindelang. Klausen- und Christkindlesmärkte in vielen Orten. Auftaktspringen der Vierschanzentournee in Oberstdorf (Ende Dez.). Silvester-Fackellauf in Jungholz.

Beim Colomansfest in Schwangau sind Mensch und Pferd prächtig geschmückt.

Geld

Öffnungszeiten
Die Filialen von Banken und Sparkassen sind unterschiedlich geöffnet, als Kernzeit kann Mo.–Fr. 8.30–12.30, 14.00–16.00, Do. bis 18.00 Uhr gelten. An den Geldautomaten kann man mit Bank- oder Kreditkarte und Geheimnummer rund um die Uhr Geld abheben.

Bank- und Kreditkarten
Die meisten Hotels, Restaurants und Geschäfte akzeptieren die Bank-(Maestro-)Karte, mit Kreditkarten kann man eher nur in größeren Betrieben bezahlen.
Einen Verlust der Bank- oder Kreditkarte meldet man am besten bei seinem Geldinstitut, sonst bei den jeweiligen Zentralen. Dafür unbedingt vor der Reise Kartennummer, Kontonummer und Bankleitzahl notieren.

> ### *i* Geldkarte verloren?
> - Zentraler Sperr-Notruf 116 116
> - Bankkarte Tel. 01805 02 10 21
> - Mastercard Tel. 0800 8 19 10 40
> - Visa Tel. 0800 811 84 40

Gesundheit

Apotheken
Die Öffnungszeiten der Apotheken sind unterschiedlich, als Kernzeit kann Mo.–Fr. 8.30–12.30, 14.00–18.00, Sa. bis 13.00 Uhr gelten. Am Eingang jeder Apotheke ist die nächstgelegene Apotheke mit Nacht- und Sonntagsdienst genannt,

Gesundheitsvorsorge
In größeren Höhen ist die Sonneneinstrahlung besonders intensiv – auch bei bedecktem Himmel! –, weshalb man auf guten Schutz achten sollte (▶ Wandern, S. 118). Wer sich ausgiebig in freier Natur aufhalten möchte, sollte über eine wirksame Tetanus-Impfung verfügen (maximal 8 Jahre alt). In puncto Zecken ist das Allgäu gegenwärtig kein Risikogebiet.

Mit Kindern unterwegs

Ferienregion für Kinder
Viel wunderbare Natur, Berge und Seen sind die großen Attraktionen im Allgäu. Für Kinder gibt es kaum etwas Schöneres, als mit Papa und Mama auf Tour zu gehen, auf der Wiese und im Stall Entdeckungen zu machen oder an einem natürlichen Gewässer zu tollen. Entsprechend gut und umfangreich sind die Angebote für Familien, von den »Ferien auf dem Bauernhof« (▶ S. 113) über die Berghütten des DAV (▶ S. 118) bis hin zu feinen Hotels. Viele Orte bieten Kin-

Erlebnisse für Kinder

deraktivitäten unterschiedlichster Art an, wie Reiten, Brotbacken, Spielnachmittage, Naturführungen und Kletterkurse. Die Buchhandlungen halten Aktivitäten- und Wanderführer für Familien bereit.

Freizeitbäder findet man u. a. in Bad Wörishofen (Therme), Fischen (Familien-/Erlebnisbad), Immenstadt (Im Auwald), Kempten (Cambomare), Lindau (Limare, Strandbad Eichwald), Nesselwang (Alpspitz-Badecenter), Oberstaufen (Aquaria), Oberstdorf (Kristall-Therme), Rettenberg, Sonthofen (Wonnemar) und Steibis. Immer ein schönes Erlebnis ist der Besuch eines der **Bauernhausmuseen** in Illerbeuren, Wolfegg (dort gibt es auch ein berühmtes **Automuseum**) und Diepolz bei Immenstadt. Das Bergdörfchen Gerstruben bei Oberstdorf ist als Ganzes ein Freilichtmuseum. Die Pracht des Allgäuer **Sternenhimmels** erschließt ein Besuch der Volkssternwarte in Ottobeuren oder der Sternwarte Kempten. Greifvögel und Alpenwild kann man auf dem Pfänder bestaunen, Reptilien bei Scheidegg. Möglichkeiten zum **Reiten** gibt es im ganzen Allgäu in großer Zahl; besonders attraktiv, gerade auch für Kinder, wäre ein Kamelritt in Hack bei Seeg. Großen Spaß macht das **Schlittenfahren**, im Winter auf einer der vielen Naturrodelbahnen oder im Sommer auf einer Bahn aus Stahl (Alpsee Bergwelt nahe Immenstadt, Hündle bei Oberstaufen, Alpspitze bei Nesselwang, Tegelberg bei Schwangau). Kinder mit Lust an Abenteuer und Herausforderung können sich an Kletterwänden betätigen, die es an vielen Orten gibt, oder in einem der **Hochseilgärten** (▶ Tipp. S. 110). Im Allgäu liegen bzw. auf einem Tagesausflug gut zu erreichen sind die **Freizeitparks**: Illerparadies (bei Kempten), Skyline-Park (an der A 96 nahe Bad Wörishofen, ▶ S. 144), Legoland Günzburg (geöffnet Anfang April – Anfang Nov., Tel. 0 82 21 / 7 00 70-0, www.legoland.de) und Ravensburger Spieleland in Meckenbeuren-Liebenau (▶ S. 282). Spielbegeisterte fahren Anfang September nach Ravensburg, wenn die ganze Altstadt zu einer einzigen Spielwiese wird.

Schatzkammer v. a. für Jungen und ihre Väter: Automuseum von Fritz B. Busch in Wolfegg

Konzert und Theater

Klöster, Kirchen und Schlösser sind prädestinierte Orte für kulturelle Ereignisse aller Art. Sehr beliebt und frequentiert sind auch die diversen Freilichttheater und -events, etwa in Altusried und in Kempten auf der Burghalde oder im Archäologischen Park Cambodunum. Adressen für Informationen und Kartenbestellung findet man bei den Ortsbeschreibungen.

 ORTE UND TERMINE

KONZERTE UND FESTIVALS

Baad (Kleinwalsertal)
Internationales Alphorn-Festival (Mitte Sept.)

Bad Hindelang
»Ein Ort wird Musik« (1. Oktober-Woche)

Bad Wörishofen
Internationale Musiktage (Ende Juni), Jazztime (Ende Sept.), Festival der Nationen (Ende Sept./Anfang Okt.)

Bregenz
Bregenzer Festspiele (Juli/Aug.)

Fischen
Fischinger Kulturzeit (Kultur und Brauchtum, Anfang Mai bis Mitte August)

Füssen
Orgelsommer, Fürstensaalkonzerte (Juni–Sept.), Festival »vielsaitig« (Ende Aug./Anfang Sept.), Tage Alter Musik im Königswinkel (Ende Sept.)

Kloster Irsee
Musikfestival »Klang & Raum« (Ende Aug./Anfang Sept.)

Isny
Opernfestival (Juli)

Kempten
Jazz-Frühling (Ende April/Anfang Mai), APC-Sommer (Anfang Juni–Ende Sept.), Internationales Burghaldenfest (2. Juli-Wochenende)

Marktoberdorf
Kammerchor-Wettbewerb (Pfingsten, ungerade Jahre), Musica Sacra International (Anfang Juni), Jugend jazzt (Dez.)

Memmingen
Kulturfestival »Memminger Meile« (Ende Juni/Anfang Juli)

Mindelheim
Jazztage (Ende März)

Schloss Neuschwanstein
Klassikkonzerte (Sept.)

Oberstdorf
Musiksommer (Klassik, Mitte Juli–Mitte Aug.)

Ottobeuren
Konzerte in der Basilika und im Kaisersaal (Klassik, Mai–Okt.)

Steingaden
Konzerte im Welfenmünster und in der Wieskirche

Schloss Wolfegg
Internationale Wolfegger Konzerte (Ende Juni), Konzerte der Ludwigsburger Schlossfestspiele (um den 10. Sept.), Wintermusik (um die Jahreswende)

FREILICHT- UND LAIENTHEATER

Altusried
Allgäuer Freilichtbühne
Tel. (0 83 73) 92 20-0
www.altusried.de

Eglofs
Dorfstadel / Stiller Winkel
Tel. (0 75 66) 90 77 23
www.eglofs.de

Kaufbeuren-Kemnat
Burgspiele
Tel. (0 83 41) 87 69 87
www.burgspiele.de

Waal (bei Buchloe)
Passions- und Heiligenspiele
in unregelmäßigen Abständen

Kur und Wellness

Alles für die Gesundheit Im Allgäu zählt man – außer den vielen Luftkurorten – zwölf anerkannte Heilbäder und Kurorte: Bad Grönenbach, Bad Hindelang, Bad Wörishofen, Fischen bei Oberstdorf, Füssen, Insy, Oberstaufen, Oberstdorf, Ottobeuren, Oy-Mittelberg, Scheidegg, Schwangau. Mit modernen Einrichtungen, qualifiziertem Personal und den Gaben der Natur helfen sie, Krankheiten und Verletzungen zu kurieren oder einfach etwas für die Gesundheit zu tun. Insbesondere rheumatische Beschwerden, Herz-Kreislauf-Probleme, Magen-Darm-Krankheiten, Stoffwechselprobleme, Atemwegserkrankungen und seelische Probleme können hier angegangen werden. Dazu werden klassische Anwendungen wie Moor und Fango, Trink- und Badekuren, Kneipp- und Schroth-Kuren mit Therapieformen wie Autogenes Training kombiniert; auch das an Wildblumen reiche Bergheu wird heute zunehmend eingesetzt. In den Zeiten von Well- und Fitness gibt es kaum ein größeres Hotel, das kein entsprechendes Programm hätte, von Ayurveda über Heupackungen und diverse Diäten bis zur Thalasso-Therapie(!).

Über Orte, Angebote und formale Bedingungen für eine Kur informieren die regionalen und örtlichen Tourismusbüros, außerdem der Bayerische Heilbäder-Verband (Postfach 1063, 94066 Bad Füssing, Tel. 0 85 31 / 97 55 90, www.bay-heilbaeder.de) und der Heilbäderverband Baden-Württemberg (Esslinger Str. 8, 70182 Stuttgart, Tel. 0711 / 2 18 45 76, www.heilbaeder-bw.de)

Literaturempfehlungen

Land und Leute **Katharina Adler:** Lebenslandschaft Allgäu (Bild-Text-Band). Eggingen 2000. Eine Liebeserklärung an die »Heimat« und das Allgäu, ohne Verklärung und Mythos.
Lala Aufsberg: Menschen, Berge, Landschaften. Verlag Hephaistos / Edition Allgäu, Immenstadt 2007. Ein Allgäu-Porträt in Schwarzweißfotos von Lala Aufsberg (1907 – 1976) aus Sonthofen, einer der bedeutendsten Fotografinnen des 20. Jh.s.
Maria Beig: Rabenkrächzen. Eine Chronik aus Oberschwaben. Sigmaringen 1982. Chronik vom Zuschnitt einer griechischen Tragödie, unverzichtbar zum Verständnis des Allgäus, auch wenn die Höfe, deren Geschichte erzählt wird, westlich der Argen liegen.
Dieter Buck: Allgäu, Sagen und Mythen entdecken. Tyrolia, Innsbruck / Wien 2006. Das Allgäu ist eine wirklich »sagenhafte« Gegend, die der Autor mit Wandervorschlägen erschließt.
DuMont Bildatlas Allgäu: Liebevolles Porträt in Text und Bild.
Rupert Hacker: Ludwig II. in Augenzeugenberichten. München 1986
Hans Nöhbauer: Auf den Spuren Ludwigs II. München 1995.

Zwei Bücher für alle, die mehr über den Märchenkönig, seine Seelenwelt und seine äußere Realität wissen wollen.
Hecker, F. und K.: Tiere und Pflanzen der Alpen. Franckh-Kosmos, Stuttgart 2007. Rucksacktauglicher Naturführer, der die wichtigsten Dinge am Wegesrand erklärt (auch Gesteine und Mineralien).
Alfred Weitnauer: Allgäuer Chronik. 3 Textbände, 1 Band Bilder und Dokumente sowie ein Registerband. Allgäuer Zeitungsverlag, Kempten 1981 ff. Das Standardwerk der Allgäuer Geschichte von seinen Anfängen bis zum Ausbruch des Ersten Weltkriegs, überaus kenntnisreich und dazu gut lesbar. Der Autor hat das Geschehen in seiner Heimat Allgäu in den Horizont der europäischen Geschichte eingebettet, **eine Schatzkammer für historisch Interessierte.**
Alfred Weitnauer: Die Allgäuer Rasse. Kempten 1978. Sehr amüsante kleine Erkundung des *homo algoius*.

Georg Dehio: Handbuch der Deutschen Kunstdenkmäler. Bayern III: Schwaben. München, Berlin 1989; Baden-Württemberg II: Regierungsbezirke Freiburg und Tübingen. München, Berlin 1997
Lydia L. Dewiel: Das Allgäu. Kunst und Landschaft zwischen Bodensee und Lech. DuMont Kunstreiseführer, Köln 2003
Architekturforum Kempten: Architektur im Allgäu, 1990–2005. Kunstverlag Josef Fink, Lindenberg 2006. Herausragende Beispiele des regionalen Bauschaffens in jüngster Zeit.

Kunstführer

Auch im Allgäu gibt es Mord, Totschlag, Drogen – zumindest in literarischer Form. Die Allgäu-Krimis haben mittlerweile eine große Fangemeinde. Orts- und Heimatkunde wird hier einmal anders vermittelt, ebenso spannend und erhellend wie vergnüglich. Zu den bekannten Autoren gehören **Volker Klüpfel und Michael Kobr**. Ihre Geschichten wie »Milchgeld«, »Erntedank« und »Seegrund« sind um den kässpatzenverrückten Kommissar Kluftinger gestrickt. Gerhard Weinzirl, der »Schimanski« des Voralpenlands, und seine alte Schulfreundin Jo, Direktorin des Tourismusverbandes Immenstädter Oberland, sind die Hauptfiguren der Reisejournalistin **Nicola Förg**. Zu ihren bekanntesten Krimis gehören »Schussfahrt«, »Funkensonntag« und »Kuhhandel«. Die vielsagenden Titel des Allgäuer Landeskundler **Peter Nowotny** heißen »Grünten-Mord«, »Klausentreiben« und »Mörderische Rätsel«.

Allgäu-Krimis

Aegidius Kolb, Leonhard Lidel: D' schwäbisch Kuche. Kempten 1984
H. Siegel, U. Müller u. a.: Freude am Kochen und Backen. Rezepte von Allgäuer Bäuerinnen. AVA Verlag, Kempten 1996
Petra Knorr: Alte Allgäuer Küche. Area Verlag, Erftstadt 2004

Allgäuer Küche

Blankenstein, C.: Allgäu. Freizeit mit Kindern. Stöppel, Merching 2006. Inhaltsreiches Handbuch für Kinder und Erwachsene.
Buck, Dieter: Burgen und Ruinen im Allgäu. 33 Ausflüge auf den Spuren der Ritter. Theiss, Stuttgart 2002

Wander- und Erlebnisführer

W. Bahnmüller: Wandern im Allgäu. DuMont Reiseverlag, Ostfildern
H. Mayr: Wanderführer Allgäuer Alpen. Kompass Verlag, Innsbruck 2004; ders.: Wanderbuch Oberallgäu. Kompass Verlag, 2002
V. Metzler: Allgäuer Alpen. Kompass Verlag, Innsbruck 2003
P. Nowotny: Der Autor des Special Guides »Tourenvorschläge im Wanderparadies Allgäu« hat verschiedene Wander- und Bergtourenführer sowie Alpenfluss-Trilogien über Iller, Wertach und Lech geschrieben (Info: www.nowotny.de).

Medien

Radio
Das Allgäu wird – außer von privaten Sendern wie Antenne Bayern, Radio Ostallgäu und Radio Galaxy – vom Bayerischen Rundfunk (BR) mit fünf Programmen und vom Südwestrundfunk (SWR) mit vier Programmen versorgt. Bayern 1 bringt Regionales und Volkstümliches, Bayern 2 Radio ist der Feuilleton-Kanal mit interessanten Berichten und Magazinen, Bayern 3 der »junge« Sender mit Popmusik; Bayern 4 spielt klassische Musik, Bayern 5 bringt Nachrichten. SWR 1: gute Popmusik aller Zeiten und aktuelle Informationen; SWR 2: Feuilleton und E-Musik; SWR 3 ist für junge Leute gemacht; SWR 4 ist der »volkstümliche« Sender. Außer SWR 2 strahlen alle Verkehrsmeldungen aus, am aktuellsten sind Bayern 3 und SWR 3.

Zeitungen
Alle Zeitungen bringen, vor allem zum Wochenende, Informationen wie Kinoprogramme, Veranstaltungshinweise und Ausflugstipps. Im Allgäu beherrschen zwei Blätter mit ihren lokalen Ausgaben die Szene: die zur Augsburger Allgemeinen gehörende **Allgäuer Zeitung** mit Sitz in Kempten (www.all-in.de) und die in Leutkirch erscheinende **Schwäbische Zeitung** (www.szon.de), ein Ableger der Letzteren ist die **Lindauer Zeitung**. In Weiler hat die kleine Zeitung **Der Westallgäuer** (www.derwestallgaeuer.de) ihren Sitz.

Zeitschriften
Mehr über das Allgäu, seine Geschichte und Kultur erfährt man in den Zeitschriften **Das schöne Allgäu** (www.das-schoene-allgaeu-online.de) und **Heimat Allgäu**, das »Blättle« des Heimatbunds Allgäu (http://heimatbund.dein-allgaeu.de). Sie geben Freizeittipps und sind in Buchhandlungen und an Kiosken der Region zu bekommen.

Museen

Öffnungszeiten und Ermäßigungen
Ein Großteil der Museen haben montags ihren Ruhetag. Viele Einrichtungen in kleinen Orten schließen außerhalb der Hauptreisezeiten oder sind dann nur am Wochenende geöffnet. Kinder, Schüler, Studenten, Arbeitslose und Senioren bekommen meist Ermäßigung.

NICHT VERSÄUMEN

- Von den vielen großen und kleinen Museen des Allgäus und seiner Umgebung seien diese besonders hervorgehoben: Käsereimuseum in Altusried, Kunsthaus Bregenz, das Deutsche Kartausenmuseum Buxheim, Gemäldesammlungen im Hohen Schloss und im Stadtmuseum Füssen, Schwäbisches Bauernhofmuseum Illerbeuren, Hofmühle Immenstadt, Prädikantenbibliothek Isny, Crescentia-Gedenkstätte Kaufbeuren, Archäologischer Park Cambodunum und Alpinmuseum in Kempten, Hutmuseum Lindenberg, Strigel-Museum in Memmingen, Südschwäbisches Archäologiemuseum Mindelheim, Museumsdorf Gerstruben bei Oberstdorf, Walsermuseum Riezlern (Kleinwalsertal), Glashütte Schmidsfelden, die Museen in der Eselmühle Wangen sowie Automuseum und Bauernhausmuseum in Wolfegg.

Die Fülle der Museen in Bayern erschließt der »Infopoint«, der von der Landesstelle für die nichtstaatlichen Museen in Bayern zusammen mit den großen staatlichen Einrichtungen unterhalten wird. Hier bekommt man Infos und Tipps aller Art. Infopoint Museen & Schlösser, Alter Hof 1, 80331 München, Tel. (0 89) 2 10 140-50, www.infopoint-museen-bayern.de.

Infopoint München

Notrufe

▶ **Polizei**
Tel. 110

▶ **Notarzt / Feuerwehr**
Tel. 112

▶ **Bergrettung**
Mobiltelefon 112

Festnetz Tel. 1 92 22

▶ **ADAC-Pannendienst**
Tel. 01802 22 22 22
Mobiltelefon 22 22 22

▶ **ACE-Pannendienst**
Tel. 01802 34 36 36

Post und Telekommunikation

Öffnungszeiten Die Filialen der Deutschen Post haben unterschiedliche Öffnungszeiten, als Kernzeit kann 8.30 – 12.00, 14.00 – 17.00, Sa. 9.00 – 12.00 Uhr gelten. Nur in größeren Städten gibt es Filialen, die durchgehend bzw. länger geöffnet sind.

Telefonieren Öffentliche Telefone sind fast ausschließlich mit Karten nützbar. Das Mobilnetz ist gut ausgebaut, dennoch kann es in engen Tälern und abgelegenen Regionen der Alpen Funklöcher geben.

Internet Viele Hotels bieten einen Internet-Zugang über einen Anschluss oder einen Hotspot an. Internetcafés, in denen man gegen Gebühr surfen und E-Mails schreiben kann, sind dünn gesät. Suchen kann man unter unter www.worldofinternetcafes.de.

Preise und Vergünstigungen

Allgäu-Walser-Card Die kostenlose Gästekarte des Oberallgäus und des Kleinwalsertals – Oberstdorf gibt eine Spezialversion heraus – umfasst eine große Zahl von Gratisleistungen und Ermäßigungen, u. a. auch für Parkplätze. Zusätzlich buchbar sind die Benützung von Bus, Bahn und Bergbahnen (mit direktem Zutritt durchs Drehkreuz bei vielen Bergbahnen). Zu bekommen ist sie bei den Gastgebern und den Tourismusbüros (Info-Tel. 0 83 21 / 800 45 41, www. oberallgäu.de).

AllgäuGletscher-Card Wintersportfans, die die große Freiheit suchen, können mit der AllgäuGletscherCard rund 50 Skigebiete mit ca. 300 Liftanlagen im All-

WAS KOSTET WIE VIEL?

Einfaches Doppelzimmer
ab 40 €

Einfache Mahlzeit (Kässpatzen, Pizza)
6 – 9 €

Drei-Gänge-Menü
ab 20 €

Bergbahnen
Bergfahrt 6 – 20 €

1 Tasse Kaffee
ab 1,80 €

0,5 l Bier / Limo
2,50 – 3 €

gäu, in Vorarlberg und in Tirol nützen. Sie ist etwa ab Mitte September bei allen beteiligten Bergbahnen erhältlich. Informationen unter www.allgaeu-gletscher-card.com und bei den Bergbahnen.

Wer seinen Allgäu-Urlaub auf den Bodensee ausweiten will, sollte den Kauf der Bodensee-Erlebniskarte erwägen, die es mit 3, 7 und 14 Tagen Geltungsdauer sowie mit oder ohne Benützung der Schiffe gibt. Man bekommt sie u. a. bei den Tourismusbüros der Region. Informationen: Tel. 0 75 31 / 90 94 90, www.bodenseeferien.de.

Bodensee-Erlebniskarte

▶ dort

Übernachten

▶ Verkehr

Bahnfahren

Reisezeit

Das Allgäu hat fast immer Saison. Im **Frühling**, wenn das Wetter einigermaßen stabil und sonnig ist, kann man im Alpenvorland wandern und Rad fahren. »Erst in der Mitte des Mai ist der Winter vorbei«, diese alte Allgäuer Weisheit dürfte heute überholt sein: Ende April, Anfang Mai ist im Allgäu eine ganz besonders schöne Zeit, wenn die saftig grünen Wiesen vor dem ersten Schnitt im warmen Gelb des Löwenzahns leuchten und am Bodensee die Obstbäume blühen. Im Juni wird es auch in höheren Lagen Frühling. Für alpine Bergwanderungen muss man jedoch bis in den **Sommer** (Juli) warten; die beste

Ein Ziel für alle Jahreszeiten

Eine eigene Jahreszeit: »Löwenzahnfrühling« im Unterallgäu

Zeit für Bergfreunde ist August bis Oktober. Die Monate Juli bis September sind natürlich die Ferien- und Hauptreisezeit, an den Seen, auf den Bergen und in den Tälern wird es dann sehr lebhaft. Die **Herbstwochen** ab Mitte September – die meisten Touristen sind fort, und das Vieh wird von den Alpen getrieben – eignen sich mit beständig gutem Wetter, bester Fernsicht und zauberhaften Farben wieder besonders für Wander- und Radtouren; allerdings kann es dann auch schon recht kühl werden, und weiße Berggipfel kündigen den **Winter** an. Dessen Saison dauert von Weihnachten bis in den März, als schneesicherster Monat in den bayerischen Alpen gilt der Februar. In der Zwischensaison, von Ende Oktober bis Weihnachten sowie von Ende Februar bis Ostern, ist es besonders ruhig; viele Hotels bieten dann preiswerte Pauschalen an, ideal für Menschen, die ausspannen und etwas für die Gesundheit tun wollen.

Shopping

Kleidung Das schönste (und teuerste), was man aus einem Allgäuurlaub mitbringen kann, ist ein Trachtenanzug oder eine Kombination von Lodenjoppe und Lederhose bzw. ein einfaches oder festliches Dirndl. Allerdings ist nun wirklich nicht jeder der Typ für ein alpenländisches Outfit, und außerhalb Bayerns wirkt man damit ziemlich exotisch. Wer trotzdem etwas in dieser Richtung sucht, fährt gut mit einem bayerisch angehauchten Lodenmantel/-janker oder einem vereinfachten Dirndl. Man sollte aber darauf hinweisen, dass man keine »Landhausmode« sucht – die hat mit Tracht nichts zu tun. Die Kaufhäuser haben Trachtenabteilungen, daneben gibt es Spezialgeschäfte. Wer es besonders edel haben will, kann sich eine Lederhose oder ein Dirndl nach Maß anfertigen lassen. Gut »behüten« kann man sich in Lindenberg, dem traditionellen Hutmacherort des Allgäus.

Kunsthandwerk So mancher Hut aus Lindenberg (s. o.) könnte auch als Kunstwerk gelten. Neugablonz bei Kaufbeuren, wo sich nach dem Zweiten Weltkrieg sudetendeutsche Glashandwerker niederließen, ist für seinen Modeschmuck bekannt. Und wie im ganzen Alpenraum sind Holzschnitzereien beliebt, lokaltypisch wäre z. B. eine Egga-Maske aus Sonthofen. Außer für das Schnitzerhandwerk sind Bad Hindelang und das Ostrachtal für schmiedeeiserne Gegenstände bekannt. Ein großer Kunsthandwerkermarkt, auf dem vom Goldschmied über Töpfer bis zum Kunstmaler alles vertreten ist, findet Mitte Mai auf dem Kaufbeurer Kirchplatz statt.

> ! **Baedeker TIPP**
>
> **Schönes aus Zirbelholz**
>
> Überall im Allgäu gibt es Menschen, die mit besonderer Liebe schöne Dinge herstellen. So wie Drechslermeister Adomat in Lengenwang-Bethlehem südlich von Marktoberdorf, der aus dem Holz der Zirbelkiefer edle Schüsseln dreht (Tel. 0 83 64 / 60 90).

Die Allgäuer Molkereien und Sennereien verpacken ihren herrlichen Rohmilchkäse für einen weiteren Transport gerne unter Vakuum. Viele einschlägige Adressen und Informationen enthalten der Prospekt der Westallgäuer Käsestraße (▶ S. 224), die Einkaufs- und Freizeitkarte »Direktvermarktung im Allgäu« (AVA Verlag, Kempten) und die gut gemachte Website www.sennalpwege.de. In Legau (▶ S. 242) ist die bekannte Biokostfirma Rapunzel ansässig; dort kann man einkaufen und auch in der Kantine essen. Feine Konfiserie und Schokolade stellen Schwermer in Bad Wörishofen und Heilemann in Woringen (Laden in der Memminger Zangmeisterstraße) her. Gute Obstschnäpse werden am Bodensee gemacht; etwas Exotischeres ist der Heuschnaps, wie er auf einigen Alpen gebrannt wird.

Kulinarisches

Sport & Fun

Urlaub im Allgäu, das heißt in erster Linie mehr oder weniger sportliche Betätigung in schönster Natur. Ob man es gemütlich angehen lassen oder sich so richtig »austoben« will, den Möglichkeiten sind praktisch keine Grenzen gesetzt. Wandern und Radfahren, Klettern und Skifahren, Windsurfen und Paragliding, Golfen und Reiten sind nur die wichtigsten. Die regionalen und lokalen Tourismusbüros geben Auskunft über das große Angebot und die Veranstalter.

Meditative Betätigung im Weißensee

Zuschauersport Echte Fußballfans machen einen Ausflug zur AllianzArena in München, in der die Clubs FC Bayern und TSV 1860 München ihre Matches austragen. Im Eishockey war viele Jahrzehnte der EV Füssen tonangebend; auch wenn er nicht mehr in der ersten Liga spielt, ist er immer für spannende Kämpfe gut, das Stadion (heute Bundesleistungszentrum) gilt als eines der schönsten in Deutschland. Die Wettbewerbe im Alpinskilauf, Langlauf/Biathlon und Skispringen (v. a. in Oberstdorf) sind große Events. In Oberstdorf hat das Bundesleistungszentrum für Eislauf seinen Sitz.

> ! **Baedeker TIPP**
>
> **Aus luftiger Höhe ...**
> erlebt man das Allgäu besonders eindrucksvoll. Mitfahren kann man u. a. bei der Ballonsportgruppe Alpin (www.ballonsport-alpin.de, Tel. 0 83 21 / 70 91) und dem Alpen-Ballonsport-Club Allgäu (Tel. 0 83 21 / 8 80 42, www.alpen ballonsportclub-allgaeu.de). Tandemflüge am Gleitschirm bietet die Oberallgäuer Gleitsegelschule an (Tel. 0 83 21 / 93 28).

Angeln Das Allgäu verfügt über fischreiche Bäche und Flüsse, Weiher und Seen. Zum Angeln benötigt man den staatlichen Fischereischein und einen Erlaubnisschein für das Gewässer, den man meist bei den Tourismusbüros erhält. Diese informieren auch gern über Fischbestände, Fangzeiten und weitere Vorschriften.

Badeseen Viele idyllische Seen und Weiher laden zum Bade. Eine große Zahl wird vom Bayerischen Landesamt für Gesundheit nach EU-Richtlinien überwacht (Bewertung unter www.lgl.bayern.de), die nicht nur sauberes Wasser verlangen, sondern auch freie Zufahrt und Parkplätze, sanitäre Einrichtungen, Kiosk/Laden, Überwachung durch Rettungsschwimmer und Erste-Hilfe-Stationen. Badeplätze sind in den Topographischen Karten (▶S. 115) verzeichnet.

Baden in Flüssen Trotz (bzw., bei sommerlicher Hitze, wegen) der niedrigen Wassertemperatur sind auch die Flüsse beliebte Badeplätze. Einigermaßen bedenkenlos kann man aber nur ihre oberen, gebirgsnahen Abschnitte nützen, da sie im weiteren Verlauf als Vorfluter für Kläranlagen dienen und durch die Landwirtschaft belastet werden. Zwar hat sich die Wasserqualität verbessert, doch ist sie problematischer als bei den Seen; auch sollte man nach starken Regenfällen auf ein Bad verzichten. Badeverbote unbedingt beachten.

Ballonfahren Verschiedene Veranstalter zwischen Lindau und Füssen bieten Ballontrekking über den Allgäuer Bergen und Seen an (▶S. 111).

Bergsport ▶Wandern und Klettern

Drachen- und Gleitschirmfliegen Die Gipfel am Nordrand der Alpen bieten herrlichste Flugmöglichkeiten, und die meisten sind mit Seilbahnen zu erreichen. Zu den beliebtesten Startbergen zählen Hochgrat (Oberstaufen), Salmaser Höhe (Thalkirchdorf), Mittag (Immenstadt), Grünten (Rettenberg), Weiherkopf (Bolsterlang), Nebelhorn (Oberstdorf), Hirschberg (Bad Hindelang), Alpspitze (Nesselwang), Breitenberg (Pfronten) und Tegelberg (Schwangau). Wer einmal als Passagier Herzklopfen bekommen oder fliegen lernen will, kann unter vielen Veranstaltern und Schulen wählen. Info beim Deutschen Hängegleiterverband.

Motor- und Segelflug

Von Lindau-Wildberg, Leutkirch-Unterzeil, Kempten-Durach, Bad Wörishofen, Jesenwang und Augsburg aus kann man sich die Pracht der Allgäuer Landschaften – von den Seen über die Königsschlösser bis zum Nebelhorn – von oben ansehen, als Passagier oder im gecharterten Flieger (▶ S. 111). Auch einige Segelflugplätze wie Agathazeller Moos bei Sonthofen bieten Mitflugmöglichkeiten.

Golfen

In traumhaft schöner Landschaft zu spielen macht doppelt Spaß. Im Alpenvorland, in den Alpentälern und sogar auf Bergeshöhen gibt es eine große Zahl schöner Plätze; der höchstgelegene Deutschlands liegt bei Wiggensbach (1011 m). Eine Übersicht gibt das Golf-Journal Spezial von Bayern Tourismus Marketing, die »40 schönsten« stellt der GolfGuide Bayern vor (erschienen bei BLV, München 2005). Die Website www.golfurlaub-allgaeu.de gibt weitere Informationen. Acht Clubs und einige Hotels haben sich zur »Golfregion Allgäu« mit einem Golfpass zusammengeschlossen.

Radfahren

Das Allgäu bietet für jeden Geschmack das richtige Gelände, von gemütlichen Genusstouren bis zu schweißtreibenden Bergstrecken. Für

Ein schöneres, abwechslungsreicheres Radrevier als das Allgäu – hier am Hopfensee – kann man sich kaum denken.

Fahrradclub (ADFC) zertifiziert radlerfreundliche Hotels und Gasthäuser (»Bett & Bike«, Verzeichnis beim ADFC) und gibt viele wichtige Tipps rund ums Radeln, die regionalen und örtlichen Tourismusbüros informieren über schöne Routen. Fahrräder kann man in nahezu allen Ferienorten mieten. Die DB kooperiert mit Vermietern in Füssen, Immenstadt, Kempten, Leutkirch, Lindau, München, Oberstaufen, Oberstdorf und Sonthofen (Info Tel. 01805 15 14 15).

Fernradwege Die landschaftlichen und kulturellen Schätze lassen sich verschiedenen Fernrouten »er-fahren«: Bodensee-Königssee-Radweg (Lindau – Berchtesgaden, 415 km, www.bodensee-koenigssee-radweg.de), Allgäu-Radweg (Isny – Schongau, 115 km), Iller-Radweg (Oberstdorf – Memmingen, 150 km). Regionale Radwanderwege führen um den Forggensee, von Kaufbeuren über Schongau, Roßhaupten und Marktoberdorf zurück nach Kaufbeuren (Dampflokrunde, 80 km), von Bad Wörishofen nach Bad Grönenbach (Kneippradweg, 50 km) und von Füssen nach Schongau (Via Claudia Augusta, 50 – 60 km).

> ### Baedeker TIPP
>
> **»Herzschlag bis obe na«**
> Neue, atemberaubende Erfahrungen kann man in den Hochseilgärten machen, die sich wachsender Beliebtheit erfreuen. Mit Klettergurten gut gesichert über Seilbrücken turnen, den Schritt über den Abgrund tun oder sich ins Seil fallen lassen gibt auch ein neues Körpergefühl. Wo? In Scheidegg und Isny-Bolsterang (Bergwolf, Tel. 0 83 81 / 9 28-489), Immenstadt (Bärenfalle, Tel. 0 83 25 / 92 74 22), Bad Hindelang (Way beyond, Tel. 0 83 24 / 9 52 21-0) und Bolsterlang (Faszinatour, Tel. 0 83 23 / 96 56-0).

Auskunft gibt das »Bayernnetz für Radler«; die Übersichtskarte und der Tourenplaner »Radeln in Bayern« sind im Verlag Galli erschienen (Tel. 0 84 43/89 17, www.galli-verlag.de).
Radtourenführer bringen auch der Verlag Esterbauer (Tel. 0 30/ 293 63 80 0, www.esterbauer.com) und der Kompass-Verlag (www. kompass.at) heraus. Allerdings berühren die beschriebenen Routen zum Teil wichtige Sehenswürdigkeiten nicht. Eine Abwandlung der Routen anhand dieses Baedekers ist also ab und zu angezeigt.

Reiten Gelegenheit zum Reiten gibt es an vielen Orten, für Reitferien wie für gelegentliche Ausritte, mit dem eigenen oder einem gemieteten Pferd. Wer es mal exotisch will, kann bei Seeg das Allgäu hoch zu Kamel erleben. Über die Angebote, auch für Kinder, informiert außer den Tourismusbüros der Bayerische Reit- und Fahrverband.

Segeln und Windsurfen Das Allgäu bezieht seinen Reiz auch aus vielen idyllischen Seen und Weihern, inbesondere zwischen Kempten, Füssen und Immenstadt. Auf den größeren Gewässern – Alpsee, Niedersonthofener See, Rottachsee (▶Foto S. 35), Grüntensee, Hopfen- und Forggensee – kann man segeln und windsurfen, es gibt Sportschulen und Boots- bzw. Board-Verleihe. Dasselbe gilt natürlich für den Bodensee.

Die Flüsse in den Allgäuer Alpen – v. a. Iller, Ostrach, Weißach, Breitach, Lech –, aber auch Strecken im Vorland stellen ausgezeichnete Betätigungsfelder für Kajak- und Schlauchbootabenteurer. Eine Reihe von Outdoor-Schulen führen Kurse und Fahrten durch. Info in G. Burghart, Kanu-Wanderführer für Bayern (hrsg. vom Deutschen Kanuverband, www.kanu-de) und bei den Tourismusbüros.

Wildwasser-fahrenWildwasserfahren

Wandern und Klettern

Wandern

INFORMATIONEN SPORT & FUN

FLUGSPORT

► **Luftsportverband Bayern**
Prinzregentenstr. 120, 81677
München, Tel. (0 89) 45 50 32-0

► **Deutscher Hängegleiterverband**
Postfach 88, 83701 Gmund
Tel. (0 80 22) 96 75-0, www.dhv.de

► **Rundflüge**
Lindau-Wildberg
Franz Schnell
Tel. (0 83 89) 2 71
Kempten-Durach
Deutscher Alpenflug,
Tel. (08 31) 6 59 29
Bad Wörishofen
ClassicWings-Bavaria
Tel. (0174) 34 18
www.classicwings-bavaria.de
Jesenwang
Air Charter, Tel. (0 81 46) 9 41 70
Leutkirch-Unterzeil
Tel. (0 75 61) 31 56, 91 21 24
www.flugplatz-leutkirch.de
Augsburg
Schwabenflug
Tel. (08 21) 70 10 98

► **Ballonfahren**
Heimatbund Allgäu
Westendstr. 21, 87439 Kempten
Tel. (08 31) 267 75
info@heimatbund-allgaeu.de
www.heimatbund-allgaeu.de

Ballonsportclub Voralpenland e. V.
Strickers Höhe 24
88260 Argenbühl/Eglofs
Tel. (0 75 66) 94 17 53
info@bsc-voralpenland.de
Bavaria Ballonfahrten
87637 Seeg, Tel. (0 83 64) 98 60 68
www.bavaria-ballon.de
Ballonsport Alpin
87527 Sonthofen
Tel. (0 83 21) 70 91
www.ballonsport-alpin.de.

GOLF

► **Bayerischer Golfverband**
Georg-Brauchle-Ring 93
80991 München
Tel. (0 89) 15 70 22 31
www.bayerischer-golfverband.de
www.golfurlaub-allgaeu.de

RADFAHREN

► **Bayernnetz für Radler**
www.bayerninfo.de

► **ADFC Bayern**
Landwehrstr. 16, 80336 München
Tel. (0 89) 55 35 75
www.adfc-bayern.de

REITEN

► **Bayerischer Reit- und Fahrverband e. V.**
Landshamer Str. 11, 81929
München, Tel. (0 89) 92 69 67-250
www.brfv.de

Zunehmender Beliebtheit erfreut sich das Schneeschuhwandern.

Wintersport Der größte und bekannteste Wintersportort im Allgäu ist **Oberstdorf** mit dem Nebelhorn (Talabfahrt 7,5 km) und Fellhorn/Kanzelwand, das mit dem **Kleinwalsertal** eine attraktive 2-Länder-Skiregion mit gemeinsamem Skipass bildet. **Oberstaufen** besitzt ein gutes Skigebiet an Hündle, Imberg und vor allem am Hochgrat (Talabfahrt 6 km). Beide Orte sind auch für die lebhafte Après-Ski-Szene bekannt. Die weiteren Winterportbereiche – v. a. Hindelang-Oberjoch, Balderschwang, Fischen, Grünten und Pfronten/Nesselwang (Breitenberg) – eignen sich besonders gut für Familienferien. **Langläufer** finden in den langen, idyllischen Tälern vorzügliche Reviere: Oberstdorf im Illertal mit Loipen zwischen Sonthofen und Spielmannsau, 50 km lange Superloipe Alpsee – Lindenberg, Balderschwanger Tal, Hintersteiner Tal, Grüntensee, Schwangau u. a. m. Gemütliche oder rasante **Rodelbahnen** in großer Zahl finden immer mehr Zuspruch, und auf den vielen Seen und Weihern frönt man dem Eisstockschießen.

Übernachten

Hotels und Gasthöfe Das Angebot an Nächtigungs- und Wohnmöglichkeiten lässt keine Wünsche offen, vom schlichten Landgasthof bis zum Fünf-Sterne-Wellness-Verwöhn-Hotel. Wie in allen Feriengebieten variieren die Preise saisonal. Häufig wird für eine Übernachtung ein Aufschlag verlangt oder umgekehrt ab drei Übernachtungen ein Nachlass gewährt. Viele Häuser bieten preisgünstige Pauschalarrangements mit Gesundheits-, Sport- oder Kulturprogrammen.

Ferienwohnungen und Privatzimmer Sehr beliebt und groß ist das Angebot an preiswerten Ferienwohnungen und Privatzimmern, die Häuser werden in den Broschüren der Tourismusbüros vorgestellt. Frühzeitige Anmeldung ist immer ratsam, für die Ferienzeiten unabdingbar.

Kurtaxe

In den Kurorten kommt zum Übernachtungspreis eine Kurtaxe hinzu, aus deren Erlös allgemeine Einrichtungen wie Bibliotheken, Wanderwege und Buslinien unterhalten werden, die ggf. für Inhaber der Gästekarte gratis oder zu ermäßigten Preisen zu benutzen sind.

Jugendherbergen

Die Jugendherbergen in Lindau, Oberstdorf, Füssen und Ottobeuren bieten nicht nur preiswerte Übernachtung, sondern auch ein reichhaltiges Ferienprogramm. Erwachsene ab dem 27. Lebensjahr werden nur einzeln und »nachrangig« aufgenommen (d. h. wenn genug Platz ist); dies gilt nicht für Erwachsene mit mindestens einem Kind.

Ferien auf dem Bauernhof

Besonders Familien mit Kindern fühlen sich auf einem Bauernhof wohl. Diese Urlaubsform ist nicht nur preiswert, sie bietet auch viel mehr Freiheit, und man ist näher an der Natur und den Menschen dran. Angeboten werden sowohl Zimmer als auch Ferienwohnungen verschiedensten Zuschnitts. Informationen geben die Tourismusbüros, der Landesverband »Urlaub auf dem Bauernhof in Bayern«, Verzeichnisse der Deutschen Landwirtschafts-Gesellschaft (DLG) und anderer Verlage (im Buchhandel) sowie die private Website www.bauernhofurlaub.de.

Camping und Caravaning

Auch im Allgäu gibt es zahlreiche Campingplätze an landschaftlich schönen Stellen. Je nach Bedarf kann man einen Platz wählen, der Ruhe und Erholung, Gelegenheit zum Baden und/oder möglichst viel Unterhaltung bietet. Informationen geben u. a. die Camping- und Stellplatzführer des ADAC und aus dem Hallwag-Verlag.

INFORMATIONEN ÜBERNACHTEN

BAUERNHOFURLAUB

▶ **Landesverband Urlaub auf dem Bauernhof in Bayern**
Kaiser-Ludwig-Platz 2
80336 München
Tel. (0 89) 54 47 99 95-0
www.bauernhof-urlaub.com

▶ **Landesarbeitsgemeinschaft Urlaub auf dem Bauernhof in Baden-Württemberg**
Postfach 54 43, 79021 Freiburg
Tel. (07 61) 2 71 33 90
www.urlaub-bauernhof.de

▶ **DLG-Verlag**
Eschborner Landstr. 122
60489 Frankfurt a. M.
Tel. (0 69) 2 47 88-466
http://shop.dlg-verlag.de

JUGENDHERBERGEN

▶ **Deutsches Jugendherbergswerk**
Landesverband Bayern e. V.
Mauerkircherstr. 5
81679 München
Tel. (0 89) 92 20 98-0
www.jugendherberge.de

Verkehr

Straßenverkehr

Hohes Verkehrsaufkommen Die Autobahnen und Bundesstraßen im Raum Kempten / Sonthofen / Füssen sind besonders zu Urlaubszeiten und an den Wochenenden stark frequentiert. Als Nadelöhr ist Nesselwang besonders belastet.

Parken In den bekannten Urlaubsorten – sofern nicht ganz für den Verkehr gesperrt – ist Parkraum knapp bzw. nur in teuren Parkhäusern zu finden. Oft wurden große Parkflächen an den Ortsrändern angelegt.

Bahnverkehr

Deutsche Bahn Von der Hauptstrecke München – Buchloe – Memmingen – Lindau (über Leutkirch oder die landschaftlich schöne Südlinie Kempten – Immenstadt – Oberstaufen) zweigen die Regionalstrecken Buchloe – Kempten / Füssen, Kempten – Oberstdorf und Kempten – Pfronten – Reutte i. T. – Garmisch-Partenkirchen ab (Letztere mit der reizvollen Außerfernbahn über österreichisches Gebiet). Die Regionalzüge verkehren größtenteils im Stundentakt mit optimierten Umsteigemöglichkeiten. Preiswerte Pauschalfahrkarten: Das **Schönes-Wochenende-Ticket** für Einzelreisende oder Gruppen bis 5 Personen gilt Sa. oder So. von 0.00 Uhr bis 3.00 Uhr des Folgetags für beliebig viele Fahrten in Nahverkehrszügen der DB (S-Bahn, RB, IRE, RE). Das **Bayern-Ticket** für Einzelreisende oder Gruppen bis 5 Personen gilt in

INFORMATIONEN VERKEHR

BAHNEN

▶ **Deutsche Bahn**
▶S. 87
www.bayern-takt.de

BUSSE

▶ **Regionalbus Augsburg (RBA)**
Tel. (08 21) 5 02 15-0
www.rba-bus.de

▶ **Regionalverkehr Allgäu (RVA)**
Oberstdorf Tel. (0 83 22) 96 77-0
Füssen Tel. (0 83 62) 9 39 05 05
www.rvo-bus.de

▶ **Walserbus**
Tel. (0043 / 5517) 51 14-0
www.kleinwalsertal.com

▶ **Bodensee-Oberschwaben Verkehrsverbund (bodo)**
Ravensburg Tel. (07 51) 27 66
www.bodo.de

SCHIFFE

▶ **Forggenseeschifffahrt**
87629 Füssen
Tel. (0 83 62) 92 13 63
www.stadt-fuessen.de

▶ **Bodensee-Schiffsbetriebe**
88045 Friedrichshafen
Tel. (0 75 41) 9 23 83 89
www.bsb-online.com

Nahverkehrszügen der DB in ganz Bayern für einen Tag Mo.–Fr. von 9.00 Uhr bis 3.00 Uhr des Folgetags, Sa./So./Fei. ab 0.00 Uhr. Es umfasst auch die Regionalbusse sowie Ermäßigung in Bädern/Museen und für Bergbahnen. Das **Oberallgäu-Ticket** für alle Busse und Nahverkehrszüge (DB, ALEX) gibt es als Urlaubskarte oder Tageskarte. Erstere ist an den Besitz der Allgäu-Walser-Card gebunden (▶ S. 104) und gilt für den südlichen Landkreis Oberallgäu, Letztere gilt in einem von drei Teilnetzen. **Fahrräder** kann man in Nahverkehrszügen kostenlos mitnehmen (Info Tel. 01805 5 14 15).

> ! *Baedeker* TIPP
>
> **Auf dem gelben Wagen**
>
> Wie wäre es, die Landschaft des Allgäus – vor allem zwischen Wieskirche und Königsschlössern – einmal aus gemächlicher Postkutschenperspektive zu erleben? Andreas Nemitz bietet seit über 30 Jahren solche und andere Touren an – so etwa von Lindau nach Como (Information: Tel. 0 88 08 / 3 86, www.coaching-in-bavaria.com).

Busverkehr

Orte ohne Bahnanschluss werden von den Bussen der Regionalverkehrsgesellschaften RBA und RVA versorgt, die aus den Bahn- und Postbusnetzen hervorgingen. Busse und andere Verkehrsmittel im Landkreis Ravensburg und im Bodenseekreis sind im Verkehrsverbund Bodensee-Oberschwaben zusammengefasst..

Schiffsverkehr

In der schönen Jahreszeit bieten die Schiffsbetriebe auf Boden- und Forggensee außer ihrem Linienverkehr diverse Sonderfahrten an: Mondschein-, Tanz-, König-Ludwig-, Gourmetfahrten etc. Auf dem Forggensee macht man von Mitte Okt. bis Ende Mai Winterpause, auf dem Bodensee etwa von 20. Okt. bis 1. April.

Wandern und Bergsteigen

Die beste Grundlage zum Wandern sind die Topographischen Karten 1 : 50 000 des Bayerischen Landesvermessungsamts und des Landesvermessungsamts Baden-Württemberg. Beide Ämter geben »Umgebungskarten« bzw. »Freizeitkarten« heraus, die touristisch interessante Dinge verzeichnen, wie Wander- und Radwege, Naturdenkmäler, Schlösser und Burgruinen, Golfplätze, Badeplätze etc. Für Bergwanderungen sind die detaillierten Karten des Bayerischen Landesvermessungsamts im Maßstab 1 : 25 000 (Reihe TK 25 N/W) sehr wertvoll. Ein großes Programm von Wanderkarten und -führern führt auch der Kompass-Verlag Innsbruck (www.kompass.at).

Es gibt eine große Anzahl Berg- und Wanderführer sowie Literatur für alle möglichen Aktivitäten, vom Bergwandern übers Rad- bis

Wanderkarten und -führer

◀ Siehe Special Guide »Tourenvorschläge«

Erhebender Moment auf dem »Jubiläumsweg« am Hochvogel

zum Schlittenfahren, Kunstwandern, Wirtshauswandern etc. Im Übrigen ist es durchaus sinnvoll, verschiedene Führer zu Rat zu ziehen, da sie sich in Auswahl und Anlage der Touren nur sehr selten überschneiden.

Weitwanderwege

Ein echter »Königsweg« ist der **Maximiliansweg** (360 km) von Lindau zum Königssee, benannt nach Kronprinz Maximilian, der im Jahr 1858 etwa auf dieser Route den Südteil seines Reichs kennen lernte. Von Augsburg kommend durchquert der **Schwäbisch-Allgäuer Wanderweg** das Gebiet dieses Führers vom Kloster Irsee bis Sonthofen (100 km). Der ca. 230 km lange **Oberallgäuer Rundwanderweg** erschließt in zehn Etappen die Mitte des Allgäus. Der Name des **Prälatenwegs** spricht für sich: Zwischen Marktoberdorf und Kochel am See (140 km) führt er durch den Pfaffenwinkel mit den herrlichsten Klöstern und Kirchen. Naturschönheiten genießt man auch auf dem **Lech-Höhenweg** (115 km), der von Zollhaus bei Landsberg an den Ufern des Lechs entlang nach Füssen verläuft. Auf dem **Crescentia-Pilgerweg** wandelt man auf den Spuren der Heiligen (Kaufbeuren – Ottobeuren – Mindelheim – Kaufbeuren, 90 km). Der **Münchner Jakobsweg** (250 km) verläuft von der bayrischen Landeshauptstadt durch das Fünf-Seen-Land, den Pfaffenwinkel und das Allgäu nach Lindau. Darüber hinaus gibt es eine unübersehbare Zahl kleinerer,

▶ Wandern und Bergsteigen

lokaler oder regionaler Touren. Informationen geben die Tourismusbüros.

Sicherheit in den Bergen
Bergwandern und Klettern liegen »voll im Trend«, immer mehr, vor allem auch junge Leute entdecken die Alpen. Allerdings nimmt auch die Zahl der Notfälle stark zu, wobei jedoch weniger die objektiven Schwierigkeiten des Geländes den Ausschlag geben, sondern schlechte Kondition, Unerfahrenheit und Selbstüberschätzung (wer an der Kletterwand eine IV oder V schafft, kann am Berg schon bei einem IIIer massive Probleme haben). Wer sich in die Berge begibt, sollte sich daher durch Training und Einholung von Informationen darauf einstellen. Besonders Anfänger sollten es vorsichtig angehen lassen; sehr sinnvoll ist es, beim Deutschen Alpenverein oder einer Bergschule einen Grundkurs im Bergwandern bzw. Klettern zu belegen.

Das **Alpine Notsignal** ist auch in Zeiten des Mobiltelefons wichtig: Der Hilfesuchende gibt in einer Minute sechsmal hintereinander ein hörbares oder sichtbares Signal ab und wiederholt diesen Vorgang mit je einer Minute Pause, bis er Antwort erhält. Die Rettungsmannschaft antwortet mit drei Zeichen innerhalb einer Minute.

Ausrüstung
Auch bei leichten Bergwanderungen gilt für die Ausrüstung ein Mindeststandard. Die unverzichtbare »Basis« sind hohe Bergstiefel mit steifer Profilsohle. Entgegen landläufiger Meinung sollten die Schuhe eher zu schwer und fest als zu leicht sein: Mit gut passenden

_i_ Umgang mit der Natur

- Jeder wünscht sich eine intakte Landschaft, in der er sich wohlfühlt. Denken Sie daran, dass die Landschaft des Allgäus Ergebnis jahrhundertelanger Arbeit von Bauern ist und schonend »behandelt« werden muss. Beachten Sie daher unbedingt die Regeln der Naturschutzgesetze:
- Grundsätzlich sind Wälder und Wiesen für jeden frei zugänglich, vorausgesetzt, dass die Vegetation nicht geschädigt wird. Deshalb müssen Wanderer während der Vegetationsperiode – nach alter Regel zwischen Georgitag (23. April) und Allerheiligen (1. November) – auf den Wegen bleiben.
- Hunde dürfen nur auf Wegen mitgeführt werden, Wiesen sind tabu. Hundekot stellt für die Kühe eine ernste Gefahr dar und muss daher sofort entsorgt werden.
- Radfahrer aller Art dürfen nur Straßen und Wege benützen, Querfeldeinfahren kann mit Geldbuße belegt werden. Fußgänger und Weidevieh haben immer Vorrang! Informieren Sie sich über die Regeln des DAV (»Bike am Berg«) und des ADFC.
- In Naturschutzgebieten – dazu gehören u. a. die Allgäuer Hochalpen (▶ S. 27) – dürfen keinerlei Pflanzen oder -teile gepflückt werden. Anderswo ist ein »Handstrauß«, d. h. was eine Hand fassen kann, genehmigt.

INFORMATIONEN WANDERN UND BERGSTEIGEN

▶ **Wandern im Internet**
www.wanderbares-bayern.de
www.fernwege.de
www.netzwerk-weitwandern.de
www.allgaeu-ausfluege.de (über
600 Vorschläge für Ausflüge und
Wanderungen, mit Fotos)

▶ **Deutscher Alpenverein**
Von-Kahr-Str. 2 – 4
80997 München
Tel. (0 89) 1 40 03-0
www.alpenverein.de

Alpine Auskunft
Tel. (0 89) 29 49 40

Alpines Museum und Bibliothek
Praterinsel 5, 80538 München
Tel. (0 89) 21 12 24-0

▶ **Verband deutscher
Berg- und Skiführer**
Untersbergstr. 34
83451 Piding
Tel. (0 86 51) 7 12 21
www.bergfuehrer-verband.de

▶ **Bergwacht Bayern**
Am Moosfeld 11
81829 München
Tel. (0 89) 42 71 83-6
www.bergwacht-bayern.de

▶ **Wetter**
Bergwetterdienst
Tel. 01901 160-11 (Bandansage)
Alpenvereinswetterbericht
Tel. 09001 29 50 70
Lawinenlagebericht (Bandansage)
Tel. (0 89) 92 14 12 10

Bergstiefeln geht man auch auf asphaltierten Straßen bequem, hingegen sind leichte und flexible Schuhe in rauem Gelände eine Tortur, von der Gefahr über Zerrungen ganz zu schweigen. Als Schutz vor Wind, Kälte, Sonne, Regen und Schnee – das Wetter kann im Gebirge schnell umschlagen, selbst im Hochsommer kann es schneien – sind Pullover, Anorak, Mütze und Umhang notwendig. Auch der Sonnenschutz ist wichtig: Hut oder Mütze, Sonnencreme mit hohem Schutzfaktor (Sunblocker), hochwertige Sonnenbrille, unter Umständen Handschuhe. Mindestens ein Liter Wasser und etwas Proviant gehören in den Rucksack, dazu Karte, Erste-Hilfe-Apotheke und Handy.

Deutscher Alpenverein Der Deutsche Alpenverein (DAV) ist eine Allround-Organisation für alles, was Aufenthalt und Betätigung in den Bergen angeht. Sein Programm an Kursen und Unternehmungen umfasst nicht nur den klassischen Bergsport in Sommer und Winter, sondern auch Trendiges wie Mountainbiken und Rafting. Auch für Familien und Kinder wird gut gesorgt. Im Bereich dieses Führers betreibt der DAV 26 öffentlich zugängliche Hütten, die Mitgliedern und Nichtmitgliedern Verpflegung und Unterkunft, Informationen über Wetter und Wegbeschaffenheit sowie Hilfe bei Notfällen bieten (daneben gibt es fünf Hütten des Naturfreunde e. V. und eine Reihe privater Häuser).

In München unterhält der DAV das Alpine Museum, das Wissenswertes rund um die die Alpen und das Bergsteigen vermittelt (geöffnet Di.– Fr. 13.00 – 18.00, Sa./So. 11.00 – 18.00 Uhr), und eine hervorragende Bibliothek (Bücher, Zeitschriften, Führer, Karten), deren Katalog zur Recherche per Internet zugänglich ist.

Die Bayerische Bergwacht stellt mit ihren ehrenamtlichen Helferinnen und Helfern den Rettungsdienst in den Alpen sicher. **Bergwacht**

Bergschulen vermitteln die notwendigen Kenntnisse und veranstalten Wander- und Klettertouren für alle Bedürfnisse. Die Adressen von Schulen und Bergführern im Allgäu sind über den Verband deutscher Berg- und Skiführer und die Tourismusbüros zu erhalten. **Bergschulen**

Touren

SANFTES WIESENLAND, GROSS-ARTIGE GEBIRGE, MALERISCHE SEEN, BERÜHMTE BAU- UND KUNSTWERKE: VORSCHLÄGE FÜR GENUSSREICHE TOUREN IM ALLGÄU

TOUREN DURCH DAS ALLGÄU

Mit einer eindrucksvollen Bergszenerie und seinem sanften Vorland bietet das Allgäu ein reichhaltiges Programm für jeden Geschmack: Naturgenießer werden ebenso fündig wie Kunstfreunde und Outdoor-Enthusiasten. Drei ausgewählte Routen machen außer der wunderbaren Landschaft auch sehenswerte alte Städte und prachtvolle Klöster und Kirchen »erfahrbar«.

TOUR 1 **Deutsche Alpenstraße**
Vom Bodensee quer durchs obere Allgäu, von Lindau über Oberstdorf zum Schloss Neuschwanstein: Hier, am Nordrand der Alpen, ist das Allgäu am »allgäuischsten«. Den würdigen Abschluss bildet ein Besuch der berühmten Wieskirche im Pfaffenwinkel. ▸ **Seite 124**

TOUR 2 **Oberschwäbische Barockstraße**
Ein kleines Paradies zwischen Lindau und Memmingen mit einigen der schönsten Kirchen, Klöster und Schlösser (nicht nur) aus Barock und Rokoko, die Atmosphäre alter Reichsstädte, dazu eine zauberhafte Landschaft vor der Kulisse der Allgäuer Berge. ▸ **Seite 127**

TOUR 3 **Im Unter- und Ostallgäu**
Eine Route durch den Norden und Osten des Allgäus, weitgehend abseits der ausgetretenen Pfade, jedoch von eigenem Reiz. Auch hier mangelt es nicht an schönen Orten und Punkten wie Ottobeuren, Kloster Irsee und dem Auerberg. ▸ **Seite 130**

← *Tegelberg bei Schwangau*

Auf dem Weg zur Willersalpe in der Nähe von Bad Hindelang

▶ Touren im Überblick **TOUREN** 123

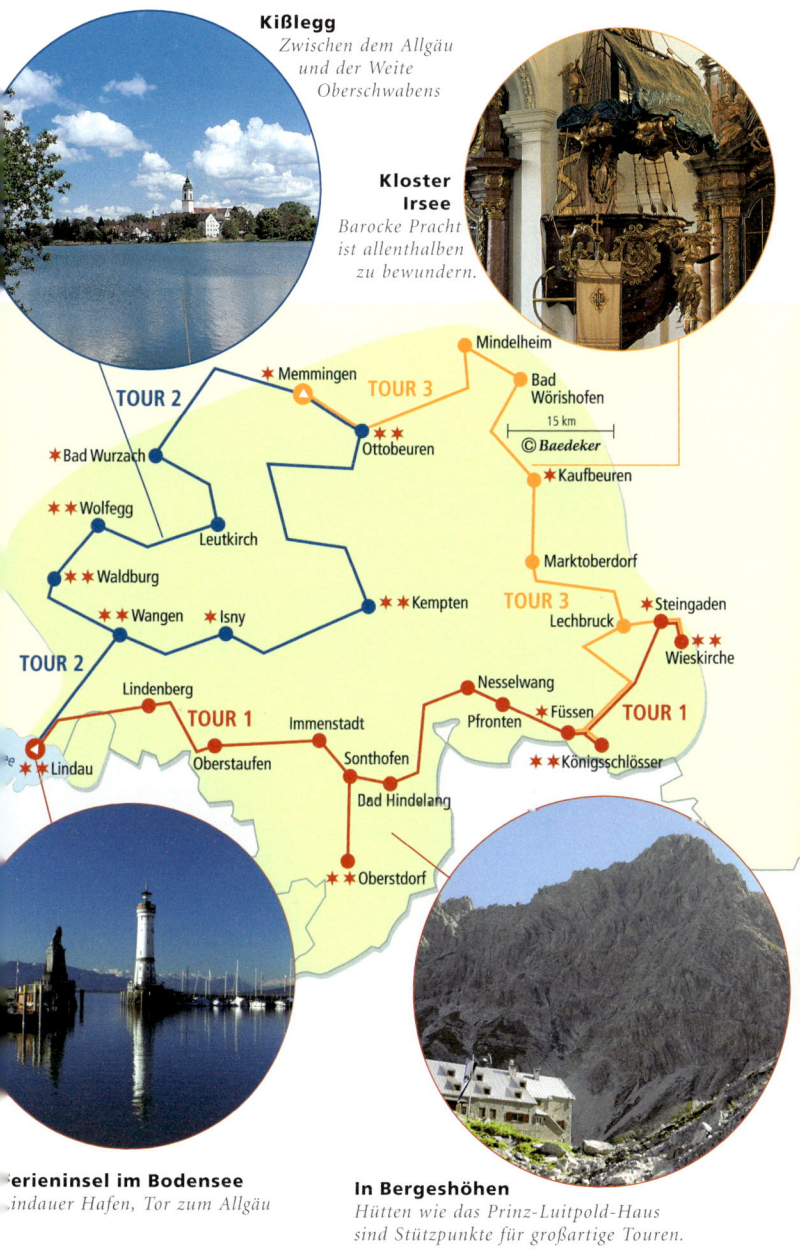

Kißlegg
Zwischen dem Allgäu und der Weite Oberschwabens

Kloster Irsee
Barocke Pracht ist allenthalben zu bewundern.

Ferieninsel im Bodensee
Lindauer Hafen, Tor zum Allgäu

In Bergeshöhen
Hütten wie das Prinz-Luitpold-Haus sind Stützpunkte für großartige Touren.

Im Allgäu unterwegs

Das Auto mal stehen lassen!

In unseren Zeiten ist man mit dem eigenen fahrbaren Untersatz unterwegs, mit Auto, Motorrad oder Campingmobil. Das ist am bequemsten und flexibelsten, sowohl für einen »nomadischen« Urlaub wie für Ausflüge und Erkundungen von einem festen Standort aus. Doch bringt das, besonders in den schmalen Tälern der Alpen, zu den Hauptreisezeiten unübersehbare Probleme: Zu viele sind es, die Bequemlichkeit und Flexibilität schätzen und sie damit verlieren, abgesehen von den negativen Effekten auf die Ferienidylle, die doch alle so schätzen. (Das Kleinwalsertal z. B. hat große Auffangparkplätze in Oberstdorf eingerichtet.) Daher hier der Appell, möglichst oft Bahn und Bus zu benützen. Das Streckennetz ist gut ausgebaut, und mit der Optimierung der Verbindungen durch Taktfahrpläne (Allgäu-Schwaben-Takt) wurde der Reisegenuss deutlich verbessert. Der unmittelbare Gewinn ist das Urlaubsgefühl: sich ohne Parkplatz- und Stauprobleme chauffieren lassen, Zeit haben, viel zu Fuß gehen, und sich so stressfrei in der herrlichen Landschaft bewegen. Die im Folgenden vorgestellten Routen sind auch für Radtouren gut geeignet (▶ S. 110), wobei man gegebenenfalls auf radelfreundliche Varianten und Nebenwege ausweicht, die in den amtlichen topografischen Karten und den Radtourenkarten ausgewiesen sind.

Tour 1 Deutsche Alpenstraße

Länge: 165 km   **Dauer:** 7–10 Tage

Die über 500 km lange Deutsche Alpenstraße ist als »Königsweg« durch das südlichste Bayern berühmt. Zum Allgäu gehören davon gut 160 km mit traumhafter Berglandschaft, einigen Kunstschätzen und tausend Möglichkeiten, sich in herrlicher Natur zu bewegen.

Vom Bodensee nach Oberstdorf

Die Reise beginnt »im« Bodensee, und zwar auf der zauberhaften Insel ❶ ✶✶ **Lindau**. Nicht nur für die ehemalige Freie Reichsstadt mit dem von bayerischem Löwen und Leuchtturm bewachten Hafen, sondern auch für die idyllische Umgebung sollte man sich etwas Zeit gönnen. Eine Fahrt auf dem See, ein Ausflug ins Hinterland und nach Bregenz gehören dazu. Auf der B 308 geht es, mit schönem Blick auf den Pfänder, nach **Scheidegg**; unterwegs kurvt man das Rohrach hinauf, die einzige Serpentinenstraße des Westallgäus. Nach der Stippvisite im reizvollen ❷ **Lindenberg** mit besuchenswertem Hutmuseum hat man auf der Weiterfahrt wunderschöne Ausblicke zurück auf die Appenzeller Berge. Der Kur- und Wintersportort ❸ **Oberstaufen** ist Ausgangspunkt für Touren über die ✶✶ **Nagelfluhkette**, Kunstfreunde werden in der Umgebung fündig, v. a. mit

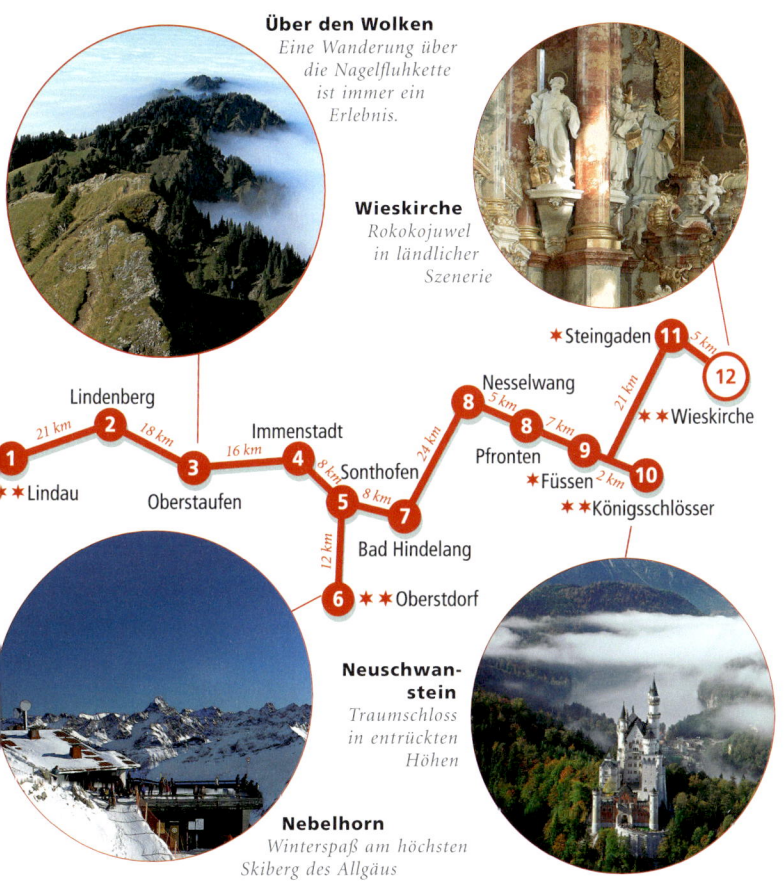

Über den Wolken
Eine Wanderung über die Nagelfluhkette ist immer ein Erlebnis.

Wieskirche
Rokokojuwel in ländlicher Szenerie

Neuschwanstein
Traumschloss in entrückten Höhen

Nebelhorn
Winterspaß am höchsten Skiberg des Allgäus

dem einzigartigen Kirchlein in ★★ **Genhofen**. Durch das weite Tal der Konstanzer Ache und am Alpsee vorbei erreicht man ❹ **Immenstadt** am schönen Alpsee, das mit dem benachbarten ❺ **Sonthofen** das wirtschaftliche Zentrum am Eingang des Illertals bildet. Lohnende Ausflüge führen hier u. a. auf den Grünten – der den Taleingang wie ein Bollwerk überragt – und ins sanfte Gunzesrieder Tal, die Geburtsstätte des Allgäuer Emmentalers. ❻ ★★ **Oberstdorf** im oberen Illertal ist der größte und bedeutendste Ferienort des Allgäus mit entsprechend guter Infrastruktur und hochklassigem kulturellem Angebot. Seine großartige alpine Umgebung macht es zum Dorado für den Berg- und Wintersport; aber auch die Natur- und Kulturdenkmäler in der Umgebung sollte man nicht auslassen, etwa die Loretokapellen und das Museumsdorf Gerstruben im Süden, die St.-

Anna-Kapelle bei Rohrmoos und die Breitachklamm. Viele weitere hervorragende Ausflugs- und Tourenziele bietet das zum österreichischen Bundesland Vorarlberg gehörende ** **Kleinwalsertal** mit seiner besonderen Geschichte und Kultur.

Von Oberstdorf zur Wieskirche

Nun zurück nach Sonthofen und in östlicher Richtung weiter zum beliebten Kur- und Ferienort ❼ **Bad Hindelang**. Hier ist ein Abstecher ins Ostrach- bzw. Hintersteiner Tal angezeigt, mit dem einzigartigen Lederer-Altar in Bad Oberdorf und interessanten Zeugnissen alter Industrie. Anschließend kurvt man die Jochstraße – einen veritablen Pass – hinauf nach Oberjoch und steuert über Wertach Nesselwang an. Die Alpenstraße führt südlich am Grüntensee entlang, wo man im Gasthaus »Zum alten Reichenbach« schön Rast machen kann. ❽ **Nesselwang** und **Pfronten** bieten viele schöne Ausflugsziele, darunter vor allem Maria Trost und * **Maria Rain**, ** **Falkenstein** und Breitenberg. Kunstliebhaber statten der Barockkirche in * **Seeg** einen Besuch ab, auch ein Gang zur Alpe Beichelstein könnte auf dem Programm stehen. Nach dem Besuch der Altstadt, des Schlosses und der Benediktinerabtei im hübschen ❾ ** **Füssen** wartet ein absoluter Höhepunkt: die fantastisch gelegenen ❿ ** **Königsschlösser** Hohenschwangau und Neuschwanstein, Letzteres eine der berühmtesten Sehenswürdigkeiten der Welt. An einem der kleineren und größeren Seen rund um Füssen – ganz idyllisch Alat-, Ober- und Alpsee – kann man einen Ruhetag einlegen. Die Fahrt geht auf der B 17 nordöstlich weiter, wobei man bei der wunderbar gelegenen, schönen Wallfahrtskirche **St. Coloman** noch einmal den Blick auf die Königsschlösser vor dem Tegelberg auf sich wirken lässt. Ein Abstecher von Halblech über Roßhaupten nach Sameister mit seiner ungewöhnlichen Kapelle lohnt nicht nur für Kunstfans (▶ Tour 3). Im Pfaffenwinkel, der schon zu Oberbayern gehörenden zauberhaften Kulturlandschaft, liegt ⓫ * **Steingaden**; mit dem Besuch seines Welfenmünsters und der nahegelegenen ⓬ ** **Wieskirche**, der herrlichsten Schöpfung des deutschen Rokokos, findet diese Tour ihren Abschluss.

Freundliches Urlaubsdorf Pfronten

Tour 2 Oberschwäbische Barockstraße

Länge: 275 km   **Dauer:** 7 – 10 Tage

Im Westen und Norden geht das Allgäu allmählich in Oberschwaben über. Ein Leckerbissen ist die Rundfahrt im Bereich der Haupt- und der Ostroute der Oberschwäbischen Barockstraße, die hübsche alte Reichsstädte, propere Dörfer, große Kunstwerke und viel idyllische Landschaft vereint.

Von ❶**✶✶ Lindau im Bodensee** (▶Tour 1) nimmt man die B 12 in Richtung Wangen. Von Weißensberg aus sollte man den kleinen Gang auf die **Weißensberger Halde** machen, um die herrliche Aussicht zu genießen. Etwas später verlässt man die B 12 und steuert über Esseratsweiler das einstige Deutschordensschloss **Achberg** an, das hoch über der Argenschlucht thront und ein Kulturzentrum des Landkreises Ravensburg beherbergt. Von hier kann man auch die erlebnisreiche Rundwanderung zum Zusammenfluss von Oberer und Unterer Argen unternehmen (▶Wangen). Nächste Etappe ist die einstige Freie Reichsstadt ❷**✶✶ Wangen**, die einen längeren Halt verlangt; ihre zauberhafte Altstadt steht ganz unter Denkmalschutz, auch einige interessante Museen lohnen einen Besuch. Östlich vor Wangens Toren liegt Deuchelried, das über eine der schönsten barocken Madonnenstatuen verfügt. Im Tal der Oberen Argen gelangt man wieder auf die B 12, die vorbei am Waldburg-Zeil'schen Schloss Syrgenstein nach **Eglofs** führt, dem Hauptort der »Allgäuer Toskana« mit ungewöhnlicher Geschichte. Wem nach einem angenehmen Spaziergang verlangt, geht östlich von Eglofs an der Oberen Argen entlang zur Badwirtschaft Malleichen. Auf der B 12 erreicht man dann ❸**✶✶ Isny**, ebenfalls einstige Reichsstadt mit gut erhaltenem mittelalterlichem Stadtbild; nicht auslassen sollte man hier auch die Prädikantenbibliothek und das Schloss mit einer Galerie des »Phantasten« Friedrich Hechelmann. Herausragende Ausflugsziele in der Umgebung sind der **Eistobel**, die Adelegg mit dem **Schwarzen Grat** und das **Sonneck** mit der Burgruine Alttrauchburg.

Von Lindau nach Isny

Für die Weiterfahrt biegt man vor Kleinweiler-Hofen von der B 12 ins Tal der Wengener Argen ab und steuert den Luftkurort Buchenberg an. Unterwegs kann man südlich nach **Rechtis** hinauffahren, das ein herrliches Panorama und eine interessante Kirche bietet. Kunstfreunde sollten von Buchenberg den kleinen Umweg südöstlich nach **Wirlings** machen, in dessen Kirche St. Nikolaus u. a. ein Hauptwerk der Allgäuer Holzbildhauerkunst zu finden ist. ❹**✶✶ Kempten**, die Metropole des Allgäus, verdient einen ausgiebigen Besuch: Von der prunkvollen Residenz der Fürstbischöfe über die Bürgerstadt um das

Von Isny nach Kempten

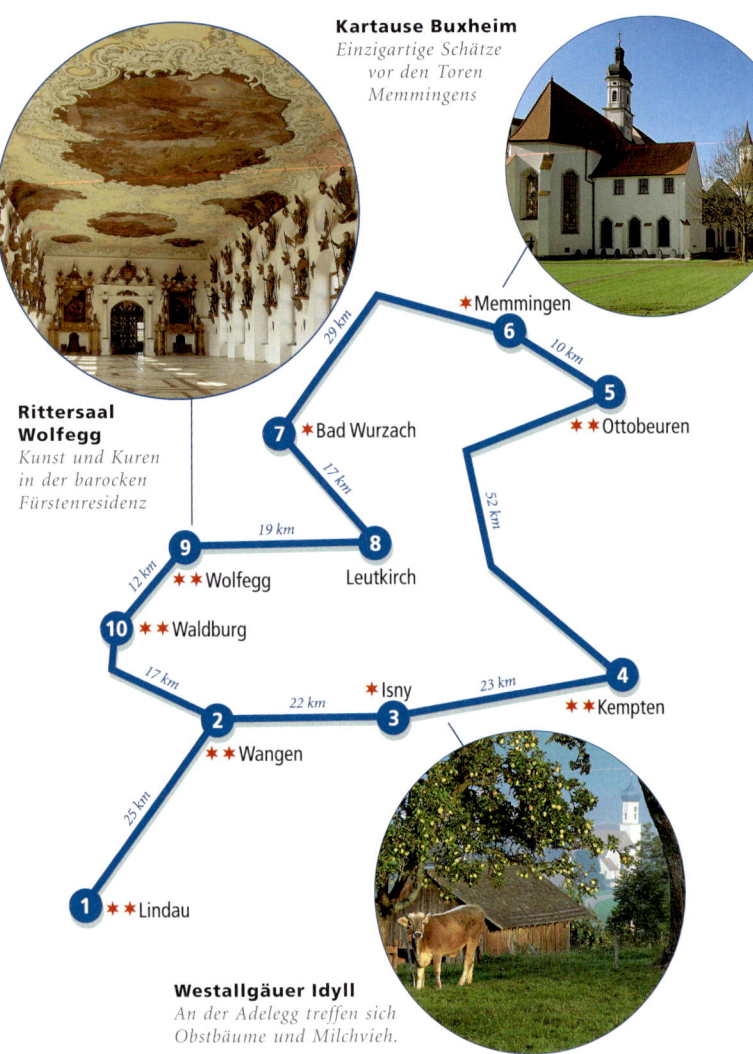

Kartause Buxheim
Einzigartige Schätze vor den Toren Memmingens

Rittersaal Wolfegg
Kunst und Kuren in der barocken Fürstenresidenz

Westallgäuer Idyll
An der Adelegg treffen sich Obstbäume und Milchvieh.

Rathaus und hervorragende Museen (vor allem zu den Themen Allgäu und Berge) bis zum Archäologischen Park Cambodunum spannt sich der Bogen des Sehenswerten; wenn möglich, sollte man eine der Veranstaltungen auf dem Burgberg nicht versäumen. Für Ausflüge in die Umgebung bieten sich besonders Wiggensbach mit dem **Blender** (Alpenpanorama), die idyllischen Seen südlich von Kempten und die **Burgruine Sulzberg** an, die größte im Allgäu.

Von Kempten nach Memmingen

Der nächste Abschnitt unserer Tour folgt im Zickzack der mäandernden Iller flussabwärts. Wenige Kilometer nördlich von Kempten, bei **Altusried**, bildet sie ein Durchbruchstal mit 60 m hohen Steilwänden, das man auf Wanderungen erkunden kann. Nun nördlich durch heitere Landschaft nach **Legau**, Sitz der bekannten Firma Rapunzel, die ökologisch erzeugte Lebensmittel vertreibt; einen Blick wert ist am östlichen Ortsrand die Kirche Maria Schnee. Prachtvolles Rokoko erlebt man dann 4 km nördlich in der Kirche ✶✶ **Maria Steinbach**. Hier ist man schon im reizvollen Illerwinkel: Unten am Fluss liegt Illerbeuren mit dem erlebenswerten ✶ **Schwäbischen Bauernhofmuseum**, östlich auf der Höhe das Schloss Kronburg, von dem man eine herrliche Aussicht hat (zur Rast empfiehlt sich in Kronburg der Brauereigasthof Zur Krone). Wer möchte, kann sich den Kneippkurort **Bad Grönenbach** mit Hohem Schloss und Kreislehrgarten ansehen, bevor man nach ❺ ✶✶ **Ottobeuren** fährt: Mit seinem Benediktinerkloster, dem »Schwäbischen Escorial«, verfügt der kleine Kurort über eines der eindrucks- und prachtvollsten Meisterwerke des süddeutschen Barocks. Ihren Abschluss findet diese Etappe im 10 km entfernten ❻ ✶ **Memmingen**, dem politischen, wirtschaftlichen und kulturellen Zentrum des Unterallgäus. Als einstige Freie Reichsstadt besitzt es ein hübsches, teil mittelalterliches Stadtbild, dazu einige bedeutende Sehenswürdigkeiten wie die gotische Martinskirche mit großartigem Chorgestühl, Werke der berühmten Memminger Künstlerfamilie Strigel und das Siebendächerhaus.

Kleiner Ort mit weltberühmtem Barockkloster: Ottobeuren

Von Memmingen nach Lindau

Der letzte Abschnitt dieser Tour beginnt mit einem Höhepunkt: In **Buxheim**, dem westlichen Vorort Memmingens, bezaubert die Kirche der ehemaligen ✶✶ **Reichskartause** mit dem schönsten, prachtvollsten Chorgestühl des süddeutschen Barocks; auch die Kirche selbst und die Annakapelle, gestaltet von den Brüdern Dominikus und Johann Baptist Zimmermann, sowie das Kartausenmuseum sind zu beachten. Nach dem Besuch der klassizistischen Prämonstratenserkirche in **Rot an der Rot** (8 km westlich) – das nicht mehr zum Gebiet dieses Reiseführers zählt – geht die Fahrt südwestlich nach ❼ ✶ **Bad Wurzach**, einem reizvollen kleinen Residenzstädtchen und bekannten Moor- und Thermalkurort. Zu den Juwelen der Barockstraße zählen hier das Treppenhaus im ehemaligen Waldburg-Zeil'schen Schloss, die Kapelle im Kloster Maria Rosengarten und die Kirche St. Verena; im Juli wird das Heilig-Blut-Fest mit großer Reiterprozession gefeiert. Nun südöstlich zum **Schloss Zeil**, seit dem 14. Jh. Sitz der Truchsessen bzw. Fürsten von Waldburg-Zeil, von dem man einen großartigen Blick übers Allgäu hat. Nächstes Ziel ist wieder ein reizvolles altes Reichsstädtchen, ❽ **Leutkirch**, Hauptort des württembergischen Allgäus. Westlich von Leutkirch erwarten zwei echte Kleinodien den Besucher, Kißlegg und Wolfegg. **Kißlegg** besitzt außer einer prächtigen Barockkirche sogar zwei Schlösser. Der Kurort ❾ ✶✶ **Wolfegg**, Residenz der Fürsten von Waldburg-Wolfegg und Waldsee, ist nicht nur für das Schloss mit seiner Kirche, das Bauernhausmuseum und das Automuseum von Fritz B. Busch bekannt, sondern auch für sein Kulturleben (v. a. Konzerte). So spektakulär – wenn auch aus anderem Grund –, wie diese Etappe begann, ist ihr Beschluss: die 10 km südwestlich von Wolfegg zauberhaft gelegene ❿ ✶✶ **Waldburg**, der Stammsitz der gleichnamigen Truchsessen, von der man einen großartigen Blick über den Bodensee, nach Oberschwaben und ins Allgäu hat. Über Wangen kehrt man nach Lindau zurück.

Tour 3 Im Unter- und Ostallgäu

Länge: 160 km   **Dauer:** 3 – 5 Tage

Die wohltuende, teils flache, teils hügelige Bauernlandschaft des Unter- und Ostallgäus liegt ein wenig im touristischen Schatten. Es lohnt sich aber, sie kennenzulernen: Man kann hier nicht nur erhol- und geruhsam urlauben, sondern findet auch eine ganze Reihe sehenswerter Städte und Bauwerke.

Von Memmingen nach Kaufbeuren

Ausgangspunkt dieser Tour ist ❶ ✶ **Memmingen**, von dem man das ❷ ✶✶ **Kloster Ottobeuren** ansteuert (▶ Tour 2). In östlicher Richtung geht es weiter – man versäume nicht, von Guggenberg noch einmal einen Blick auf Ottobeuren zu werfen – nach **Markt Retten-**

Memmingen
Atmosphärereiches Zentrum des Unterallgäus

Auerberg
Hier liegt einem das Allgäu zu Füßen.

Forggensee
Ferienrevier in Sichtweite der Königsschlösser

bach, wo linkerhand die hübsche Rokokokirche Maria Schnee empfängt. Von der Straße nach Mindelheim biegt man bei Eutenhausen (auch dieses mit stattlicher Kirche) zur ✶ **Katzbrui-Mühle** ab, der ältesten funktionsfähigen Mühle Bayerns mit gutem Gasthof. Jenseits der Autobahn A 96 begrüßt die weit sichtbare Mindelburg den Besucher der »Frundsbergstadt« ❸ **Mindelheim**. In dem freundlichen schwäbisch-bayerischen Städtchen lohnen einige ungewöhnliche Sakralgebäude und Kunstwerke den Besuch. Alle drei Jahre herrscht in Mindelheim beim großen Frundbergsfest das Mittelalter. Wenige Kilometer südöstlich liegt ❹ **Bad Wörishofen**, das durch den »Wasserdoktor« Sebastian Kneipp zum weltbekannten Kurort wurde – auch Gesunde können hier viel für ihr Wohlbefinden tun; sehenswert sind die Gotteshäuser und das Sebastian-Kneipp-Museum. Nächstes Ziel ist der beeindruckende barocke Komplex des ehemaligen ✶✶ **Klosters Irsee** mit einer der schönsten Kirchen Süddeutschlands. Die Konventsgebäude bieten der Schwabenakademie (Bildungszentrum des Regierungsbezirks Schwaben) einen prachtvollen Rahmen, dem Passanten ist das Klosterbräu eine willkommene Station. Über Kleinkemnat erreicht man ❺ ✶ **Kaufbeuren**, eine weitere atmosphärereiche alten Freie Reichsstadt. Vom Kemptner Tor fährt man am besten gleich hinauf zur Blasiuskapelle an der Stadtmauer, dem bedeutendsten Sakralbau des Stadt mit großartigem Altar von Jörg Lederer, einem Hauptwerk der oberschwäbischen Spätgotik, und anderen Kostbarkeiten. Hier hat man auch einen schönen Blick über Kaufbeuren. Der nordöstliche Stadtteil **Neugablonz** ist Zentrum der deutschen Modeschmuckindustrie, hier kann man glitzernde Klunkern bestaunen (und kaufen) und Einblick in ihre Produktion gewinnen.

Von Kaufbeuren nach Füssen

Weiter geht es in Richtung Berge. In Altdorf neben der B 16 sollte man sich Kirche Mariä Himmelfahrt mit ihren ungewöhnlichen Fresken ansehen, bevor man ❻ **Marktoberdorf** erreicht, die Musikmetropole des Allgäus. Im Schloss der Augsburger Fürstbischöfe ist die Bayerische Musikakademie ansässig, die auch hochklassige Konzerte veranstaltet. Einmal etwas anderes bekommt man bei einer Werksführung beim weltbekannten Ackergerätebauer Fendt zu sehen. Sehr schön ist der Gang vom Schloss nach **Bertoldshofen** mit seiner Kirche St. Michael, die ebenso verschwenderisch wie ungewöhnlich ausgestattet ist. Von Marktoberdorf weiter in südöstlicher Richtung führt der Weg über Stötten auf den »Wächter des Ostallgäus«, den ✶✶ **Auerberg**, um die großartige Aussicht auf die Allgäuer und oberbayerischen Berge zu genießen und einen Eindruck davon zu bekommen, welche Schönheiten noch erwarten. Die Fahrt nach Füssen gestaltet sich dann etwas windungsreicher. Von Lechbruck aus sollte man unbedingt den kleinen Abstecher in den Pfaffenwinkel nach ❼ ✶ **Steingaden** und zur ✶✶ **Wieskirche** machen (▶ Tour 1). Nun zurück nach Lechbruck und südwestlich nach Samaister mit der einzigartigen Kapelle, die der hier gebürtige J. J. Herkomer erbaute (und gutem Gasthof). Östlich Roßhaupten überquert man die einstige Lechschlucht (Kraftwerk, mit Infozentrum) und fährt dann in wunderhübscher Landschaft am Illasberg entlang nach Buching sowie auf der B 17 nach ❽ ✶ **Füssen** und **Schwangau** – mit dem in aller Welt berühmten ✶✶ **Schloss Neuschwanstein** (▶ Tour 1) als abschließendem Höhepunkt.

Hübscher Winkel in Sonthofen →

Reiseziele von A bis Z

ZWISCHEN BODENSEE UND SCHLOSS NEUSCHWANSTEIN, ZWISCHEN MEMMINGEN UND DEN ALLGÄUER ALPEN GIBT ES VIEL ZU ENTDECKEN UND ZU ERLEBEN.

ZIELE ▸ Bad Hindelang

Bad Hindelang

H 4

Landkreis: Oberallgäu **Höhe:** 825 m ü. d. M.
Einwohnerzahl: 4800

Ein beliebter Ferienort ist Bad Hindelang östlich von Sonthofen. Schon 1902 wurde der Teilort Oberdorf wegen seines Schwefelmoorbads vom Prinzregenten Luitpold zum »Bad« ernannt. Besonders allergiegeplagte Menschen können sich hier gut erholen, für Bergfreunde bietet die Umgebung viele herrliche Tourenziele.

Hindelang gestern und heute

Im schönen Ostrachtal liegen die Ortsteile **Bad Hindelang** und **Bad Oberdorf**, etliche Haarnadelkurven auf der Jochstraße höher **Oberjoch** (1136 m). Das heilkräftige Klima und die Schwefel-Moor-Bäder werden bei Herz-Kreislauf-Krankheiten, rheumatischen Beschwerden und Allergien geschätzt; Oberjoch ist praktisch frei von Allergenen. 1965 wurde Hindelang das Prädikat »Heilklimatischer und Kneippkurort« verliehen, 2002 der Titel »Bad«. Man zählt etwa 1 Mio. Übernachtungen im Jahr, dazu kommen 1 Mio. Tagesgäste. In früheren Zeiten brachten der Erzbergbau im Hintersteiner Tal – das südlich tief bis zum Hochvogel vordringt (s. u.) – und der Salztransport auf der Jochstraße Wohlstand; im 18. Jh. passierten täglich 60 bis 80 Wagen. Heute legt man Wert auf die Verbindung von sanftem Tourismus und ökologischer Landwirtschaft; unter der Marke **»Hindelang – Natur & Kultur«** werden die lokalen Produkte im Umkreis vermarktet, u. a. im Bauernmarkt im Zentrum von Hindelang (wo auch das Tourismusbüro zu finden ist). Den kurzfristigen Kommerz verliert man dabei nicht aus dem Auge: Für das Alpine Trainingszentrum in Oberjoch wurden zusätzliche Hänge mit Beschneiungsanlagen planiert. Die 1899 erbaute **Jochstraße** gilt übrigens mit 105 Kurven auf 7 km Länge als Deutschlands kurvenreichste Straße.

Was man sich ansehen sollte

Während in Bad Hindelang die übliche neuzeitliche Alpinarchitektur in Allgäuer Variante vorherrscht, stehen in Bad Oberdorf und Hinterstein noch schöne alte Schindelhäuser. Als Rathaus dient in Hindelang das **Jagdschloss** der Augsburger Fürstbischöfe (1660). In **Bad Oberdorf** sind einige ganz große Kunstschätze zu finden, und zwar in der romanisch aussehenden Kirche Mariä Himmelfahrt und St. Jodok von 1938: ein Schnitzaltar des Kaufbeurer Meisters Jörg Lederer von 1519 (Marienkrönung, Abb. ▸ S. 59), eine feine Madonna von Hans Holbein d. Ä. (1493) und ein geschnitzter Palmesel mit Jesus (1470). Sehenswertes im Ostrachtal ▸unten.

✶ ✶
Mariä Himmelfahrt ▸

Wintersport

Hervorragende Reviere finden Wintersportbegeisterte in **Oberjoch** (Abfahrtspisten am Iseler, mit Sesselbahn und Liften), im Ostrachtal mit insgesamt 45 km Loipen und drei je 3,5 km lange Rodelbahnen am **Imberger Horn** (Gondelbahn).

← *St. Coloman, Schwangau*

Bad Hindelang im Tal der Ostrach, gesehen von der Jochstraße

Im Sommer sind Iseler und Imberger Horn beliebte Wanderberge. Von der Bergstation braucht man zum Gipfel des **Imberger Horns** ca. 1 Std.; lohnend der längere Rückweg (ca. 3 Std.) hinunter zum Strausbergsattel (▶ S. 301) und zur Alpe Mitterhaus, dann durch das Retterschwanger Tal ins Ostrachtal. Der 1876 m hohe **Iseler** ist sehr schön von Hinterstein aus – vorbei an den eindrucksvollen Zipfelsbachfällen – über die Zipfelsalpe zu erklimmen (ca. 3.30 Std.), je nach Kondition zuruck mit der Iselerbahn oder zu Fuß nach Oberjoch bzw. Bad Oberdorf (ca. 2.30 Std.).

Bergwanderungen

Im Ostrachtal wurde ab dem Jahr 1471 Eisenerz verhüttet und im vor allem zu Waffen – Lanzen und Hellebarden für das kaiserliche Heer – verarbeitet, bis zu 75 Nagelschmieden stellten das wichtige Baumaterial her. Entlang der Ostrach vereint die **»KulTour«** einige Sehenwürdigkeiten, u. a. eine Sämischleder-Gerberei, drei wassergetriebene Hammerschmieden und das Heimatmuseum in Form einer Antiquitätensammlung in der 500 Jahre alten Oberen Mühle in Bad Oberdorf (▶ S. 138), einem schönen alten Komplex; dort kann man auch beim Käsen zuschauen. Im Hintersteiner Kurgarten lockt die **Prinze-Gumpe**, eine schöne alte (modernisierte) Badeanstalt, in der schon Prinzregent Luitpold im 19. Jh. ins Wasser hüpfte (das alemannische Wort »gumpe« bedeutet sowohl »Wasserloch« wie »springen«). Am südöstlichen Ortsrand von Hinterstein ist mit dem »Holzhaus Besler« ein etwa 200 Jahre alter stattlicher, wettergegerbter

Hinterstein und Ostrachtal

BAD HINDELANG ERLEBEN

AUSKUNFT
Ferienland Bad Hindelang
87541 Bad Hindelang
Tel. (0 83 24) 8 92-0
www.bad-hindelang.info

FESTE · EVENTS, PFANNEN
Fasnacht mit Umzug am Fasnachtssonntag, am Sonntag drauf Funkenfeuer. Viehscheid ist in Hindelang am 11. September. 2. Okt.-Woche: »Ein Ort wird Musik« (Klassikfestival). Am 5./6. Dez. Klausentreiben.
Eisenpfannen für perfekte Kässpatzen gibt es bei Albert Scholl, Obere Hammerschmiede, Hornweg 3, 87541 Bad Oberdorf, Mo. – Fr. 8.00 – 12.00, 13.30 – 17.00, Sa. bis 12.00 Uhr, www.hammerschmiede-scholl.de.

ESSEN
▶ **Preiswert / Erschwinglich**
Teestuben Gailenberg
Bad Hindelang, Gailenberg 22
Tel. (0 83 24) 25 33
Ein nordwestlich über Hindelang gelegenes Bauernhaus aus dem 18. Jh. mutierte zum Kulturcafé. In der hübschen, gemütlichen Stube kann man aber auch gut essen.

▶ **Preiswert / Fein & teuer**
Obere Mühle
Bad Oberdorf, Ostrachstr. 40
Tel. (0 83 24) 28 57
www.obere-muehle.de (▶S. 137)

Nur abends geöffnet, Di. geschlossen Außen ein schönes Allgäuer Haus, innen ebensolche Stuben mit 500 Jahre alten Holzdecken. Die Küche vereint Allgäuer Bodenständigkeit mit mediterraner bzw. französischer Eleganz.

ÜBERNACHTEN
▶ **Günstig / Komfortabel**
Gasthof Hirsch
Bad Oberdorf, Kurze Gasse 18
Tel. (0 83 24) 3 08
www.alpengasthof-hirsch.de
Stattlicher, gepflegter Traditionsgasthof in Ortsmitte, dennoch ruhig gelegen. Besonders schön sind die vier Appartements. Man serviert gutbürgerliche schwäbisch-Allgäuer Küche, netter Biergarten unter großer Kastanie. Mit Wellnessbereich.

▶ **Komfortabel / Luxus**
Romantik Hotel Sonne
Bad Hindelang, Marktstr. 15
Tel. (0 83 24) 8 97-0
www.sonne-hindelang.de
Vier-Sterne-Hotel mitten in Hindelang in schönem altem Haus; moderne Zimmer, teils mit Blick auf die Berge. Wellnessabteilung mit Sauna. Allgäuer Feinschmeckerküche bietet das weithin bekannte Hotelrestaurant »Chesa Schneider« (gehobene Preise).

▶ **Luxus**
Hotel Prinz-Luitpold-Bad
Bad Oberdorf, Andreas-Groß-Str. 7
Tel. (0 83 24) 89 00
www.luitpoldbad.de
»Das« Hindelanger Traditionhaus, ein 140 Jahre altes Grandhotel in Panoramalage mit modernen Erweiterungen. Großzügige Wellness- und Bäderabteilung unter ärztlicher Leitung, die Schwefelmineralquelle speist auch das Hallen- und das Freibad.

▶ Bad Hindelang

Bauernhof mit ungewöhnlichem Krüppelwalmdach erhalten – hier können Gruppen bis 15 Personen ihre Ferien verbringen (Tel. 0 64 21 / 6 20 07 01, www.holzhaus-besler.de). Der Alpabtrieb findet in Hinterstein am 11. September statt.

Stimmungsvolles Feriendomizil: Holzhaus Besler

Bergtouren vom Ostrachtal aus

Am südlichen Ortsrand von Hinterstein (Parkplatz) beginnt der nicht schwierige Weg hinauf zur urtümlichen **Willersalpe** (1460 m, 1.30 Std.), die schön am Bschießer liegt und für ihren Käse ebenso berühmt ist wie für ihre urige Atmosphäre. Mit dem Bus (Mitte Mai bis Anf. Nov., www.wechs.net) kann man tief ins Hintersteiner Tal hineinfahren zum Gasthaus Giebelhaus, Ausgangspunkt für leichte Wanderungen (z. B. zur **Sennalpe Laufbichl**, 0.45 Std., und zur Bärgündele-Alpe, ca. 1.30 Std.) und anspruchsvolle Bergtouren, insbesondere auf den majestätischen, schönen **Hochvogel** (2592 m), der zwar nur der dreizehnthöchste Gipfel der Allgäuer Alpen ist, in diesem Bereich aber alles überragt und von vielen Punkten aus als

Das Prinz-Luitpold-Haus vor den zackigen Graten des Wiedemerkopfs

▶ Bad Wörishofen

...STEN SIE SCHON ...?

...ne Burg ragt südlich von Jungholz der ...m hohe Sorgschrofen (Zinken) auf. Auf ...n Grat zwischen Ost- und Westgipfel laufen ...er Grenzlinien zwischen Deutschland und Österreich zusammen, so dass man dort, mit einer Drehung um 90°, jeweils ganz auf Allgäuer oder auf Tiroler Boden stehen kann! Sehr lohnend ist die Besteigung (ca. 2 Std.), von Jungholz aus dem Schlepplift folgend. Den Ostgipfel erreicht man auf einem ausgesetzten Steig, der Trittsicherheit erfordert.

höchster Gipfel der Allgäuer Alpen erscheint. Die Tour schließt eine Übernachtung im Prinz-Luitpold-Haus (www.prinz-luitpoldhaus.de, Reservierung Fax 07 21 / 1 51 30 57 28) in 1847 m Höhe ein. Es ist Stützpunkt für eine Reihe weiterer großartiger (Kletter-)Touren, etwa auf den Schneck und die Fuchskarspitze, und daher immer gut besucht.

Von der B 310, die von Oberjoch zum Grüntensee führt, hat man Zugang zum 1054 m hoch gelegenen österreichischen Luftkurort **Jungholz**, der nur 350 Einwohner hat, aber drei Banken: Als deutsches Zollanschlussgebiet mit deutscher Banken- und Börseninfrastruktur profitiert er vom österreichischen Bankgeheimnis. Ein Kapitaltransfer ist, da der Ort im deutschen Devisengebiet liegt, nicht meldepflichtig, allein die Raiffeisenbank verwaltet mit ca. 70 Mitarbeitern über 2 Mrd. €.

Bad Wörishofen

J 1/2

Landkreis: Unterallgäu **Höhe:** 626 – 670 m ü. d. M.
Einwohnerzahl: 13 900

Das Jahr 1855 war für ein unbedeutendes Unterallgäuer Bauerndorf in der Nähe von Mindelheim eine Zeitenwende. Damals kam der junge Geistliche Sebastian Kneipp hierher – und heute ist Bad Wörishofen einer der bekanntesten Kurorte der Welt.

Der 34-jährige Kaplan sollte dem nach der Säkularisation zu Anfang des 19. Jh.s notleidenden Dominikanerinnenkloster wieder auf die Sprünge helfen, und das tat der erstaunliche Mann mit großer Tatkraft. Als er bei seinem Studium in Dillingen an »Lungenschwindsucht« erkrankt war, hatte er sich mit Bädern in der eiskalten Donau kuriert, und in Wörishofen betätigte er sich nicht nur als Seelsorger für die Nonnen. Er brachte unter anderem die Landwirtschaft auf Vordermann, richtete Schulen ein und entwickelte sein – wie man heute sagt – ganzheitliches Konzept einer gesunden Lebensführung: ausgewogene Ernährung, körperliche Tätigkeit und seelische Ordnung, ergänzt durch die Heilkraft von kaltem Wasser und Kräutern. Der Ruf des »Wasserdoktors« machte rasch die Runde; 1880 zählte man schon 5000 Kurgäste im Jahr, und seit 1920 darf sich Wörishofen »Bad« nennen.

Das Sebastianeum ist heute ein modernes, stilvolles Kursanatorium.

Sebastian Kneipp ist in Bad Wörishofen allgegenwärtig, sei es in Denkmälern oder mit den vielfältigen gesunden Produkten, die seinen Namen tragen. Etwa 100 Hotels und Pensionen – kaum ein Haus, das keine Kuren anbietet –, dazu acht Sanatorien sorgen für die Gäste, auch solche, die gesund sind und es bleiben wollen. Ein **herrlicher Park** mit Kurhaus, Rosen- und Heilkräutergarten und Kneippanlagen lädt zum Flanieren ein. Für Kurzweil und Anregung sorgt ein großes Programm: Musik aller Art, Tanztees, Theater und Lesungen etc.; ebenso wird Sport großgeschrieben, vom geruhsamen Wandern in der sanften Landschaft des Unterallgäus über heftigeres Nordic Walking bis zum Langlauf, Schwimmen und Golfen.

In Bad Wörishofen kuren

In der **Pfarrkirche St. Justina** war Kneipp von 1881 bis zu seinem Tod 1897 Seelsorger. Ihr Backsteinturm und Chor stammen noch vom spätgotischen Vorgängerbau (1520), das Langhaus entstand um 1700, seine Stuckierung und Deckenfresken 1780. Im Westteil des Langhauses predigt Pfarrer Kneipp von der Decke (1936). Nebenan der Pfarrhof, das Domizil Kneipps ab 1881. Das vierflügelige **Dominikanerinnenkloster** erbauten berühmte Vorarlberger Meister, Franz Beer und sein Sohn Johann Michael (1719–1723); für die Ausgestaltung sorgten die Brüder Zimmermann. In seiner Kirche **Maria Königin der Engel** vereinen sich der Stuck von Dominikus Zimmermann und die Fresken seines Bruders Johann Baptist mit den prächtigen Altären des Augsburger Dominikanerbruders Valentin (um 1722) – ungewöhnlicherweise aus Holz, mit feinsten Intarsien – zu einem überwältigenden Eindruck. In der Marienkapelle (vom Vorraum zugänglich) sind nicht nur eine Kopie der Madonna von Einsiedeln (17. Jh.) und ein »Prager Jesuskind« zu sehen, sondern auch ein »Blumen- und Kräuterhimmel«, gemalt 1956 von Mater Donatilla

Sehenswertes »auf Kneipps Spuren«

▶ Bad Wörishofen

...RISHOFEN ERLEBEN

...NFT
...valtung
...str. 16
...5 Bad Wörishofen
... (0 82 47) 99 33 55
...ww.bad-woerishofen.de

FESTE UND EVENTS
Ende Juni: Internationale Musiktage. Ende Sept.: Jazztime. Ende Sept./Anfang Okt.: Festival der Nationen.

ESSEN

▶ **Fein & teuer**
Muschitz
Fidel-Kreuzer-Str. 4
Tel. (0 82 47) 99 73 97
Mi. geschl., Okt. – April auch Di.
Raffiniert und doch bodenständig kocht der aus der Steiermark stammende Chef Franz Muschitz.

▶ **Erschwinglich**
Sonnenbüchl
Sonnenbüchl 1
Tel. (0 82 47) 9 59 90-0, Mo. geschl.
Beim Freibad gelegenes gemütliches Landhaus (mit Kachelofen), schöner Biergarten. Hier pflegt man eine gute regionale Küche. Mit 4 Zimmern.

▶ **Preiswert / Erschwinglich**
Löwenbräu
Hermann-Aust-Str. 2
Tel. (0 82 47) 9684, www.loewenbraeu-bad-woerishofen.de
Gemütliche Bräustuben (Mo geschl.) am Kurpark. Zum eigenen Bier genießt man handfeste Allgäuer Kost. Schöner Biergarten unter alten Kastanien. Ansprechende, große Zimmer.

ÜBERNACHTEN

▶ **Luxus**
Steigenberger Der Sonnenhof
Hermann-Aust-Straße 11
Tel. (0 82 47) 9 59-0
Wer beim Kuren auf ein luxuriöses Ambiente nicht verzichten will, ist im Steigenberger unmittelbar am Kurpark richtig (143 Zimmer, 13 Suiten). Komplettes Kur- und Wellnessangebot, elegante Restaurants mit Terrassen.

▶ **Komfortabel**
Sebastianeum
Kneippstr. 8
Tel. 0800 1 67 20 40
www.kneippsche-stiftungen.de
Wie das Kneippianum ein noch von Kneipp gegründetes Kursanatorium, ein schöner großer Bau an der Kurpromenade, dennoch sehr ruhig. Umfassendes Kurangebot.

▶ **Günstig / Komfortabel**
Hotel-Gasthof Adler
Hauptstr. 40
Tel. (0 82 47) 96 36-0, Fr. geschl.
Stattlicher Gasthof, von 1492 datierend, mit modernen, komfortablen Zimmern und gutbürgerlicher Küche.

---

von Eckhard. Das **Sebastian-Kneipp-Museum** im Ostflügel des Klosters lässt Leben und Werk des Wasserpfarrers wiedererstehen (geöffnet 15. Jan. – 15. Nov. Di. – So. 15.00 – 18.00 Uhr). Noch aus Kneipps Zeiten datieren das Alte Badehaus und die Wandelhalle an der Promenadenstraße; das Badehäuschen (Hartenthaler Str. 10) stand ursprünglich im Kreuzgarten des Klosters.

Umgebung von Bad Wörishofen

Für die Kurgäste sind in der Umgebung diverse Rad-, Spazier- und Wanderwege eingerichtet, u. a. zum gezielten Kreislauftraining. Der **Kneipp-Wanderweg** führt von Bad Wörishofen über Ottobeuren nach Bad Grönenbach (40 km). Kunstinteressierte steuern – auch zu Fuß zu empfehlen – **Schlingen** (3 km südlich von Bad Wörishofen) an; in der reich ausgestatteten Kirche St. Martin (ursprünglich Anfang 15. Jh., Umbau bis 1697) sind die Fresken des Tirolers F. A. Zeiller (1763) hervorzuheben, der auch die Basilika Ottobeuren ausgestaltete. Das westlich benachbarte **Untergammenried** besitzt eine interessante Wallfahrtskirche (St. Rasso). Die wachsende Wallfahrt zu einem Gnadenbild und Reliquien des hl. Rasso, eines Grafen von Dießen-Andechs († 953),

Die moderne Therme bietet alles für den Spaß am und im Wasser.

machte einen Neubau notwendig (geweiht 1756); außer der gemalten Scheinarchitektur und -dekoration und den Fresken des Augsburgers J. Hartmann mit Szenen aus der Rasso-Vita ist der mächtige zweistöckige Hauptaltar bemerkenswert. Eine Rarität ist die Schrankorgel (um 1720). Nach der Kunst empfiehlt sich der Weg hinauf nach **Hartenthal**; im beliebten Biergarten des Hartenthaler Hofs sitzt man schattig mit schöner Aussicht. Für den Rückweg nach Bad Wörishofen über das »Versunkene Schloss« braucht man eine gute Stunde.
Architekturhistorisch Interessierte machen einen Ausflug zum **Georgenberg** östlich von Rieden: Auf dem aussichtsreichen Buckel thront einsam eine bedeutende romanische Kirche (um 1180) aus unverputzten Tuffquadern mit spätgotischem Backsteinturm (15. Jh.). Ihre beachtliche Ausstattung umfasst u. a. Wandmalereien aus dem 13. bis 16. Jh., eine hölzerne Kassettendecke des 17. Jh.s im Langhaus und ein großes Kruzifix von ca. 1170 (Kopie). Der Weg auf den Berg ist von alten Linden und sechs Kapellen vom Ende des 17. Jahrhunderts gesäumt.

> ! **Baedeker TIPP**
>
> **Zum Schwärmen**
>
> »Ganz Süße« lenken ihre Schritte in die Hartenthaler Straße: Seit 1945 ist in Bad Wörishofen die bekannte Confiserie Schwermer ansässig, die 1894 in Königsberg gegründet wurde. Baumkuchen, Königsberger Marzipan, Pralinen und andere Verführungen gibt es im Café – übrigens mit schöner Terrasse.

Wanderung nach Mindelheim

Die hübsche Nachbarstadt ▶Mindelheim ist auf einer angenehmen, leichten Wanderung zu erreichen (ca. 12 km, 3.00 Std., Rückfahrt mit VVM-Bus): Nordwestlich durchs Zillertal – die einst bekannte Falknerei Adlerhorst gibt es nicht mehr – auf dem Schwäbisch-Allgäuer Wanderweg über Dorschhausen und Katzenhirn zur Kapelle St. Anna (mit Waldrestaurant), dann westlich durch den Mindelheimer Stadtwald – nördlich der B 18 – nach Mindelheim.

Allgäu-Skyline-Park

An der A 96 (Ausfahrt Bad Wörishofen) lockt der Allgäu-Skyline-Park mit diversen spektakulären Attraktionen für Kinder und Erwachsene. Geöffnet April – Nov. tägl. 9.30 – 18.00, im Sommer bis 19.00 Uhr. Info Tel. 01805 88 48 80, www.skylinepark.de. Beachten: An Pfingstmontag, Christi Himmelfahrt und Mariä Himmelfahrt (15. Aug.) ist der Park besonders gut besucht.

Katzbrui ▶Mindelheim

Bad Wurzach

E 2

Landkreis: Ravensburg **Höhe:** 653 m ü. d. M.
Einwohnerzahl: 5 400

Natur, Kur, Kultur: Bad Wurzach ist ein bekanntes Moorheilbad an der Oberschwäbischen Barockstraße, das das Flair eines einstigen Residenzstädtchens mit dem Charme einer ländlichen Kleinstadt verbindet. Mit dem Wurzacher Ried besitzt es eines der größten noch intakten Hochmoore Mitteleuropas.

Der 1273 erstmals urkundlich als »oppidum Wurzun« erwähnte Ort erhielt 1333 durch Kaiser Ludwig den Bayern das Memminger Stadtrecht. Über viele Jahrhunderte gehörte er den Grafen Waldburg-Wolfegg bzw. Waldburg-Zeil; ihr bekanntestes Mitglied war der berüchtigte »Bauernjörg« (Georg III. Truchsess von Waldburg-Zeil, 1488 – 1531), ein Kriegsunternehmer, der u. a. für den Schwäbischen Bund arbeitete und den Aufstand der schwäbischen Bauern blutig niederschlug (1525 Schlacht am Leprosenberg bei Wurzach). 1806 kam die Herrschaft unter württembergische Landeshoheit, und seit 1950 darf sich Wurzach »Bad« nennen: Seit 1936 wird das Moor und seit 1996 die Thermalquelle (fluoridhaltiges Natrium-Hydrogenkarbonat-Wasser) therapeutisch genützt, u. a. in einer Rheumaklinik und dem Moorsanatorium. Größ-

> ! **Baedeker TIPP**
>
> **Moor und Thermalwasser**
>
> Beim Hallenbad am Birkenweg gibt es auch ein Moorfreibad. Rund um das mit 34 °C zutage sprudelnde Thermalwasser bietet das »Vitalium« im Kurgebiet außer drei verschiedenen Becken allerlei rund um Fit- und Wellness.

Ein Meisterwerk des Barocks: Treppenhaus im Wurzacher Schloss

ter Arbeitgeber ist die Glasfabrik Saint-Gobain Oberland AG, deren Werksgelände den westlichen Ortsrand dominiert.

Sehenswertes in Bad Wurzach

Das Barockschloss (1723–1728, heute »Pflegehotel«), eine um einen Ehrenhof gruppierte Dreiflügelanlage, ist berühmt für ihr herrliches Treppenhaus, das zu den Juwelen der Oberschwäbischen Barockstraße gehört (zugänglich tagl. 8.00–12.00, 14.00–18.00 Uhr): Von zwei elegant geschwungenen Treppenläufen geleitet, sieht man zu den **Szenen der Herkulessage** empor (1728). Der Urheber des Freskos ist nicht dokumentiert, vielleicht war es Pietro Scotti, der auch das Deckenfresko im Ordensbau des Schlosses in Ludwigsburg bei Stuttgart schuf. Im Treppenhaus finden die **Residenzkonzerte** statt, ebenso die Feier zur Verleihung des Friedrich-Schiedel-Literaturpreises der Stadt Bad Wurzach.

Schloss

Die Rokokokapelle (1763) im Kloster Maria Rosengarten gilt als **»schönste Hauskapelle der Welt«**. Zugänglich ist sie in Führungen (► Kurverwaltung) und bei der Vesper täglich um 17.00 Uhr. Im Kloster wurde 1936 die **erste Moorbadeanstalt Württembergs** eröffnet, und auch heute noch ist hier ein Kursanatorium untergebracht.

Klosterkapelle

Eine andere, selten zu sehende Form des Spätbarocks prägt die Stadtpfarrkirche (1777), die mit ihrem Turm das Stadtbild beherrscht: Beeinflusst von der Bad Buchauer Kirche von Michel d'Ixnard zeigt sie

St. Verena

kühlen **französischen Klassizismus**. Das 22 m lange Deckenfresko im Langhaus schuf der aus Langenargen am Bodensee stammende Andreas Brugger. Prachtvoll auch der Hochaltar mit einem kostbaren Tabernakel von Konrad Hegenauer (um 1775).

Leprosenhaus

Das ins 13. Jh. datierende Leprosenhaus an der Ravensburger Straße ist das Geburtshaus des »Moormalers« Sepp Mahler (1901–1975), dessen Werke hier präsentiert werden (geöffnet April–Okt. Sa., So., Fei. 14.00–17.00 Uhr).

Gottesbergkapelle

In der Wallfahrtskapelle (1709) auf dem Gottesberg südlich des Orts (699 m, mit schönem Ausblick auf die Berge) wird seit 1764 eine **Heilig-Blut-Reliquie** verwahrt. Alljährlich findet am 2. Freitag im Juli das aus dem 18. Jh. stammende **Heilig-Blut-Fest** statt, bei dem eine große Prozession mit über 1700 Reitern – nach dem Weingartner »Blutfreitag« die zweitgrößte Europas – zum Gottesberg pilgert. Das Fest beginnt um 7 Uhr morgens, wenn die Reliquie in der Stadtkirche abgeholt wird.

Wurzacher Ried

Die »Basis« für das Heilbad Wurzach liefert das Wurzacher Ried, das sich unmittelbar nordwestlich des Orts ausdehnt. Mit ca. 8 km Länge und 3,5 km Breite (18 km² stehen unter Naturschutz) ist es eines der größten und wertvollsten Moore Europas. Etwa ein Drittel ist Niedermoor, ein Drittel unberührtes Hochmoor und ein weiteres Drittel

BAD WURZACH ERLEBEN

AUSKUNFT
Kurverwaltung
Mühltorstr. 1, 88410 Bad Wurzach
Tel. (0 75 64) 3 02-150
www.bad-wurzach.de

FESTE UND EVENTS
Anf. Juli: Schnakenfest (Sommernachtsfest mit Feuerwerk). 2. Juli-Freitag: Hl.-Blut-Fest mit großer Reiterprozession. Ende Juli / Anf. Aug.: Kultursommer mit Open-Air-Festival am Schloss. Letztes Aug.-Wochenende: Stadtfest. Konzerte ganzjährig.

ESSEN
▶ **Preiswert**
Gasthaus Adler
Dietmanns
Ochsenhauser Str. 44
Tel. (0 75 64) 9 12 32
www.adler-dietmanns.de
Mehr als ein Gasthaus, eine Institution nordöstlich von Bad Wurzach: reelle, sehr preiswerte Küche auf ökologischer Basis, dazu eine beliebte Kleinkunstbühne und ein zugewachsener Biergarten. Di./Mi. geschlossen.

ÜBERNACHTEN
▶ **Günstig / Komfortabel**
Gasthof Adler
Bad Wurzach, Schlossstr. 8
Tel. (0 75 64) 9 30 30
www.hotel-adler-bad-wurzach.de
Komfortable, modern eingerichtete Zimmer. Das hübsche Restaurant (ohne Folklore, preiswert, Mo. geschl.) wird vom Guide Michelin mit einem Bib Gourmand gewürdigt.

Hochmoor, in dem über 200 Jahre (bis 1996) Torf abgebaut wurde. Insbesondere das nährstoffarme Hochmoor ist überaus reich an spezialisierten, selten gewordenen Pflanzen, von denen ein großer Teil als Relikte der Eiszeit gilt. Auf ausgeschilderten Wander- und Radwegen kann man das Ried gut erkunden. Frühestens im Jahr 2007 soll das **Oberschwäbische Torfmuseum** (im 1880 gegründeten Zeiler Torfwerk an der B 465) eröffnet werden; schon »in Betrieb« sind der 1,5 km lange Lehrpfad, der am Torfwerk beginnt, und das **Torfbähnle** vom Zeiler Torfwerk zum Torfwerk Haidgau (Fahrten April – Okt. am 2. und 4. So. des Monats, 14.00 und 15.00 Uhr). Info und Führungen beim Naturschutzzentrum Bad Wurzach (Rosengarten 1, Tel. 0 75 64 / 93 12-0, www.naturschutzzentren-bw.de).

Rohrsee

Ebenso wie das Wurzacher Ried entstand der Rohrsee 6 km südwestlich von Bad Wurzach vor etwa 10 000 Jahren, und zwar als Toteissee nach der Würmeiszeit. Wertvoll ist er als Durchzugs- und Brutgebiet für viele Vogelarten, die hier – aufgrund des schwankenden Wasserstands – reiche Nahrung finden. Nur bei Rohr gelangt man näher an den See heran; ornithologische Führungen veranstaltet das Naturschutzzentrum Bad Wurzach.

▶Leutkirch

Wolfegg

Im unter Naturschutz stehenden Wurzacher Ried wurden über 600 Pflanzenarten gezählt.

Bregenz

D 4/5

Staat: Österreich
Einwohnerzahl: 27 000
Höhe: 395 m ü. d. M.

Bregenz besticht durch seine schöne Lage am Bodensee, umgeben von eindrucksvollen Bergen. Im Sommer pilgern Musik- und Opernfreunde zu den Bregenzer Festspielen und genießen die Aufführungen auf der berühmten, einzigartigen Seebühne.

Bregenz gestern und heute

Die Hauptstadt und zweitgrößte Stadt des österreichischen Bundeslandes Vorarlberg liegt zu Füßen des Pfänders auf einem Plateau, das in Terrassen zum Bodensee hin abfällt. Seit 15 v. Chr., als die Römer die keltische Siedlung Brigantium eroberten, war Bregenz ein **bedeutender Handels- und Hafenplatz** am See. Im Mittelalter begründete der Holzhandel einen gewissen Wohlstand, nach dessen Niedergang der Kornhandel. Neuen wirtschaftlichen Aufschwung brachte die Industrialisierung im 19. Jh.; im Jahr 1884 wurden die Arlbergbahn und die österreichische Dampfschifffahrt auf dem Bodensee eröffnet, die Handel und Tourismus förderten. Seit 1860 Sitz des Landtags von Vorarlberg, avancierte Bregenz 1923 zur Landeshauptstadt.

Sommerlicher Magnet am See: Bregenzer Festspiele

Sehenswertes in Bregenz

Die weitläufigen Parkanlagen mit herrlichem Blick über den See, die schon 1888 geschaffen wurden, laden zum Flanieren, Radfahren und Inlineskaten ein. Östlich der **Hafen**, von dem die Schiffe der Weißen Flotte zur ihren Linien- und Ausflugsfahrten ablegen, im Westen findet man das Spielcasino, das Festspiel- und Kongresshaus mit der Seebühne und ein Freizeitareal mit Hallenbad und Sporthafen.

Uferanlagen

Seit 1946 – damals dienten zwei Kieskähne im Gondelhafen als Bühne – haben sich die **Bregenzer Festspiele** zum festen Bestandteil des internationalen Musiktheaters entwickelt. Die heutige Seebühne, die größte der Welt, ruht auf 200 Pfählen, fast 7000 Zuschauer fasst die Tribüne. In Juli und August lassen sich Hunderttausende Besucher von den hochkarätigen, fantasievollen Operninszenierungen vor dem wunderbaren Hintergrund des Sees verzaubern. Musicals, Ballett und Konzerte vervollständigen das Programm. (In Führungen kann man einen Blick hinter die Kulissen werfen.) Das Festspiel- und Kongresshaus, zuvor ein eher funktionaler als schöner Bau (1980), wurde neu gestaltet und besticht nun mit schlichten, starken Formen, viel Glas sorgt für Transparenz.

★ *Festspiel- und Kongresshaus mit Seebühne*

> ! *Baedeker* **TIPP**
>
> **Festspiele bei Regen**
>
> Wollen Sie sichergehen, dass Sie die halbszenischen Opernaufführungen im Schauspielhaus – Ersatz für die Seebühne bei schlechtem Wetter – erleben können, müssen Sie eine Karte der Kategorie 1 oder ein Premiumticket erwerben.

Mittelpunkt der Unterstadt, die durch Bahngleise und Durchgangsstraße vom Ufer getrennt wird, ist der **Kornmarktplatz**, früher Zentrum des Getreidehandels (Di., Fr. Obst- und Gemüsemarkt). Zwischen Kornmarkttheater / Landesmuseum und dem in »Schönbrunner Gelb« leuchtenden »Kaiserlich-Königlichen Postgebäude« (1895) steht das Kunsthaus Bregenz. Die Rokokokapelle St. Nepomuk (J. M. Beer, 1757) an der Kornmarktstraße ist dem Schutzpatron der in Wassernot Geratenen geweiht.

◀ *Unterstadt*

1997 wurde das aufsehenerregende Kunsthaus Bregenz eröffnet, das der renommierte Schweizer Architekt Peter Zumthor entwarf. Tagsüber nimmt der **gläserne Kubus** das Licht des Himmels und des Sees auf und strahlt es je nach Tageszeit, Witterung und Blickwinkel unterschiedlich zurück, nachts leuchtet er mystisch. In Wechselausstellungen wird zeitgenössische Kunst präsentiert, mit den Schwerpunkten Bildende Kunst, Architektur und Design (geöffnet 10.00 – 18.00, Do. bis 21.00 Uhr).

★ *Kunsthaus Bregenz (KUB)*

Kultur- und kunstgeschichtliche Sammlungen von der Urzeit bis zur Gegenwart vereint das Landesmuseum: u. a. Funde aus Stein-, Bronze- und Eisenzeit sowie aus dem römischen Brigantium (1.– 4. Jh.), Musikinstrumente, Goldschmiedearbeiten, Bildteppiche und Kunst

★ *Vorarlberger Landesmuseum*

BREGENZ ERLEBEN

AUSKUNFT
Bregenz Tourismus
Rathausstraße 35 a, A-6900 Bregenz
Tel. (00 43 / 0 55 74) 49 59-0
www.bregenz.ws

BREGENZER FESTSPIELE
Postfach 311, A-6901 Bregenz
Tel. (0 55 74) 4 07-6
www.bregenzerfestspiele.com

VERKEHR
▶ **Pfänderbahn**
Tel. (0 55 74) 4 21 60-0
www.pfaenderbahn.at

▶ **Bodenseeschiffe**
Tel. (0 55 74) 4 28 68
www.bodenseeschifffahrt.at

ESSEN
▶ **Erschwinglich**
① *Messmer*
Kornmarktstr. 16
Tel. (0 55 74) 4 23 56
Im angenehmen Hotel Messmer (gehobene Kategorie) isst man auch gut, ob in der Weinstube, im Bregenzer Stüble oder auf der Terrasse. Weinfreunde können eine Reise durch die österreichische Szene unternehmen.

② *Burgrestaurant Gebhardsberg*
Gebhardsberg 1, Tel. (0 55 74) 4 25 15
Speisen mit grandioser Aussicht über Bregenz und den See! Gehobene Küche mit Produkten aus der Region, die Weinkarte bietet außer einigen Meersburgern exzellente Österreicher.

▶ **Preiswert**
③ *Gasthaus Maurachbund*
Maurachgasse 11
Tel. (0 55 74) 4 50 29
Schönes historisches Lokal mit schlicht-modernem Interieur, dennoch gemütlich. Serviert werden österreichische Klassiker, zum Teil italienisch variiert.

ÜBERNACHTEN
Während der Festspiele sind die Hotelpreise um 30–60 % höher.

▶ **Luxus**
① *Deuringschlössle*
Ehre-Guta-Platz 4
Tel. (0 55 74) 4 78 00
www.deuring-schloessle.at
Das barocke Schlösschen in der Oberstadt ist ein echtes Juwel – wohnen in fürstlichem Ambiente. Der Küchenchef zählt zu den besten Vertretern der neuen österreichischen Küche (Restaurant Mo. geschlossen). Auf der Weinkarte findet man Großes aus Österreich und aller Welt.

▶ **Komfortabel**
② *Germania*
Am Steinenbach 9
Tel. (0 55 74) 4 76 60
www.hotel-germania.at
Unweit von Hafen und Zentrum gelegenes modernes Haus mit Terrasse und Garten, angenehm sachliche, dennoch wohnliche Zimmer. Mit Fahrradverleih. Das stilvolle »Steinenbach Kulinarium« pflegt eine leichte regionale Küche (Tel. 4 27 66-0, Fr.–So. geschlossen).

aus karolingischer Zeit, Romanik, Gotik und Renaissance. Unter den Gemälden sind besonders die Werke von Rudolf Wacker und Angelika Kauffmann hervorzuheben. Der gebürtige Bregenzer R. Wacker (1893–1939) gilt als wichtigster Vertreter der Neuen Sachlichkeit in Österreich; Angelika Kauffmann (1741–1807), die v. a. in Rom und London lebte und arbeitete, machte als Malerin von europäischem Rang eine ungewöhnliche Karriere. Geöffnet ist das Museum Di.–So. 9.00–12.00, 14.00–17.00 Uhr, Juli/Aug. durchgehend, Mitte Juni bis Anfang Sept. auch montags.

Durch die Rathausstraße mit dem **Rathaus** (seit 1810, 1686 von Johann Georg Kuen als Getreidespeicher errichtet) kommt man zum lebhaften Leutbühel, schon früher Marktplatz und Verkehrsdrehscheibe. In der vom Leutbühel abgehenden Kirchstraße findet man die **schmalste Hausfassade der Welt** mit 86 cm Breite. Die gepflasterte Maurachgasse bringt zum unteren, wappengeschmückten Stadttor der romantischen Oberstadt (Altstadt) mit ihren drei Gassen und hübschen Fachwerkhäuschen. Hier lag die keltische und später römi-

Oberstadt

Bregenz *Orientierung*

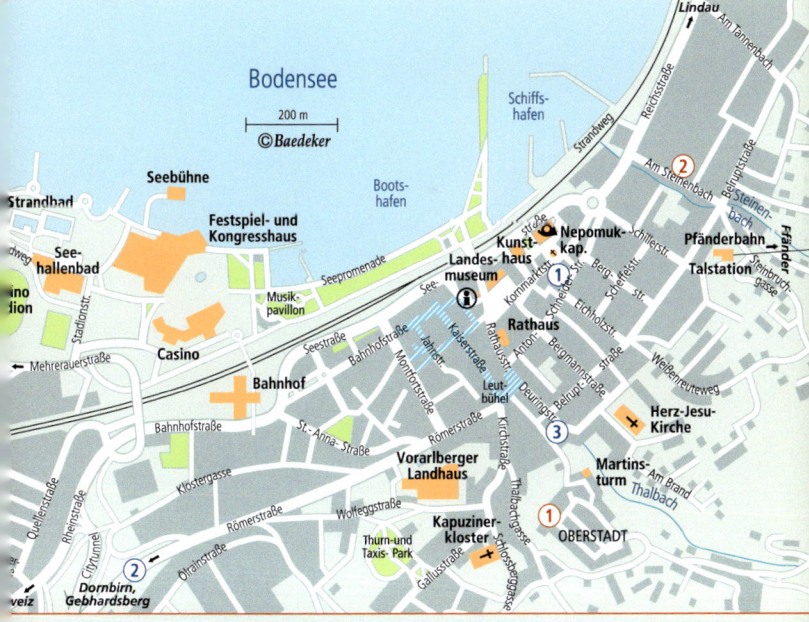

Übernachten
① Deuringschlössle
② Germania

Essen
① Messmer
② Burgrestaurant Gebhardsberg

③ Maurachbund

Das Kunsthaus, auch nachts ein Blickfang

sche Stadt Brigantium. Der **Martinsturm** (1602) ist das Wahrzeichen der Stadt, seine mit Schindeln gedeckte barocke Zwiebelhaube gilt als die größte in Mitteleuropa. In seinem Obergeschoss ist eine militärgeschichtliche Sammlung untergebracht, man hat auch einen herrlichen Ausblick auf die Stadt und den See. Die an den Turm anschließende **Martinskirche** besitzt bedeutende Fresken aus dem 14./15. Jahrhundert.

Der **Ehregutaplatz** ist nach der sagenhaften Retterin der Stadt benannt: Als 1407 in den Appenzeller Kriegen Bregenz belagert wurde, soll die Bettlerin Guta die Planung des Angriffs belauscht haben; so konnte sie die Bregenzer rechtzeitig warnen. Noch in den 1920er-Jahren rief der Stadtwärter vom Martinsturm »Ehret die Guta«. Das Westeck des Platzes bildet das barocke **Deuringschlössle** (um 1690), heute ein edles Hotel mit ebensolchem Restaurant (▶S. 150). Viele Maler, u. a. Egon Schiele, haben das schmucke Schlösschen in Bildern verewigt. Das Alte Rathaus in der Eponastraße, errichtet 1662 von Michael Kuen, wird als Wohnhaus genutzt.

Südwestlich der Oberstadt, jenseits des Thalbachs, liegt das **Kapuzinerkloster** mit der Kapuzinerkirche von 1636, die im 18. Jh. um eine Josephskapelle erweitert wurde. Bis vor wenigen Jahren lebten hier noch Kapuzinermönche. Die Pfarrkirche **St. Gallus**, ein einfacher gotischer Bau (14./15. Jh.), wurde von Franz Anton Beer um 1740 erweitert und spätbarock ausgestattet; sie gilt als besonders schönes Beispiel für den Bodenseebarock. Besonders zu beachten ist das Altarblatt »Anbetung der Könige« – eine der Hirtinnen trägt die Züge der österreichischen Kaiserin Maria Theresia. Das barocke Chorgestühl von Johann Joseph Christian (▶Ottobeuren) stammt aus der ehemaligen Klosterkirche Mehrerau.

! Baedeker TIPP

Wolford

In Bregenz hat die weltbekannte Firma Wolford ihren Sitz. In Boutique und Factory Outlet können Damen preiswert elegante Strümpfe und Wäsche erstehen. Zu finden an der B 202 Richtung St. Margrethen (Wolfordstraße 1/2, geöffnet Mo.– Do. 9.00 – 19.30, Fr. 9.00 bis 21.00, Sa. 9.00 – 17.00 Uhr).

> Bregenz ZIELE

Umgebung von Bregenz

Südlich ragt über Bregenz der ca. 600 m hohe Gebhardsberg auf, mit dem der Bergzug des Pfänders (s. u.) schroff zum Tal der Bregenzer Ach abfällt. Hier finden sich die Reste der Burg Hohenbregenz, die 1647 von den Schweden zerstört wurde, und eine Wallfahrtskapelle aus dem 18. Jh. (Fresken um 1900). Von hier, besonders von der Terrasse des Burgrestaurants (▶ S. 150), hat man einen überwältigenden Blick auf Bregenz, den See, ins Rheintal hinauf und über die Berge des Appenzellerlands – an klaren Tagen erkennt man die Türme von Konstanz. Lohnender Abstieg südlich auf dem »Ferdinand-Kinz-Weg« hinunter zur Langener Straße.

★★ **Gebhardsberg**

Ein beliebtes Freizeit- und Wanderrevier, dazu großartige Ausblicke bietet der Bregenzer Hausberg, der 1062 m hohe Pfänder. Mit einer Seilschwebebahn gelangt man in wenigen Minuten hinauf; die Talstation mit dem netten Pfänderbahn-Museum ist 5 Gehminuten vom Hafen und 15 Min. vom Bahnhof entfernt (Stadtbus Linie 1). Von Lochau führt ein Sträßchen über Haggen auf den Berg. Bei der Bergstation der Seilschwebebahn (1022 m) liegt das Berghaus Pfänder mit Restaurant. Hier beginnt der Rundgang durch den **Alpenwildpark** (ganzjährig geöffnet) – mit Steinböcken, Hirschen, Mufflons, Murmeltieren etc. – und die **Adlerwarte** (Mai – Anf. Okt.), die um 11.00

★★ **Pfänder**

Bilderbuchblick vom Pfänder auf den Bodensee mit der Insel Lindau

> **Baedeker TIPP**
>
> **Winterfreuden auf dem Pfänder**
> Auf dem Berg gibt's einige beliebte kleine Skihänge. Für die Rast ist besonders das legendäre, gemütliche Gasthaus Pfänderdohle aus dem Jahr 1911 zu empfehlen, am Kachelofen genießt man heimische Küche. Und bei ausreichend Schnee kann man auf einer 5 km langen Naturbahn über Fluh nach Bregenz hinunterrodeln.

und 14.30 Uhr eine Greifvogel-Flugschau veranstaltet. Den Gipfel erreicht man vom Berghaus in 10 Minuten. Für den Abstieg hat man einige Möglichkeiten: über das »Gschlief« zur Talstation (1.15 Std.), über Fluh zur Bregenzer Oberstadt (1.45 Std.) oder von Hintermoos nach Klausmühle und am See entlang nach Bregenz (2 Std.). Auch Radfreunde finden auf dem Pfänder herrliche Wege, die Pfänderbahn befördert das Gefährt (8.30–10.00 Uhr, von 18.00 bis 19.00 Uhr sogar gratis) und gibt Tipps für Touren. Für die Tour nach Scheidegg ►S. 227.

★★ Füssen

K 4

Landkreis: Ostallgäu
Einwohnerzahl: 14 000
Höhe: 803 m ü. d. M.

Wer das Schloss Neuschwanstein besucht, lässt das benachbarte Füssen natürlich nicht aus. Mit seiner romantischen Altstadt unter dem mächtigen Hohen Schloss und mit dem bedeutenden Kloster St. Mang liegt es vor einer eindrücklichen Gebirgskulisse am Lech, der hier ins flache Vorland tritt.

Ein wenig Geschichte
Füssen ist eine der ältesten Siedlungen am Alpennordrand. Für die römische Provinz Raetia Secunda ist ein Ort namens »Foetibus« bezeugt, und auf dem Schlossberg fand man spätrömische Festungsmauern: Hier überwand die Via Claudia Augusta zwischen Italien und Augsburg den Lech. Aus der um 748 gegründeten Zelle des St. Galler Mönchs Magnus entwickelte sich ein bedeutendes Kloster, das für Jahrhunderte wirtschaftliches und kulturelles Zentrum der Gegend blieb. 1313 gelangten Kloster und Ort, der 1268/1274 Reichsstadt geworden war, an das Augsburger Hochstift, das sie bis 1803 in Besitz hatte. Die Lage an einem wichtigen Handelsweg sorgte auch in Mittelalter und früher Neuzeit für Prosperität. Die Industrialisierung hielt im 19. Jh. mit einer Seilerwarenfabrik Einzug, für einen Aufschwung anderer Art sorgten zur selben Zeit die bayerischen Könige Max II. und Ludwig II., die im nahen ► Schwangau ihre prächtigen

> **? WUSSTEN SIE SCHON …?**
>
> ■ 1562 wurde in Füssen die erste Lautenmacherzunft Europas gegründet. In der Barockzeit entwickelte sich die Stadt zu dem – neben Mittenwald – bedeutendsten Zentrum des deutschen Geigenbaus. Heute stellen wieder drei Geigenbauer-Werkstätten und ein Zupfinstrumentenbauer hochwertige Instrumente her.

Die gute Stube Füssens: Reichenstraße mit Hohem Schloss und St. Mang

Schlösser um- bzw. erbauten. Und noch heute profitiert Füssen – an der Deutschen Alpenstraße und der Romantikstraße gelegen – von diesen Publikumsmagneten.

Sehenswertes in Füssen

Die kleine Altstadt zwischen Sebastianstraße und Burg gruppiert sich um das Karree von **Reichenstraße**, die z. T. der römischen Via Claudia Augusta folgt, und **Brunnengasse**. Schöne Bürgerhäuser aus Spätgotik und Barock bilden den Rahmen für Straßencafés und Läden. Einen Blick wert ist die **Krippkirche** St. Nikolaus (J. J. Herkomer, 1718) mit ihrem Hochaltar von Dominikus Zimmermann. Ums Eck liegt der Schrannenplatz, das spätgotische **Kornhaus** ist heute ein hübscher kleiner Markt, wo man auch feine Kleinigkeiten zu sich nehmen kann. Am Haus Brunnengasse 18 erinnert ein Relief von Anton Sturm (1690–1757) an diesen bedeutenden Barockbildhauer (u. a. Wieskirche, Ottobeuren), der hier wohnte. Weiter östlich bilden die Reste der **Stadtmauer** mit dem denkmalgeschützten Alten Friedhof ein hübsches Ensemble. Hier ist Domenico Quaglio bestattet, der das Schloss Hohenschwangau entwarf; das Sandsteingrabmal stiftete sein Auftraggeber Max II. Vom anschließenden Franziskanerkloster, erbaut um 1630 (Westflügel) bzw. 1714 (Südflügel), hat man einen schönen Blick auf Altstadt und Burg.

Altstadt

FÜSSEN ERLEBEN

AUSKUNFT
Füssen Tourismus
Kaiser-Maximilian-Platz 1
87629 Füssen im Allgäu
Tel. (0 83 62) 93 85-0
www.stadt-fuessen.de

FESTE UND EVENTS
Mai–Sept.: Konzerte im Fürstensaal des Klosters. Mitte Aug.: Kaiserfest. Ende Aug.: Festival »vielsaitig«. So. um den 6. Sept.: Magnusfest.

ESSEN
▶ **Preiswert / Erschwinglich**
① *Gasthof Schwanen*
Brotmarkt 4, 87629 Füssen
Tel. (0 83 62) 61 74
Jahrhundertealter Gasthof, der einst zum Kloster gehörte, mit bayerisch-schwäbischer Küche.

② *Fischerhütte*
Uferstr. 16, 87629 Hopfen am See
Tel. (0 83 62) 91 97-0
Gute schwäbische und Allgäuer Küche, auch frischer Fisch und internationale Gerichte. Von der schönen Terrasse am See kann man die prachtvolle Aussicht genießen.

ÜBERNACHTEN
▶ **Günstig / Komfortabel**
① *Altstadthotel Zum Hechten*
Ritterstr. 6, 87629 Füssen
Tel. (0 83 62) 91 60-0
www.hotel-hechten.de
Zentral, aber ruhig gelegenes alt-ehrwürdiges Haus, geschmackvoll-schlichte Zimmer. In der ziemlich schrill gestalteten Gaststube wird handfeste heimische Kost serviert.

② *Seespitz*
Pfrontener Str. 45
87629 Füssen-Weißensee
Tel. (0 83 62) 3 88 99
www.seespitz.com
Appartementhotel am Ufer des Weißensees, ideal für Familienferien: mit 1-/3-Zimmer-Wohnungen, benachbartem Strandbad, Kindergarten, Hallenbad und großem Angebot an Aktivitäten. Geschmackvoll auf alt gemacht sind das italienische Restaurant und die Südtiroler Bauernstube.

Hohes Schloss Das Hohe Schloss – prächtig an der höchsten Stelle zwischen Stadt und Kloster gelegen – entstand ab 1291 auf den Grundmauern eines spätrömischen Kastells und war ab 1313 Residenz der Stadtherren, der Augsburger Fürstbischöfe. 1494–1503 wurde es erweitert und seitdem nur wenig verändert. Einzigartig sind die **Illusionsmalereien** an den Fassaden, die Fidelis Eichele aus Hechingen 1499 schuf und als eine der frühesten »Lüftlmalereien« in Bayern gelten.
In den Repräsentationsräumen des 2. Stocks mit reich geschnitzten Kassettendecken zeigt eine Filiale der **Bayerischen Staatsgemäldesammlungen** hervorragende Kunstwerke des 15./16. Jh.s aus Schwaben, im 1. Stock präsentiert die **Städtische Galerie** köstliche Zeichnungen von Franz Graf von Pocci, Werke der Münchner Schule des 19. Jh.s und Füssener Künstler (beide geöffnet April–Okt. Di.–So. 11.00 bis 16.00 Uhr, sonst ab 14.00 Uhr).

▶ Füssen

Am Südfuß des Burgfelsens liegt der mächtige Komplex der einstigen Benediktinerabtei, die auf die Zelle des »Schwabenapostels« Magnus zurückgeht. Die **Stiftskirche St. Mang**, die über dessen Grabstätte steht, hat eine lange Geschichte; aus romanischer Zeit (936 – 1074) stammen das Untergeschoß des Turms, die **Ostkrypta mit den ältesten Fresken Bayerns** (um 980; Foto ▶ S. 56) – den zeitgenössischen Buchmalereien der Insel Reichenau verwandt – und der Westchor.

★★
Kloster St. Mang

Die heutige Kirche wurde auf dem Grundriss der Basilika des 11./12. Jh.s (deshalb die ungewöhnliche doppelchörige Anlage) von Johann Jakob Herkomer 1701 – 1717 in festlichem, doch recht kühlem Barock aufgeführt. Herkomer hatte in Italien die venezianische Architektur des 16. Jh.s studiert, insbesondere Palladio. Von ihm stammen auch Stuck und Fresken; das Gemälde in der östlichen Langhauskuppel, auf dem Magnus bei Roßhaupten den Drachen besiegt, schuf jedoch Franz Georg Hermann (1720). Auch die beiden Drachenleuchter vor dem Hochaltar (Thomas Seitz, 1724) beziehen sich auf diese Legende: Der hl. Magnus soll die Drachen gezwungen haben, ihm das Licht zu tragen – so wird der doppelte Sinn des Namens Lucifer symbolisiert, »Lichtträger« und »Teufel«. Sehr ausdrucksvoll sind im Hochaltar die Marmorfiguren der hll. Kolumban, Benedikt, Scholastika und Gallus, vorzügliche Werke von Anton Sturm. Ein Kleinod ist auch die **Magnuskapelle** unter der

Blick in die Stiftskirche St. Mang

Orgelempore. In den prachtvollen Konventsräumen – u. a. Fürstensaal, Bibliothek, Refektorium – dokumentiert das **Museum der Stadt Füssen** die Geschichte des Klosters und des Füssener Geigenbaus (geöffnet April – Okt. Di. – So. 11.00 – 17.00, sonst 13.00 – 16.00 Uhr). Es bezieht auch die St.-Anna-Kapelle mit dem großen, eindrucksvollen **Totentanz** von Jakob Hiebeler (1602) ein.

Bei der Lech-Brücke steht die barocke Spitalkirche (1748 – 1750), deren bemalte Fassade mit den Figuren des hl. Christophorus – Schutzpatron der Flößer – und des hl. Florian bei Föhn fast surreal in Farben aufgelöst erscheint. Innen beherrschen die Fresken von A. J.

Spitalkirche

Füssen Orientierung

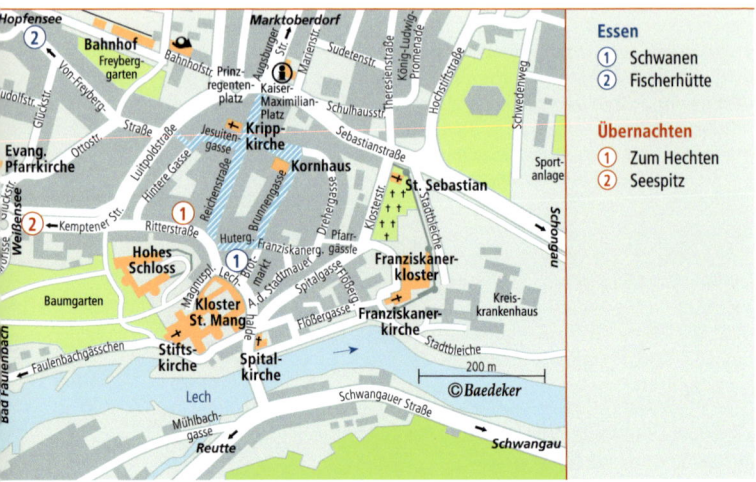

Essen
① Schwanen
② Fischerhütte

Übernachten
① Zum Hechten
② Seespitz

Walch (1749) das ebenso farbenprächtige Bild. Von der anderen Seite des Lechs hat man einen schönen Blick auf die Burg.

Umgebung von Füssen

Lechfall und Kalvarienberg

Südwestlich der Füssener Altstadt bricht der Lech 15 m tief (einst waren es 100 m) durch das Gebirge und braust durch eine enge Schlucht. Den besten Blick hat man vom König-Max-Steg an der Tiroler Straße (B 17). Oberhalb des Stegs, am rechten Ufer oberhalb des Parkplatzes, ist eine Gletschermühle mit einer Vertiefung in Form eines Fußes zu sehen: der **Magnustritt**. Von bösen Heiden verfolgt, soll der hl. Magnus hier über die Klamm gesprungen sein. Von der nahen Kirche Unserer Lieben Frau aus kann man den **Kalvarienberg** erklimmen und den herrlichen Ausblick auf die Stadt und die Ostallgäuer Seen genießen. In gut 20 Min. geht man von dort zum wunderbar idyllischen **Schwansee** hinunter (▶Schwangau); nach seiner Umrundung kehrt man in 1 Std. auf dem Alpenrosenweg zurück zum Lechfall.

Salober und Faulenbach-Tal

Wenige hundert Meter westlich des Klosters liegt der Ortsteil **Bad Faulenbach**, ein Moorbad mit Schwefelquellen und Kneippanlagen. Es markiert das östliche Ende des **Salobers**, des Höhenzugs zwischen Füssen und Pfronten-Steinach, der nach Norden zum Weißensee und nach Süden zum Vilstal steil abfällt. Seine vielfältige Gestalt verdankt er der komplexen Geologie: Das Faulenbach-Tal mit **Mitter-, Ober- und Alatsee** entstand durch Auslaugung gipshaltiger »Raibler Schichten«; die Höhen nördlich bestehen aus Hauptdolomit, diejenigen südlich mit dem 1268 m hohen **Falkenstein** (▶ Pfronten) aus Wettersteinkalk. Von Bad Faulenbach kann man im idyllischen Tal in 1 Std. zum verträumten **Alatsee** gehen, hier gibt es den gleichnamigen schönen Gasthof mit herrlicher Terrasse; baden kann man in allen drei Seen. Wunderbare Ausblicke ins Vilstal und auf die nördlich vorgelagerten Seen lohnen die Überschreitung des **Zirmgrats**: vom Alatsee zur bewirtschafteten Salober-Alm (0.45 Std., Mo. geschl.) und weiter über Zwölfer- und Einerkopf zum Falkenstein (1.30 Std).

»Das« Allgäuer Paradies für Freizeit und Wassersport ist der Forggensee nördlich von Füssen. 1954 wurde der Lech mit einer 41 m hohen Talsperre zu Bayerns größtem künstlichem See aufgestaut; benannt ist er nach dem Weiler Forggen, der in seinem Wasser unterging. Bei einer Schiffahrt kann man von Ende Mai bis Mitte Okt. den herrlichen Blick auf die Königsschlösser und die Allgäuer Alpen genießen (Anlegestellen: Füssen, Festspielhaus, Waltenhofen, Brunnen, Osterreinen, Dietringen, Roßhaupten, Staudamm). Im Jahr 2000 wurde auf einer künstlichen Terrasse am Ostufer das **Festspielhaus Neuschwanstein** eröffnet. Die erste Produktion war das durchaus gelungene Musical »Ludwig II. – Sehnsucht nach dem Paradies«, ab 2003 lief »Ludwig²«. 2007 musste man Insolvenz anmelden; die Nachfrage reichte für die notwendige 50-%-Auslastung nicht aus. Heute wird

Forggensee

◂ Forggensee-Schiffahrt

Der Forggensee, Ferienparadies vor dem Tegelberg und dem Schloss Neuschwanstein

> **Baedeker TIPP**
>
> **Advent in Roßhaupten**
> Im Dezember wird der Dorfplatz von Roßhaupten zum größten Adventskalender Deutschlands: Jeden Abend leuchtet ein weiteres Fenster mit selbstgemalten bunten Bildern auf, zwischen Weihnachten und Dreikönig erstrahlt der ganze »Kalender«.

hier ein breit gefächertes Unterhaltungsprogramm geboten. Eine 32 km lange, familientaugliche Radroute führt rings um den See; unterwegs kann man an schönen Plätzen mit großartiger Aussicht Rast machen.
Am Nordende des Forggensees ist in der Lechschlucht bei **Roßhaupten** das Kraftwerk der Staustufe 1 mit interessantem Informationszentrum zu finden (geöffnet Mo.–Do. 7.00–15.00, Fr. bis 14.00, Sa./So. bis 17.00 Uhr; Anf. Okt.–15. Mai nur werktags). Kraftwerksführungen finden Mi. 14.00 Uhr statt, Anmeldung bei der Tourist-Information Roßhaupten ist nötig (Tel. 0 83 67 / 3 64, www.rosshaupten.de).

Königsschlösser ▸Schwangau

Sameister

Nördlich des Forggensees, etwa zwischen Halblech, Roßhaupten und Lechbruck, breitet sich – abseits des Trubels in Füssen und Schwangau – ein idyllisches Ländchen mit prachtvollem Panorama aus, das man zu Fuß oder auf dem Rad genießen sollte. Schöne Badeplätze findet man etwa an Illasbergsee, Schmutterweiher und Sameisterweiher. In Sameister – 1287 als »Saummeister« dokumentiert, was auf die Rolle als Poststation verweist – steht eines der ungewöhnlichsten Bauwerke des Allgäus, die **Kapelle Mariä Sieben Schmerzen und zum Hl. Grab**, das erste Werk Johann Jakob Herkomers in seiner Heimat (geweiht 1688; ▸Füssen, St. Mang): italienischer Frühbarock, geprägt von der Tradition Palladios. Typisch dafür sind der Grundriss in Form eines griechischen Kreuzes und die halbrunden, dreigeteilten Fenster (»Thermenfenster«). Herkomer, der auch Stuck und Ausmalung größtenteils besorgte, ist hier bestattet (Besichtigung: Tel. 083 67/266). Der benachbarte **Gasthof Adler**, ehemals Tafernwirtschaft und Posthalterei, ist das Geburtshaus Herkomers (*1648 oder 1652); er bietet gemütliche Einkehr, handfeste Küche und auch einige Zimmer (Tel. 0 83 67 / 3 92).

Füssener Seenland

Der **Hopfensee** ist, da maximal 12 m tief, einer der wärmsten Seen im Voralpenland (bis 25 °C) und besitzt schöne Badestrände. Dank seiner prachtvollen Bergkulisse wird er als »Riviera des Allgäus« gerühmt. An seinem Nordrand liegt der Luft- und Kneippkurort Hopfen am See; die Seepromenade, ein asphaltierter, baumloser Weg am künstlich befestigten Ufer, kann trotz des Ausblicks nicht begeistern. Eine Idylle ist der kleine **Faulensee** westlich von Rieden mit einem Badeplatz. Der ländliche Luftkurort **Weißensee** ist nach dem See benannt, der sich entlang einem bewaldeten Berghang erstreckt. In ca. 2.00 Std. ist die lohnende Runde um den See zu absolvieren. Vom Südufer kann man zum Alatsee hinaufgehen (40 Min., ▸S. 159).

Das Herz Immenstadts: Marienplatz mit Rathaus und Renaissance-Schloss

Immenstadt

G 4

Landkreis: Oberallgäu **Höhe:** 728 m ü. d. M.
Einwohnerzahl: 14 400

Das alte »Städtle« Immenstadt ist mit ▶ Sonthofen Zentrum des Oberallgäuer Feriengebiets zwischen dem reizvollen Alpsee und dem Grünten, dem »Wächter des Allgäus«.

Immenstadt bildet zusammen mit Sonthofen ein lebhaftes Mittelzentrum des Oberallgäus mit Verwaltungs- und Bildungseinrichtungen. Sie ist eine der finanzkräftigsten Gemeinden des Allgäus, dank großer Arbeitgeber wie die Bosch GmbH, die in Blaichach ABS-Systeme baut und mit 2400 Beschäftigten über 60 % der Gewerbesteuereinnahmen bestreitet; bekannt sind auch die Strumpfwerke Kunert. Zu wirtschaftlicher Blüte kam der erstmals im Jahr 1275 erwähnte Ort als Stapel- und Umschlagplatz für Salz und Leinwand, 1855 wurde die Mechanische Bindfadenfabrik eröffnet. Aber auch Landwirtschaft und Tourismus sind von Bedeutung: Im Stadtgebiet arbeiten noch über 150 Vollerwerbsbauern, und Immenstadt ist die einzige Stadtgemeinde Deutschlands mit einem Viehscheid im Herbst.

Immenstadt gestern und heute

Sehenswertes in Immenstadt

Den Marienplatz – hier wird am Samstag Markt gehalten – mit einer Mariensäule (1773) prägt das Renaissance-**Schloss** der Grafen Montfort und Königsegg-Rothenfels (1550 / 1620, heutige Form 1746). Hier ist die Gästeinformation zu finden; der prächtig stuckierte Festsaal im 2. Stock gehört heute zur Stadtbibliothek (zugänglich zu den

Altstadt

IMMENSTADT ERLEBEN

AUSKUNFT
Gästeinformation
Marienplatz 12, 87509 Immenstadt
Tel. (0 83 23) 9 14-176
www.immenstadt.de

FESTE UND EVENTS
Mai – Sept. Immenstädter Sommer (diverse Musik und bekannte Kabarettisten; auch Open-Air). Im Sommer Konzerte auf der Seebühne in Bühl, am letzten Juli-Sa. Seenachtsfest mit Feuerwerk. 16. Sept. Viehscheid.

SHOPPING
Strumpffabrik Kunert, Fabrikverkauf: Julius-Kunert-Str. 49, Mo. – Fr. 10.00 bis 18.30, Sa. bis 16.00 Uhr

ESSEN
▶ **Preiswert / Erschwinglich**
① *Zum lustigen Hirschen*
Akams, Tel. (0 83 23) 49 15
Ausflug in die Bergstätten nördlich von Immenstadt: Rustikal aufgebrezeltes Dorfgasthaus mit fantasievoller Regionalküche. Preiswerte Zimmer.

② *Brauereigasthof Schäffler*
Hauptstr. 15, 87547 Missen
Tel. (0 83 20) 9 20-15
Prächtiger Gasthof mit eigenem Bier, viel »Folklore« und »Events«, die Karte bietet u. a. auch Gamsbraten und Rehgulasch. Mit rustikalen Zimmern.

③ *Deutsches Haus*
Färberstr. 10, Tel. (0 83 23) 89 94
www.deutscheshaus-immenstadt.de
Die Traditionsgaststätte (Di. abend und Mi. geschl.) in den Räumen der ehem. gräflichen Färbe liegt in der verkehrsberuhigten Zone (mit Parkplätzen). Franz Gleich – Inhaber und Küchenchef – verarbeitet am liebsten Produkte regionaler Anbieter. Mit Sonnenterrasse vor dem Haus.

ÜBERNACHTEN
▶ **Komfortabel**
① *Krone*
Rottachbergstr. 1, im Ortsteil Stein
Tel. (0 83 23) 96 61-0
www.hotel-krone-stein.de
Freundliche, familiäre Atmosphäre und gepflegte Gastlichkeit in 41 Zimmern und 2 Studios. Mit Restaurant.

▶ **Günstig**
② *Drei König*
Marienplatz 11, Immenstadt
Tel. (0 83 23) 86 28
Familiärer Gasthof in angenehmem Landhausstil. Das Restaurant mit Terrasse serviert Allgäuer Spezialitäten und vegetarische Küche.

Öffnungszeiten). Südlich am Platz das Rathaus (1649, 1753 umgebaut); im Erdgeschoss, das einst als Kornschranne diente, finden u. a. Ausstellungen statt. Die Kirche **St. Nikolaus** weiter östlich mit ihrem hübschen Zwiebelturm hat seit dem Mittelalter eine bewegte Geschichte; das heutige Bild ist v. a. durch den Barockbau 1707 und die Umgestaltung 1908 bestimmt. Die wertvollsten und schönsten Stücke der Ausstattung sind eine Madonna aus der Werkstatt des Memmingers Ivo Strigel (1470) an der Südwand des Langhauses und die Figuren der hll. Rochus und Sebastian (um 1520) im Chor. In der alten

Hofmühle nördlich an der Aach – einst eine große Getreide- und Sägemühle, später Teil der Mechanischen Bindfadenfabrik – wird die Stadtgeschichte vom Mittelalter bis heute anschaulich dargestellt; auch zwei Exemplare der legendären Motorräder »Riedel-Imme«, die von 1949 bis 1952 in Immenstadt gebaut wurden, sind hier zu sehen (geöffnet Mi. – So. 14.00 – 17.00 Uhr).

Im Ortsteil Rauhenzell östlich der Iller bilden das Schloss der Herren von Laubenberg (1555/1879), die Kirche St. Othmar und die Kapelle Maria Eich ein hübsches Ensemble (▶ S. 8). Die in romanische Zeit zurückgehende Kirche St. Othmar wurde 1694 barockisiert, außer einer bemalten Kassetten-Holzdecke besitzt sie prächtige schwarz-goldene Altäre aus dieser Zeit und schöne Epitaphien des 18. Jh.s.

Rauhenzell

Umgebung von Immenstadt

Mit angenehmen 24 °C im Sommer ist der Alpsee, der größte natürliche See des Allgäus (2,5 km²), ein Paradies zum Baden und für den Wassersport, in kalten Wintern kann man Eislaufen und Eisstockschießen. Auf einer Rundwanderung (8 km) genießt man die schöne Landschaft. Im Luftkurort **Bühl am Alpsee** sind die Pfarrkirche St. Stephan (1668) mit der darunterliegenden Hl.-Grab-Kapelle sowie

Alpsee

Immenstadt Orientierung

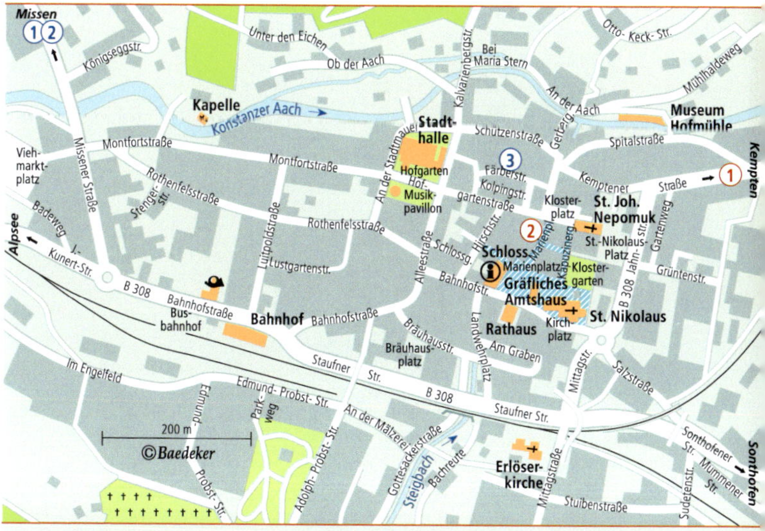

Essen
① Zum lustigen Hirschen
② Brauereigasthof Schäffler
③ Deutsches Haus

Übernachten
① Krone
② Drei König

Im Sommer windsurfen und baden, im Winter Schlittschuh laufen: Alpsee bei Bühl

die benachbarten aneinandergebauten Kapellen Maria Loreto (1666) und St. Anna (1716) einen Besuch wert. Erstere enthält eine Nachbildung der Casa Santa im Dom von Loreto (Italien). Rothenfels und Hugofels, die Reste der **Burgen** der einstigen Immenstädter Herren, der Grafen Montfort und Rothenfels, ragen östlich von Bühl auf (Rundweg vom Parkplatz beim Hotel Rothenfels, knapp 1 Std.). Im Bühler Hafen startet die **»Santa Maria Loreto«**, der Nachbau einer Lädine, zu ihren Rundfahrten (Anmeldung bei der Wassersportschule Oberallgäu, Tel. 0 83 23 / 5 22 00, www.alpsee-segler.de).

Alpsee Bergwelt Ein wenig Abenteuer gefällig? Von Ratholz westlich des Alpsees bringt eine Sesselbahn in ein kleines Wander- und Skigebiet rund um die Berghütte Bärenfalle (1100 m). Deutschlands längste Ganzjahres-Rodelbahn (3 km) lässt hier mit maximal 29,5 % Gefälle, 68 Kurven, 23 Wellen und 7 »Jumps« den Blutdruck steigen (Tel. 0 83 25 / 2 52, www.alpsee-bergwelt.de). Nicht weniger aufregend ist es, in Bayerns größtem Hochseilgarten herumzuturnen (▶ Tipp S. 110).

Missen Dem 1807 in Missen-Wilhams (10 km nordwestlich von Immenstadt) geborenen **Carl Hirnbein**, der in den 1840er-Jahren die Weichkäse-Fabrikation einführte und damit aus dem blauen das grüne Allgäu machte (▶Berühmte Persönlichkeiten), sind im Haus des Gastes in Missen ein Museum und ein landschaftlich interessanter, gut 6 km langer Wanderweg von Missen nach Weitnau gewidmet. In der ursprünglich spätgotischen Kirche **St. Martin** blieben beim Umbau 1819 Wandmalereien im Chor erhalten, die dem berühmten Memminger Hans Strigel d. Ä. zugeschrieben werden (Mitte 15. Jh.). Im Brauereigasthof Schäffler (▶S. 162) kann man einmal im Monat die mobile Mini-Brauerei in Aktion erleben, die im Guinness-Buch der Rekorde verzeichnet ist. Eine lohnende Unternehmung ist die leichte

Wanderung hinauf zur **Thaler Höhe** (1166 m): über die Pfarralm südöstlich auf den Grat, diesem mit herrlichem Ausblick folgend zur Skilift-Bergstation, dann vorbei an der Hofackeralpe hinunter zum Berggasthof Thaler Höhe und zurück nach Missen (ca. 3 Std.).

Mit 1242 m Höhe ist der 5 km lange Hauchenberg die höchste Erhebung des Allgäuer Alpenvorlands. Eine ganze Reihe von markierten Wegen führt auf diesen mächtigen Walfischbuckel, der zwischen dem Iller- und dem Weitnauer Tal eine überaus reizvolle Landschaft überragt und bei Wanderern (und Mountainbikern) entsprechend beliebt ist. Egal ob man ihn von Wilhams, Missen oder Diepolz (s. u.) aus oder von Norden über den Jägersteig erklimmt, eine Überschreitung des ganzen Grats ist mit Rückkehr an einem halben Tag möglich.

Hauchenberg

Nördlich von Immenstadt steigen die Bergstätten über 1000 m hoch an, ein zauberhaftes Wandergebiet mit prachtvollem Blick übers ganze Oberallgäu. Eine schöne kleine Runde: von Zaunberg über Luitharz nach Akams, dann westlich nach Knottenried und zurück nach Zaumberg (gesamt 2 – 2.30 Std.). Im 1035 m hoch gelegenen **Diepolz** am Hauchenberg bietet das **Allgäuer Bergbauernmuseum** etwas für die ganze Familie. Hier gibt es einen Bauernhof mit Braunvieh und anderem Getier, eine Alphütte mit Käsküche, einen Kräutergarten und Möglichkeiten für Kinder zum Spielen (geöffnet von Ostersonntag bis Anfang Nov. tägl. 10.00 bis 18.00 Uhr, www.bergbauern museum.de). Die benachbarte **Bergkäserei Diepolz** verarbeitet pro Tag ca. 3500 l beste Milch von kleinen Erzeugern; nach Absprache kann man beim Buttern und Käsen zuschauen.

★ **Bergstätten**

Westallgäuer Bauernhof in Diepolz

Überaus idyllisch liegt der Niedersonthofener See (10 km nördlich von Immenstadt) mit mehreren Badeplätzen, man kann sogar segeln und windsurfen. Ein Highlight ist auch die kleine, angenehme Wanderung von Niedersonthofen westlich zum **Falltobel**, dann nördlich nach Rieggis, nordöstlich auf den **Stoffelberg** (1063 m) und zurück nach Niedersonthofen (gesamt ca. 3 Std.). Dort lohnt sich ein Blick in die Pfarrkirche St. Alexander und Georg (frühes 16. Jh., Ausstattung 18./19. Jh.) wegen der »Franzosenstühle«: Die geschnitzten Gestühlwangen im Mittelgang (von S. Petrich aus Missen, 1819) erinnern an den Abzug der Franzosen im Jahr 1796, die dank des sprachkundigen Anton Imler aus Wollmuths den Ort unangetastet ließen.

★ **Niedersonthofener See**

Die »Hörner« Südlich des Alpsees sind das **Immenstädter Horn** (1489 m) und das **Gschwender Horn** (1450 m) interessante Wanderreviere. Letzteres wurde schon in den 1990er-Jahren renaturiert, d. h. veraltete Skilifte wurden abmontiert und überflüssige Liftschneisen aufgeforstet. Von Gschwend kann man eine lohnende, abwechslungsreiche Wanderung unternehmen: südwestlich zur Kesselbergalpe und zum Immenstädter Horn (mit einem Kruzifixus in Lebensgröße und herrlichem Blick auf den Alpsee), dann zum ganzjährig bewirtschafteten Kemptener Naturfreundehaus und nördlich zum Gschwender Horn. Zurück geht es über die Gschwenderberg-Alpe nach Gschwend (insgesamt 4 – 5 Std., unschwierig, aber anstrengend).

> ! **Baedeker TIPP**
>
> **Langer Grat**
> Ein besonderes Vergnügen ist die Kammwanderung nördlich von Alpsee und Konstanzer Ach. In ca. 5 Std. geht man von Wengen bei Oberstaufen hinauf zur Salmaser Höhe (1254 m), einem legendären Aussichtspunkt, weiter über Thaler Höhe und Zaumberg nach Bühl.

Mittag Am 1451 m hohen Mittag (Sesselbahn) liegen einige Alpen wie die Alpe Hochried, wo Frühaufsteher zwischen Ende Mai und Mitte Sept. ab 8 Uhr beim Käsen zusehen können. Vom Gipfel hat man eine herrliche Aussicht. Ein winterliches Highlight ist die nicht weniger als **5,2 km lange Schlittenbahn** hinunter nach Immenstadt. Vom Mittag kann man die anspruchsvolle Tour über die Nagelfluhkette zum Hochgrat unternehmen (6 – 7 Std., ▶Oberstaufen). Auch die kürzere Tour vom Mittag zum Stuiben mit Abstieg durchs Steigbachtal nach Immenstadt (gesamt 4 – 5 Std., für Trittsichere und Schwindelfreie) oder an der Südflanke der Nagelfluhkette zur Gunzesrieder Säge bzw. nach Gunzesried (▶Sonthofen) ist überaus reizvoll.

★ ★
◀ Nagelfluh-Tour

Winterliche Tour über den Stuiben

Isnyer Ansichten: Stadtmauer mit Wassertor, St. Nikolai und St. Georg

✱ Isny

F 3

Landkreis: Ravensburg **Höhe:** 705 m ü. d. M.
Einwohnerzahl: 9 300

Ein überaus malerisches Bild bietet die alte Freie Reichsstadt Isny, die im Norden des Westallgäus im Württembergischen liegt. Auch als heilklimatischer Kurort hat sie einen guten Ruf, Wander- und Radwege sowie Langlaufloipen erschließen die schöne Natur.

Im 3. Jh. sicherte in der Nähe von Isny ein Kastell die Römerstraße von Bregenz nach Kempten. In der frühesten Urkunde (1096) ist die Siedlung als »Villa Ysinensis« erwähnt. Beim Kloster der Hirsauer Mönche, die sich 1096 hier niederließen, entwickelte sich ein Markt, der mit Flachsanbau und Leinenproduktion prosperierte; 1365 kauften sich die Bürger frei. Die reichsunmittelbare Stadt bekam 1507 das Münzrecht und schloss sich 1529 der Reformation an, wobei die humanistisch gebildeten Prediger der Stadt eine wichtige Rolle spielten. 1803 kam Isny an die Grafen von Quadt-Wykradt, 1806 zum Königreich Württemberg. Die Stadt ist Standort der Naturwissenschaftlich-Technischen Akademie (ehemals Chemieschule Grübler) und des bekannten Wohnwagenbauers Dethleffs. Kur- und Reha-Kliniken sind v. a. im Ortsteil Neutrauchburg angesiedelt.

Isny gestern und heute

ISNY ERLEBEN

AUSKUNFT

Kurverwaltung
Unterer Grabenweg 1, 88316 Isny
Tel. (0 75 62) 9 84-110, www.isny.de

Gästeamt Argenbühl
Kirchstr. 9, Eisenharz, 88260 Argenbühl, Tel. (0 75 66) 94 02 10
www.argenbuehl.de

FESTE UND EVENTS

Das Isnyer Kinderfest, das ins Jahr 1620 zurückgeht, wird am 2. Juli-Wochenende gefeiert. Opernfestival im Juli, Theaterfestival im August. Am 26. Dez. Stephansritt in Eisenharz.

DETHLEFFS

Wer sich ansehen will, wie moderne rollende Urlaubsdomizile gebaut werden, kann das bei Dethleffs tun (östlich der Stadt, Freitag 9.00 Uhr). Frühzeitige Anmeldung unter Tel. (0 75 62) 9 87-0 ist notwendig.

ESSEN

▶ Preiswert
Zum Ochsen
Beuren, 88316 Isny
Tel. (0 75 67) 18 23 30
Im stattlichen Dorfwirtshaus kommt Fleisch aus der hauseigenen Demeter-Metzgerei auf den Tisch.

ÜBERNACHTEN/ESSEN

▶ Luxus
Berghotel Jägerhof
Isny, Tel. (0 75 62) 77-0
www.berghotel-jaegerhof.de
Am Südhang des »Kapfs« nordwestlich von Neutrauchburg gelegenes großes Haus der Best-Western-Gruppe: großzügiges, gemäßigt rustikales Ambiente mit schönem Alpenblick. Umfassendes Wellness-Angebot mit Schwimmbad und Tennisplätzen.

▶ Komfortabel
Hanusel Hof Hotel
Weitnau-Hellengerst, Helinger Str. 5
Tel. (0 83 78) 92 00-0, www.hanusel-hof.de – Das Bauernhaus von 1742 hat sich zu einem bestens ausgestatteten Hotel im alpenländischen Stil gewandelt. Auf knapp 1000 m in den Allgäuer Voralpen gelegen, garantiert es einen erholsamen Aufenthalt. Bestens gesorgt wird auch für kulinarischen Genuss im gemütlichen Restaurant. Wellnessangebot und angegliederter 18 Loch-Golfplatz.

▶ Günstig
Gasthof Krone
Isny, Bahnhofstr. 13
Tel. (0 75 62) 24 42 – Kleines Haus vor der Stadtmauer mit großzügigen Zimmern. Im gemütlichen holzgetäfelten Restaurant gibt's gute heimische Kost (Do. geschl.).

Schlossgasthof Sonne
Isny-Neutrauchburg, Schlossstr. 7
Tel. (0 75 62) 7 11 94-0
Traditionsgasthof im Schlossbezirk mit gediegener Atmosphäre. Hier wird eine gutbürgerliche Küche mit regionalen und internationalen Gerichten gepflegt, der Weinkeller ist gut sortiert. Im Sommer finden an einigen Freitagabenden vor dem Gasthof Blasmusikkonzerte statt.

Zur Rose
Eglofs, Dorfplatz 7, 88260 Argenbühl
Tel. (0 75 66) 3 36 – Traditionsreicher Gasthof im Dorf der »Freien Leut«, ebenso schön wie die Fassade ist der Blick von der Terrasse. Regional-internationale Küche. Eine beliebte Adresse zum Essen und Zechen ist auch der Ellgass Zum Löwen, seine Spezialität ist Fleisch vom Weiderind.

Sehenswertes in Isny

Altstadt

Trotz einer ganzen Chronik von verheerenden Epidemien, Bränden und Kriegsschäden blieb die mittelalterliche Stadtmauer mit einigen stattlichen Türmen erhalten. Die als Gesamtanlage denkmalgeschützte Altstadt wird von zwei Durchgangsstraßen – mit spätgotischen bis barocken Bürgerhäusern – geviertelt, der Marktplatz liegt in der Mitte (Markt ist donnerstags). Dort versammeln sich markante Bauten: das schöne **Rathaus**, das um 1685 aus Patrizierhäusern des 15. Jhs. entstand (Ratssaal mit Winterthurer Kachelofen von 1685); der schlanke, himmelstürmende **Blaserturm** aus dem 16. Jh., auf dem ein Türmer Feuerwacht hielt; diesem benachbart das Hallgebäude, bis ins 19. Jh. Tuchhaus, in dem die Leinwandprodukte amtlich bewertet wurden; und diesem gegenüber das Heiliggeistspital (15. Jh.), heute evangelisches Gemeindezentrum (Paul-Fagius-Haus). Nordwestlich wacht an der Stadtmauer das trutzige **Espantor** von 1467 (»Espan« bedeutet »Gemeindeanger«), in dem sommers Kunst ausgestellt wird. Im Westen erläutert das **Museum am Mühlturm** die Stadtgeschichte (geöffnet Di., Do., Sa., So. 14.00–17.00 Uhr). Das **Wassertor** im Nordosten der Altstadt beherbergt das Heimatmuseum, in dem u. a. eine alte Schuhmacherwerkstatt zu sehen ist (Führung Mai–Okt. Sa. 10.00 Uhr).

Klosterbezirk

Im Nordosten der Altstadt liegt der geistliche Bezirk, der auf die Stadtkirche von 1042 und das im Jahr 1096 gegründete Kloster zurückgeht. Dem Wassertor benachbart die evangelische **Nikolaikirche**,

Das Isnyer »Schloss«, der einstige Klosterkonvent, wurde zur Kunsthalle.

eine gotische Pfeilerbasilika (1288, Chor 1455), die nach dem Stadtbrand 1631 erneuert wurde. Außer der Renaissance-Kassettendecke (1641) ist in der protestantisch kargen Kirche der Taufstein (1640) zu beachten, dessen schöner Deckel dem Ulmer Schnitzer S. Hescheler zugeschrieben wird. Durch den gotischen Chor gelangt man in die überaus wertvolle **Prädikantenbibliothek**, eine der wenigen erhaltenen spätmittelalterlichen Kirchenbibliotheken (Führung Ostern bis Reformationstag Mi. 10.30 Uhr).

Die katholische Pfarrkirche **St. Georg und St. Jakob**, einst Kirche des Benediktinerklosters, entstand ebenfalls nach 1631 neu; um 1750 bekam die festliche, lichtdurchflutete dreischiffige Hallenkirche ihr feines Rokoko-Gewand. Kanzel und Altäre schuf der Wurzacher Jakob Ruetz (um 1760). Rechts vor dem Chor führt ein Gang zur **Marienkapelle** (1645–1680) mit reicher Ausstattung aus dem 18. Jh.; ihre Hauptsehenswürdigkeiten sind der Hochaltar (K. Hegenauer, um 1760), das Chorgestühl (um 1730), die bemalte Kassettendecke (um 1680) und die 48 Porträts Isnyer Äbte, die meisten von F. G. Hermann (um 1760). Die schlichten **Konventsgebäude** sind ein Werk des Vorarlbergers Michael Beer (1657). Nach der Säkularisation 1803 dienten sie den Grafen von Quadt-Wykradt als Schloss. Der südlich benachbarte **Pulverturm** aus dem 13. Jh., eines der ältesten Stadttore Isnys, ist seit einem Brand 1631 verstümmelt.

> ### Baedeker TIPP
>
> **Gemalte Märchenwelten**
>
> Bekannt und beliebt sind die traum- oder märchenhaften »Visionen« des in Isny geborenen Illustrators Friedrich Hechelmann. Im »Schloss«, dem ehemaligen Konventgebäude, sind Werke von ihm ausgestellt, außerdem Repliken berühmter antiker Skulpturen wie der Laokoon oder der Barberinische Faun (geöffnet Di.–So. 11.00–17.00 Uhr). Friedrich Hechelmann bietet auch Malkurse an (www.hechelmann.de).

Umgebung von Isny

Neutrauchburg Der Heilklimatische Kurort Neutrauchburg 2 km nördlich von Isny ist bekannt für seine modernen Kur- und Reha-Kliniken; das Therapeutische Bewegungszentrum steht auch gesundheitsorientierten Urlaubern offen. Auch hier gibt es eine Waldburg-Zeil'sche Residenz, erbaut 1785–1788 von J. G. Specht; das **frühklassizistische Schloss** mit Loreto-Kapelle bildet mit seinen einstigen Wirtschaftsgebäuden ein hübsches, gepflegtes Ensemble. Schöner Blick auf Isny.

Rohrdorf In Rohrdorf, 5 km nordöstlich Isny am Rand der Adelegg (s. u.) gelegen, lohnt sich ein Blick in die Pfarrkirche **St. Remigius** (1501, 1746 barockisiert): Im Chor steht ein hl. Augustinus, ein Frühwerk von Hans Multscher (um 1450), im linken Seitenschiff das einst farbig gefasste Tonrelief »Marientod« eines unbekannten Meisters (um 1480); auch der »Ölberg« außen stammt von ihm. Von Rohrdorf lohnt sich der Gang durch den **Rohrdorfer Tobel** und auf der »Himmelsleiter« hinauf zur Rudershöhe, dann auf dem Forststräßchen Richtung Herrenberg und vorbei an der Bildtanne hinunter nach Rohrdorf (ca. 2.30 Std.).

Adelegg

Östlich von Isny reicht die Adelegg, geologisch ein Ausläufer der Allgäuer Alpen, weit ins Vorland hinaus. Bis 1898 dienten ihre Wälder als Rohstoff- und Energielieferant für eine Glasindustrie (▶ Leutkirch, Schmidsfelden); auf den abgeholzten Flächen ließen sich Anfang des 18. Jh.s Bauern nieder, so dass hier die **einzigen Hochalpen Württembergs** entstanden. Nachdem auch sie aufgegeben waren, wurden weite Teile wieder aufgeforstet. Von Isny, Großholzleute, Bolsternang und Wengen führen Wanderwege und Sträßchen auf den Schwarzen Grat, die höchste Erhebung Württembergs (1118 m, Aussichtsturm) mit legendärer Aussicht auf die Alpen – von den Schweizer Bergen und dem Bodensee über die Zugspitze bis zu den Stubaier Alpen.

✹✹

◀ Schwarzer Grat

Weitnau

Der geschichtsreiche Luftkurort 12 km südöstlich von Isny (B 12) besitzt eine überraschend prunkvolle neogotische Kirche (St. Pelagius, 1872), im Hochaltar Figuren aus der Multscher-Schule (um 1490). Empfehlenswert ist die Wanderung über den Grat des **Sonnecks** (1050 m) zur **Ruine Alttrauchburg** mit Burggaststätte, anschließend auf dem Gratweg nach Osten, hinunter nach Engelhirsch und zurück nach Weitnau (ca. 2.30 Std.).

Bodenmöser

Das Becken unmittelbar westlich von Isny wird von einem ganzen System von Hoch- und Niedermooren eingenommen, das als Bodenmöser bezeichnet wird: ein typisches Voralpen-Moorgebiet und mit 10 km² Fläche eines der größten im Allgäu (60 % stehen unter Naturschutz). Wanderwege und Lehrpfade erschließen den Lebensraum einer vielfältigen, wertvollen Flora und Fauna. Info beim Naturschutzzentrum Isny (Unterer Grabenweg 2, Tel. 0 75 62 / 5 52 59), das auch Führungen veranstaltet. Die Seen und Moore zwischen Isny, Leutkirch und Wangen sind unter Leutkirch beschrieben.

❓ WUSSTEN SIE SCHON …?

▪ Im Jahr 1958 las bei einem Treff der Gruppe 47 im Gasthof Adler in Großholzleute (▶ S. 168) ein verwegen aussehender junger Schriftsteller das Anfangskapitel eines Roman-Manuskripts vor und schlug die Zuhörer mit seinem vitalen, saftig-bildhaften Erzählstil in seinen Bann – es war Günter Grass, der vor allem für seine »Blechtrommel« 1999 den Literatur-Nobelpreis erhielt.

Liebliches Allgäu an der Adelegg

»Allgäuer Toskana«

Eglofs ▶

🕒

Streuobstwiesen mit glücklichen Kühen und gepflegten Bauernhöfen, urtümliche Moore mit blinkenden Weihern zwischen dunklen Wäldern, dazu ein sonniges, mildes Klima (der Bodensee ist nicht weit): So präsentiert sich der Landstrich zwischen Isny und ▶Wangen, zwischen Unterer und Oberer Argen. Die Gemeinde **Argenbühl** umfasst sechs Dörfer, darunter Eglofs, das für seine schöne Anlage mehrfach ausgezeichnet wurde: Im Mittelalter eine **reichsunmittelbare Stadt** freier Bauern – ein sehr ungewöhnlicher Status –, besitzt es einen **stattlichen Hauptplatz** mit Rathaus und den Gasthöfen Zur Rose und Löwen. Das Museum des Geschichts- und Heimatvereins informiert dort über die interessante Historie (geöffnet So. 10.00 – 12.00, 13.30 – 16.00 Uhr). Die Kirche St. Martin – vom Vorplatz hat man einen herrlichen Ausblick über das Tal der Oberen Argen – ist ein Werk von J. G. Specht (1751), der später die berühmte Klosterkirche Wiblingen bei Ulm entwarf; ihr prachtvoller frühklassizistischer Hochaltar enthält ein Gemälde von F. A. Weiß (»Mariä Himmelfahrt«, 1780). Jenseits des Tals, schon im bayerischen Landkreis Lindau, leuchtet weiß das ab 1491 erbaute **Schloss Syrgenstein**, eine der vielen Besitzungen der Familie Waldburg-Zeil (Archiv, nicht öffentlich zugänglich).

Von Isny zur Oberen Argen

Man sollte sich nicht nehmen lassen, das Land der Gemeinde Argenbühl näher zu erkunden. Für folgende ca. 30 km lange Runde von Isny aus braucht man mit dem Fahrrad ca. 3 Std., zu Fuß 8 – 9 Std.: Isny – Birkach – Brugg – (Gestratz –) Zwirkenberg – Obere Argen – Eglofs – Linzigs – Eisenharz – Unterried – Neutrauchburg – Isny. An der Oberen Argen macht man in der **Badwirtschaft Malleichen** Rast, einem alten Allgäuer Gasthaus mit Biergarten, bevor man den steilen, langen Anstieg nach Eglofs angeht. Hinter Unterried steuert man in Halden das Gasthaus **Haldenhof** an; bei traumhaftem Ausblick kann man hier noch einmal »nachtanken«.

✷✷ Eistobel

Ca. 7 km südlich von Isny, zwischen **Maierhöfen** und Grünenbach, hat die Obere Argen den wildromantischen Eistobel in das Nagelfluhgebirge gesägt – ein Paradies für Naturfreunde ebenso wie für Kinder: Man erlebt hier 10 Mio. Jahre Erdgeschichte, mit etwas Glück sieht man einen Eisvogel oder eine Wasseramsel fischen, hier blühen über 30 Orchideenarten und weitere seltene Pflanzen. Von der eindrucksvollen, 204 m langen und 54 m hohen **Eistobelbrücke** westlich von Riedholz geht man hinunter in die gut 3 km lange, im Winter – daher der Name – besonders bizarre Schlucht mit tosenden smaragdgrünen Wassern, mächtigen Gletschertöpfen und stiebenden Wasserfällen. Anschließend hinauf nach Hohenegg und auf die **Riedholzer Kugel** (1066 m) mit fantastischer Aussicht. Westlich zurück nach Riedholz (Gesamtgehzeit ca. 3 Std.).

Riedholz

In Riedholz sollte man sich die **Kapelle St. Anna** ansehen, die einen hervorragenden spätgotischen Flügelaltar (um 1520) besitzt; die »Anbetung der hl. drei Könige« in der Predella, dem Sockel des Altaraufsatzes, wird der Werkstatt von Ivo Strigel zugeschrieben (um 1480). Ein guter Stützpunkt für Natur- und Kunstfreunde ist der Gasthof Adler in Riedholz mit schönem Biergarten (Mo. geschlossen).

Aus der Schlucht des Eistobels kommend strömt die Obere Argen unter Nagelfluhwänden dahin.

★ Kaufbeuren

J 2

Einwohnerzahl: 42 400 **Höhe:** 681 m ü. d. M.

In der lebhaften Hauptstadt des Ostallgäus werden Geschichte und Tradition hochgehalten: Eine liebevoll gepflegte Altstadt und das berühmte Tänzelfest im Sommer ziehen viele Besucher an.

Ein wenig Geschichte

Die kreisfreie Stadt im freundlichen Wertach-Tal – 1126 erstmals und 1240 in der ersten deutschsprachigen Königsurkunde erwähnt – war ab 1286 Freie Reichsstadt, die bis 1301 »Buron«, dann »Kufburun« hieß. Die Namensänderung verweist auf die große Bedeutung des Handels; zur wirtschaftlichen Blüte im 15. Jh. trugen auch die Leinenweber und die Waffenschmiede bei. Im 16. Jh. hielt sich Kaiser Maximilian I. insgesamt 14-mal in der Stadt auf. 1839 wurde hier die erste mechanische Baumwollspinnerei des Allgäus gegründet, schon 1847 kam der Anschluss ans Bahnnetz. Nach dem Zweiten Weltkrieg wurde für die Vertriebenen aus dem böhmischen Gablonz der Stadtteil Neugablonz gegründet, heute das deutsche Zentrum der Modeschmuckindustrie. Aus Kaufbeuren stammen einige große Namen der deutschen Literatur: Sophie von La Roche, Ludwig Ganghofer (der Verfasser »urbayerischer« Romane war also Schwabe) und Hans Magnus Enzensberger. Der aus Füssen gebürtige Jörg Lederer

Großer Tag der Kinder: Beim Tänzelfest zieht Kaiser Maximilian in die Stadt ein.

Blickfang am oberen Ende der Kaiser-Max-Straße ist das Rathaus.

(1475–1550), einer der bedeutendsten Bildschnitzer der Zeit, arbeitete ab 1503 hier. Im Franziskanerinnenkloster lebte die besonders in der Diözese Augsburg verehrte Nonne und Mystikerin Crescentia (Anna Höß, 1682–1744), die 2001 heiliggesprochen wurde.

Sehenswertes in Kaufbeuren

Hauptachse und »gute Stube« der Altstadt ist die großzügige **Kaiser-Max-Straße**, in der seit dem 13. Jh. (!) donnerstags Markt gehalten wird. Ihren oberen Abschluss bildet das würdevolle **Rathaus**, das Georg Hauberrisser – der später das Neue Rathaus in München entwarf – von 1879 bis 1881 erbaute. Schräg gegenüber das Haus des Patriziers Hörmann (um 1530) mit Renaissance-Portal. Einen schönen Akzent setzt der Neptunbrunnen (1753) vor der evangelischen **Dreifaltigkeitskirche** (zugänglich 8.00–18.00 Uhr): Ein Haus aus dem 14. Jh., das Kaiser Maximilian als Quartier diente, wurde ab 1604 – als den Protestanten verboten wurde, die Martinskirche mitzubenutzen – zum Predigtsaal umgebaut; der großzügige Raum mit dreiseitig umlaufender Empore ist auf die Kanzel (1764) ausgerichtet, die großen Gemälde zwischen den Fenstern stammen von dem Augsburger Hans Ulrich Franck (1659). Auf der anderen Seite des Neptunbrunnens, den der Augsburger J. W. Schindel 1753 schuf, steht das Weberhaus, bis 1805 Zunfthaus der wichtigsten Handwerkervereinigung Kaufbeurens (gutes Caférestaurant).

Kaiser-Max-Straße

Das Zentrum der Stadt markiert die Kirche St. Martin mit 68 m hohem Turm. Die gotische Basilika (1438–1443) wurde um 1895 neogotisch restauriert und ausgestattet. Von einem romanischen Vorgän-

St. Martin

KAUFBEUREN ERLEBEN

AUSKUNFT
Verkehrsverein
Kaiser-Max-Str. 1
87600 Kaufbeuren
Tel. (0 83 41) 4 04 05
www.kaufbeuren-tourismus.info

FESTE UND EVENTS
Mitte Juli: Beim 10-tägigen Tänzelfest, dem ältesten Kinderfest Bayerns, spielen Kinder die Stadtgeschichte nach. Ende Oktober: Kaufbeurer Theatertage. Anfang September findet im Kloster Irsee das hochkarätige Musikfestival »Klang & Raum« statt (Tel. 0 83 41 / 90 66 66, www.musikfestival-irsee.de).

ESSEN
▶ **Preiswert / Erschwinglich**
① *Ristorante Primavera*
Kemptener Tor 10
Tel. (0 83 41) 10 04 98
Gehobene italienische Küche in gepflegtem Ambiente. Hervorragende Weinauswahl, Extrakarte für Grappa.

② *Irseer Klosterbräu*
Klosterring 1
87660 Irsee
Tel. (0 83 41) 4 32 20-0
www.irsee.com, tägl. geöffnet
Historischer Brauereigasthof mit eindrucksvollen Gewölben, schönem Garten und zünftiger Küche. Etwas Besonderes sind die geschmackvoll modernisierten Zimmer hinter dicken Wänden (mittlere Preiskategorie).

ÜBERNACHTEN
▶ **Günstig**
① *Hotel Hasen*
Ganghoferstr. 7
Kaufbeuren
Tel. (0 83 41) 9 66 19-0
Schlichter, angenehmer Gasthof am Ostrand der Altstadt gelegen mit nettem gutbürgerlichen Restaurant.

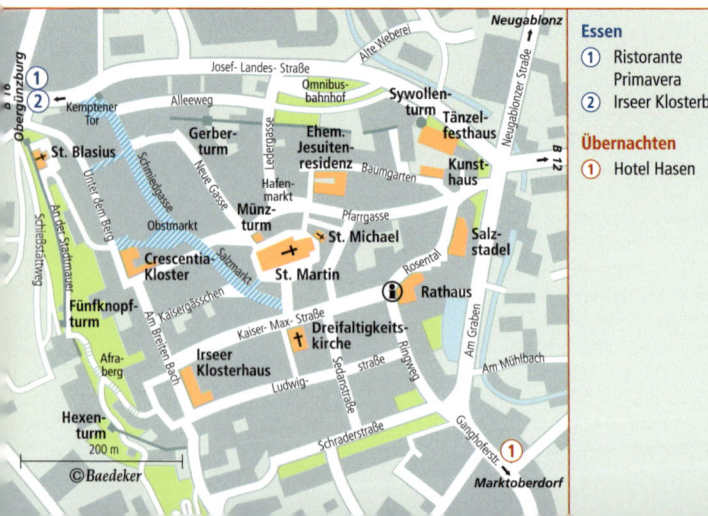

Kaufbeuren Orientierung

gerbau sind v. a. das Südportal, die Rundapsiden unter dem Chor und de Taufstein erhalten. Das bedeutendste Ausstattungsstück ist das **Relief »Anbetung der Hl. Drei Könige«** des Füsseners Hans Kels d. Ä. (um 1520), das im Wechsel mit dem Relief »Das Wirken des Hl. Geistes« von O. Kobel (1990) im Volksaltar zu sehen ist; bemerkenswert auch die Heiligenfiguren im Chor, die Michael Erhart zugeschrieben werden (um 1480), und die Apostel Petrus und Johannes an der Südwand (vermutlich von Ivo Strigel, um 1500).

Ganghofer-Geburtshaus

Im Haus Kirchplatz 8 kam 1855 Ludwig Ganghofer zur Welt. In seiner Autobiografie »Lebenslauf eines Optimisten« schildert er auch seine Kindheit in Kaufbeuren.

Stadtmuseum und Crescentia-Kloster

Vom Salzmarkt führt das malerische Kaisergässchen nach Westen. Im Haus Nr. 12–14 ist das sehr schön ausgestattete **Stadtmuseum** untergebracht (wegen Umbau geschlossen, die Wiedereröffnung ist für 2011 geplant). Außer der Geschichte von Stadt und Region ist es der Allgäuer Volkskunst und Ludwig Ganghofer gewidmet. Wenige Schritte nördlich liegt das **Crescentia-Kloster**, in dessen Kapelle die vielverehrten Reliquien der hl. Crescentia ruhen. Das dreiflügelige Gebäude des Franziskanerinnenklosters entstand 1471/1472.

Auf einer Anhöhe im Westen – sie bietet einen schönen Blick über die Stadt – ragt das Wahrzeichen der Stadt auf, der mächtige **Fünfknopfturm** von 1420 (▶Foto S. 58). Ein Teil der Stadtmauer mit überdachtem Wehrgang verbindet ihn mit der Kapelle **St. Blasius** aus dem 15. Jh. (geöffnet Di.–So.10.00–11.00, 14.00 bis 16.00 Uhr), einem durch Stilreinheit und Harmonie bestechenden dreischiffigen Hallenbau. Ihr großartiger **Hauptaltar von Jörg Lederer** (1518) gilt als ein Hauptwerk der oberschwäbischen Spätgotik. Außerdem sind die 66 Tafelbilder von Ende des 15. Jh.s (darunter 20 mit teils grausigen Szenen aus dem Leben des hl. Blasius), ein Bildteppich (Hl. Blasius mit Vögeln und wilden Tieren) von Anfang das 16. Jhs. und ein Baumkreuz aus dem 14. Jh. bedeutend. Lederer wohnte und arbeitete im Haus an der Ecke Ludwigstraße/Am Breiten Bach gegenüber dem Irseer Klosterhof.

Der Lederer-Altar in St. Blasius

(Fast) echte Preziosen werden in Neugablonz gefertigt.

Puppentheater-Museum Im Spielberger Hof (Ludwigstr. 41 a) sind Spielpuppen und Theaterbühnen aus verschiedenen Kontinenten zu sehen, dazu Drehorgeln, Plakate usw. Geöffnet Do.–Sa. 10.00–12.00, 14.30–17.00, So. 10.00–12.00 Uhr.

Kunsthaus In einem vor das mächtige Tänzelfesthaus gestellten, ästhetisch nicht gerade berauschenden Betongebäude zeigt das Kunsthaus in Wechselausstellungen moderne und zeitgenössische Werke. Geöffnet Di. bis Fr. 10.00–17.00, Do. bis 20.00 Uhr, Sa./So. ab 11.00 Uhr.

Umgebung von Kaufbeuren

Neugablonz Auf dem einstigen Gelände der Dynamit AG nordöstlich von Kaufbeuren entstand nach dem Zweiten Weltkrieg eine neue Stadt für 18 000 Menschen, die aus Gablonz im Sudetenland (heute Jablonec) vertrieben wurden. Obwohl später viele wieder abwanderten, werden in Neugablonz noch die alten Traditionen gepflegt, der Dialekt ist durchaus noch zu hören. Gablonz war ein Zentrum der Modeschmuck- und Glasherstellung gewesen, eine Rolle, die auf Neugablonz überging. Trotz billiger asiatischer Konkurrenz sind immer noch über 100 Firmen »im Geschäft«. Im Kulturzentrum Gablonzer Haus (Marktgasse 8) gibt das **Isergebirgs-Museum** Einblick in die 400-jährige Kultur- und Industriegeschichte des Isergebirges und den Neubeginn nach der Vertreibung (geöffnet Di.–So. 14.00–17.00 Uhr). Das einstige Feuerwehrhaus der Dynamit AG (Neue Zeile 11) ist heute **Haus der Gablonzer Industrie** mit Schmuckausstellung und Verkauf (geöffnet Mo.–Do. 8.00–12.00, 13.30–17.00, Fr. 8.00 bis 12.00 Uhr). Hier erfährt man auch, welche Firmen Werksführungen anbieten und/oder einen Fabrikverkauf haben.

★★ **Kloster Irsee**

Der kleine Marktort nordwestlich von Kaufbeuren – in dem sich einige Kunsthandwerker niedergelassen haben – ist berühmt für sein einstiges Benediktinerkloster, das 1182 aus einer Einsiedelei hervorging. Seit dem Mittelalter entwickelte es sich durch zahlreiche Schenkungen zum Zentrum einer eigenen Herrschaft, die 1521 zur Reichsabtei wurde (1802 aufgehoben). Von der Basilika des 13. Jh.s sind nur einige Teile der Ausstattung erhalten.

Die **Klosterkirche Mariä Himmelfahrt** wurde 1699–1702 unter Franz Beer von Bleichten aus Au im Bregenzerwald erbaut, einem der bedeutendsten Barockbaumeister; innen zeigt sie das reine Schema der Vorarlberger Wandpfeilerhalle mit Emporen (▶ S. 62). Urheber des wunderbaren weißen Stucks war der erst 20-jährige Wessobrunner Joseph Schmuzer; die Figuren in den prachtvollen Altären schuf um 1725 der Türkheimer Ignaz Hillenbrand, ebenso die einzigartige Kanzel: ein Schiffsbug, den Schalldeckel bildet ein blaues Segel mit Mast, Wanten und Mastkorb. Eine Kostbarkeit sind auch die neun »Fastentücher« aus dem 18. Jh. mit Szenen aus der Passion Christi, mit denen früher in der Fastenzeit die Altäre verhängt wurden.

Großartig gestaltet sind auch die Klostergebäude. Höhepunkt ist das Treppenhaus im Westflügel mit zartfarbigem Stuck (um 1730), der zu den besten Zeugnissen der Wessobrunner Schule zählt (zugänglich).

Im Konvent ist das **Schwäbische Tagungszentrum Kloster Irsee** ansässig, ein Bildungszentrum des Regierungsbezirks Schwaben mit großem, interessantem Angebot (Tel. 0 83 41 / 9 06-00, www.klosterirsee.de). In Kirche und Festsaal finden ganzjährig Konzerte statt.

Nach so viel Kultur ist ein Besuch im **Klosterbräu** und im Brauereimuseum angezeigt. Wer Irsee zu Fuß besuchen will, hat von Kaufbeuren zwei schöne Möglichkeiten: auf dem beschilderten Crescentia-Pilgerweg über Bickenried (1.30 Std.) oder weiter nördlich durch den Staffelwald (gut 2 Std.). Zurück nach Kaufbeuren geht's mit dem OVG-Bus.

Originell und prachtvoll: Schiffskanzel in Irsee

> ! **Baedeker TIPP**
>
> **Dampflokrunde**
>
> Eine schöne Möglichkeit, das Ostallgäu kennenzulernen, ist der ca. 80 km lange Rad-Rundwanderweg zwischen Kaufbeuren und Lechbruck, der zu großen Teilen auf den Dämmen stillgelegter Bahnstrecken verläuft – also nur mit sanften Steigungen. Auskunft geben die lokalen Verkehrsbüros und der Tourismusverband Ostallgäu.

In **Stöttwang** 5 km östlich von Kaufbeuren überrascht die prachtvoll ausgestattete Kirche **St. Gordian und Epimachus** (1745). Schon zu Beginn des 9. Jh.s existierte hier ein Reichskloster, das 831 von der Abtei Kempten übernommen wurde. Stuck und Kanzel sind das Werk von Franz Xaver Feichtmayr, Franz Georg Hermann schuf die fantastische Scheinarchitektur des Langhaus-Deckenfreskos. Placidus Verhelst zeichnet für den Hochaltar verantwortlich (1763); sein Vater Ägidius, der u. a. für seine Figuren in der Wieskirche bekannt ist, schnitzte den Kruzifixus (1745).

★★ Kempten

G 3

Höhe: 646 – 915 m ü. d. M. **Einwohnerzahl:** 61 600

Die Metropole und größte Stadt des Allgäus, an der Iller in hügeliger Voralpenlandschaft gelegen, ist nicht nur die älteste urkundlich nachgewiesene Stadt in Deutschland, sondern besitzt auch eine sehr angenehme, junge Atmosphäre und eine lebhafte Kulturszene. Berühmt ist vor allem der »Kemptener Jazz-Frühling«.

Kempten gestern und heute Der griechische Geschichtsschreiber Strabo erwähnt 18 n. Chr. den keltischen Ort »Kambodunon« (lat. Cambodunum), was soviel wie »befestigte Siedlung an der Flussbiegung« heißt. Keltische Reste hat man zwar nicht gefunden, wohl aber die einer großen römischen Stadt, die unter Kaiser Tiberius (14 – 37 n. Chr.) angelegt wurde. Um das Jahr 752 gründeten Mönche aus St. Gallen ein Kloster, das 1213 Reichslehen wurde. Die erstarkende Stadt – 1289 erhielt sie reichsstädtische Privilegien, 1361 wurde sie Freie Reichsstadt – geriet bald in Konflikt mit dem Fürstabt; jahrhundertelang war Kempten durch das spannungsreiche Nebeneinander von Reichsstadt (tieferliegende Altstadt mit Rathaus und St. Mang) und Fürstabtei (um die hochgelegene Residenz mit St.-Lorenz-Basilika) geprägt. 1525 konnte sich die Stadt – die sich 1527 der Reformation anschloss – im »Großen Kauf« vom Stift unabhängig machen. Im Dreißigjährigen Krieg

> ? **WUSSTEN SIE SCHON ...?**
>
> ■ Die in Kempten ansässige Süddeutsche Butter- und Käsebörse wurde 1921 von dem legendären Oberbürgermeister Dr. Otto Merkt (Amtszeit 1919 – 1942) gegründet. Erzeuger und Handelsfirmen in Baden-Württemberg, Bayern und Sachsen melden wöchentlich, wieviel sie von welchem Produkt zu welchem Preis verkauft haben. Damit haben alle Beteiligten eine objektive Grundlage dafür, wie sie ihre weitere Preisgestaltung handhaben.

Abends trifft man sich vor dem Kemptener Rathaus.

ging das Gemetzel zwischen den Bürgern und den Schweden einerseits und dem Fürstabt und den Kaiserlichen andererseits hin und her, wobei 1632 das Stift zerstört und 1633 ein Drittel der Bevölkerung getötet wurden. Erst 1818 wurden Reichs- und Stiftsstadt vereint, nachdem Kempten 1803 bayerisch geworden war, und noch Anfang des 20. Jh.s heiratete man nicht »hinauf« bzw. »hinunter«. 1898 lief in der Zündholzfabrik der erste Dieselmotor der Welt. Heute ist die kreisfreie Stadt Verkehrdrehscheibe mit dem höchstgelegenen Verkehrsflugplatz Deutschlands, Industriestandort (Elektrotechnik, Maschinenbau, Papier), Schulzentrum mit einer Fachhochschule sowie Zentrum der Milchwirtschaft mit Lehr- und Versuchszentrum und der Süddeutschen Butter- und Käsebörse.

Bürgerstadt

Kern der Freien Reichsstadt und stimmungsvolle gute Stube der Stadt ist der Rathausplatz: Sommers lässt sich in einem der Straßencafés »italienisches« Flair genießen, im Dezember zieht Glühweinduft über den Weihnachtsmarkt. Stattliche Patrizierhäusern umgeben das beherrschende hübsche **Rathaus**, das 1474 aus einem Kornhaus des 14. Jh.s entstand und um 1565 seine Türmchen erhielt. Nr. 2 ist der **Londoner Hof** mit prächtiger Rokokofassade (1764); im Alten Zollhaus (Nr. 3) sind gotische Wandmalereien erhalten. Das Neubronnerhaus (Nr. 5, 1796) beherbergt das Stadtarchiv. In Nr. 10, dem Ponickauhaus (16./18. Jh.), sind ein prächtiges barockes Treppenhaus und ein ebensolcher Festsaal zu sehen. Die **König'schen Häuser** in

★ **Rathausplatz**

KEMPTEN ERLEBEN

AUSKUNFT

Touristeninformation
Rathausplatz 24
87435 Kempten
Tel. (08 31) 25 25-2 37
www.kempten.de

Verkehrs- und Kulturamt
Hauptstraße 18
87452 Altusried
Tel. (0 83 73) 70 51
www.altusried.de

Amt für Kultur und Tourismus
Kempter Str. 3
87487 Wiggensbach
Tel. (0 83 70) 84 35
www.wiggensbach.de

FESTE UND EVENTS

Konzerte in der Residenz und in St. Lorenz (ganzjährig). Ende April / Anf. Mai: Jazz-Frühling an über 45 Spielorten, auch auf Albhütten (www.klecks.de). Anf. Juni: Stadtfest. Juni bis Sept.: APC-Sommer (Musik und Theater im Archäologischen Park). Anf. Juli: Burghaldenfest. Mitte Aug.: Allgäuer Festwoche (größte Wirtschaftsausstellung der Region, Kultur, Volksfest). Bodelsberg bei Durach: Ende April Georgi-Ritt. Altusried: Juni – Aug. Freilichtspiele.

GUT ZU WISSEN

Handwerklich hergestellte Käse von kleinen Sennern gibt es bei Thomas Breckle: Salzstr. 33, Mi., Sa. 8.00 bis 13.00, Fr. 12.00 –18.00 Uhr.

Kempten *Orientierung*

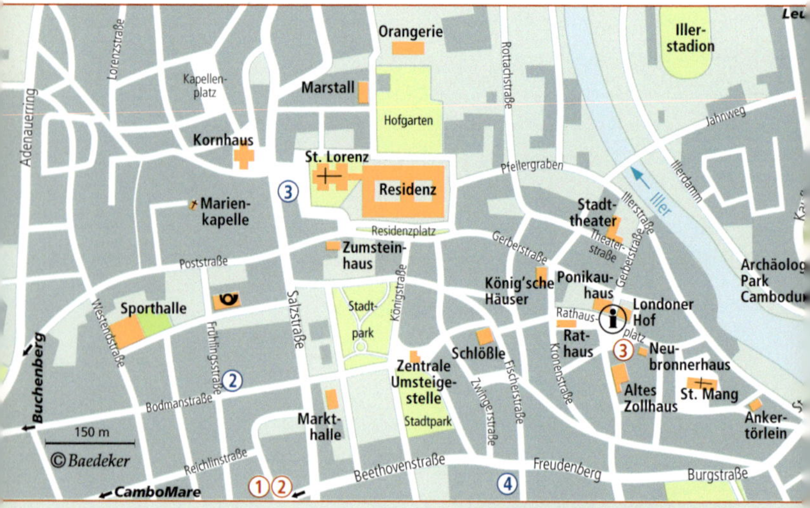

Essen
① Landgasthof Weller
② Horvath's
③ Zum Stift
④ Skyline

Übernachten
① Waldhorn
② Hofgut Kürnach
③ Fürstenhof

Auf dem Hildegardplatz findet Mi.- und Sa.vormittag der große Markt statt (im Winter in der Markthalle am Königsplatz). Am August-Fischer-Platz lockt das Forum Allgäu mit Läden; nebenan die bigBox Allgäu (U-Musik-Konzerte). Das moderne Frei- und Hallenbad CamboMare bietet Freizeitspaß im und ums Wasser (Aybühlweg 58, westlich der Stadt).

ESSEN

▶ Fein & teuer

① *Landgasthaus Weller*
Probstried, Wohlmutser Weg 2
Tel. (0 83 74) 232 40 90, www.land haus-weller.de, Mo., Di. geschl.
Jürgen Weller und Monika Kosche bieten anspruchsvolle verfeinerte Regionalküche (mit Hotel).

▶ Fein & teuer / Erschwinglich

② *Restaurant, Lunch-Bar, Vinothek Horvath's*
Kempten, Bodmanstr. 14
Tel. (08 31) 523 76 80, www.horvaths-restaurant.de, So., Mo. geschl.
Mediterrane Küche mit regionalen Einflüssen. Ein Schwerpunkt sind österreichische Weine.

▶ Preiswert

③ *Brauereigaststätte Zum Stift*
Kempten, Stiftsplatz 1
Tel. (08 31) 2 23 88, kein Ruhetag
Schönes altes Brauhaus am Platz vor St. Lorenz, mit urigen Gewölben, gutbürgerlichem Restaurant und Biergarten.

④ *Skyline*
Kempten, Bahnhofstraße 1
Tel. (08 31) 2 52 75 – Der Glasturm des Parkhotels ist eine Bausünde, aber vom Restaurant ganz oben hat man eine fantastische Aussicht. Preiswertes Mittagsmenü, sehr beliebt ist der Brunch am Sonntag (reservieren).

ÜBERNACHTEN

▶ Komfortabel

① *Hotel Restaurant Waldhorn*
Steufzgerstraße 80, Kempten
Tel. (08 31) 58 05 80, www.waldhorn-kempten.de – Das familiengeführte Hotel bietet herzlichen Service, modern eingerichtete Zimmer und ein breites Angebot zu Entspannung und Fitness. Im großen Restaurant (Mo. geschl.) kommen Allgäuer Spezialitäten, Bayerische Schmankerln, Wildspezialitäten sowie hervorragende Kuchen und Torten auf den Tisch.

② *Hofgut Kürnach*
Unterkürnach, Tel. (0 83 70) 807-0
www.hofgut-kuernach.de
Die ehem. Jagd- und Sommerresidenz der Kemptener Fürstäbte ist heute ein Hotel mit großem Rundum-Angebot, u. a. Fitness, Reiten, Kinderprogramm.

▶ Günstig / Komfortabel

③ *Fürstenhof*
Kempten, Rathausplatz 8
Tel. (08 31) 253 6-0
www.fuerstenhof-kempten.de
Beim Rathaus im Herzen Kemptens kann man edel wohnen, und dies zu sehr angenehmen Preisen. Großzügige Zimmer im altenglischen Stil.

Ausflug in die römische Vergangenheit Kemptens: Archäologischer Park Cambodunum

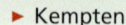

Bürgerstolz: der Londoner Hof

der Kronenstraße (Nr. 29, 31) besitzen eine für Kempten einzigartige barocke Fassadenmalerei. Vom Rathaus führt eine 1903 – als Symbol der Verbindung von Bürger- und Stiftsstadt angelegte – Freitreppe hinauf zum Schlössle, einem Patrizierhaus von 1624.

Die um 1430 entstandene evangelische Kirche **St. Mang** mit ihrem dominierenden 66 m hohem Turm verlor im Bildersturm des Jahres 1533 ihre gotischen Altäre und wurde später mehrmals umgestaltet. Bemerkenswert ist der Schnitzaltar im Chor, der nach Arbeiten Tilman Riemenschneiders 1894 für die Weltausstellung in Chicago geschaffen wurde.

Burghalde Stimmungsvolle historische Handwerkerhäuser und Reste der Stadtmauer begleiten auf dem Gang durch die **Bäckerstraße** hinunter zum Illertor. Südlich geht es zur **Burghalde** hinauf, wo die Römer im 3. Jh. ein Kastell errichteten und von karolingischer Zeit bis 1362 der Vogt des kemptischen Stifts residierte. Freilichtbühne und -kino dort sind beliebte Plätze für sommerliche Veranstaltungen, u. a. das Internationale Burghaldenfest im Juli und das Burgfest im August.

Cambodunum Jenseits der Iller, auf dem Lindenberg, sind im Archäologischen Park Cambodunum (APC) die Reste und rekonstruierten Bauten der römischen Stadt zu bewundern. Aufgrund der großen öffentlichen Gebäude gilt Cambodunum als erste Hauptstadt der römischen Provinz Rätien. Zu sehen sind u. a. der keltisch-römische Tempelbezirk, die Große und die Kleine Therme und das Forum mit der Basilika, dem größten Versammlungsbau der Stadt. Geöffnet Mai – Okt. Di. – So. 10.00 bis 17.00, sonst bis 16.30 Uhr, Mitte Dez. bis Mitte März geschlossen; das Forum ist frei zugänglich.

Stiftsstadt

Residenz Die politische und wirtschaftliche Macht der Kemptener Fürstäbte wird in der Residenz sichtbar. Baubeginn war kurz nach dem Dreißigjährigen Krieg, als das bisherige Kloster zerstört und von den 6000 Einwohnern der Stadt im Jahr 1618 kaum mehr 1000 übrig waren. Es entstand eine etwa 145 × 80 m große Anlage mit dem Klosterbau im Osten und Residenzbau im Westen, jeweils annähernd quadratisch; vor die Residenz ist die Basilika gestellt. Diese Konzep-

Glanz der Fürstäbte: das Tagzimmer in der Residenz

tion wurde **bestimmend für die süddeutsche Stiftsarchitektur**, wie sie u. a. in Obermarchtal zu sehen ist und 100 Jahre später in Ottobeuren (▶ Memmingen) vollendet wurde. Baumeister war ab 1651 der Vorarlberger Michael Beer, ab 1654 der Graubündner Johann Serro. 1664 standen alle vier Flügel. Ihre atemberaubend reiche **Ausstattung in französischem Rokoko** erhielten die Privat- und Repräsentationsräume 1733 – 1742, inspiriert durch die etwa gleichzeitigen Prunkräume von François Cuvilliés in der Münchner Residenz. Den Stuck schufen Künstler aus dem Wessobrunner Kreis – Johann Schütz, A. und J. Bader, A. Rauch, Johann Georg Üblher –, die qualitätvollen Wand- und Deckengemälde stammen großenteils von Franz Georg Hermann, der u. a. auch Maria Steinbach (▶ Memmingen) und St. Mang in ▶ Füssen gestaltete. Heute wird die Residenz von Justizbehörden genützt. Führungen durch die Prunkräume April bis Sept. Di. – So. 9.00 – 16.00, Okt. ab 10.00 Uhr; Nov., Jan. – März Sa. 10.00 – 16.00 Uhr; im Dezember gelten Sonderzeiten. Zu beachten ist auch das große Wandgemälde (1991) im Eingangsbereich: Der aus Memmingen stammende Grafiker und Architekt Josef Löflath illustrierte mit teils drastischen Darstellungen die Geschichte des Stifts.

★ **Klosterkirche St. Lorenz**

Die Stiftskirche, die den 1632 zerstörten romanischen Bau ersetzte (Bauzeit 1652 – 1670), gilt als Hauptkirche des Allgäus und wurde 1969 in den Rang einer »Basilica Minor« erhoben. Michael Beer und Johann Serro lieferten auch für sie die Pläne. Beers Grundriss vereint ein Langhaus im Vorarlberger Münsterschema und einen oktogonalen Zentralraum als Chor: eine ungewöhnliche Anlage, da Gemeinde- und Mönchskirche unter einem Dach vereint werden sollten.

Kempten St. Lorenz

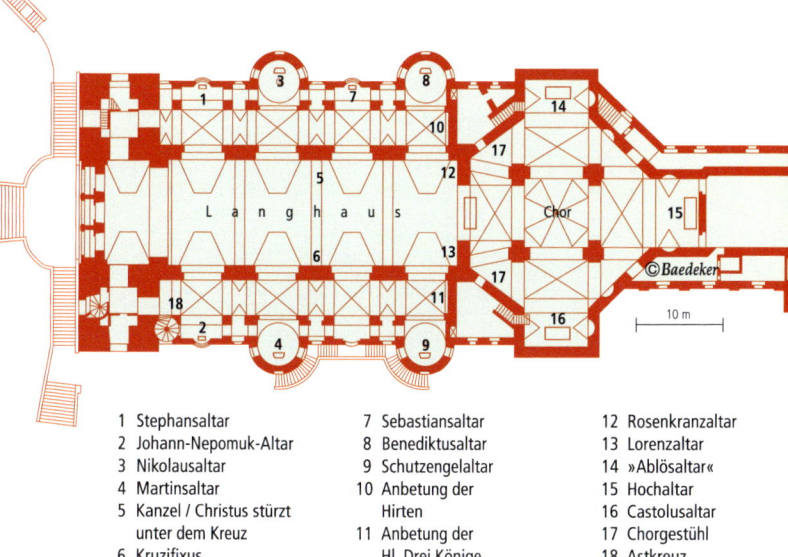

1. Stephansaltar
2. Johann-Nepomuk-Altar
3. Nikolausaltar
4. Martinsaltar
5. Kanzel / Christus stürzt unter dem Kreuz
6. Kruzifixus
7. Sebastiansaltar
8. Benediktusaltar
9. Schutzengelaltar
10. Anbetung der Hirten
11. Anbetung der Hl. Drei Könige
12. Rosenkranzaltar
13. Lorenzaltar
14. »Ablösaltar«
15. Hochaltar
16. Castolusaltar
17. Chorgestühl
18. Astkreuz

Der Bau mit 65 m hohen Fassadentürmen, mächtigem Oktogon und seitlich vor das Langhaus gestellten Kapellen lässt noch italienische Renaissance bzw. Frühbarock erkennen: Das Oktogon folgt dem Dom in Pavia, das Langhaus S. Maurizio in Mailand, die Schallarkaden der Türme Sebastiano Serlio, die dreiteiligen Emporenöffnungen Andrea Palladio (bemerkenswert ist auch die Ähnlichkeit mit der Kathedrale auf dem Wawel in Krakau). Auch das feierlich-ernste Innere – seit der Restaurierung 1994 im originalen Bild – steht zwischen den Stilen. Der feine vergoldete Stuck des Graubündners Johann Zuccalli folgt der italienischen Spätrenaissance. Die Deckenfresken, die um das Thema der »Lobpreisung Gottes« kreisen, schuf um 1670 der Konstanzer Andreas Asper. Die eindrucksvollsten Teile der Kirche sind das 42 m hohe **Choroktogon** mit seiner ausgeklügelten Lichtführung und das **Chorgestühl** mit hervorragenden, seltenen Scagliola-Intarsien von Barbara Hackl (um 1670; Scagliola ist polierter farbiger Stuckmarmor). Besonders bemerkenswert sind auch die beiden eleganten Rokoko-Seitenaltäre vor dem Chor von J. G. Üblher (1750), der kreuztragende Christus unter der Kanzel (Jörg Lederer zugeschrieben, um 1530) und das gotische »Astkreuz« unter der Westempore (um 1350). Der »Ablösaltar« im Chor links ist der einzige aus der Entstehungszeit der Kirche.

← *In der Klosterkirche St. Lorenz*

Rund um die Residenz

Das schöne **Zumsteinhaus** am Residenzplatz ließ sich die aus Savoyen stammende Familie de la Pierre – eben »Zumstein« – 1802 erbauen. Zwei hervorragende Museen sind hier ansässig. Das Römische Museum informiert anschaulich über die römischen Ursprünge Kemptens, das Naturkundemuseum über Geologie und Biologie des Allgäus und der Alpen (beide geöffnet April – Okt. Do., So. 10.00 bis 12.00, 14.00 – 16.00 Uhr). Gegenüber der Stiftskirche steht das mächtige **Kornhaus** (um 1700), hier führt das Allgäu-Museum durch die Geschichte Kemptens und des Allgäus seit dem frühen Mittelalter (geöffnet Di. – So. 10.00 – 16.00 Uhr). Im **Marstall** (um 1730), in dem die Pferde und Kutschen der Fürstäbte standen, ist der »Lebensraum Alpen« das Thema: Das Alpinmuseum beleuchtet dessen Geschichte von der Erschließung bis zum heutigen Tourismus, die Alpenländische Galerie zeigt hervorragende Werke aus der Spätgotik (beide geöffnet Di. – So. 10.00 – 16.00 Uhr). Die **Orangerie** (1780) am Nordrand des Hofgartens ist heute Heimat der Stadtbibliothek.

★ Alpenmuseen ▶

Umgebung von Kempten

Wiggensbach

Der sehr schön vor der Kulisse der Alpen gelegene Ort 10 km westlich von Kempten besitzt die ungewöhnliche Kirche St. Pankratius: J. G. Specht, der Architekt der Klosterkirche Ulm-Wiblingen, erweiterte 1770/1771 die Reste eines spätgotischen Baues um ein Rokoko-Langhaus zum Grundriss eines griechischen Kreuzes. Die prachtvol-

Das Zumsteinhaus vor der Stiftskirche, Sitz interessanter Museen

Der Stolz Altusrieds ist das Freilichttheater – der Bau ebenso wie die Aufführungen

len Deckenfresken gelten als **bedeutendste Arbeit von Franz Joseph Hermann** (1772), dem Sohn des Kemptener Hofmalers Franz Georg Hermann. Im Informationszentrum der 850–1077 m hoch liegenden Landgemeinde ist auch das Heimatmuseum untergebracht. In der Biokäserei (Kempter Str. 9) kann man beim Käsemachen zusehen. Der **Golfplatz Waldegg-Wiggensbach** ist der höchstgelegene Deutschlands (1011 m; www.golf-wiggensbach.com).

◄ Fresken von F. J. Hermann

Vom 1072 m hohen Blender südlich von Wiggensbach – insbesondere seinem unbewaldeten Südwestteil, dem Rauhenstein (mit riesigem Fernmeldeturm) – hat man eine grandiose Aussicht bis zur Zugspitze und zum Säntis. Eine schöne Wanderung, teils auf dem ca. 30 km langen »Allgäuer Käsweg« (Info beim Verkehrsamt Wiggensbach), durch die Bilderbuchszenerie mit Weilern und Einödhöfen ist folgende Runde von Wiggensbach aus: Ermengerst – Wagenbühl – Masers – Rauhenstein / Blender – Holdenried – Wiggensbach (ca. 3 Std.).

Blender

Die schlichte Kirche St. Nikolaus in Wirlings (zwischen Buchenberg und Waltenhofen) überrascht innen mit reizvollem geometrischem Stuck (beeinflusst von der Kemptener Residenz, um 1680) und hervorragender Ausstattung: v. a. Hochaltar mit lebensgroßen Figuren von den Kemptener Brüdern F. F. und H. L. Ertinger; im rechten Seitenaltar das **Ursulaschiff**, eine Schnitzgruppe vom Meister des Imberger Altars (um 1470), dem auch das Relief »Gefangennahme Christi« im linken Seitenaltar zugeschrieben wird.

Wirlings

In der stattlichen Marktgemeinde 15 km nordwestlich von Kempten (722 m, 10 000 Einw.) finden seit 1879 alle 3–4 Jahre im Sommer die **Allgäuer Freilichtspiele** statt; für 2009 ist die Aufführung von »Andreas Hofer« – zum ersten Mal 1911 gespielt – geplant. Auch in anderen Jahren gibt es in dem architektonisch ganz hervorragenden

Altusried

Theaterbau (1999) ein vielfältiges Programm (▶S. 99). Einen Besuch wert sind auch das Käsemuseum und die Kirche St. Blasius und Alexander (1681) mit Wessobrunner Stuck von 1728.

Iller-Durchbruch

Ein im Allgäu unerwartetes Bild bietet sich östlich und nördlich von Altusried: In vielen Windungen hat sich die Iller mit **bis zu 60 m hohen Felswänden** in die fossilreichen Sand- und Mergelschichten der Oberen Süßwassermolasse eingegraben. Die eindrucksvolle Landschaft ist mit Wanderwegen erschlossen. Eine empfehlenswerte Wanderung von Altusried aus (ca. 2.30 Std.): nördlich über Hörgers nach Fischers, dann westlich zur Burgruine Kalden; weiter in Richtung Betzers hinunter zur Iller mit den Resten der mittelalterlichen Knochenstampfmühle. Dann hinauf nach Betzers und südlich über Strobels zurück nach Altusried. Die im Jahr 2007 eröffnete Fußgänger-Hängebrücke Fischers – Pfosen macht die Ausweitung der Runde zur Ostseite der Iller möglich. Der Bootsverleih in Fischers soll bei entsprechender Nachfrage wieder reaktiviert werden.

Kempter Wald

Südöstlich von Kempten dehnt sich der Kempter Wald aus, ein mit Mooren und Nasswiesen durchsetzter Fichtenwald in einer Höhe von 800 bis 940 m ü. d. M. Obwohl seit Hunderten von Jahren wirtschaftlich genützt, bezaubert er mit einer – je nach Fantasie – romantischen bis unheimlichen Urwaldatmosphäre. In die Sagen, die sich um den Wald ranken, gingen auch die vielen eiszeitlichen Findlinge ein, die in dem Waldgebiet verstreut liegen; besonders beeindruckend der **Dengelstein** (Denkelstein) nahe Betzenried, der größte Findling, und derjenige, auf dem die **Burg Baltenstein** stand. Auf den Forstwegen lässt sich der Kempter Wald zu Fuß und per Fahrrad durchstreifen. Eine größere Runde mit dem Rad (25 km, ca. 2.30 Std): Von Betzigau nach Osten – mit Abstecher nach Baltenstein – über Jägerhaus und Kempter-Wald-Kapelle bis zur Abzweigung nach Görisried, dort südlich am Naturschutzgebiet »Teufelsküche« entlang, auf der Kreisstraße nach Bodelsberg; dann durchs Sinkmoos zur beliebten Waldwirtschaft Tobias, über Schönberg nach Betzenried und schließlich hinunter nach Betzigau. Vom Tobias oder von Bodelsberg aus lässt sich der schöne Rundweg Sinkmoos – Tobias (z. T. identisch mit dem Oberallgäuer Rund-wanderweg) in Angriff nehmen (ca. 2.15 Std.). Wer durch den unteren Teil des tief eingeschnittenen Durach-Tobels südöstlich von Durach wandert, sollte in der malerisch gelegenen, gemütlichen Waldschenke einkehren (mit Kinderspielplatz).

! Baedeker TIPP

Mehlblock-Alpe

Für eine Allgäuer Alpe muss man nicht in die Berge gehen. Im Kempter Wald, nahe dem Mehlblockmoos nordwestlich von Görisried, öffnen sich weite Weiden, auf der die »Schumpen« (Jungrinder) grasen. In der urigen Hütte macht man herzhaft Brotzeit, müde Wanderer und Radler können im Lager nächtigen. Bewirtschaftet vom späten Frühjahr bis in den Herbst. Ein Telefon gibt's nicht.

Einst die größte unter den vielen Burgen des Allgäus: Sulzberg

Bei Sulzberg (712 m, 4600 Einw.) 8 km südlich von Kempten lohnt die Ruine der größten Burg des Allgäus einen Besuch, errichtet im 12. Jh. von den Herren von Sulzberg. Im Bergfried ist ein Museum eingerichtet, seine Terrasse bietet einen herrlichen **Ausblick über das Oberallgäu**. In der näheren und weiteren Umgebung locken reizvolle Seen, v. a. Öschlesee, Rottachsee (Foto ►S. 35) und Niedersonthofener See (Foto ►S. 86), alle mit Badeplätzen.

★ **Sulzberg**

★ Kleinwalsertal

F–G 5–6

Staat: Österreich   **Höhe:** 910 – 2536 m ü. d. M.

Eines der reizvollsten und bekanntesten Täler der Allgäuer Alpen und eine geografisch-politische Besonderheit dazu ist das Kleinwalsertal südwestlich von Oberstdorf. Die herrliche Gebirgslandschaft – im Sommer ein fantastisches Tourengebiet, im Winter ein schneesicheres Skiparadies – machen es zum bevorzugten Ferienziel.

Das ca. 15 km lange, von der Breitach durchflossene Tal gehört zum österreichischen Bundesland Vorarlberg, ist aber durch mächtige Zweitausender – Widderstein, Untschenspitze, Hoher Ifen – von ihm getrennt; es gibt keine Straßen- oder Bahnverbindung, die Anreise ist nur von Oberstdorf möglich. Man verwendet österreichische Brief-

◄ weiter auf S. 196

ALPEN, KÜHE, MILCH UND KÄSE

Hübsche braungraue Rinder auf leuchtend grünen, steilen oder weiten, buckligen Wiesen, der herzhafte Duft von Kuhdung, sahnige Milch und würziger Käse, dazu mächtige Portionen nahrhafter Kässpatzen – nicht zu Unrecht sind dies die tragenden Elemente im landläufigen Bild vom Allgäu.

Man kann sich kaum vorstellen, dass das Allgäu nicht schon immer »grün« war, ein Land der Kühe, Weiden und Senner. Wohl hielt man seit ältesten Zeiten Rinder, die Fleisch, Milch und wertvolle Rohstoffe zu vielfältigster Verwendung lieferten. Käse produzierte man aber praktisch nur für den Eigenbedarf; für eine Vermarktung in größerem Stil gab es weder die geeigneten Produkte noch die technischen und logistischen Einrichtungen. Dennoch muss er einen guten Ruf gehabt haben – der römische Kaiser Antoninus Pius soll sich im Jahre 161 n. Chr. an Allgäuer Käse zu Tode gegessen haben.

Eine Erfolgsgeschichte

Es war eine echte Fügung des Schicksals. Gerade in einer Zeit, als die wirtschaftliche Basis der Bauern im Oberland – die nie üppig war – mit der Leinenproduktion zusammenzubrechen drohte, traten vor allem zwei Männer auf den Plan, die mit Tatkraft für das Allgäuer Wirtschaftswunder des 19. Jh.s sorgten. Der Oberstaufener Händler und Spediteur **Josef Aurel Stadler**, der Käse aus dem schweizerischen Emmental importierte, holte (nach ersten Versuchen in Weiler 1821) von dort den Sennen **Johannes Althaus**, der schließlich 1827 im Gunzesrieder Tal den ersten vollgültigen »Allgäuer Emmentaler« herstellte. 1830 entstand in Wilhams bei Immenstadt der erste Limburger Käse, ein »Werk« von **Carl Hirnbein**, der Käser aus Belgien geholt hatte (▶ S. 80). Ihre große Leistung bestand aber nicht nur darin, konkurrenz- und transportfähige Produkte zu entwickeln, sondern auch für breite Nachfrage und den Vertrieb zu sorgen. Die Stadlers verschifften von Ulm aus ihre Ware bis nach Wien und Budapest,

▶ Milchwirtschaft und Viehzucht

Keine gute Milch, kein guter Käse ohne eine gute Rinderrasse: Allgäuer Braunvieh

und Hirnbein richtete Niederlassungen in Mannheim, Kassel und Stuttgart ein, bis nach Franken und Sachsen wurde sein Käse verkauft.

Im Lauf weniger Jahre wurden Ackerbau und Leinwand aufgegeben und die Landwirtschaft fast ganz auf die Produktion von Milch und Käse umgestellt. Welche gewaltigen Auswirkungen das hatte, wird etwa an der Alp Laufbichl im Ostrachtal deutlich, die ihren Ertrag innerhalb von zwei Jahren annähernd verzwanzigfachen konnte. 1872 zählte man im Allgäu nicht weniger als 34 Käsehandelsfirmen, 1885 gab es über 1100 Talsennereien. 1890 wurde in Weiler eine **Lehranstalt für Emmentalerkäserei** gegründet. Rund um Milch und Käse entstand ein ganzes System von Institutionen für die Ausbildung und die Qualitätssicherung, die heute ihr renommiertes Zentrum in der **Milchwirtschaftlichen Untersuchungs- und Versuchsanstalt** in Kempten hat. Wie bedeutend die Milchwirtschaft für das Allgäu auch im anhaltenden Niedergang der Landwirtschaft ist, lassen einige Zahlen erkennen: 99,9 % der Landwirtschaftsfläche im Oberallgäu sind Dauergrünland, im Unterallgäu sind es noch 70 %; der Anteil der Nebenerwerbsbetriebe liegt deutlich unter dem bayerischen Durchschnitt von 55 %, ebenso der Rückgang der Zahl der Milchkühe.

Vom Dachs zum Braunvieh

Jahrhundertelang genoss die Allgäuer Viehzucht einen guten Ruf. Der heimische Schlag des alpinen Braunviehs, der **Allgäuer Dachs**, war klein, genügsam und unempfindlich bei guter Milchleistung. Die Rinderpest um 1800 und der Boom des Allgäuer Käses führten jedoch dazu, dass man die Zucht vernachlässigte und billige Rinder verschiedener Rassen aus dem Ausland kaufte. Erst um 1890 wurden Zuchtverbände gegründet und unter Rückgriff auf Schweizer Braunvieh eine wieder einheitliche Rasse geschaffen: eine robuste »milchbetonte Zweinutzungsrasse«, die also auch gutes Fleisch liefert, an die rauen alpinen Bedingungen angepasst ist und deren Milch eine hohe Käseausbeute ermöglicht. Ab etwa 1966 wurde, um die Milchleistung zu erhöhen, die amerikanische Rasse Swiss Brown eingekreuzt, und zwar so vehement, dass um 1990 das alte Braunvieh fast völlig verdrängt war. Heute jedoch hat man erkannt, dass dieses für das Allgäu eine ideale Rasse ist, und es wird nun unter der Bezeichnung **Original Allgäuer Braunvieh** wieder verstärkt gezüchtet. Außer seiner Konstitution und der besonderen Käsereieignung der Milch schätzt man auch das hervorragende Fleisch; eine extensive, landschaftspflegerische Viehwirtschaft trifft sich hier mit der

Nachdem die Milch dickgelegt worden ist, wird die »Gallerte« mit der Käseharfe zum »Bruch« zerteilt. Ein Blick in die Käserei Ofterschwang.

wachsenden Nachfrage nach hochwertigem Fleisch – besonders auch aus der Gastronomie, z. B. aus den in der »LandZunge« zusammengeschlossenen Gasthöfen (▶S. 92). In diesem Zusammenhang gewinnen auch die Alpbetriebe im Allgäu neue Bedeutung, denn viele Züchter erkennen zunehmend die Vorteile der Älpung des Jungviehs wie Gesundheit, Robustheit und Fruchtbarkeit, und honorieren sie entsprechend.

Emmentaler, Romadur & Co.

»Allgäuer Emmentaler« und »Allgäuer Bergkäse« sind heute von der EU als Herkunftsbezeichnung geschützt. Beide sind Hartkäse und werden nach demselben Verfahren hergestellt: Rohe Abend- und Morgenmilch wird mit Milchsäurebakterien und Lab dickgelegt, der »Bruch« von der Molke getrennt und in Formen gepresst. Nach einem Salzbad reifen die Käse mehrere Monate. Die Unterschiede – der große **Emmentaler** hat kirschgroße Löcher und schmeckt mildnussig, der kleinere **Bergkäse** hat wenige erbsengroße Löcher und ein würzigeres Aroma – beruhen v. a. auf unterschiedlichen Formaten und Reifebedingungen. Anders der **Romadur**, dessen größere Varianten als Limburger (um 250 g) und Backsteinkäse (um 500 g) bezeichnet werden: Er ist ein Weichkäse mit Rotschmiere, der nur 2 bis 4 Wochen reift, wobei das *Bacterium linens* für den charakteristischen roten (essbaren) Überzug und den ebenso typischen, herzhaften Geschmack sorgt. Berüchtigt für seinen kräftigen »Duft«, von Kennern jedoch heiß geliebt wird der **Weißlacker**, der einzige echte Allgäuer Käse, der 1874 in Wertach erfunden wurde und heute nur noch von einer Molkerei hergestellt wird (Allgäuland in Sonthofen). Den Namen hat der sonst dem Romadur ähnliche Käse von der weißlichen, lackartig glänzenden Schmiere, sein Geschmack ist leicht scharf und salzig. Wer den Allgäuer Käse und seine Herstellung einmal aus der Nähe erleben will, kann das – unter anderem – auf der **Westallgäuer Käsestraße** tun (Tipp ▶S. 224).

Alpen

So – und nicht »Almen« – heißen im alemannischen Allgäu die landwirtschaftlichen Betriebe in den Bergen. Etwa 32 000 Stück Vieh verbringen auf über 680 Allgäuer Alpen (davon

► Milchwirtschaft und Viehzucht **ZIELE**

In kühlen Kellern – wie hier in Rutzhofen – reift der Emmentaler drei bis sechs Monate lang.

48 Sennalpen) mit ca. 1500 km² Fläche, die sich in Privat-, Gemeinde- oder Genossenschaftsbesitz befinden, den Sommer. Die uralte Wirtschaftsform, die schon für das 8. Jh. dokumentiert ist, wurde ursprünglich dazu genutzt, das Jungvieh, das noch nicht gemolken werden muss, den Sommer über zu versorgen (**»Galtalpen«**) und das Gras in den Tälern für den Winter zu horten. Mit der Ausweitung der Käseproduktion im 19. Jh. kamen dann auch Milchkühe und Senner – die die Milch an Ort und Stelle zu Butter und Käse verarbeiten – auf die **»Sennalpen«**. Der dreimonatige Alpsommer war hart, entbehrungsreich und wenig lukrativ, so dass im Zug der Industrialisierung der Milchwirtschaft viele Alpen nicht mehr »bestoßen« (mit Vieh beschickt) wurden. In heutigen Zeiten gelten handwerklich hergestellte Lebensmittel aus zuverlässigen, unverdorbenen Quellen wieder etwas, und so verzeichnet man eine Renaissance der Alpen und kleinen Sennereien, die oft auch den Weg der Direktvermarktung nützen. Übrigens gilt fast das ganze Allgäu im Sinne der EU als »Berggebiet« und wird entsprechend subventioniert; bewusst fördert man damit auch die Pflege einer **einzigartigen Kulturlandschaft**, die Grundlage für den Tourismus ist, ein unverzichtbares wirtschaftliches Standbein der Region.

Alpsommer und Viehscheid

Etwa hundert Tage »sömmert« das Vieh auf den Allgäuer Alpen. Auftrieb ist je nach Wetterentwicklung im Juni; beendet wird die Sommersaison mit Alpabtrieb und Viehscheid zwischen dem 10. und dem 25. September, wenn auf den Bergen der erste Schnee fällt. Jede Alp hat ihren traditionellen Termin, der heute allerdings häufig auf ein Wochenende verlegt wird – wohl berücksichtigend, dass der Viehscheid eine große touristische Attraktion ist (im Tirolischen gibt es gar einen Bauernhof, der das Spektakel im Herbst täglich anbietet). Unter dem ohrenbetäubenden Tosen der Festtagsschellen streben die Rinder zu Tal. Wenn kein Verlust zu verzeichnen war, wird der Zug vom **Kranzrind** angeführt, das mit grünen Zweigen, Blumen, Flitter, Kreuz und Spiegel prächtig geschmückt ist (wie auf S. 1 zu sehen). Die »Älpler« oder »Bergler« haben sich in Lederhosen und Dirndl gewandet. Ihr Ziel ist der Scheidplatz, auf dem die Kühe »geschieden«, das heißt an die Eigentümer verteilt werden. Natürlich wird das Ende des Sommers mit Festzelt, Musik und »Scheidball« gebührend gefeiert. Meist treffen die Herden zwischen 7.30 und 10.00 Uhr im Talort ein. Termine findet man im Internet unter www.oberallgaeu.de, www.br-online.de/land-und-leute.

Kleinwalsertaler Szenerie: Hirschegg vor dem Widderstein

marken, die Autos haben österreichische Kennzeichen; Postleitzahlen gibt es österreichische und deutsche, beim Telefonieren muss man die österreichische Ländervorwahl verwenden. Über 2 Mio. Gästeübernachtungen zählt man hier im Jahr, und in jüngerer Zeit hat das Kleinwalsertal eine Reputation als kleines Paradies für Leute erworben, die diskret Steuern sparen wollen.

Landschaft, Orte, Geschichte

Der breite, wellige Talgrund wird von waldbedeckten Flanken eingefasst, über denen schroffe Kalkgipfel aufragen. Die Orte Riezlern, Hirschegg, Mittelberg und Baad, zur politischen Gemeinde Mittelberg zusammengefasst, liegen zwischen 1100 und 1250 m hoch und haben insgesamt etwa 5500 Einwohner. Ihre alemannischen Vorfah-

❓ WUSSTEN SIE SCHON …?

Im 9. Jh. drangen Alemannen ins Schweizer Rhonetal vor. Sie machten dort noch unbesiedelte hochgelegene Gebiete nutzbar und entwickelten die Viehzucht mit Milch- und Käseproduktion sowie die sog. Wiesen-Alp-Wirtschaft. Teils durch Übervölkerung, teils durch Anwerbung anderer Landesherrn veranlasst, breiteten sie sich im 13. Jh. in die benachbarten italienischen Täler, ins Vorderrheintal und von dort bis nach Vorarlberg aus. Die Landesherren gewährten ihnen für ihre harte Arbeit Vergünstigungen wie Abgabenfreiheit und eigene Gerichtsbarkeit. Zum ersten Mal taucht der Name »Walser« 1319 in einer Galtürer Urkunde auf. Der 850 km lange »Große Walserweg« verbindet mit 39 Etappen das schweizerische Wallis mit dem Kleinwalsertal.

ren sind – wie an der Kirche in Mittelberg verkündet – ab 1302 aus dem Goms, dem schweizerischen Oberwallis, eingewandert. 1451 eroberte Herzog Sigmund von Tirol das Tal, das seit 1453 mit einigen Unterbrechungen zu Österreich gehört; 1891 erhielt es Zollanschluss an das Deutsche Reich. Durch die jahrhundertelange Abgeschlossenheit hat sich Walser Eigenleben erhalten können, die »Schwizer« Mundart wird ebenso gepflegt wie das Brauchtum, zum Beispiel die überaus reiche Frauentracht. Erlebenswert sind auch die Hochzeiten und die Fronleichnamsprozessionen, interessant ist der Baustil der Walserhäuser: Auf einem Steinfundament sind sie im so genannten Strickbau aus Holzbalken gefügt. Mehr zur Volkskunde des Kleinwalsertals erfährt man im Walsermuseum in Riezlern und auf dem Walserkulturweg (▶S. 201).

Alphornbläser vor einem typischen Walserhaus

Ausgangsort für den Besuch des Kleinwalsertals ist ▶ Oberstdorf. 6 km hinter dem Ort erreicht man beim Gasthof Walserschanz die Grenze; hier hat man Zugang zur wildromantischen **Breitachklamm** (▶ Oberstdorf). Der Weg führt talaufwärts mit schönem Blick auf den **Hohen Ifen und die Gottesackerwände** (s. u.). Man passiert Unterwestegg, dessen Maria-Hilf-Kapelle von 1796 einen eindrucksvollen Kruzifixus an der Fassade (um 1680) und einen schönen **gotischen Flügelaltar** besitzt; er stammt vermutlich aus den Pustertal.

Riezlern

An der Einmündung des Schwarzwassertals breitet sich Riezlern (1100 m) aus, der größte und lebhafteste Ort des Tals mit Geschäften, Cafés, Nachtleben, dem **Spielcasino** und Freizeiteinrichtungen wie Hallen- und Freibad, Tennisplätzen etc. Das **Walsermuseum** illustriert Geschichte und Brauchtum des Tals (Eingang im Tourismusbüro, geöffnet von Weihnachten bis Ostern sowie Ende Mai bis Okt. Mo.–Sa. 14.00–17.00 Uhr). Bei schlechtem Wetter wird hier mittwochs vorgeführt, wie der »Chranz«, der Kopfschmuck der Walser Mädchen, hergestellt wird.

Hirschegg

Auf einer Anhöhe über dem Leidtobel, wo einst ein Hirsch mit einem Bären gekämpft haben soll, steht die Pfarrkirche von Hirschegg (1806) mit ihrem hoch aufragenden, schlanken Turm. Im Dorf sind einige schöne alte Bauernhäuser zu sehen. Das **Walserhaus** ist Treffpunkt für die Gäste mit dem Tourismusbüro, hier spielt das **Bauerntheater**. Interessant sind auch das Wintersportmuseum (geöffnet Mo.–Sa. 8.00–17.30 Uhr, So. bis 15.30 Uhr) und die Bergschau, die

KLEINWALSERTAL ERLEBEN

AUSKUNFT
Kleinwalsertal Tourismus
Im Walserhaus, D-87568 Hirschegg
Tel. (0043 / 55 17) 51 14-0
www.kleinwalsertal.com

VERKEHR
Die Belastung durch den Autoverkehr kann heftig werden. Man sollte den Walserbus benützen, der mit kurzen Taktzeiten die Orte im Haupt- und den Nebentälern sowie mit Oberstdorf verbindet (das Bayern-Ticket gilt hier nicht). Mit der Allgäu-Walser-Card (▶S. 104) ist der Walserbus gratis, ebenso das Parken auf den Auffangplätzen in Oberstdorf (Parkscheine dort bei der Kurverwaltung).

FESTE UND EVENTS
Am 1. Fastensonntag wird in Hirschegg ein fast 30 m hoher »Funken« (Holzstoß) abgebrannt. Fronleichnam wird mit Prozessionen in schönen Trachten begangen. Mitte Sept.: Internationales Alphorn-Festival in Baad. Um den 20. Sept. Viehscheid in Riezlern, in manchen Jahren mit »Internationaler Älplerletze« (an der Bergstation der Kanzelwandbahn), die abwechselnd mit Oberstdorf (Fellhorn) und dem Tannheimer Tal gefeiert wird (Fest mit Bergmesse, Alphorn- und anderer Musik).

TOUREN
Wandertipps gibt Kleinwalsertal Tourismus (s. o.), der auch diverse geführte Touren anbietet (mit Gästekarte gratis). Die Bergschule Kleinwalsertal (Tel. 0043 / 5517 / 30245; www.bergschule-kleinwalsertal.at) hat Touren aller Sportarten im Programm. MTB bei Kessler Bike + Hike (Tel. 0043 / 5517 / 368540) und Walser Biketours (Tel. 0043 / 676 / 7562909).

ESSEN

▶ Preiswert / Erschwinglich
Walser Stuba
Eggstr. 2, D-87567 Riezlern
Tel. 05517 / 5 34 60, Mo. geschl.
Walser Küche mit heimischen Produkten, auch Wild und Vegetarisches, zu akzeptablen Preisen. Auf der ausgezeichneten Weinkarte sind vor allem Österreich und Italien vertreten.

ÜBERNACHTEN
In der Wintersaison liegen die Hotelpreise 20 – 60 % höher als im Sommer.

▶ Komfortabel / Luxus
Hotel Almhof Rupp
Walserstr. 83, D-87567 Riezlern
Tel. (0043 / 5517) 50 04
www.almhof-rupp.de
Zentral, dennoch ruhig gelegenes »Genießer-Hotel« im Landhausstil. Großzügige, rustikal bis schnörkelig gestaltete Zimmer und Appartements. Das Restaurant (Mo. geschl.) ist bekannt für gute Küche, am schönsten sitzt man in der Walser Stube.

▶ Komfortabel
Pension Sonnenberg
Am Berg 26, D-87568 Hirschegg

Tel. (00 43 / 55 17) 54 33
www.kleinwalsertal-sonnenberg.de
In 1200 m Höhe über Hirschegg gibt's eine großartige Aussicht und das uralte, gemütliche Walserhaus mit Himmelbetten. Felsenpool mit Sauna, abends speist man in der außergewöhnlich schönen Bauernstube.

Naturhotel Chesa Valisa
Gerbeweg 18, D-87568 Hirschegg
Tel. (00 43 / 55 17) 54 14-0
www.naturhotel.de
Mit herrlicher Aussicht oberhalb von Hirschegg gelegenes Ökohotel mit geschmackvollem, traditionell-modernem Ambiente. Großes Programm für Fit-/Wellness und Kinder. Nur mit »Vitalpension« zu buchen.

▶ **Günstig / Komfortabel**
Breitachhus
Eggstr. 14, D-87567 Riezlern
Tel. (00 43 / 55 17) 62 66
www.breitachhus.com
Hübsches kleines, über 300 Jahre altes Walserhaus in schöner Umgebung. Heimelige Gästezimmer, abendliches Menü aus heimischen Produkten.

Das kleine Berghotel
Westeggweg 6, D-87567 Riezlern
Tel. (0043 / 55 17) 53 38-0
www.das-kleine-berghotel.de
Nettes kleineres Nichtraucherhaus, das sich auf Sportler und Mountainbiker eingestellt hat (MTB-Verleih), Hallenbad und Sauna im Haus. Im Sommer sind die Bergbahnen im Hotelpreis inbegriffen.

Rustikale Gemütlichkeit und gepflegte Küche sind im Kleinwalsertal kein Widerspruch.

Walserhaus Talblick
Gerbeweg 21, D-87568 Hirschegg
Tel. (00 43 / 55 17) 3 07 81
Am Südhang über Hirschegg sonnig mit einmaliger Aussicht gelegenes altes Walserhaus mit gut ausgestatteten Ferienwohnungen für 2 Personen.

Flora und Fauna in den Allgäuer Alpen und das Zusammenwirken von Mensch und Natur in den Bergen vorführt (geöffnet Mo.– Sa. 8.00 – 19.00, So. bis 16.00 Uhr).

Mittelberg

Im 14.–16. Jh. mussten Kapitalverbrecher am Ort ihrer Tat »Sühnekreuze« aus Stein meißeln und aufrichten. Ein solches steht unterhalb der Pfarrkirche **St. Jodok** von 1371 (1463 verändert, 1694 barockisiert). An deren Turm sind die Jahreszahlen 1371 und 1374 eingemeißelt, im Chor die Zahl 1302 – in **arabischen Ziffern**, eine erstaunliche Tatsache, denn im schwäbischen Raum beginnt sich diese Schreibweise erst etwa 150 Jahre später durchzusetzen. Auch in den Fresken aus dem 14. Jh. sind arabische Schriftzüge erkennbar. Im

Bergstation der Kanzelwandbahn, Ausgangspunkt gepflegter Pisten

Wallis hatten sich im 10. Jh. Sarazenen niedergelassen, und es könnte sein, dass die Walser dieses Wissen von dort mitbrachten. Interessant ist auch der Kräutergarten bei der Kirche.

Baad Am Ende des Tals – überragt von dem eindrucksvollen Widderstein – liegt der Weiler Baad (1251 m) mit einigen schönen Walserhöfen. Hier unterhält der Verein Outdoor Bound, der 1951 von dem Reformpädagogen Kurt Hahn gegründet wurde, eine bekannte »Kurzschule«, in der Jugendliche bei ungewohnten Aktivitäten Vertrauen in ihre Kraft gewinnen sollen (www.outwardbound.de).

Bergbahnen und Wintersport
Einkehrtipps
▶ S. 91 ▶

Eine Reihe von Kabinen- und Sesselbahnen machen die überaus abwechslungsreichen Wanderreviere des Kleinwalsertals leichter zugänglich. Das **Oberstdorf-Kleinwalsertaler Skigebiet** an Fellhorn und Kanzelwand, an Ifen und Walmendinger Horn ist das höchstgelegene und größte im Allgäu (Skipass) mit 120 km Abfahrten aller Schwierigkeitsgrade. Erschlossen wird es durch die Kanzelwandbahn von Riezlern (zum Fellhorn führt von Oberstdorfer Seite eine Kabinenbahn), die Ifen-Bergbahnen und die Walmendingerhornbahn von Mittelberg. Es gibt schöne, insgesamt 45 km lange Loipen, mehrere Rodelbahnen und eine Reihe großartiger Winterwanderwege.

★ ★
Hoher Ifen und Gottesackerplateau

Im Westen wird das Kleinwalsertal von dem eigenartig-markanten, wie ein Schiffsbug ansteigenden Hohen Ifen (2229 m) mit den senkrechten Gottesackerwänden überragt. Nördlich schließt sich ein nicht weniger beeindruckendes Naturphänomen an, das ca. 2000 m hoch liegende Gottesackerplateau. Das von Natur aus leicht saure Regenwasser hat das Kalkplateau aus dem Helvetikum zu »**Schrattenkalk**«, zu »Karren« mit tiefen Rinnen und scharfen Graten zerfressen. In der auf den ersten Blick unwirtlichen Steinwüste lebt eine überaus reiche kleinwüchsige Flora, weshalb 24,3 km² unter Naturschutz gestellt wurden. Am einfachsten (und daher meist sehr frequentiert) ist die Tour von der Auenhütte: mit Sessellift zur Ifenhütte, dann südlich des Skilifts durch die Ifenmulde zum Gipfel (Abstieg auf demselben Weg, gesamt ca. 3.00 Std.). Eineinhalb Tage braucht man für die große Tour

> ! **Baedeker TIPP**
>
> **Natur und Kultur im Kleinwalsertal**
>
> Das Kleinwalsertal bietet viele reizvolle Möglichkeiten zu interessanten Entdeckungen. Auf dem »Naturlehrpfad Schwarzwassertal« zwischen der Mahdtalhütte und Oberwäldele erlebt man pittoreske Wasserfälle und Strudellöcher, ein Hochmoor und eine Naturbrücke. Der »Walserkulturweg« verbindet schöne alte Häuser, Kirchen und andere Kulturdenkmäler. Vorzügliche heimische Produkte vermarkten die Walsertaler Bauern, die für den Fortbestand der materiellen Kultur und der Landschaft sorgen, unter dem Label »Walser Bura«. Informationen hält das Tourismusbüro bereit.

von der Auenhütte: Schwarzwasserhütte (3.30 Std., Übernachtung) – Ifersguntenalpe – Ifen – Hahnenköpfle – Obere Gottesackeralpe – Kürental – Wäldele (7–8 Std.; nötig sind Trittsicherheit und Schwindelfreiheit, bei schlechtem Wetter bzw. Nebel ist die Begehung des Gottesackerplateaus lebensgefährlich!). Im Winter ist, von der Auenhütte ausgehend, ein 3–5 km langer Wanderweg übers Gottesackerplateau gebahnt – bei schönem Wetter ein Hochgenuss.

Auf dem Weg zum Kanzelwandgipfel. Im Hintergrund der Hohe Ifen

Weitere Touren-Highlights

Herrliche Ausblicke auf die Allgäuer und Lechtaler Alpen gewährt die Gratwanderung von der Kanzelwandbahn-Bergstation über das **Fellhorn** zur Bergstation der Söllereckbahn (ca. 3 Std., ▶Oberstdorf). Auch die südliche Rundtour von der Kanzelwand-Bergstation über den Schüsser zur **Hochgehrenspitze** ist interessant (2 Std.) Ein Leckerbissen für ausdauernde Berggeher ist die Besteigung des 2533 m hohen **Widdersteins**, der das Kleine Walsertal im Süden abschließt: von Baad über Bärgunt-Alm und Hochalppass (1938 m) zum Gipfel, weiter über die Widdersteinhütte und durch das Gemsteltal nach Bödmen (leichte Wanderung um den Widderstein 5–6 Std., sehr anspruchsvolle Gipfelbesteigung zusätzlich insgesamt ca. 2.30 Std.).

Leutkirch

F 3

Landkreis: Ravensburg **Höhe:** 654 m ü. d. M.
Einwohnerzahl: 22 400

Man sollte sich von den Gewerbegebieten um Leutkirch nicht abhalten lassen, dem Städtchen im württembergischen Allgäu einen Besuch abzustatten – nicht zufällig ist es Station an der Ostroute der Oberschwäbischen Barockstraße.

Leutkirch gestern und heute

Seinen Namen bekam Leutkirch von der »Leutekirche« St. Martin, d. h. der Pfarrkirche zweier Dörfer, die schon im Jahr 848 dokumentiert ist. Die Marktsiedlung wurde 1291 an das Reich verkauft und erhielt 1293 die Rechte der Stadt Lindau. Leinwandweberei und -handel trugen zum Wohlstand der Freien Reichsstadt bei, um 1500 zählte man hier über 200 Weber. Heute ist die Große Kreisstadt ein lebhaftes Mittelzentrum der Region Bodensee-Oberschwaben und mit 175 km² Fläche eine der größten Gemeinden in Baden-Württemberg; hier hat die Schwäbische Zeitung, die größte Tageszeitung des Allgäus, ihre Zentralredaktion. Zwischen der Eschach und der Wilhelmshöhe liegt die liebevoll restaurierte, denkmalgeschützte Altstadt mit vielen hübschen Gassen und Winkeln.

Sehenswertes in Leutkirch

Dreifaltigkeitskirche

Als erste evangelische Kirche zwischen Donau und Bodensee wurde die Dreifaltigkeitskirche (Trinitatis) am Westrand der Altstadt, mit markantem schlankem Turm, 1613–1615 erbaut. Leider ist das Innere des dreischiffigen Predigtsaals nicht original erhalten.

Rathaus

Ratssaal ▶

Durch die Kornhausstraße – hier das spätgotische Kornhaus (1533 erwähnt), heute Stadtbibliothek – erreicht man das Herz der Altstadt, den Gänsbühl mit dem spätbarocken Rathaus (1741). Der schön ausgestattete Ratssaal im 2. Stock überrascht mit prachtvollem

Leutkircher Rathaus mit Bockturm, links von diesem das Haus zum Bock

Deckenstuck von Johannes Schütz, der auch in Kempten, Wolfegg und Kißlegg arbeitete; allegorisch dargestellt werden die Tugenden der weltlichen und religiösen Führung eines Gemeinwesens – in der Mitte der Decke herzen sich zwei anmutige Damen, die Gerechtigkeit und Friede verkörpern (Besichtigung Mo.–Fr. 8.00–12.00, Do. auch 14.00–17.30 Uhr). Neben dem Rathaus die Kanzlei von 1617.

Haus zum Bock

Den sanft ansteigenden Gänsbühl beherrschen der hoch aufragende spätmittelalterliche Blaser- oder **Bockturm** und links von ihm das spätgotische Haus zum Bock mit mächtigem Barock-Walmdach (die Herkunft seines Namens ist unklar). Das **Heimatmuseum** führt hier die Geschichte von Stadt und Umgebung lebhaft vor Augen; Schwerpunkte sind Volkskunst, Glasmacherei und Handwerk, besondere Beachtung verdienen die vielen Schützenscheiben und die Skulpturen von Konrad Hegenauer (1734–1807). Geöffnet Mi. 15.00–18.00, So./Fei. 10.00 bis 12.00, 14.00–17.00 Uhr.

Marktstraße

Achse der Altstadt, die noch der mittelalterlichen Anlage entspricht, und heute wie damals **Hauptgeschäftsstraße** ist die einst von Toren abgeschlossene Marktstraße (Markt ist am Montag). Unter den mal trauf-, mal giebelständigen Bürger- und Wirtshäusern fällt das große **Gotische Haus** auf (1379), eines der ältesten Gebäude Oberschwabens mit Bohlenständerkonstruktion über einem Steinsockel.

St. Martin

Wo einst die »Leutekirche« stand, wurde 1514–1519 die Pfarrkirche St. Martin errichtet, eine spätgotische Halle mit schönen Netz- und

LEUTKIRCH ERLEBEN

AUSKUNFT
Touristinfo Leutkirch
Marktstraße 32, 88299 Leutkirch
Tel. (0 75 61) 87-154
www.leutkirch.de

Wolfegg Information
Rötenbacher Str. 13, 88364 Wolfegg
Tel. (0 75 27) 96 01 50
www.wolfegg.de

FESTE UND EVENTS
Leutkirch: 3. Juli-Wochenende großes Kinderfest mit Umzug am Dienstag. 1. Aug.-Hälfte: Sommerfestival in der Altstadt. In Wolfegg (Alte Pfarr, Rittersaal) und Kißlegg (St. Gallus) Anf. Sept. Konzerte der Internationalen Festspiele Baden-Württemberg (Tel. 0 71 41 / 93 96-36, www.schlossfestspiele.de). Ende Juni Internationale Wolfegger Konzerte (Tel. 0 75 27 / 96 01 51, www.konzerte-wolfegg.de).

ESSEN
▶ **Preiswert**
Café am Schlossplatz
Wolfegg, Wette 2
Tel. (0 75 27) 95 40 54
Ein hübscher Platz am Dorfteich. Außer Kuchen und Eis gibt es eine große Vesperkarte, sehr preiswerten Mittagstisch und hausgemachte Maultaschen in allen Varianten.

ÜBERNACHTEN / ESSEN
▶ **Günstig**
Brauereigasthof Mohren
Leutkirch, Wangener Str. 1
Tel. (0 75 61) 98 57-0
Stattlicher, gepflegter Traditionsgasthof, laut »Feinschmecker« eines der besten Bierlokale Deutschlands; vorzügliche schwäbisch-bayerische Küche (Di. geschlossen). Man kann zwischen modern oder rustikal eingerichteteten Zimmern wählen.

Zur Post
Wolfegg, Rötenbacher Str. 5
Tel. (0 75 27) 96 14-0
www.hotel-post-wolfegg.com
Ruhig gelegener Gasthof mit familiärer Atmosphäre und lauschigem Biergarten. Neurustikale Zimmer.

Hotel-Gasthof Ochsen
Kißlegg, Herrenstr. 21
Tel. (0 75 63) 91 09-0
www.ochsen-kisslegg.de
Familiengeführter Gasthof in der Ortsmitte mit solider Küche. Das angenehme, schlichte Gästehaus ist nach Feng-Shui-Prinzipien gestaltet.

Sterngewölben. Als sich die Reformation in Leutkirch durchsetzte (1546), blieb St. Martin den 25 Katholiken erhalten, die in der Stadt leben durften. Von den Resten der gotischen Ausstattung sind die **Anna Selbdritt** (um 1490, rechter Seitenaltar) und eine Muttergottes (linkes Seitenschiff) bemerkenswert.

Weitere Sehenswürdigkeiten Am Ostrand der Altstadt ist ein langes Stück Stadtmauer erhalten. In den bescheidenen, an die Mauer geklebten Häusern der **Schneegasse** wohnten Weber; die Außentreppen führten hinunter zum »Dunk«, dem feuchten Webkeller. Vom Pulverturm (1693) am Südende der

Stadtmauer erklimmt man die **Wilhelmshöhe**, den »heiligen Hain« der Stadt mit prächtigem Baumbestand; hier findet u. a. das Kinderfest statt. Lohnend ist auch der Gang vom Pulverturm zum **Schlösschen Hummelsberg**, das sich der Bürgermeister Jakob von Furttenbach 1636 errichten ließ (heute Kinderheim St. Anna).

Umgebung von Leutkirch

Im Dorf Reichenhofen 4 km nordwestlich von Leutkirch kam um 1400 **Hans Multscher** zur Welt, einer der bedeutendsten Bildschnitzer der Spätgotik, der von 1427 bis zu seinem Tod 1467 in Ulm arbeitete. In der Kirche St. Laurentius steht eine sehr hübsche Muttergottes, die ihm zugeschrieben wird (um 1425). Besonders Kindern macht der Besuch des **Alpakahofs** in Haid (südöstlich von Reichenhofen) Spaß, hier können sie Kamele und viele andere Tiere sehen und sich beim Pony- oder Eselreiten vergnügen (geöffnet tägl. 9.00 bis 19.00 Uhr; www.alpakahof.de).

Reichenhofen

Etwa 5 km nördlich von Leutkirch grüßt – über dem Tal der »Leutkircher Haid« – das imposante Schloss Zeil von der Höhe. Eine Burg stand dort wohl schon im 10. Jh., und seit 1337 gehört sie ohne Unterbrechung den **Truchsessen von Waldburg**, einem Adelsgeschlecht, das mit der Geschichte Oberschwabens und des Allgäus unlösbar verbunden ist. Heutiger Chef des Hauses ist Georg Fürst von Waldburg zu Zeil und Trauchburg (*1928), einer der an Geld und Einfluss reichsten Männer Deutschlands. Zum Besitz zählen große Wälder, Industriebetriebe, der nahe Flugplatz Unterzeil, Kursanatorien, Berg-

Schloss Zeil

Schloss Zeil, seit dem 14. Jahrhundert in fürstlichem Besitz

bahnen und die Schwäbische Zeitung (s. o.). Die Residenz, eine Vierflügelanlage mit nicht vorspringenden Eckpavillons, entstand ab 1598 nach dem Vorbild italienischer Renaissance-Palazzi. Sie ist nicht zugänglich, im Gegensatz zu den Parkanlagen und der Terrasse, die eine **herrliche Aussicht übers Allgäu** bietet. Einen Blick wert ist auch die Pfarrkirche Mariä Himmelfahrt (1609/1784), insbesondere ihre Altäre von J. A. Feichtmayr (1784) und das hochbarocke Chorgestühl von J. Bendel (1611).

In Schmidsfelden (12 km südöstlich von Leutkirch) wurde bis 1898 Glas produziert. Die **Glashütte** ist als Museum zugänglich; an den Öfen werden alte Arbeitstechniken vorgeführt und Produkte präsentiert (geöffnet April – Okt. Sa. 13.00 – 17.00, So. 10.00 – 17.00 Uhr, Nov. und März So. 14.00 – 17.00 Uhr). Große Attraktionen sind der Markt Mitte Mai und das Glashüttenfest um den 10. September. Fürs leibliche Wohl sorgt das Café Uhu (Mo./Di. geschl.). Wer den Ausflug in die Wirtschaftsgeschichte mit Naturerlebnis verbinden möchte, kann das auf dem 22 km langen **Glasmacherweg** im Bereich der Adelegg tun: von Unterkürnach nach Schmidsfelden, dann über Eisenbach ins Eschachtal und die Alpe Wenger Egg nach Wengen.

Schmidsfelden

Die Gegend zwischen Leutkirch, ▶Bad Wurzach, ▶Wangen und ▶Isny ist reich an urtümlichen Moorgebieten. Als der eiszeitliche Rheingletscher abschmolz, blieben in den Schottern der Endmoränen Toteissen und Sümpfe zurück, die verlandeten und als Hoch- und Niedermoore einer interessanten Vegetation und Tierwelt Lebensraum bieten. Hervorzuheben sind etwa das **Taufach-Fetzach-Moos** südlich von Leutkirch und das **Gründlen-/Rötseemoos** nördlich von Kißlegg. Wanderwege sind überall angelegt. Groß ist auch die Zahl hübscher kleiner Seen mit Badeplätzen, wie Leutkircher Stadtweiher, Ellerazhofer Weiher, Argensee, Hinterweiher und Badsee bei Beuren.

Seen und Moore

Kißlegg

In reizvoller, flachhügeliger Voralpenlandschaft, 12 km südwestlich von Leutkirch, liegt dieser Marktflecken mit 8600 Einwohnern zwischen zwei Moorseen (am nördlichen Obersee gibt's ein Strandbad). Vor allem Natur- und Wanderfreunde schätzen den Luftkurort, aber auch Kunstliebhaber kommen auf ihre Kosten: Um 1300 teilte sich der Ortsadel in die Linien Waldburg-Wolfegg-Waldsee und Waldburg-Wolfegg-Zeil, so dass Kißlegg gleich zwei Schlösser besitzt; dazu kommt die prachtvolle Kirche St. Gallus und Ulrich.

Eine romanische Basilika wurde 1734 – 1738 von Johann Georg Fischer barock umgestaltet. Im Inneren – reich mit vergoldetem Bandelwerk-Stuck von Johann Schütz geschmückt, der auch in der

★

St. Gallus und Ulrich

← *Die anmutige Weite Oberschwabens: Kißlegg an seinen Moorseen*

Ein ungewöhnliches Bild zeigt St. Gallus und Ulrich mit seinem feinen Bandelwerkstuck.

Kemptener Residenz arbeitete – hervorzuheben sind die Kanzel und der Taufstein, beide von dem Türkheimer J. W. Hegenauer (um 1745). Das riesige Deckenfresko von F. A. Erler (1737) thematisiert den »Triumph der Kirche«. Der kostbare **Silberschatz**, 21 Figuren aus einer Augsburger Werkstatt (1741–1755), ist bei Kirchenführungen (April–Okt. Mi. 15.00 Uhr) oder nach Vereinbarung zu sehen.

Altes Schloss Das am Zeller See aufragende Alte Schloss der Grafen Waldburg-Wolfegg-Waldsee mit Staffelgiebel und runden Ecktürmen wurde 1560/1570 unter Hans Ulrich von Schellenberg errichtet und von 1717 bis 1721 von Johann Georg Fischer ausgebaut und barock gestaltet. Das Schloss ist, da in Privatbesitz, nicht zugänglich.

Neues Schloss Schlicht-nobel, besonders mit seiner Fassade zum schönen Park hin, präsentiert sich das Neue Schloss der Grafen Waldburg-Zeil-Wurzach, errichtet 1721–1727 von Johann Georg Fischer. An der reichen Ausstattung arbeiteten mehrere Meister, u. a. Josef Anton Feichtmayr; von dem auch die acht lebensgroßen Sibyllenfiguren (1726) im Treppenaufgang stammen. Besonders schön ist die Schlosskapelle (1722); am Altar ist das Antependium in Scagliola-Technik (Einlegearbeit aus Stuckmarmor) zu beachten. Im Schloss ist eine **Heimatstube** mit Käsereimuseum eingerichtet (geöffnet Mitte April–Mitte Okt. So 14.00–16.00 Uhr). Ebenfalls im Neuen Schloss gezeigt wird das Werk des Holzbildhauers **Rudolf Wachter** (*1923 in Bernried bei Tettnang), ein bedeutender Vertreter dieser Kunstrichtung in der Gegenwart. (Das Museum Expressiver Realismus ist seit 2004 geschlossen.) Das Schloss und das Wachter-Museum sind geöffnet vom 1. April-So. bis zum letzten Okt.-So. Di., Do., Fr. 14.00–17.00, Sa. 13.00–17.00, So. 11.00–17.00 Uhr. Einen Besuch lohnt die **Fried-**

hofkapelle St. Anna (Johann Georg Fischer, 1718) mit Deckenfresken von Cosmas Damian Asam, der zu dieser Zeit die Basilika in Weingarten (▶Ravensburg) ausmalte.

✱ Wolfegg

Beeindruckend auf der Höhe über dem schmalen, windungsreichen Tal der Ach liegt 7 km nordwestlich von Kißlegg der Kurort Wolfegg (3400 Einw.), der einmal als »schönstes Dorf von Baden-Württemberg« ausgezeichnet wurde. Außer dem Heilklima und modernen Kureinrichtungen sind es die Atmosphäre eines kleinen **barocken Residenzorts** und die hochkarätigen Konzerte, die viele Gäste anziehen; aber auch das berühmte Automuseum von Fritz B. Busch und das Bauernhausmuseum sind auf jeden Fall einen Besuch wert.

Auf einem Geländesporn über der Ach erhebt sich das stattliche Schloss der Fürsten von Waldburg-Wolfegg und Waldsee. Am Platz der Burg aus dem 13. Jh. und des spätmittelalterlichen Schlosses wurde nach einem Brand 1580–1586 eine mächtige **Renaissance-Vierflügelanlage** erstellt und nach teilweiser Zerstörung 1646 durch die Schweden erneuert. Die Fassaden des Innenhofs überraschen durch ihre originalgetreu rekonstruierte Farbigkeit. Bei den Konzer-

Schloss

Der prachtvolle Wolfegger Rittersaal mit der Ahnengalerie der Truchsessen

★★ Rittersaal ▶

ten zu bewundern ist das großartige Chef-d'oeuvre, der 52 m lange, 14 m breite und 9 m hohe Rittersaal mit rocaillegerahmten Deckenfresken zur Herkulessage und Allegorien der Erdteile bzw. der Elemente; sie stammen vermutlich von Johann Martin Zick, der 1749 die Vier Jahreszeiten über den Scheinkaminen malte. An den Wänden stehen 24 überlebensgroße Holzfiguren der Truchsessen von Waldburg, die nach Vorlagen des Dürer-Schülers Hans Burgkmair d. Ä. (1473–1531) um 1740 von Balthasar Crinner und Johann Wilhelm Hegenauer geschnitzt wurden.

❗ Baedeker TIPP

Kultur in Wolfegg

Die herrlichen Lokalitäten in Wolfegg – Rittersaal, Stiftskirche St. Katharina und Alte Pfarr – sind Rahmen für vier Konzertreihen: die Internationalen Wolfegger Konzerte um den 20. Juni, Konzerte der Ludwigsburger Schlossfestspiele im September, die Wintermusik um die Jahreswende und neuerdings die Oster Musik (weitere Informationen bei der Wolfegg Auskunft S. 204 sowie unter www.konzerte-wolfegg.de).
Seit ein paar Jahren bekommen Besucher der Internationalen Wolfegger Konzerte als besonderes Schmankerl eine Führung durch sonst nicht zugängliche Teile des Wolfegger Schlosses, zu sehen sind dann u. a. die wertvollen Kunstsammlungen. Dieses Angebot hat sich mittlerweile zu einem Renner entwickelt (Anmeldung bei der Wolfegg Information, Tel. 0 75 27/96 01 51).

★ Stiftskirche

Die zum Schloss gehörende Kirche St. Katharina, erbaut 1733–1742 und bis 1806 Stiftskirche, gilt als spätes **Hauptwerk des Füsseners Johann Georg Fischer**. Sie glänzt mit spätbarocker Dekorationsfreude und gestalterischer Harmonie. Das Vorarlberger Münsterschema mit Wandpfeilern und Emporenumgang erhält durch die gerundeten Ecken des Langhauses am Chor, vor allem aber durch das **überwältigende Deckenfresko**, das (ohne Jochunterteilung) das ganze Langhausgewölbe einnimmt und unmittelbar über der Wandzone beginnt, die Wirkung eines Zentralraums. Der Wangener Maler Franz Joseph Spiegler schildert hier die kriegerische Gründungsgeschichte des Chorherrenstifts (Bild oben). Den lebhaften Rokokostuck schuf Johannes Schütz (1735); den Hochaltar und den rechten Seitenaltar zieren Gemälde des Antwerpener Rubens-Schülers Caspar de Crayer

(1660). Beachten Sie in Letzterem links unten die zauberhaften **»Wolfegger Blumenschmecker«** (das schwäbische »schmecken« ist mit »riechen« zu übersetzen). Auch die Kanzel (J. W. Hegenauer, 1749) und das intarsierte Chorgestühl (1755) sind feine Arbeiten. Von Aschermittwoch bis Karsamstag wird in der Kirche das »Wolfegger Fastentuch« von 1620 ausgestellt.

Im Sennstadel des Schlosses kann man **herrliche Oldtimer** bestaunen: Der Autojournalist Fritz B. Busch präsentiert hier höchst lebendig über 200 Autos, Nutzfahrzeuge und Motorräder seit 1897, Glanzstücke wie den Cadillac von Hans Albers oder einen Mercedes SSK, aber auch schlichtere Gefährte aus der Wirtschaftswunderzeit. Geöffnet 15. März – Anf. Nov. tägl. 9.30 – 18.30, sonst So. 10.00 – 17.00 Uhr.

Automuseum Fritz B. Busch

Die Alte Pfarr, eine ins 12. Jh. zurückgehende Kirche, wird heute für Musik- und Kunstveranstaltungen genutzt. Erhalten sind u. a. Reste von Wandmalereien aus dem 11., 13., 15. und 17. Jahrhundert.

Alte Pfarr

Im Achtal unterhalb des Schlosses wurde um das fürstliche Fischerhaus, ein prachtvolles Fachwerkgebäude von 1788, und die Fischzucht eine Reihe von Höfen mit Einrichtung – u. a. Hühnerhaus, Bienenstand, Viehwaage – aus der Zeit seit dem 18. Jh. und aus verschiedenen Orten Oberschwabens aufgestellt. Kühe und Schafe,

Bauernhausmuseum

Das Fischerhaus im Bauernhausmuseum zu Wolfegg

Hühner, Enten und Gänse laufen durchs Gelände, bei Führungen und Kursen (wie Dreschen und Mahlen, Backen und Kochen, Mähen mit der Sense) erfährt man, wie man früher lebte und arbeitete. Ein Muss ist die Rast in der Museumsgaststätte im **Fischerhaus**, die für ihre ausgezeichnete Allgäuer und schwäbische Küche bekannt ist (Tel. 0 75 27 / 51 50). Museum geöffnet Mai – Sept. tägl. 10.00 – 18.00, April, Okt. – Anfang Nov. Di.– So. 10.00 – 17.00 Uhr.

Loreto-Kapelle

Von der Loreto-Kapelle, ca. 2 km südlich an der Straße nach Rötenbach, hat man einen **großartigen Blick auf die Alpen** von den Tannheimer Bergen im Osten bis zum Säntis im Westen. Ab dem 17. Jh. wurden, besonders in Süddeutschland, eine Reihe von Loreto-Kapellen begründet, meist nach Wallfahrten ins italienische Loreto in der Nähe von Ancona, wohin der Legende zufolge im 13. Jh. die »Casa Santa«, das Geburtshaus der Mutter Jesu, durch Engel gebracht worden war. Die Loreto-Kapelle in Wolfegg entstand 1668 (Halle) bzw. 1706/1707 (zweigeschossiges Oratorium). Das Gnadenbild aus Zedernholz ist eine exakte Kopie des – 1921 durch Feuer zerstörten – Originals in Loreto und wurde 1707 aufgestellt.

★ ★ Lindau

C/D 4

Landkreis: Lindau **Höhe:** 400 m ü. d. M.
Einwohnerzahl: 24 400

»Glückseliges Lindau!« Die überschwänglichen Gefühle Friedrich Hölderlins bei seiner Heimkehr aus der Schweiz 1801 sind ohne Weiteres nachzuvollziehen: Das zauberhafte »schwäbische Venedig« im Bodensee, vor der herrlichen Kulisse der Vorarlberger und der Appenzeller Alpen gelegen, sucht seinesgleichen.

Die ehemalige Reichsstadt Lindau besteht aus der »Gartenstadt« auf dem Festland – mit diversen Wohnvororten und kleineren Industriearealen – und der malerischen **Altstadt auf der 62 ha großen Insel**, die eine Straßenbrücke und ein 1853 angelegter Bahndamm mit dem Festland verbinden. Nur zu verständlich, dass Lindau seit langem ein gut besuchtes Ferienziel ist; dennoch hat es ein angenehmes Flair bewahrt. Auch als Tagungsort ist die Inselstadt beliebt: So treffen sich hier seit 1950 jedes Jahr Nobelpreisträger aus aller Welt, bekannt sind auch die Psychotherapie-Wochen.

Ein wenig Geschichte

Der Name des aus einer Fischersiedlung hervorgegangenen Orts geht auf das im 9. Jh. gegründete Damenstift »Unserer Lieben Frau unter den Linden« zurück (1802 aufgehoben). Um 1079 verlegten die Stiftsdamen den Markt zum besseren Schutz von Aeschach auf die Insel und ermöglichten im 13. Jh. den Aufstieg Liandaus zur Reichs-

Vom Leuchtturm am Hafen hat man einen wunderbaren Blick über die Insel und die Umgebung.

stadt (erstmals 1241 als solche erwähnt). Schon damals war Lindau ein überaus wichtiger Umschlagplatz zwischen Süddeutschland und den Alpenpässen. In den folgenden Jahrhunderten florierte der Handel mit Getreide, Salz, Vieh, Pferden und Leinen in die Schweiz und nach Italien, in entgegengesetzter Richtung mit Textilien, Gewürzen und Südfrüchten. Dass die Patrizier dabei gut verdienten, ist an den schönen Häusern der Altstadt zu sehen, insbesondere in der Maximilianstraße. Die reichen Händler und Handwerker der Freien Reichsstadt blieben jahrhundertelang im Konflikt mit den Stiftsdamen, insbesondere nachdem Lindau 1528 protestantisch geworden war. (Bis 1701 lebte man hier nach zwei Kalendern: die Protestanten nach dem alten Julianischen, die Katholiken nach dem neuen Gregoriani-

❓ WUSSTEN SIE SCHON …?

- Dass Lindau heute zu Bayern gehört, ist Resultat einiger kurioser »Schlenker« der Geschichte. Nachdem Napoleon die alte Staatenordnung zerstört hatte, wurde die Reichsfreiheit Lindaus 1802 aufgehoben; Landesherr wurde Karl von Bretzenheim, ein unehelicher Sohn des bayerischen Kurfürsten Karl Theodor. Er gab Lindau zwei Jahre später im Tausch an Österreich ab, dieses wiederum musste die Stadt 1805 an das mit Napoleon verbündete Bayern abtreten. Im Zweiten Weltkrieg wurde Lindau von den Franzosen besetzt, die einen Korridor nach Österreich brauchten (das Allgäu und Schwaben hingegen von den USA), und erst 1955 wurde es – nach kurzer Zeit der Quasi-Selbstständigkeit – dem Freistaat Bayern eingegliedert.

Schöne Patrizierhäuser – links die »Brodlauben« – an der Maximilianstraße

schen Kalender. Erst als die protestantische Universität Tübingen den Gregorianischen Kalender guthieß, schloss sich Lindau der neuen Zeitrechnung an.) Nach den Stadtbränden 1720 und 1728 bekam die Altstadt ihr barockes Gesicht. Mit der Eröffnung der Dampfschifffahrt 1837 und der Ludwigs-Süd-Nord-Bahn 1853 – die die Infrastruktur für die Wirtschaft verbessern sollten – nahm auch der Fremdenverkehr seinen Aufschwung.

★★ **Hafen** Auf der stimmungsvollen, an Sommerabenden illuminierten Hafenpromenade trifft sich alle Welt. Hier legen die Schiffe der Bodenseeflotte zu Linien- und Ausflugsfahrten ab, hier liegen Hunderte von Sportbooten. 1811/1812 angelegt, erhielt der Hafen zwischen 1853 und 1856 sein heutiges Gesicht. An seiner Nordseite steht der **Alte Leuchtturm** (Mangturm), ein Rest der Stadtbefestigung aus dem 13. Jahrhundert. Die Molen, die den Hafen umschließen, werden von den Wahrzeichen Lindaus bekrönt, dem **Neuen Leuchtturm** und dem **bayerischen Löwen** aus Kelheimer Marmor (beide 1856). Den 6 m hohen Löwen schuf Johann von Halbig. Wer die 139 Stufen des 33 m hohen Leuchtturms überwindet, wird mit einer herrlichen Aussicht belohnt. Ein groteskes Kuriosum: Der Hafen war im Besitz der Deutschen Bundesbahn und wurde 2002 mit den Bodensee-Schiffsbetrieben an die Konstanzer Stadtwerke verkauft. Erst im Herbst 2009, nach viel Gezänk, waren diese bereit, den Hafen an die Stadt Lindau zu verkaufen.

Altstadt

Der stattliche denkmalgeschützte Jugendstil-Bahnhof (1913 – 1922) lässt noch erkennen, welche Bedeutung Lindau einst als Endpunkt der Ludwigs-Süd-Nord-Bahn hatte. Auch wenn er dem Verfall preisgegeben ist, lohnt er einen Blick; seit Jahren plant man einen Neubau auf dem Festland in Reutin, der alte Bahnhof wird vielleicht zum Tagungshotel umgebaut. In der Nähe steht ein weiteres Wahrzeichen Lindaus, der markante, schöne **Diebsturm** (Malefizturm, um 1370), ein Rest der Stadtbefestigung. Die benachbarte **Peterskirche**, die in die Zeit um 1000 zurückgeht, wurde 1928 zur Kriegergedenkstätte umgestaltet. Die Nordwand zieren Fresken (um 1490), die **Hans Holbein d. Ä.** zugeschrieben werden (umstritten). Von den 19 Bildern stellen zwölf Passionsszenen dar; im 12. Bild auf dem Ärmel der Magdalena findet man die Signatur »HH«.

Vom Bahnhof zur Peterskirche

Die Straßen in der malerischen Altstadt sind von Gotik, Renaissance und Barock geprägt. Besonders schön ist die Maximilianstraße, die Hauptachse, mit **prachtvollen Patrizierhäusern** wie »Sünfzen«, »Regenbogen«, »Bären«, »Schnegg« und »Pflug«, mit Erkern, Laubengängen (»Brodlauben«), Brunnen und Cafés. Das Haus mit dem sprechenden Namen »Sünfzen« (soviel wie »schlürfen«), auch heute ein gemütliches, beliebtes Lokal, war im 14. Jh. Gesellschaftshaus der Patrizier. Sehr malerisch ist das 2 m breite mittelalterliche **Zitronengässle**, das nördlich zur Grub hinunterführt.

Maximilianstraße

Am Hafen begrüßen Neuer Leuchtturm und bayerischer Löwe den Besucher.

LINDAU ERLEBEN

AUSKUNFT

Verkehrsverein Lindau
Ludwigstr. 68, 88131 Lindau
Tel. (0 83 82) 26 00 30
www.lindau.de

PARKEN

Am besten parkt man auf dem Festland vor der Seebrücke (Shuttle-Bus zur Insel), bei der Inselhalle oder auf der Hinteren Insel (Zufahrt über die Thiersch-Brücke).

SCHIFFSVERKEHR

Bodensee-Schiffsbetriebe
Tel. (0 83 82) 48 98
www.bsb-online.com

FESTE UND EVENTS

Mai: Bodensee-Festival (Konzerte, Theater, Kleinkunst). Mitte Juni: Nacht-Segelregatta »Rund um« mit Hafenfest. Mitte Juli: Stadtfest. Im Juli (Mi. vor den Sommerferien) feiern die Kinder seit 1655 ihr großes Fest: Vormittags ziehen sie zum Alten Rathaus auf der Insel, nachmittags gibt es in den Stadtteilen Wettbewerbe und Volksbelustigungen; traditionell erhalten die Kinder eine sog. Butschelle aus Hefeteig. Ende Juli: »Umsonst und draußen« auf der Hinteren Insel. Anfang Nov.: Jahrmarkt auf der Insel.

ESSEN

▶ **Fein & teuer**

① *Hoyerberg Schlössle*
Hoyerbergstr. 64 (Festland)
Tel. (0 83 82) 2 52 95
Gourmetrestaurant auf dem Hoyerberg: eines der schönsten Panoramen der Welt. Mo./Di.mittag geschlossen.

② *Schachener Hof*
Schachener Str. 76 (Festland)
Tel. (082 83) 31 16, Di./Mi. geschl.
Schwäbische und internationale Haute Cuisine, alles vom Feinsten – vom Guide Michelin mit einem Bib Gourmand ausgezeichnet. Besonders schön speist man im großen Garten. Hotel mit stilvoll eingerichteten Zimmern.

③ *Villino*
Hoyerberg 32 (Festland)
Tel. (0 83 82) 93 45-0, www.villino.de
Versteckt hinter dem Hoyerberg inmitten von Obstgärten gelegenes stilvolles Restaurant mit italienisch-asiatischer Küche und exzellenter Weinkarte. In wunderbarer Ruhe kann man hier ebenso edel nächtigen.

▶ **Erschwinglich**

④ *Alte Post*
Fischergasse 3 (Insel)
Tel. (0 83 82) 9 34 60
Sehr gepflegtes, gemütlich-edles Restaurant mit Wirtsgarten. Bodenständige Küche mit feinem Touch. Es gibt auch einige hübsche Gästezimmer.

⑤ *Zum Sünfzen*
Maximilianstr. 1 (Insel)
Tel. (0 83 82) 58 65
Alte Patriziertrinkstube, heute mit seiner rustikalen Atmosphäre und guter handfester Küche sehr beliebt.

▶ **Preiswert**

⑥ *Goldenes Lamm*
Schafgasse 3 (Insel)
Tel. (0 83 82) 57 32
Sehenswert: die schönste alte Gaststube der Insel. Eher durchschnittliche schwäbisch-bayerische Küche.

ÜBERNACHTEN

▶ **Luxus**

① *Bad Schachen*
Bad Schachen 1 (Festland)
Tel. (0 83 82) 2 98-0

▶ **Lindau** ZIELE 217

Vornehmes Grandhotel am See in wunderbarem altem Park, mit noblem Restaurant und herrlichem Freibad. Im Winter geschlossen.

▶ Komfortabel
② *Lindauer Hof*
Seepromenade (Insel)
Tel. (0 83 82) 40 64
Stilvoll modernisiertes historisches Haus am Hafen mit Garten. Restaurant mit Wintergarten und Terrasse.

③ *Hotel Stift*
Stiftsplatz 1 (Insel)
Tel. (0 83 82) 9 35 70
Sehr angenehm wohnt man im Haus von 1728 in der Stadtmitte am atmosphärereichen Marktplatz. Restaurant mit schwäbischer Karte.

▶ Günstig
④ *Gasthof Köchlin*
Kemptener Str. 41 (Festland)
Tel. (0 83 82) 96 60-0
Prächtiger historischer Gasthof in Reutin an der B 12 nach Wangen. Man serviert die guten »normalen« Sachen aus der bayerischen und schwäbischen Küche. Sehr einladend auch der beliebte Biergarten.

⑤ *Montfort-Schlössle*
Streitelsfinger Str. 38 (Festland)
Tel. (0 83 82) 7 28 11
www.montfort-schloessle.de
Anfang Nov. – Ende März geschl.
Alter Hof, der 4 km von der Insel entfernt auf der Höhe in Obstgärten liegt, mit Wirtsgarten. Wunderbarer Ausblick, liebevoll geführt.

Lindau Orientierung

Essen
① Hoyerberg Schlössle
② Schachener Hof
③ Villino
④ Alte Post
⑤ Zum Sünfzen
⑥ Goldenes Lamm

Übernachten
① Bad Schachen
② Lindauer Hof
③ Hotel Stift
④ Köchlin
⑤ Montfort-Schlössle

► Lindau

Prächtig bemaltes Altes Rathaus

Auf dem Bismarckplatz vor dem **Alten Rathaus** versammelt sich beim alljährlichen Kinderfest Lindaus Nachwuchs. Erbaut 1422 bis 1436, bekam es zwischen 1540 und 1578 den Treppenaufgang und die Ratslaube; die prächtige Gestaltung mit Szenen aus der Lindauer Geschichte hingegen ist eine Zutat des mittelalterbegeisterten 19. Jh.s (J. Widmann, 1885–1887). Der kostbare **gotische Ratsaal**, in dem Ende des 15. Jh.s der Reichstag stattfand, ist in Führungen zugänglich. Im Alten Rathaus sind auch das Stadtarchiv und die Reichsstädtische Bibliothek untergebracht, die über 23 000 Werke vom 14. Jh. bis zur Gegenwart besitzt. Den Reichsplatz vor der Südfront – eigentlich die Hauptfassade – schmückt der Lindavia-Brunnen von 1884.

Marktplatz

Den Marktplatz mit einem Neptunbrunnen von 1841 (Markttage sind Mittwoch und Samstag) dominiert das **Haus zum Cavazzen** (errichtet 1729–1730 von Jakob Grubenmann aus Teufen im Appenzell), das als schönstes Bürgerhaus am Bodensee gilt. Prachtvoll sind das Portal mit Pfeilern, Säulen und Volutengiebel sowie die rötlichgraue Scheinarchitektur. Das **Stadtmuseum** demonstriert hier Wohnkultur vom 15. Jh. bis zum Jugendstil, auch sind Gemälde und Skulp-

! Baedeker TIPP

Weiße Flotte

Was wäre ein Tag am Bodensee ohne eine Schiffsfahrt?. Die drei großen und viele kleine Schiffahrtsgesellschaften bieten – außer ihren Linienfahrten – eine ganze Palette von Rund- und Sonderfahrten: zu den Bregenzer Festspielen, zu den Seenachtsfesten mit Feuerwerk, Gourmet-, Tanz- oder Heurigenfahrten u. a. m. Ein besonderer Höhepunkt ist eine Fahrt mit dem Schaufelraddampfer **SD Hohentwiel**, dem letzten für die Königlich Württembergische Dampfschifffahrt gebauten Schiff (1913). Seine elegante Erscheinung und die edle Ausstattung atmen die vornehme Atmosphäre der Belle Époque. Faszinierend, dem Spiel der blitzenden Pleuelstangen, Kurbeln und Ventile der 950 PS starken Maschine zuzusehen, die das 57 m lange Schiff auf über 30 km/h bringen. Nur noch ein elendes Wrack war übrig, als der 1984 gegründete Verein Internationales Bodensee-Schiffahrtsmuseum mit dem Wiederaufbau begann; seit 1990 pflügt der bei Escher-Wyss in Zürich gebaute Salondampfer wieder durch die Wellen des Bodensees. Informationen über das Internet-Portal www.bodenseeschifffahrt.de und bei den Bodensee-Schiffsbetrieben (► S. 114, 150).

turen vom 15. bis 18. Jh. zu sehen. Eine Besonderheit ist die Sammlung mechanischer Musikinstrumente. Der reiche grafische Bestand wird in Wechselausstellungen gezeigt. Geöffnet April – Okt. Di. – So. 11.00 – 17.00 (Sa. ab 14.00 Uhr). Grubenmann erbaute zur selben Zeit auch das noble **Haus zum Baumgarten** an der Nordseite des Platzes. Das rechterhand anschließende Heilig-Geist-Spital an der Schmiedgasse geht bis ins 12./13. Jh. zurück; seine heutige Gestalt bekam es ab 1811 durch Zusammenfassung von sieben Häusern.

Dem Cavazzen gegenüber stehen (links) die evangelische Stadtpfarrkirche St. Stephan und die katholische Stiftskirche. Erstere geht ins Jahr 1180 zurück und wurde 1781 – 1783 umgestaltet, die alte Ausstattung in der Reformation 1530 zerstört. Der feine, recht unprotestantische Rokokostuck, die Kanzel und der Taufstein datieren von 1781, ebenso das ungewöhnliche eichene Kirchengestühl mit umklappbaren Lehnen. Zu beachten sind die beiden großen Epitaphien im Chor, für den kaiserlichen Rat Daniel Heider und dessen Sohn Valentin: Letzterer stiftete nach dem Dreißigjährigen Krieg 1655 das Kinderfest, »das« Lindauer Fest schlechthin.

St. Stephan

Die Stiftskirche Mariä Himmelfahrt, das Gotteshaus des reichsfürstlich-freiweltlichen Damenstifts, entstand 1748 – 1752 aus der 1728 zerstörten Kirche des 12. Jh.s. Verantwortlich zeichnete der bedeutende Deutschordens-Baumeister Johann Caspar Bagnato, der rund um den Bodensee tätig war. Der Stuck und die Fresken der Rokokozeit stammen von F. Pozzi bzw. G. Appiani, die Altäre gestaltete der Wessobrunner Georg Gigl. Die guten Appiani-Deckenfresken wurden nach einem Brand 1922 vereinfacht durch Waldemar Kolmsperger ersetzt, und als die Langhausdecke 1987 abgestürzt war, wurden die

Stiftskirche

Reichsstädtische Atmosphäre: Marktplatz mit Cavazzen und Haus zum Baumgarten

> **Baedeker TIPP**
>
> **Lindauer Badefreuden**
> Außer den großen, schönen Strandbädern »Lindenhofbad« in Bad Schachen und »Eichwald« in Reutin besitzt Lindau zwei echte alte Badeanstalten: das Römerbad auf der Insel unmittelbar östlich des Hafens und das Aeschacher Bad am Festlandsufer beim Bahndamm.

Kolmsperger-Fresken rekonstruiert. Das Gebäude südlich der Kirche (Amtsgericht / Landratsamt) ist das **ehemalige Damenstift** von 1734; den Rokoko-Festsaal im dritten Stock, der für Konzerte und andere kulturelle Veranstaltungen genützt wird, ziert ein Deckenfresko von F. A. Spiegler (»Glaube, Liebe, Hoffnung«, 1736).

Stadtgarten Durch die Schmiedgasse – linker Hand das Heilig-Geist-Spital – flaniert man zum »Entree« der Insel, dem schönen Stadtgarten. Hier steht am Eck die **Heidenmauer** mit ihren dunklen Buckelquadern, ein Rest der Stadtbefestigung, vermutlich aus dem 9. Jahrhundert. Die im Jahr 2000 eröffnete neue **Spielbank** ersetzte den atmosphärereichen Bau aus den 1950er-Jahren; in dem Zylinder liegt ein Großteil der Nutzfläche unter dem Bodenniveau. Auf der Terrasse ihres Restaurants sitzt man sehr schön.

Fischergasse Zum Hafen zurück spaziert man durch die hübsche Fischergasse. Der dreiflügelige Komplex an ihren Beginn war einst die Maxkaserne (1805). Der benachbarte stilvolle Gasthof **Alte Post** geht auf die Poststation zurück, von der bis 1824 der »Mailänder Bote« jede Woche auf seine Reise über die Alpen ging. Ein wunderbarer Platz, um den Blick über den See zu genießen, ist die **Gerberschanze**, die Anfang des 17. Jhs. angelegt wurde. Das **Stadttheater** ist in der ehemaligen Barfüßerkirche zu Hause; das um 1220 gegründete Kloster des Bettelordens wurde 1528 in der Reformation aufgehoben, die (seitdem protestantische) Kirche 1798 profaniert.

Hintere Insel Besonders am frühen Abend, zum Sonnenuntergang, lohnt der Bummel um die Hintere Insel, von der Leuchtturmmole am Ufer entlang. Der (noch) von den Bahngleisen abgetrennte Westteil der Insel war im Mittelalter Gemüse- und Weingarten und wurde erst im 16. Jh. in die Stadtbefestigung einbezogen. Auch später diente sie handfesten Zwecken: Wo heute die Bodenseeklinik des bekannten Schönheitschirurgen Prof. W. Mang steht, lag bis 1969 das Bahnbetriebswerk mit großem Lokschuppen; die Luitpoldkaserne von 1901 wurde zum Bildungszentrum umgestaltet.

★ Bad Schachen Nordwestlich der Insel erstreckt sich die »Bayerische Riviera«, der Vorort Bad Schachen mit herrlichen alten Parks: Hier ließen sich im 19. Jh. Mitglieder des bayerischen Königshauses und reiche Bürger prachtvolle Villen bauen. Das eindrucksvolle, noble **Hotel Bad Schachen** – mit Anlegestelle und wunderschönem Freibad – geht auf Eisen-Schwefel-Quellen zurück, die noch zu Bädern genützt werden.

▶ Lindau ZIELE 221

Im öffentlich zugänglichen **Lindenhofpark** steht die **Villa Lindenhof**, erbaut 1845 als Sommerresidenz des Lindauer Kaufmanns F. Gruber, heute eine Niederlassung von Pax Christi, der Internationalen Katholischen Friedensbewegung (geöffnet April – Okt. Di. – Sa. 10.00 bis 13.00, 14.00 – 17.00 Uhr, www.friedens-raeume.de).

Umgebung von Lindau

Eine angenehme Wanderung führt zum **schönsten Aussichtspunkt** im Lindauer Hinterland. Von der Brauerei Steig im Stadtteil Reutin (Steigstraße) nimmt man den Weg über Streitelsfingen oder durch den malerischen Rickenbach-Tobel, dann unter der B 31 hindurch und hinauf auf die Weißensberger Halde. Ein großartiges Panorama – Pfänder, Bregenzerwald, Bodensee und Appenzellerland mit dem Säntis – ist reicher Lohn für die kleine Mühe. Das Kapellchen dort oben stiftete 1870 Prinzregent Luitpold zum Andenken an seine Gemahlin Auguste, Prinzessin der Toskana und Erzherzogin von Österreich, die 1864 im Alter von 39 Jahren gestorben war. Man braucht ca. 1 Std.; von Weißensberg mit dem RBA-Bus zurück nach Lindau.

Weißensberger Halde

Zwischen dem Bodensee und der Argen dehnt sich eine (besonders im Frühjahr, wenn die Obstbäume blühen) zauberhafte, bucklige Welt aus. Die eigentümlichen, meist ovalen Hügel, »Drumlins« genannt, sind Produkte der eiszeitlichen Vergletscherung. Am besten

Drumlins und Obstbäume

Frühling am Bodensee. Blick von Unterreitnau auf die Berge des Bregenzerwalds

Blaue Stunde in Wasserburg

lernt man sie auf einer schönen Runde mit dem Rad kennen, für die man etwa 3 Std. Fahrzeit rechnen muss (30 km): Von der Insel am See entlang nach Kressbronn, dann nordöstlich über Gattnau zum **Schlein- und Degersee** (Badesachen mitnehmen!), über Oberreitnau und Hoyren zurück nach Lindau. In **Oberreitnau** lohnt ein Blick in die ursprünglich spätgotische Kirche St. Pelagius (Chor 1699, Langhaus 18. Jh.) mit barockem Hochaltar (um 1700); über dem Chorbogen das Wappen des Stifts Lindau. Anschließend kehrt man im gediegenen Gasthof Adler – in prachtvollem Fachwerkbau von 1560 – oder seinem Biergarten ein (Do. geschl., Tel. 0 83 82 / 52 68). Bei Hoyren ragt der Hoyerberg auf, von dem man einen umwerfenden Blick hat (mit Restaurant, ►S. 216).

Hoyerberg ►

Schloss Achberg Nördlich von Esseratsweiler, nahe der Argen, thront in schöner Umgebung das Schloss Achberg. Erbaut 1693–1700 für den Deutschordenskomtur Franz Benedikt Freiherr von Baden, besitzt es einen barocken **Rittersaal mit einer prachtvollen Stuckdecke**, den man u. a. bei Konzerten erleben kann. Geöffnet Ende April–Mitte Okt. Fr. 14.00–18.00, Sa., So. 10.00–18.00 Uhr; fürs leibliche Wohl sorgt die »Alte Schlossküche«. Info unter www.landkreis-ravensburg.de.

Pfänder Für die klassische Wanderung über den Pfänder von Bregenz nach Scheidegg oder umgekehrt ►Lindenberg.

Wasserburg Man sollte es sich nicht nehmen lassen, vom Schiff aus die Ort- und Landschaften am See zu bewundern. Ein überaus hübsches Ensemble bildet die **kleine Halbinsel** von Wasserburg (5 km westlich von Lindau) mit Kirche, Schloss und »Malhaus«. Bis 1705 war sie tatsächlich eine Insel. **St. Georg** geht, wie noch zu erkennen, auf eine Art Kirchenburg des 11. Jh.s zurück. Den schönen bayerischen Zwiebelturm bekam sie 1656; dessen Untergeschoss und der Chor der Kirche datieren von Ende des 14. Jh.s, das Langhaus aus dem 16. Jahrhundert.

Aufgrund des Brandes 1815 ist von der früheren Ausstattung wenig erhalten, so die Pietà von 1705 und der rechte Seitenaltar (1749). Stuck und Wandmalerei wurden 1918–1920 erneuert. Im **Schloss**, heute ein Hotel, residierten als Herren von Wasserburg ab 1537 die Grafen von Montfort, von 1592 bis 1755 die Fugger. Im **Malhaus** (1597) ist das Heimatmuseum untergebracht (geöffnet Mitte April bis Okt. Di. bis Sa. 10.30–12.30, Mi. und Sa. auch 14.30–17.00, So. 10.00–17.00 Uhr). Horst Wolfram Geißler (1893–1983), der das zauberhafte Buch vom »Lieben Augustin« schrieb – auch heute eine nette Urlaubslektüre –, ist auf dem Friedhof bestattet. Im Haus gegenüber dem Bahnhof, früher der Gasthof Walserhof, kam 1927 der Schriftsteller **Martin Walser** zu Welt. Sehr schön ist ein Spaziergang durch das reizvolle Hinterland mit seinen Obstplantagen.

Gute Weine wachsen im benachbarten Nonnenhorn, der letzten bayerischen Gemeinde am See. Von der langen Weinbautradition zeugt in Ortsmitte der **Torkel von 1591**, eine mächtige Traubenpresse, die älteste am Bodensee. Einen Blick wert ist auch die benachbarte spätgotische Kapelle St. Jakobus (15. Jh.) mit beachtlichen Schnitzfiguren; dem Meister des Imberger Altars werden Johannes der Täufer und die hl. Katharina zugeschrieben (um 1480). Vor der Kapelle erinnert ein Gedenkstein an die »Seegfrörne« des Jahres 1880. Zuletzt fror der Bodensee im Februar 1963 ganz zu. Die Staatliche Fischbrutanstalt in Nonnenhorn, eine von fünfen am Obersee, sorgt dafür, dass den rund 150 Berufsfischern und den Tausenden Freizeitanglern die Felchen, Barsche, Seeforellen und Saiblinge nicht ausgehen.

Nonnenhorn

Lindenberg

E 4

Landkreis: Lindau **Höhe:** 762 m ü.d.M.
Einwohnerzahl: 11 500

Das Westallgäu: eine bucklige, wald-und-wiesengrüne Welt mit verstreuten Bauernhöfen, das Ganze vor der herrlichen Kulisse der Allgäuer, Vorarlberger und Appenzeller Alpen. Zentrum dieser Landschaft ist das freundliche Städtchen Lindenberg, das einst für seine Hutindustrie berühmt war.

Lindenberger Pferdehändler – die ihre Tiere bis nach Italien lieferten – hatten im 17. Jh. vermutlich aus Florenz die Technik des Strohflechtens und Hutnähens mitgebracht, und mit modebedingten Höhen und Tiefen florierte dieser Wirtschaftszweig bis zum Zweiten Weltkrieg. Ende des 19. Jh.s zählte man 34 Strohhut-Fabriken, ein Höhepunkt war das Jahr 1913, in dem ca. 8 Mio. Hüte produziert wurden. Heute existiert nur noch eine Hutfabrik. 1914 wurde Lindenberg – als »lintiberc« im Jahr 857 erstmals erwähnt – zur Stadt

Lindenberg gestern und heute

Lauschiges Plätzchen in Lindenberg

erhoben. Wichtige Industriebetriebe sind heute zwei große Käsewerke (Bergland, Bayernland) und die Liebherr-Aerospace, einer der führenden europäischen Hersteller von Flugzeugausrüstungen.

Sehenswertes in Lindenberg und Umgebung

Lindenberg Der Luftkurort in nebelfreier Höhen- und Panoramalage – er gilt als sonnigster Ort Deutschlands – macht mit seiner Stadtpfarrkirche **St. Peter und Paul** Eindruck. Die »barocke« Pracht ist allerdings ein Werk des 20. Jh.s (Weihe 1914), und beim genauen Hinsehen erkennt man den Jugendstil. Die Ausmalung besorgte der Goßholzer Künstler Paul Keck. Die alte Pfarrkirche **St. Aurelius** (1696) mit gotischem Satteldach-Turm besitzt hingegen eine echte Rokoko-Ausstattung. Auf dem Stadtplatz kann man am Samstagvormittag beim

! *Baedeker* TIPP

Entdeckungen auf der Käsestraße

Nirgendwo im Allgäu liegen so viele kleine Sennereien so dicht beieinander wie im Westallgäu. Auf zehn schönen Radstrecken mit insgesamt über 150 km Länge lässt sich die kulinarische Landschaft erleben: handwerklich arbeitende Käsereien, Gast- und Bauernhöfe, eine Brauerei und eine Brennerei bieten ihre köstlichen Produkte an. Informationen bei den Verkehrsbüros, unter Tel. (0 83 82) 2 70-136 und www.westallgaeuer-kaesestrasse.de.

Markt in der großen Auswahl regionaler Produkte schwelgen. Im **Hutmuseum** (geöffnet Febr.–Okt. Mi. 15.00–17.30, So. 10.00 bis 12.00, Juni–Aug. auch Mo. 10.00–12.00 Uhr) erfährt man alles über die Hutherstellung. Der **Waldsee**, ein herrlicher Moorsee, lockt mit einem Freibad, im Winter kann man Eislaufen und Eisstockschießen, und die 50 km lange Super-Loipe führt vom Waldsee bis zum Alpsee bei Immenstadt. In Goßholz (Richtung Heimenkirch) hat die traditionsreiche **Käsefirma Baldauf** ihren Sitz, deren Produkte und Sortiment weit über das Allgäu hinaus geschätzt werden (mit Laden).

Scheidegger Wasserfälle

Eine lohnende Rundwanderung (ca. 3 Std.) von Lindenberg zu den Scheidegger Wasserfällen, die zu den schönsten Biotopen Bayerns zählen: vom Waldsee nach Allmannsried, dann an der Rappenfluh vorbei südlich nach Kinberg. Unterhalb der B 308 stürzt der Rickenbach in den insgesamt 48 m tiefen Felskessel der **Rohrachschlucht**. Etwas weiter östlich gibt es an der B 308 (Gretenmühle) einen Reptilienzoo mit Tropenhaus (geöffnet April–Okt. tägl. 9.00–18.00, im Winter So.–Do. 10.00–17.00 Uhr). Über Bieslings geht man dann nach Scheidegg, dort auf den Blasenberg (s. u.) und schließlich nordöstlich über Buflingsried zurück nach Lindenberg.

Scheidegg

Der heilklimatische und Kneipp-Kurort (4200 Einw.) liegt gut 800 m hoch am Nordausläufer des Pfänders auf einem sonnenreichen Plateau – die Sonne scheint hier über 2000 Stunden im Jahr – vor großartigem Bergpanorama, das man besonders schön z. B. vom **Blasenberg** mit dem Caférestaurant Fünfländerblick genießen kann. Mit dem Bau der Prinzregent-Luitpold-Kinderklinik 1912 entwickelte sich das Dorf, das im Mittelalter dem Kloster St. Gallen und später (bis 1806) zu Österreich gehörte, zum Kur- und Ferienort. Im **Heimathaus** illustriert ein Handwerkermuseum die Vergangenheit des Orts (Anmeldung für eine Führung bei der Kurverwaltung). Einen Blick wert sind die Kirche St. Gallus (1798), die zwischen 1886 und 1918 ihre »Rokoko«-Ausstattung erhielt, und die Annakapelle mit einer spätgotischen »Anna Selbdritt«. In Richtung Scheffau ist das herrlich gelegene **AlpenFreibad** zu finden. Für Wanderungen rund um Scheidegg sind besonders die »Kapellenwege« zu empfehlen (Info bei der Kurverwaltung), ebenso der Gang zum Bilderbuchdorf **Scheffau** (über Unterstein oder Lindenau, gesamt ca. 10 km). Im dortigen Gasthof Rössle trifft sich – und das im Westallgäu! – ein »König-Ludwig II.-Verein«.

Rathaus in Scheidegg

LINDENBERG ERLEBEN

AUSKUNFT
Tourist-Information
Stadtplatz 1, 88161 Lindenberg
Tel. (0 83 81) 8 03-28
www.lindenberg.de

Kurverwaltung
Rathausplatz 4, 88175 Scheidegg
Tel. 0800 8 89 95 55
www.scheidegg.de

Kur- und Gästeamt
Hauptstr. 14, 88171 Weiler
Tel. (0 83 87) 39 15-0
www.weiler-tourismus.de

FESTE UND EVENTS
Fasnacht: Großes Narrentreffen in Scheidegg. So. nach Aschermittwoch: Funkenfeuer. Anf. Mai: Lindenberger Hut-Tag. Letzter Juni-Fr.: Openair-Musik in Weiler. Im Sommer klassische Konzerte in Scheidegg. Letzter Aug.-Sa.: Internationales Käse- und Gourmetfest Lindenberg. 2. Sept.-So.: Großer Handwerkermarkt in Weiler. 2. Okt.-Sonntag: Wendelinsritt in Scheidegg (zum Kinberg).

ESSEN
▶ **Fein & teuer**
Lanz
Stockenweiler, 88138 Hergensweiler
Tel. (0 83 88) 2 43
www.restaurant-lanz.de
Das elegante Restaurant im unscheinbaren Haus ist seit langem »die« feine Adresse des Westallgäus. Haute Cuisine mit Allgäuer Einschlägen, Spezialität sind Fisch und Krebse aus eigener Zucht. Geöffnet Fr.–Di. ab 18.00 Uhr.

▶ **Preiswert**
Zum Hirschen
Scheidegg, Kirchstr. 1
Tel. (0 83 81) 21 19
300 Jahre alter, geschmackvoll renovierter Gasthof in der Ortsmitte. Serviert werden verfeinerte Allgäuer Spezialitäten. Di.abend und Mi. geschlossen.

Bräustatt und Taferne
Simmerberg, Ellhofer Str. 2
Tel. (0 83 87) 38 06
Stattliches Brauereigebäude von 1897 mit »Erlebnisbrauerei« und Biergarten, große Speisekarte.

ÜBERNACHTEN
▶ **Komfortabel / Luxus**
Tannenhof
Weiler, Lindenberger Str. 33
Tel. (0 83 87) 12 35
www.tannenhof.com
Großes Kur- und Sporthotel im neuzeitlichen Alpenstil, mit Badelandschaft, Therapie-, Fitness- und Beauty-Zentrum, Tennisplätzen und vielem anderem mehr. Gediegen-rustikale Restaurants.

▶ **Komfortabel**
Hotel Waldsee
Lindenberg, Austraße 41
Tel. (0 83 81) 92 61-0
www.hotel-waldsee.de
Feines Haus im Villenstil unmittelbar am schönen Moorsee, mit eleganter, dennoch heimeliger Atmosphäre. Das Restaurant überzeugt mit leichter internationaler und Allgäuer Küche.

▶ **Günstig**
Adler
Ellhofen, Neideggstr. 1
Tel. (0 83 84) 3 72
Aus dem einstigen Amtshaus des Deutschen Ordens von 1570 wurde ein familiärer Gasthof mit angenehmen Zimmern. Es kocht der Chef.

Höhenluftkurort: Scheidegg vor dem Panorama der Vorarlberger Alpen

Mit wunderbarem Blick auf den **Bodensee und die Schweizer Berge** (Säntis) geht man in ca. 3.30 Std. von Scheidegg über Möggers, Trögerhöhe und Fürberg zum Gipfel des Pfänders (1062 m). Mit der Seilschwebebahn fährt man nach ▶Bregenz hinunter, mit Bus, Bahn oder Schiff nach Lindau und wieder zurück mit dem Bus. Mit dem Fahrrad macht man die Runde in umgekehrter Richtung, denn so fährt man im großen Ganzen immer bergab (ca. 45 km / 3.30 Std.).

✶✶ **Pfänder**

Auch Weiler ist ein reizvoller Höhenluftkurort (600 – 900 m). Am Kirchplatz stehen das Rathaus von 1681 und die Pfarrkirche St. Blasius (1796), ein klassizistischer Saalbau mit Deckenfresken von A. Brugger. Im **Kornhaus** sind bäuerliche und handwerkliche Geräte zu sehen, außerdem Werke heimischer Künstler. Im einstigen Gasthof Löwen vermittelt das Westallgäuer Heimatmuseum einen Überblick über die Volkskultur des Ländchens – ein echtes Schmuckkästchen (geöffnet im Sommer Di., Do. 14.30 – 17.00, Mi., Sa. 10.00 – 12.00, 14.30 – 17.00, So. 10.00 – 12.00 Uhr). Ein riesiger Findling nordöstlich von Weiler und der Enschenstein südlich des Orts – von Einheimischen meist als **Menschenstein** bezeichnet; er soll einst den Illyrern und später den Römern als Zufluchtsort gedient haben – sind beliebte Ausflugsziele. Letzteren erreicht man am schönsten durch die wildromantische **Hausbachklamm**, zurück über Krähnberg oder Hagelstein (hin und zurück ca. 2.30 Std.).

Weiler

✶ ◀ Westallgäuer Heimatmuseum

Etwa 5 km östlich von Lindenberg, bei Rentershofen, ist ein gewaltiger Bahndamm zu bestaunen: erbaut zwischen 1847 und 1853 als Teil der Ludwigs-Süd-Nordbahn, mit 901 m Länge, 53 m Höhe, 260 m Sohlbreite und 22 m Kronenbreite damals der größte der Welt.

Rentershofen

Von der B 308 zwischen Simmerberg und ▶Oberstaufen hat man an herrliche Ausblicke auf die Schweizer Berge mit dem Säntis.

Deutsche Alpenstraße

Marktoberdorf

J 3

Landkreis: Ostallgäu **Höhe:** 727–790 m ü. d. M.
Einwohnerzahl: 18 500

Das Landstädtchen zwischen Schongau und Kempten, Hauptort des Landkreises Ostallgäu, ist bei Musikfreunden bekannt: Im Barockschloss der Augsburger Fürstbischöfe ist die Bayerische Musikakademie zu Hause, deren Kurse, Konzerte und Wettbewerbe das ganze Jahr über Teilnehmer und Zuhörer aus aller Welt anziehen.

Aus der Geschichte   Nachdem »Oberdorf«, das ab 1299 dem Hochstift Augsburg gehörte, im Jahr 1453 das Marktrecht erhalten hatte, nannte es sich »Markt Oberdorf«; als der Ort genau 500 Jahre später zur Stadt erhoben worden war, wurde nur die Schreibweise geändert. Nach dem Zweiten Weltkrieg ließen sich hier viele Flüchtlinge nieder, wodurch sich die Einwohnerzahl in wenigen Jahren verdoppelte.

Sehenswertes in Marktoberdorf

Schlossberg   Über dem Städtchen thronen die Stadtpfarrkirche St. Martin und die **Sommerresidenz der Augsburger Fürstbischöfe**. Architekt des recht schlichten Vierflügelbaus (1723–1728) war der Füssener Johann

In Marktoberdorf schufen sich die Augsburger Bischöfe ihre Sommerresidenz.

► Marktoberdorf   ZIELE   229

MARKTOBERDORF ERLEBEN

AUSKUNFT

Touristikbüro
Jahnstr. 1
87616 Marktoberdorf
Tel. (0 83 42) 40 08 45
www.marktoberdorf.de

Bayerische Musikakademie
Tel. (0 83 42) 96 18-0
www.modmusik.de
www.modfestivals.org

FESTE UND EVENTS

Pfingstwochenende: Festival Musica Sacra International (in geraden Jahren), Internationaler Kammerchor-Wettbewerb (in ungeraden Jahren). Anfang Dez.: Landeswettbewerb »Jugend jazzt«. Karten für alle Veranstaltungen der Musikakademie verkauft die Buchhandlung Pötzl, Marktoberdorf, Tel. (0 83 42) 4 03 54. Auf dem Auerberg findet am So. nach dem 23. April der Georgi-Ritt mit »römischen« Reitern statt.

SHOPPING

In Marktoberdorf fertigt die bekannte Firma Rösle hochwertiges und hochpreisiges Handwerkszeug für Hobbyköche. Im Fabrikverkauf kann man aus fast 700 Geräten wählen (Johann-Georg-Fendt-Str. 38, geöffnet Mo – Fr. 10.00 – 18.00, Sa. 10.00 – 14.00 Uhr). Werksbesichtigungen organisiert das Touristikbüro.

ÜBERNACHTEN / ESSEN

► **Günstig**

Gasthof zum Hirsch
Marktoberdorf, Georg-Fischer-Str. 1
Tel. (0 83 42) 23 42
Ordentlicher, gemütlicher Gasthof mit schlichten Zimmern und gutbürgerlicher Allgäu-Küche.

Landes-Jugendjazzorchester Bayern

Voglerwirt
Leuterschach (5 km südwestlich)
Tel. (0 83 42) 25 07
Paradies für Fleischesser (eigene Metzgerei) mit preisgekrönter Hausmacherküche. Moderne Zimmer.

Landgasthof Sonne
Stötten, Dorfstr. 7, Tel. (0 83 49) 2 11
www.landgasthofsonne.de
Solider Traditionsgasthof mit hervorragender schwäbisch-Allgäuer Küche und nettem Wirtsgarten. Fünf schlichte Gästezimmer.

Georg Fischer. Seit 1985 ist hier die zweite **Bayerische Musikakademie** ansässig, die im Jahr 150 Kurse aller Art veranstaltet, vor allem für junge Leute. Weltweit anerkannt sind ihre Festivals, die Menschen aus aller Welt zusammenbringen: Festival Musica Sacra International, Internationaler Kammerchor-Wettbewerb. Auch der Landeswettbewerb »Jugend jazzt« – für Solo und Ensemble im jährlichen

Wechsel – ist eine feste Größe im Musikleben. Darüber hinaus finden das ganze Jahr über Konzerte aller Art statt, etwa im Rahmen der Sommerakademie (auch an anderen Orten im Allgäu).

Auch die Kirche **St. Martin** mit schönem Zwiebelturm ist ein Werk von J. G. Fischer (1732–1738). Ihr lichter Innenraum bezaubert mit feinem Stuck des Wessobrunners A. Bader (1733) und zartfarbigen Deckengemälden von F. G. Hermann, der u. a. für die Kemptener Fürstbischöfe tätig war; den mächtigen Hauptaltar schuf Leonhard Fischer 1747. Vor der Chornordwand liegt die Grabkapelle für Clemens Wenzeslaus von Sachsen († 1812), den letzten Augsburger Fürstbischof. Vom Schloss führt eine schöne **Lindenallee**, die Clemens Wenzeslaus ab 1774 anlegen ließ, 2 km nach Osten zur B 472.

> **? WUSSTEN SIE SCHON …?**
>
> ■ Im Jahr 1930 bauten die Gebrüder Fendt den ersten Kleinschlepper Europas mit 6 PS, heute beschäftigt die weltbekannte Firma – zur AGCO Corporation gehörend – in Marktoberdorf 1800 Menschen. Weitere Informationen gibt es unter www.fendt.com. Die Internetseite lädt außerdem zu einem virtuellen Rundgang ein.

Stadt Im Martinsheim unterhalb des Schlossbergs sind drei **Museen** untergebracht: Stadtmuseum (Geschichte und Kultur Marktoberdorfs, geöffnet Mi. 14.00 – 16.00, So. 10.00 – 12.00, 14.00 – 16.00 Uhr), Riesengebirgsmuseum (Volkskunde des Riesengebirges bzw. des Landkreises Hohenelbe, Mi. 10.00 – 12.00, 13.30 – 15.30, Fr. 10.00 – 12.00 Uhr , 1. So. im Monat 10.00 – 12.00 Uhr) und das Paul-Röder-Museum (v. a. Gemälde des Marktoberdorfers P. Röder, 1896 – 1962). In der Ortsmitte sind das Alte Rathaus (1723 von J. G. Fischer umgestaltet), die Städtische Galerie mit schwäbischen Werken des 20. Jh.s und das Heimatmuseum interessant. Letzteres ist im **Hartmannhaus** untergebracht, einem über 450 Jahre alten Bauernhof (Meichelbackstr. 16, geöffnet am 2. So. im Monat 14.00 – 16.30 Uhr und n. V. Tel. 0 83 42 / 9 54 63). Im Norden liegt an der Schwabenstraße das **MODeon**, der Kultur- und Musiktempel der Stadt (gutes Restaurant).

Umgebung von Marktoberdorf

Altdorf Die Kirche Mariä Himmelfahrt in Altdorf 4 km nördlich von Marktoberdorf besitzt schöne Fresken von Matthäus Günther (1748), die ikonographisch und kirchengeschichtlich bemerkenswert sind: Im Chor empfängt der Heilige Geist, dargestellt als attraktiver junger Höfling, Maria als seine Braut. Diese sehr irdische Szene geht auf Visionen der hl. Crescentia zurück (▶ Kaufbeuren), die auch einige andere Künstler zu vergleichbaren Bildern inspirierten, ungeachtet des deutlichen Verbots des Papstes 1745. Zu beachten sind auch der zartfarbige Wessobrunner Stuck und im neobarocken Hauptaltar (1963) die wunderbaren Figuren von Ignaz Hillenbrand aus Türkheim (Maria Immaculata mit Joachim und Anna, um 1740).

Görwangs

Etwa 14 km nordwestlich von Marktoberdorf (2 km von Aitrang) steht auf aussichtsreichem Buckel über dem Weiler Görwangs die Wallfahrtskirche St. Alban, die im Jahr 1510 begründet und bis 1701 neu errichtet wurde. Von der überaus reichen Ausstattung sind v. a. der Hochaltar (Johann Jakob Herkomer zugeschrieben) und die prachtvolle **Holztäferdecke** hervorzuheben, bemalt vermutlich von Georg Wassermann (um 1700).

★ **Bertoldshofen**

Ein schöner einstündiger Spaziergang führt vom Marktoberdorfer Schloss auf dem Prälatenweg – zunächst durch die alte Lindenallee – nach Bertoldshofen. Das Dorf überrascht mit der architektonisch ungewöhnlichen und überreich gestalteten Pfarrkirche **St. Michael**, die ebenfalls Johann Georg Fischer 1727–1731 erbaute. Der Ortspfarrer wünschte sich, nach dem Vorbild von S. Antonio in Padua, eine **Kirche mit fünf Kuppeln**. Nur die Chorkuppel ist gemauert, die anderen sind aus Holz konstruiert. Bewegter Laub- und Bandelwerkstuck des Wessobrunners Ignaz Finsterwalder umrahmt die Fresken von A. W. Haffe und M. Wolcker (1730–1733), die Figuren aller Altäre stammen von Ignaz Hillenbrand. Man beachte das Oratorium über der Sakristei: Das Deckenbild, ein Manifest der Gegenreformation, zeigt, wie der Papst die »Irrlehrer« Luther, Calvin, Zwingli und Hus überwältigt. Von 1692 datiert der überlebensgroße hl. Rochus, der einst in der Rochuskapelle stand. Wen es noch nach Natur verlangt, dem sei die Wanderung zu den Seen weiter östlich empfohlen: über Hausen zu **Galgen-, Korb- und Bischofsee**, zurück über Selbensberg (gesamt ca. 3 Std.). Von Bertoldshofen kann man auf dem Prälatenweg zum Auerberg gehen (ca. 3 Std., s. u.).

★★ **Auerberg**

Der 1056 m hohe Auerberg, der **»schwäbische Rigi«**, liegt ca. 10 km südöstlich von Marktoberdorf, und zwar (verwaltungsmäßig) halb in Schwaben, halb in Oberbayern – der Blick in alle Richtungen ist großartig. Bei klarem Wetter hat man nicht nur Hunderte von Gipfeln der Allgäuer und Bayerischen Alpen vor sich, selbst Augsburg und die Türme der Münchner Frauenkirche sollen zu erkennen sein. Von Osten kurvt ein Sträßchen hinauf, eine Herausforderung für Radsportler (von Bernbeuren ca. 280 m Anstieg). Die klassische Wanderung führt von Bernbeuren in 1.30 Std. durch die wildromantische **Feuersteinschlucht** zum Gipfel, für den Rückweg kann man den Prälatenweg an der Südflanke nehmen. Schon zu keltischer Zeit war der Berg ein Wallfahrtsort; als

Auf dem Auerberg thront die Georgskirche.

Ein Traum: Am frühen Morgen auf dem Auerberg

Zentrum der Licatier war er mit einem gewaltigen Befestigungssystem gesichert. Dennoch wurde er um 15 v. Chr. von den Römern erobert, später lag hier eine Militärstation. Heute wird der Berg von der spätgotischen **St.-Georgs-Kirche** mit romanischem Turm bekrönt (auch dieser ist zugänglich – von oben soll man 230 Orte sehen können); im barocken Inneren sind die Holztäferdecke aus dem 17. Jh., die Altäre, eine Rosenkranz-Madonna von 1641 und die Mondsichel-Madonna des Kaufbeurer Schnitzers Jörg Lederer (um 1520) hervorzuheben. Natürlich gibt es auch einen Gasthof (Tel. 0 88 60 / 2 35). Weithin bekannt ist der prachtvolle **Georgiritt** auf dem Auerberg am Sonntag nach dem 23. April, mit einem »heiligen Georg« und römischen Soldaten zu Pferd.

Stötten In Stötten zu Füßen des Auerbergs lohnt sich ein Halt zweifach. Die Pfarrkirche St. Peter und Paul besitzt im Chor herrlichsten Stuck der Wessobrunner Johann Schmuzer und Sohn Franz (1699); das Langhaus des spätgotischen Kirchenbaus wurde von J. J. Herkomer umgestaltet (1720). Im guten Landgasthof Sonne kann man ein Päuschen einlegen (▶S. 229).

Wertachtal Zwischen dem Grüntensee und Marktoberdorf schlängelt sich die Wertach durch eine hübsche, weitgehend ursprüngliche Landschaft. Besonders bemerkenswert sind der teils schwer zugängliche Bereich zwischen Maria Rain und Görisried (▶Nesselwang, S. 255) und der Abschnitt zwischen Görisried und Leuterschach, wo sich die Wertach 70 m tief in einen Molasserücken eingegraben hat; nördlich von Bergers führt ein romantischer Weg ca. 3 km durch die Enge.

… Memmingen **ZIELE**

Memmingen

Einwohnerzahl: 41 200   **Höhe:** 595 m ü. d. M.

Memmingen, Hauptort des Unterallgäus und bedeutender Wirtschaftsstandort, war einst eine betuchte Freie Reichsstadt. Eine reizvolle Altstadt und große Kunstschätze, auch in der Umgebung – mit der Kartause Buxheim und dem Benediktinerkloster Ottobeuren –, lohnen den Besuch.

Schon 1506 schickte die Memminger Handelsgesellschaft, im Verein mit den Augsburger Welsern, Schiffe nach Übersee. In dem Flecken an der Kreuzung der Straße von Ulm zum Fernpass und der ostwestlich verlaufenden Salzstraße hatte Herzog Welf VI. um 1160 eine Burg errichtet. 1268 erhielt er das Stadtrecht und 1438 die Privilegien der Freien Reichsstadt. Der Handel mit lebens- und kriegswichtigen Gütern – Leder, Eisen, Stoffe, Wein, Salz, Gewürze etc. – machte die Stadt reich; 1347 erzwangen die Handwerker die paritätische Besetzung des Rats durch Patrizier und Zünftler. 1525, im Schwäbischen Bauernkrieg, verabschiedeten die Bauern hier die **»Zwölf Artikel«**, eine gemäßigte Charta von Menschenrechten, die u. a. die Aufhebung der Leibeigenschaft, den Zehnten und der Frondienste forderte. Der Dreißigjährige Krieg brachte Hunger und Elend; das katholische Heer unter Wallenstein hielt sich 1630 vier Monate in der Stadt auf (woran mit dem **Wallensteinfest** alle vier Jahre erinnert wird), 1632 folgte sein Kontrahent, der Protestantenführer König Gustav Adolf von Schweden. Heute ist das wirtschaftsstarke Memmingen Sitz großer Speditionen und bedeutender Industrie, v. a. Maschinenbau, Elektronik, Wellpappe und Fahrräder, dazu des Weltmarktführers in Gelatine (Gelita AG). Aber auch die Kulturszene muss sich nicht verstecken, mit dem Landestheater Schwaben, dem PIK (Parterretheater im Künerhaus) und dem Jazz Art Memmingen; die moderne Stadthalle und die Eissporthalle sind Rahmen für Opern und Klassik, für Musical und Popkonzerte.

Memmingen gestern und heute

Sehenswertes in Memmingen

Was für ein Bild muss das gewesen sein: Im 16. Jh. umgab eine 4 km lange **Mauer mit nicht weniger als 37 Türmen und Toren** die Stadt. Von der Stadtmauer sind im Westen noch 2,5 km erhalten, von den Toren nur fünf: Ulmer Tor, Westertor, Lindauer Tor, Kempter Tor und Einlaßtor. Im Norden der Altstadt liegt der schöne »schwäbische« Marktplatz, das repräsentative Zentrum der Freien Reichsstadt. Dienstags und samstags wird hier Markt gehalten, hier treffen sich die Bürger zum Stadtfest, zum Kinderfest und Fischertag. Das prachtvolle **Renaissance-Rathaus** von 1589 erhielt seinen Rokokoschmuck 1765; links schließt sich das lange **Steuerhaus** mit Arkaden

Marktplatz

an (15./16. Jh., Fassadengestaltung 1909) und rechts die **Großzunft** (1719, Vorgängerbau 15. Jh.), einst Versammlungs- und Ballhaus der Patrizier, heute von der Stadtverwaltung genützt.

Vom Marktplatz führt die von Laubengängen gesäumte Zangmeisterstraße, die älteste Handelsstraße der Welfenstadt (mit dem Laden der renommierten Confiserie Heilemann), zur Stadtpfarrkirche St. Martin. Gegenüber deren Chor steht der Hermansbau, ein spätbarocker Palazzo, erstellt 1765/1766 für den im Venedighandel reich gewordenen Kaufmann Benedikt von Herman(n). In den original ausgestatteten, prächtigen Räumen illustriert das **Stadtmuseum** die Geschichte Memmingens und der sudetendeutschen Patenstadt Freudenthal (geöffnet Mai – Okt. Di. – Fr., So. 10.00 – 12.00, 14.00 – 16.00 Uhr).

Hermansbau

Die evangelische Stadtpfarrkirche St. Martin ist eine mächtige Basilika aus der Spätgotik. An ihr wurde über hundert Jahre gebaut, vom 14. Jh. bis 1500, als der Chor nach Plänen des Ulmer Münsterbaumeisters Matthäus Böblinger fertiggestellt wurde; Erweiterungen und Umgestaltungen folgten. In der Reformation, 1531, wurde die Bilderausstattung fast ganz zerstört. Der größte Schatz der Kirche ist das **grandiose Chorgestühl**, an dem mehrere Memminger Meister von 1501 bis 1507 arbeiteten. Die 22 lebensvollen Figuren an den Wangen porträtieren Bürgerinnen und Bürger der Stadt. Die beeindruckenden Wandmalereien, vor und nach der Reformation entstanden, sind ein wichtiges Zeugnis der **Memminger Malschule**, besonders der Familie Strigel. Die Kirche ist zugänglich in April 11.00 – 14.00, in Mai – Sept. 10.00 – 17.00, 1. – 15. Okt. 10.00 bis 16.00 Uhr. In Konzerten kann man die moderne Orgel erleben (Goll/Luzern, 1998). Der 66 m hohe **Turm**, ein Wahrzeichen der Stadt, ist von Mai bis Okt. um 15.00 Uhr zu zu ersteigen und bietet einen prachtvollen Ausblick über Stadt und Umgebung. Danach lädt nebenan in der Zangmeisterstraße die nette Memminger Kaffeestub' zur Pause.

★★
St. Martin

Im Chorgestühl verewigt: Kirchenpfleger Holzschuher

Südlich von St. Martin liegt der hübsche Martin-Luther-Platz, das geistliche Zentrum der Stadt, mit der Antonierkirche. Die Antoniter waren im Mittelalter ein bedeutender Bettelorden – Ende des 15. Jh.s betrieb er etwa 370 Spitäler in Europa –, der sich der am »Heiligen

Antonierkirche und -haus

← *Marktplatz mit Steuer-und Rathaus, von St. Martin aus gesehen*

MEMMINGEN ERLEBEN

AUSKUNFT

Stadtinformation
Marktplatz 3, 87700 Memmingen
Tel. (0 83 31) 85 01 72
www.memmingen.de

Gemeindeamt Buxheim
Kirchplatz 2, Buxheim
Tel. (0 83 31) 97 70-0
www.buxheim.de
www.heimatdienst-buxheim.de

Touristikamt Ottobeuren
Marktplatz 14, 87724 Ottobeuren
Tel. (0 83 32) 92 19 50
www.ottobeuren.de

ALLGÄU AIRPORT

3 km östlich von Memmingen
Bus 2 zum Bahnhof Memmingen
Tel. (0 83 31) 98 42 00-0
www.allgaeu-airport.de

FESTE UND EVENTS

Memmingen: 2. Mai-Hälfte Bayerische Theatertage. Mai/Juni: Memminger Meile (Kulturfestival). Stadtfest um den 10. Juni, um den 20. Juli Kinderfest (Do.) und Fischertag (Sa.). Ende Juli: Wallensteinfest (alle 4 Jahre, wieder 2012).
Ottobeuren: Mai – Okt. Konzerte im Kloster (Karten beim Touristikamt Ottobeuren).

ESSEN

▶ **Erschwinglich / Preiswert**
① *Weinstube Weber am Bach*
Memmingen, Untere Bachgasse 2
Tel. (0 83 31) 24 14
Gutbürgerliches, recht gediegenes Restaurant mit schwäbisch-Allgäuer Küche. Kein Ruhetag.

② *Zum Goldenen Löwen*
Memmingen, Schrannenplatz 2
Tel. (0 83 31) 52 90, Mo. geschlossen
Der über 500 Jahre alten Goldene Löwen gilt als schönste Weinstube Memmingens. Ab 18 Uhr geöffnet.

▶ **Preiswert**
③ *Zur Krone*
Kronburg, Hauptstr. 17
Tel. (0 83 94) 2 37, Mo./Di. geschl.
Solider Brauereigasthof, schon 1576 erwähnt und seit 1891 in Familienbesitz. Wohltuend schlichte Gaststube und Biergarten mit schönem Ausblick über den Illerwinkel. Am 1. Advent wird der Bock angestochen, den es bis in den Mai gibt; im Sommer erfrischt das naturtrübe Zwickelbier.

ÜBERNACHTEN

▶ **Komfortabel**
① *Weißes Ross*
Memmingen, Salzstr. 12
Tel. (0 83 31) 9 36-0

Spätgotische Kirche St. Martin

www.weissesross.de
Gehobenes Hotel in einem stattlichen Haus aus dem 15. Jahrhundert. Die Gastzimmer sind antik bzw. rustikal gestaltet. Man speist im klassischen Restaurant, in wunderbaren Gewölben oder auf der stimmungsvollen Terrasse.

▶ Günstig

② *Landgasthof Weiherhaus*
Buxheim, Am Weiherhaus 13
Tel. (0 83 31) 7 21 23
www.weiherhaus-buxheim.de
Südlich von Buxheim am Weiher gelegener, familiengeführter Gasthof mit über 400-jähriger Geschichte. Die Zimmer sind schlicht-modern, die Gaststube gemütlich. Man ist stolz auf die große Auswahl an Maultaschen.

③ *Zum Mohren*
Ottobeuren, Marktplatz 1
Tel. (0 83 32) 92 13-0
www.gasthof-mohren.de
Der Gasthof ist über 400 Jahre alt, die Zimmer modern. Die Küche bietet bayerisch-allgäuer Schmankerln wie Krautkrapfen oder Spanferkel in Bockbiersauce.

④ *Schloss Kronburg*
Burgstraße 1, 87758 Kronburg
Tel. (0 83 94) 2 71
www.schloss-kronburg.de
Fast herrschaftlich, aber zu bürgerlichen Preisen wohnt man in den modernen, edel ausgestatteten Appartements im Gästehaus des Schlosses südlich von Memmingen.

Memmingen *Orientierung*

Feuer« Erkrankten annahm: einer Vergiftung mit Mutterkorn, einem Pilz, der das Brotgetreide befiel. Die Antonierkirche, seit dem 16. Jh. evangelische **Kinderlehrkirche**, wurde 1378 – 1512 erbaut (nicht zugänglich). Das Nordportal schmückt ein Werk von Bernhard Strigel (um 1520): die Kreuzigung Jesu sowie Szenen aus der Legende des hl. Antonius Eremita; links ist ein am Antoniusfeuer Erkrankter mit amputiertem Bein dargestellt. Westlich am Platz das stattliche vierflügelige **Antonierhaus** (Spital) aus dem 15. Jh., in dem außer der Stadtbibliothek zwei Museen ansässig sind: das Antonitermuseum und das Strigel-Museum (geöffnet Di. – Sa. 10.00 – 12.00, 14.00 bis 16.00, So. 10.00 – 16.00 Uhr). Letzteres ist der berühmten **Memminger Künstlerdynastie Strigel** gewidmet, die im 15./16. Jh. die süddeutsche Malerei und Bildhauerei prägte: Hans Strigel d. Ä. (geb. um 1400), seine Söhne Hans d. J. und Ivo (1430 – 1516) sowie, der bedeutendste, der Enkel Bernhard Strigel (um 1465 – 1528), der v. a. als Porträtist Berühmtheit erlangte. Im atmosphärereichen Innenhof kann man sich bei vorzüglichem Kuchen aus dem Café Kunz laben.

Strigel-Msueum ▶

! *Baedeker* TIPP

Stadtbach und Fischertag

Memmingens »Schlagader« fließt durch die ganze Altstadt: In früheren Zeiten nutzten Handwerker in vielfältiger Weise das Wasser des Stadtbachs, heute säumen ihn nette Läden, Weinstuben und Cafés. Am letzten Samstag vor den Sommerferien wird er beim Fischertag leergefischt – das älteste und größte Spektakel im Kalender der Stadt. Morgens um acht »jucken« tausend männliche Memminger ins Wasser, und wer die größte Forelle erwischt, wird Fischerkönig. Das Fest beginnt aber schon am Abend vorher und dauert am Samstag mit allerhand Kurzweil bis zum Feuerwerk um 23 Uhr.

Fuggerbau

Die Fugger hatten auch in Memmingen eine Niederlassung: einen mächtigen Vierflügelbau, den Jakob Fugger bis 1591 erstellen ließ. 1630 nahm Wallenstein hier Quartier, 1632 König Gustav Adolf. Nur der Innenhof ist zugänglich, da in Privatbesitz.

Weitere Sehenswürdigkeiten

Die **Kreuzherrenkirche**, einst eine zweischiffige gotische Spitalkirche, bekam 1709 ihren großartigen Wessobrunner Stuck, der die Gewölbe wie eine Spitzendecke überzieht. Sie wird als Konzert- und Ausstellungsraum genützt (geöffnet April – Okt. Di. – So. 14.00 – 17.00, Sa. auch 10.00 – 12.30 Uhr; mit Café). Am **Weinmarkt** stehen etliche schöne Zunfthäuser, in der Kramerzunft (Nr. 15) wurden die »Zwölf Artikel« des Bauernkriegs verfasst. Das **Stadttheater**, bis 1802 Zeughaus, ist Heimat des Landestheaters Schwaben (Spielzeit Sept. – Juni). Das markanteste Haus Memmingens steht am Gerberplatz: das **Siebendächerhaus** (1601). In seinen vielen luftigen Dachböden hängten die Gerber die Häute zum Trocknen auf. Der **Schrannenplatz** entstand erst 1951; im 15. Jh. lag hier das Zentrum des Getreidehandels. Das den Platz dominierende Verlagshaus der Memminger Zeitung ist eine der schwersten Bausünden der Nachkriegszeit.

◄ **Unser Frauen**

Die erst 1891 wiederentdeckten Wandmalereien in der evangelischen Stadtpfarrkirche Unser Frauen (15. Jh.) in der südlichen Altstadt, geschaffen 1456 – 1460 von Hans Strigel d. J., zählten zu den bedeutendsten der Zeit in Süddeutschland; zu beachten sind auch die Vorhallen-Fresken von Hans Strigel d. Ä. und die zauberhafte »Hawanger Madonna« von Ivo Strigel (um 1500) links des Chorbogens.

◄ **Mewo Kunsthalle**

Das Königlich Bayerische Postamt von 1901 am Bahnhof (Bahnhofstr. 1) fungiert heute als Mewo Kunsthalle Alte Post (geöffnet Di.– So. 11.00 – 17.00 Uhr). Zu sehen sind Wechselausstellungen oder Werke aus dem Depotbestand des Memmingers Max Unold (1885 – 1964), einem interessanten Vertreter der Neuen Sachlichkeit, und Josef Madlener (1881 – 1967). Letzterer lebte und arbeitete in seinem Geburtsort Amendingen bei Memmingen. Nachdem bekannt wurde, dass J. R. R. Tolkien den Gandalf im »Herrn der Ringe« nach einem Bild Madleners gestaltete, wurde der romantisierende Landschafts- und Naturmaler »wiederentdeckt«. Sehenswert ist auch das **Parishaus** (Ulmer Str. 9), ein schönes Rokokogebäude von 1736 (zu Ausstellungen geöffnet; Infos: www.memmingen.de/kultur.html).

Benninger Ried

Am südöstlichen Stadtrand ist das Benninger Ried interessant, weltweit einziger Standort der **Riednelke**, die von Mai bis in den Hochsommer hinein blüht. Einen Blick wert ist auch die Riedkapelle (Kapelle zum Hochwürdigen Gut, 17. Jh.), deren Vorgängerbau (1218) durch ein angebliches Hostienwunder veranlasst wurde.

Allgäu Airport

Der ehemalige Bundeswehr-Fliegerhorst in Memmingerberg (östlich von Memmingen) ist zum Verkehrsflugplatz mutiert. Die TUI nützt ihn für Ferienflüge, außerdem ist er im Linienverkehr von Berlin und Hamburg aus zu erreichen. Interessierte Gruppen ab 5 Personen

In der Kartause Buxheim lebte man in klösterlicher Strenge, dennoch nicht freudlos.

können ihn im Rahmen einer Führung besichtigen; Anmeldung mindestens 2 Wochen vorher unter Tel. (0 83 31) 98 42 00-105.

Umgebung von Memmingen

★★
Buxheim an der Iller

Der westliche Vorort Buxheim (3000 Einw.) besitzt mit dem ehemaligen **Kartäuserkloster** ein besonderes Kleinod. Die Kartäuser, im Jahr 1084 durch den hl. Bruno von Köln gegründet (Grande Chartreuse bei Grenoble), sind ein kontemplativer Orden, dessen Mönche fast wie Einsiedler unter strengem Schweigen in kargen Zellen leben. Das im 13. Jh. gegründete Buxheimer Chorherrenstift ging 1402 an die Kartäuser, 1548 wurde die Kartause (als einzige) reichsunmittelbar. Nach der Säkularisation kam es in den Besitz der Grafen Waldbott-Bassenheim, die noch im selben Jahrhundert etliche Kunstschätze verkaufte, um ihre hohen Schulden loszuwerden. Seit 1926 ist die heiter und freundlich wirkende Anlage im Besitz der Salesianer, die hier eine bekannte Internatsschule führen. Einige der Zellen sind als **Museum** zugänglich; hier wird auch die Geschichte des Ordens und des Orts dargestellt. Der Große Kreuzgang durchquerte die Klosterkirche und teilte sie in Mönchschor und Brüderkirche. In Ersterem steht das überwältigende **Chorgestühl** – das schönste in Süddeutschland –, das der Tiroler Ignaz Waibel von 1684 bis 1689

? WUSSTEN SIE SCHON ...?

■ Graf Hugo verkaufte das Buxheimer Chorgestühl 1883 zu einem Spottpreis nach Holland. Dann kam es nach London in den Besitz des Direktors der Bank of England. Dieser wiederum schenkte es einem Hospital, das in den 1960er Jahren in die Grafschaft Kent verlegt wurde. Auf dieser Odyssee wurde es mehrfach zersägt, um es den Örtlichkeiten anzupassen, und sogar schwarz lackiert. 1980 konnte der Bezirk Oberschwaben das Gestühl zurückkaufen. Nach langwieriger Restauration zeigt es sich wieder in alter Pracht.

schuf. Außer überschwenglichen Schmuckformen sind es ausdrucksstarke Figuren von Aposteln, Heiligen und Ordensstiftern, Dämonen und Propheten, die zum genauen Schauen verführen. Auch sonst ist die Kirche eine Augenweide. Ihre Baugeschichte umfasst drei Hauptphasen: Mönchschor (um 1300) und Langhaus (ab 1402), Umbau und Barockisierung 1680–1712 mit Stuck und Fresken von den berühmten Brüdern Johann Baptist und Dominikus Zimmermann, 1957 Entfernung des Kreuzgangteils in der Kirche. Dominikus Zim

Wunderwerk der Schnitzkunst: Buxheimer Chorgestühl

mermann gestaltete ab 1738 auch die **Anna-Kapelle** um, ein zauberhaftes Rokoko-Kleinod mit ungewöhnlicher, detailreicher Architektur. Kartause und Kirche sind zugänglich April – Okt. tägl. 10.00 – 12.00, 14.00 – 17.00 Uhr (Einlass bis 30 Min. vor Schließung), Nov.– März nur in Führungen (Tel. 0 83 31 / 6 18 04).
Die ans Kloster gebaute **Pfarrkirche St. Peter und Paul**, ein Werk von Dominikus Zimmermann (ab 1725), ist mit Fresken des fürstkemptischen Hofmalers F. G. Hermann und Statuen des Füsseners Anton Sturm ausgestattet; besonders wertvoll ist die berühmte **Buxheimer Madonna**, eine überlebensgroße gotische Muttergottes aus Terrakotta im sog. Weichen Stil (um 1430). Südlich des Orts kann man am **Buxheimer Weiher** relaxen (mit Strandbad und Campingplatz; Restaurant Seegarten und Café Wiesengrund).

Oberschwäbische Barockstraße

Kunstfreunde sollten von Buxheim aus den Ausflug nach Rot an der Rot und Ochsenhausen nicht auslassen, deren Klöster zu den großen Schätzen der Oberschwäbischen Barockstraße zählen.

Kronburg

Der malerische **Illerwinkel** südlich von Memmingen wartet mit einer Reihe sehens- und erlebenswerter Dinge auf. In Kronburg thront ein imposantes Renaissance-Schloss auf seinem Berg, vom Vorplatz hat man einen schönen Ausblick über die Allgäuer Hügellandschaft bis zu den Alpen. Baron bzw. Baronin von Vequel-Westernach führen Gäste persönlich durch ihr Reich, zwischen Mai und Okt. gibt es Konzerte (Auskunft ▶ S. 237). Die Dreifaltigkeitskirche im Dorf, ein Renaissancebau von 1583, erhielt 1786/1787 ihre vornehme klassizistische Ausstattung (Stuck vermutlich von Franz Xaver Feichtmayr). Auf der Iller zwischen Wagsberg und Maria Steinbach (s. u.) versieht der Fischer-Sepp seit vielen Jahren den Fährbetrieb (Anmeldung ist nötig, Tel. 0 83 94 / 6 65 ab 18 Uhr).

Der Gromerhof im Freilichtmuseum Illerbeuren, ein beliebtes Ausflugsziel

Illerbeuren

Im westlich von Kronburg gelegenen Illerbeuren entführt das **Schwäbische Bauernhofmuseum** mit über 30 liebevoll restaurierten Häusern aus dem 16.–19. Jh. in früheres Landleben (geöffnet April – 15. Okt. Di. – So. 9.00 – 18.00, März sowie 16. Okt. – Nov. Di. – So. 10.00 bis 16.00 Uhr, im Winter nur zu Sonderausstellungen; www.bauernhofmuseum.de). Ort und Museum gehen nahtlos ineinander über, so wurde auch der stolze **Gromerhof von 1702** Museumsgaststätte (tägl. geöffnet). Sehr schön ist der Gang von Illerbeuren nach Wagsberg; dann mit der **Illerfähre** übersetzen (s. o.) und hinauf Maria Steinbach, auf dem Wallfahrtsweg und der alten Bahnstrecke zur Illerbrücke und nach Illerbeuren (ca. 2 Std.).

Maria Steinbach

Jenseits der Iller thront die Wallfahrtskirche Maria Steinbach, eines der **schönsten Beispiele des bayerisch-schwäbischen Rokokos**. Von einem nicht dokumentierten Baumeister 1746 – 1754 in Anlehnung an Ideen von Dominikus Zimmermann im Vorarlberger Münsterschema errichtet, prunkt der weite, bewegt-festliche Raum mit Stuck und Altären des Wessobrunners Johann Georg Üblher, die Wand- und Altargemälde schuf der Kemptener Franz Georg Hermann. Einzigartig ist die Anlage der beiden Kanzeln, die Üblher einander gegenüber in die Emporen im 3. Joch integrierte. Die Gottesmutter am Chorbogen links ist das verehrte Gnadenbild. Genauer ansehen sollte man sich auch die sehr ausdrucksvollen Putten, so das »Plärr-« und das »Protzengele« zu Füßen des Gnadenbilds. Im Pfarramt kann man ein kleines Wallfahrtsmuseum besichtigen (nach Anmeldung unter Tel. 0 83 94 / 92 40).

Legau

Im hübschen Dorf Legau wenige Kilometer südlich ist die Firma **Rapunzel** ansässig, ein bekannter Hersteller und Vermarkter biologisch-ökologischer Lebensmittel. Gruppen können an Führungen teilnehmen, die Kantine ist Mo.– Fr. mittags auch für Gäste offen, und im

Laden kann man einkaufen (Tel. 0 83 30 / 529-0, www.rapunzel.de). Am östlichen Ortsrand überrascht die äußerlich schlichte, kleine Wallfahrtskirche **Maria Schnee** mit verspieltem Rokoko (Wessobrunner Stuck, Mitgliedern der Familie Bader zugeschrieben) und ungewöhnlichen Details: Im doppelten Hochaltar steht oben das Gnadenbild, eine spätgotische Muttergottes (um 1520), und Stuckengel scheinen wie Atlanten das flache Langhausgewölbe zu tragen.

Bad Grönenbach

Der beliebte Kneippkurort (5200 Einw.) 14 km südlich von Memmingen – in dem Sebastian Kneipp sich beim Kaplan Merkle aufs Studium vorbereitete – ist mit Kursanatorien und weiteren Einrichtungen gut ausgestattet. Am nördlichen Ortsrand lädt das idyllische Bad Clevers am kleinen See. Den hübschen Marktplatz zieren Rathaus (1485), Kapelle von 1723, Kriegerdenkmal und Dorflinde. Das mächtig aufragende **Hohe Schloss** geht auf die Herren von Grönenbach (13. Jh.) zurück, war 1260–1384 im Besitz des Klosters Kempten, später der Fugger. Im und beim Schloss finden Konzerte, Ausstellungen und Tagungen statt, u. a. die Kulturwochen im Sommer. Vor dem Schloss liegt der reizvolle und interessante Kreislehrgarten mit Bauern-, Rosen- und Kräutergarten. Die ebenfalls erhöht stehende Stiftskirche **St. Philippus und Jakobus** geht auf einen romanischen Bau zurück, der in der Spätgotik 1479 zur dreischiffigen Hallenkirche umgebaut, im 18. Jh. barockisiert und 1887 neogotisch überarbeitet wurde. Bemerkenswert sind hier Epitaphien aus dem 15.–18. Jh., v. a. für das Geschlecht der Pappenheimer.

Eine abwechslungsreiche Wanderung mit schönen Ausblicken auf die Illerschleifen und die Alpen (ca. 4 Std.): von Grönenbach westlich über Rothmoos nach Rotkreuz an der Iller, dann südöstlich – vorbei an der **Ruine Rothenstein** – nach Manneberg, am Ostrand des

Das Gnadenbild in Maria Steinbach

Grönenbacher Walds entlang (mit Pause im Waldcafé, Do. geschlossen) zurück nach Bad Grönenbach. Am Waldcafé und beim nahen Kornhofer Bänkle hat man eine grandiose Aussicht auf die Berge.

★ ★ Ottobeuren

Kur- und Klosterort

Ottobeuren (8000 Einw.), 11 km südöstlich von Memmingen in angenehmer Voralpenlandschaft gelegen, ist ein kleiner Kneipp-Kurort – der berühmte »Wasserpfarrer« Sebastian Kneipp wurde schließlich hier geboren. Überschaubarkeit und Ruhe, interessante kulturelle Veranstaltungen und eine reizvolle Umgebung machen ihn zur Oase, um neue Kraft zu tanken. Den kleinen Marktplatz mit Rathaus und Touristikamt säumen einige alte Häuser. Doch was die meisten Besucher hierherführt, macht der erste Eindruck – besonders wenn man von Osten kommt – überwältigend klar: das gut 230 m lange Benediktinerkloster, der »schwäbische Escorial« (►3 D S. 246).

Ein wenig Geschichte

Das Kloster »Uottinburra«, das der Überlieferung nach von dem alemannischen Adligen Silach im Jahr 764 gegründet und mit Mönchen von der Reichenau und von St. Gallen besetzt worden sein soll, erlangte seit Karl dem Großen durch Schenkungen und Privilegien bald große Bedeutung. 1268 wurde es **Reichsstift**, eines der wohlhabendsten seiner Art. Im 12. Jh., zur Zeit des Humanismus und wieder nach dem Dreißigjährigen Krieg blühten hier Wissenschaft und Bildung (z. B. gelang dem hier tätigen Mathematiker, Physiker und Geodäten Ulrich Schiegg 1784 der erste Ballonstart in Deutschland). 1542 gründeten die schwäbischen Benediktinerklöster die Ottobeurer **Hochschule**, Keimzelle für die Jesuitenuniversität in Dillingen und die Benediktineruniversität in Salzburg. Die Bauten wurden immer wieder erneuert und vergrößert, zuletzt ab 1550. Nach dem Dreißigjährigen Krieg plante man einen Neubau, den der selbstbewusste Abt **Rupert II. Neß** (1710 – 1740) begann und Abt Anselm Erb (1740 – 1767) fertigstellte. Besonders Ersterer scheute keine Kosten, um ein »modernes« und in jeder Hinsicht geordnetes, praktisch angelegtes, aber auch »angenehmes« Stift zu erstellen. Das fand damals keine allgemeine Anerkennung; der Abt von Neresheim rügte, dass Neß die gebotene Bescheidenheit »weit und unzulässig überschreite« – dieser tröstete sich jedoch damit, dass er »zur Ehre der hl. Dreifaltigkeit« baue und den Lohn »von dem lieben Gott allein erwarten« müsse. Das 1000-jährige Gründungsjubiläum des Klosters konnte im soeben fertiggestellten Bau gefeiert werden. Nach der Säkularisation 1802 nahm das Kloster 1834 die Arbeit mit dem Segen König Ludwigs I. wieder auf (seit 1918 selbstständige Abtei). Heute leben hier gut 20 Benediktiner, die u. a. Schulen und ein Bildungshaus mit einem breiten Angebot für jedermann betreiben. Im Klosterladen werden Produkte aus eigener Brennerei und Imkerei verkauft, in der Basilika und im Kaisersaal finden Mai – Okt. Konzerte statt, Orgelkonzerte (gratis) März – Nov. Sa. 16.00 Uhr.

Klosterkirche St. Alexander und St. Theodor

Später als die Konventsgebäude entstand die Kirche (heute Päpstliche Basilika und Pfarrkirche St. Alexander und St. Theodor). Die grundsätzliche Anlage – Nord-Süd-Ausrichtung, Länge, kreuzförmiger

Majestätisch dominiert das Kloster den kleinen Ort Ottobeuren.

Grundriss mit hoher Vierungskuppel in der Mitte – geht auf den Ottobeurer Pater **Christoph Vogt** zurück; Entwürfe von Andrea Maini, Dominikus Zimmermann, Joseph Schmuzer und J. J. Herkomer wurden verworfen. 1737 wurde der Grundstein gelegt. Unter Abt Anselm Erb modifizierte der Münchner Hofbaudirektor Joseph Effner 1744 die Pläne im Sinn des französischen Klassizismus; 1727 übernahm Simpert Kraemer, ein Schüler Vogts, und 1748 schließlich der große **Johann Michael Fischer** die Bauleitung, der zuvor Zwiefalten erstellt hatte. Er änderte den Grundriss kaum, interpretierte aber den Raum durch die Verbindung von klarer Ordnung und lebhafter Bewegung völlig neu. Dessen wunderbares Charakteristikum ist die **Doppelstruktur**. Steht man unter der Eingangsempore, hat man ein machtvolles, tiefgestaffeltes Langhaus vor sich, dessen breitenbetonter Zentralperspektive die Säulen vor den Seitenschiffen und die freskierten Kuppeln mit ihren Gurtbögen Rhythmus geben (▶ S. 54). Je weiter man nach vorn geht – und vollends in der Vierung –, weitet sich aber ein gewaltiges Querhaus, das mit 58,3 m genauso lang ist wie die drei zentralen Joche des Langhauses. Unter der 35,6 m hohen Vierungskuppel erschließt sich der Grundriss als Zentralbau über einem griechischen Kreuz: Vier gleich majestätische Hallen mit rundem Abschluss erstrecken sich in die vier Himmelsrichtungen, und hier, in der Mitte – so schrieb G. Storz – »scheint der Raum im Licht, zugleich aber auch im Überfließen seiner Fülle und Wohlgestalt wahrhaftig zu schweben«. Die uralte, weniger elegante Form der Basilika setzte sich hier noch einmal gegen den modernen längsovalen Zentralraum nach Art Dominikus Zimmermanns durch (dessen berühmte Wieskirche wurde ebenfalls 1766 vollendet); die Ottobeurer Kirche gilt daher als **Summe des Barocks**. Man beachte in die-

▶ Kloster Ottobeuren

DER »SCHWÄBISCHE ESCORIAL«

★★ Bei der Hauptweihe im Jahr 1766 wurde das Riesenwerk – an dem über 50 Jahre lang gebaut worden war – als ein »schön geziertes Jerusalem« gerühmt. Doch über Monumentalität und Pracht hinaus ist es das einzigartige künstlerische Konzept der Anlage, weshalb die Benediktinerabtei Ottobeuren als Vollendung des barocken Klosterarchitektur in Süddeutschland gilt.

⏱ Öffnungszeiten:
Kirche: tägl. 9.00 Uhr bis Sonnenuntergang. Führungen April – Okt. Sa. 14.00 Uhr (sonst Anm. Tel. 0 83 32 / 79 80). Orgelkonzerte März – Nov. Sa. 16.00 Uhr (gratis). Klostermuseum: Palmsonntag – Allerheiligen tägl. 10.00 – 12.00, 14.00 – 17.00, sonst 14.00 – 16.00 Uhr

① Gesamtanlage
Der Ottobeurer Klosterbruder Christoph Vogt entwarf einen ca. 230 m langen Komplex (Kirche 89 m lang, Kloster 142 m lang, 128 m breit), der aufgrund der Geländeverhältnisse nordsüdlich ausgerichtet ist. Er gilt als Vollendung des »schwäbischen Typs« mit axial vorangestellter Kirche (im Gegensatz zum »Escorial-Typ« mit in den Klosterkomplex einbezogener Kirche wie in Einsiedeln und Weingarten). Diese ist aus der Längsachse des Klosters leicht nach Westen abgewinkelt – in Vollendung der Kreuzsymbolik der ganzen Anlage, so wie das Haupt Christi am Kreuz meist nach links geneigt ist.

② Nordfassade der Basilika
Zwischen den beiden 82 m hohen Türmen gewährt die konvexe Nordfassade Zugang. Über einem gemaltem Quadersockel wird sie durch vier Dreiviertelsäulen gegliedert. Über dem Hauptportal Inschrift »Haus Gottes und Pforte des Himmels«, über dem Mittelfenster ein hl. Michael von J. M. Feichtmayr (1762), in der Giebelnische schließlich der hl. Benedikt (J. Christian, 1759).

③ Deckenfresken
Die Ausmalung der Basilika besorgten die aus Reutte i. T. stammenden Brüder Johann Jakob und Franz Anton Zeiller. Das Bildprogramm steht unter dem großen Thema der Erlösung. Die Langhauskuppel zeigt die Glorie des hl. Benedikt und des Benediktinerordens, die Vierungskuppel das Pfingstwunder und die Verehrung der Kirche durch die vier Erdteile, die Chorkuppel die Verkündung des Erlösungsplans in den Neun Engelschöre. Über der Eingangsempore ist die Gründung des Klosters Ottobeuren dargestellt, im rechten Querhaus Maria als Fürsprecherin der Christenheit, im linken das Martyrium der hl. Felicitas und ihrer sieben Söhne. Das beste Licht hat man am frühen Vormittag und spätnachmittags, wenn die Sonne niedrig steht.

④ Taufe Christi
An den Pfeilern vor der Vierung prangen rechts die Kanzel und links über dem Taufstein – als fast spiegelbildliches Pendant – eine »Taufe Christi«, beide von J. M. Feichtmayr mit weißen Figuren von J. Christian, die durch Innerlichkeit beeindrucken. Die Ähnlichkeit von Kanzel und Taufgruppe betont die Symmetrie des Raums.

⑤ Riepp-Orgeln
Die beiden Orgeln auf dem Chorgestühl – als Vollendung der barocken Orgelbaukunst weltberühmt – schuf in den Jahren 1757–1766 der aus Eldern bei Ottobeuren stammende Karl Joseph Riepp (1710–1775). Er arbeitete ab 1740 vor allem in Frankreich (u. a. Dijon, Autun, Beaune, Besançon) und nahm 1747 die französische Staatsbürgerschaft an. Die Dreifaltigkeitsorgel (rechts) hat 49 Register, die Heilig-Geist-Orgel 27 Register; sie verbinden das französische mit dem deutschen Klangbild und sind – als einzige Werke Rieppe – in allen Teilen (fast) original erhalten.

⑥ Theatersaal
In barocken Klöstern wurde, als Teil eines umfassenden Bildungsverständnisses, Theater gespielt, meist selbstgeschriebene Stücke auf Latein. Im 1724/1725 ausgestalteten Theatersaal zeigt das Deckenfresko von F. J. Spiegler Apollo und Athena als Patrone der Tragödie bzw. der Komödie.

⑦ Kaisersaal
Im Kaisersaal, dem prunkvollen Höhepunkt des Repräsentationstrakts, manifestiert sich die weltliche Rolle Ottobeurens als Reichsstift mit einer Huldigung an die Idee des Kaisertums: Das Deckenbild von Jakob Karl Stauder (1723/1724) stellt die Kaiserkrönung Karls des Großen dar, die 16 überlebensgroßen vergoldeten Statuen der Habsburger-Kaiser schuf 1725–1727 der Füssener Bildhauer Anton Sturm.

hofen und Bad Grönenbach). Aus einer Nagelfluhschicht wurden im Verlauf vieler tausend Jahre bis zu **15 m hohe Schlote** (»Schlotten«) herauspräpariert, so dass harte Pfeiler wie Orgelpfeifen nebeneinanderstehen, in deren Zwischenräumen der Wind heult. Die Rundwanderung von der Basilika Ottobeuren über Wolferts zu den Orgeln und zurück über Nieberts dauert ca. 3.30 Stunden.

Mindelheim

H/J 1

Landkreis: Unterallgäu **Höhe:** 607 m ü. d. M.
Einwohnerzahl: 14 200

In Mindelheim, dem Verwaltungszentrum des flachwelligen Unterallgäus, ist man stolz auf die schön restaurierte Altstadt. Mit einem historischen Fest feiert man alle drei Jahre den berühmtesten Sohn der Stadt, den kaiserlichen Obristen Georg von Frundsberg, der im 16. Jh. die Landsknechte zur überlegenen Waffengattung machte.

Am Platz einer alemannischen Siedlung des 7. Jh.s stand in fränkischer Zeit ein Königshof. Der spätere Mindelbergische Besitz ist im Jahr 1256 als Stadt bezeugt, die von der Lage an der Salzstraße München–Memmingen profitierte. Die Herzöge von Teck (1365–1439) erweiterten die Mindelburg und erbauten an der Hauptstraße ein Kaufhaus (heute Rathaus); ihnen folgten 1467 die Frundsberger. Im Zug des »Frundsberger Erbfolgestreits« besetzte 1616 der bayerische Herzog Maximilian I. die Stadt, mit der Ansiedlung der Jesuiten festigte er die katholische Basis. Kleine historische Kuriosa: Von 1705 bis 1715 war Mindelheim englisch – Kaiser Joseph I. hatte sie John Churchill, Earl of Marlborough, geschenkt, der mit Prinz Eugen von Savoyen im Spanischen Erbfolgekrieg in der Schlacht von Höchstädt 1704 die französisch-bayerische Armee besiegt hatte. Und von 1778 bis 1780 war die Stadt auch noch österreichisch.

Aus der Geschichte

Sehenswertes in Mindelheim

Die rechteckige Anlage der Altstadt wird von der **Maximilianstraße** – einst Teil der mittelalterlichen Salzstraße von München nach Memmingen – durchquert, zwischen dem Oberen Tor (um 1500) im Osten und dem Unteren Tor (15. Jh.). Im Zentrum liegt der hübsche **Marienplatz** mit dem ursprünglich spätmittelalterlichen Rathaus (1897 umgebaut), von dessen Eck ein bronzener Georg von Frundsberg blickt. Zusammen mit der Maximilianstraße teilt die Straßenzug Korn-/Steinstraße das Zentrum in vier Quadranten; im Norden das stattliche »Einlasstor«, bei dem auch Teile der Stadtmauer erhalten sind. Den besten Blick über die Stadt hat man von der Katharinenkapelle und der Mindelburg (s. u.).

Altstadt

St. Stephan Das nordöstliche Viertel wird von der Pfarrkirche **St. Stephan** dominiert, die ins 15. Jh. zurückgeht, 1712/1713 neu aufgebaut und bis 1867 neoromanisch umgestaltet wurde. Ihre großen Schätze sind das Hochaltargemälde (E. Holzbaur, 1962), die Seitenaltäre mit silbernen/goldenen Figuren (18. Jh.) und in der rechten Seitenkapelle die 1811 gemalten Kopien von zehn Tafeln des Frundsberg-Altars (Bernhard Strigel, 1505). Im spätgotischen Erdgeschoss des Turms ist das Rotmarmor-**Grabmal für Herzog Ulrich von Teck** und seine zweite Frau zu sehen (Meister Ulrich aus Augsburg, um 1430), eines der bedeutendsten in Schwaben. Auch das Grabmal für seine erste Frau Anna, Tochter des polnischen Königs Kasimir der Große, ist beachtlich. Vor der Kirche die spätgotische **Gruftkapelle**. Ihr Untergeschoss, einst ein Beinhaus, wurde um 1700 zur Kapelle Maria Schnee umgestaltet; ihre Altarwand ist wie eine orthodoxe Ikonostase mit Bildern und vergoldetem Schnitzwerk geschmückt, in der Mitte die Kopie des berühmten Gnadenbildes von S. Maria Maggiore in Rom. Das westlich anschließende barocke Franziskanerinnenkloster ist heute **Heimatmuseum** (geöffnet Do. und 2. So. im Monat 14.00 bis 17.00 Uhr) mit reichen Sammlungen zu Stadtgeschichte und Bürgerkultur.

▶ MINDELHEIM ERLEBEN

AUSKUNFT
Verkehrsbüro
Maximilianstr. 27, 87719 Mindelheim
Tel. (0 82 61) 73 73 00
www.mindelheim.de

FESTE UND EVENTS
Zur Fasnacht wird das Obere Tor als »Durahansl« verkleidet; großer Umzug am »Gumpigen Donnerstag«. Ende März / Anf. April: Jazzfestival.
Anf. Juli (alle drei Jahre, wieder 2009) findet das 10-tägige Frundsbergfest statt; die ganze Stadt taucht dabei ins Mittelalter ein. Mitte Sept. (erstes Wochenende nach Schulanfang): Altstadtnacht. Am 1. Wochenende nach Ostern Frühjahrsmarkt, Herbstmarkt ist am 3. Wochenende im September.

ESSEN
▶ Preiswert / Erschwinglich
Weberhaus
Mondelheim, Mühlgasse 1
Tel. (0 82 61) 73 72 72, Di. geschl.
Gut essen kann man im ehemaligen Weberhaus neben dem Unteren Tor, mit romantischer Terrasse an der Mindel. In der Weberstube geht's rustikal zu, im 1. Stock gibt es feine Küche. Außerhalb des Unteren Tors liegt der beliebte Brauereigasthof Drei König mit schönem Biergarten.

Mühlengasthof Katzbrui
Katzbrui 7, 87742 Köngetried
Tel. (0 82 69) 5 75
▶S. 252

ÜBERNACHTEN
▶ Günstig / Komfortabel
Alte Post
Mindelheim, Maximilianstr. 39
Tel. (0 82 61) 7 60 76-0
www.hotel-alte-post.de
Altehrwürdiger Gasthof am Marienplatz, heute ein stilvolles Domizil mit alten Möbeln und modernen Zimmern. Wirklich schön sind auch das Restaurant und die Weinstube.

Blick vom Einlasstor in die Kornstraße

Die spätgotische Augustinerkirche am Unteren Tor wurde von den Jesuiten 1721/1722 zu einem prächtigen spätbarocken Gotteshaus umgestaltet. Den nach Vorarlberger Art mit eleganten Emporen ausgestatteten Raum ziert feiner Laub- und Bandelwerk-Stuck, der Michael Stiller aus dem Wessobrunner Umkreis zugeschrieben wird (die orange-gelbe Farbgebung der Restaurierung 1977 ist nicht jedermanns Sache). Überaus prunkvoll sind auch Altäre und Kanzel. Im Advent zieht die **Jesuitenkrippe** (17./18. Jh.) mit etwa 80 großen Figuren viele Besucher an. Das ehemalige Jesuitenkolleg nördlich hinter der Kirche beherbergt interessante **Museen** (geöffnet Di.–So. 10.00–12.00, 14.00–17.00 Uhr): Schwäbisches Krippenmuseum, Textilmuseum und Südschwäbisches Archäologiemuseum, Letzteres eine Filiale der Archäologischen Staatssammlung München.

Kirche Mariä Verkündigung

Das nordwestliche Stadtviertel beherrscht der 48 m hohe »Kappelturm« der profanierten Silvesterkirche (1409). Hier ist ein ganz besonderes Museum eingerichtet, das **Schwäbische Turmuhrenmuseum** mit etwa 50 Großuhren von 1562 bis 1948. Im Turm schwingt das zweitlängste Uhrenpendel der Welt im 5-Sekunden-Takt. Führungen Mi. und letzter So. im Monat 14.00–17.00 Uhr.

Silvesterkirche

Auf dem Katharinenberg westlich der Altstadt thront die frühbarocke Katharinenkapelle, 1606 von Maria Fugger, einer Großnichte Georgs von Frundsberg, gestiftet. Schöner Blick auf Mindelheim.

St. Katharina

Zu Fuß ca. 30 Min. südlich von St. Katharina bzw. vom Unteren Tor liegt auf der Anhöhe die Mindelheimer Burg. Sie ist nicht zugänglich, wohl aber der Bergfried; hier liegt einem der Stadt zu Füßen. Das Bild der Anlage geht vor allem auf die Herzöge von Teck im 14. Jh. und die Herren von Frundsberg (1467–1586) zurück.

Mindelburg

Alle drei Jahre bricht in Mindelheim das Frundsbergfieber aus.

Liebfrauenkapelle An der Memminger Straße westlich der Altstadt steht die Liebfrauenkapelle (15./18. Jh.), ein frühbarockes Kleinod. In einem Schrein von 1645 birgt sie das hervorragende Holzrelief der **Mindelheimer Sippe**, das ein unbekannter Meister um 1510/1520 schnitzte. Es gilt als ein Hauptwerk des im Schwäbischen verbreiteten »Parallelfaltenstils« (▶ S. 60 f.) und beeindruckt mit lebhafter Darstellung der Figuren. Zur Besichtigung wende man sich an Frau Ganz (Memminger Str. 13).

Umgebung von Mindelheim

Nassenbeuren Bei Nassenbeuren (3 km nördlich von Mindelheim) – vom Ort in östlicher Richtung durch eine großartige **Allee alter Linden** zu erreichen – überrascht die Wallfahrtskapelle **Maria Schnee** (1703) mit einem prachtvollen großen, rot-goldenen Altar aus lauter gewendelten Säulen und einer fantastischen volkstümlich bemalten Empore (um 1740). Im Zentrum des Altars wieder eine Kopie des Maria-Schnee-Gnadenbilds in der Kirche S. Maria Maggiore in Rom.

? WUSSTEN SIE SCHON ...?

- Der Text des Weihnachtslieds »Ihr Kinderlein kommet« entstand in Nassenbeuren – Christoph von Schmid (1768–1854) schrieb ihn zu Weihnachten 1794, als er hier Kaplan war.

Oberkammlach Die stattliche Kirche Maria Himmelfahrt (17. Jh.) in Oberkammlach an der Straße nach Memmingen besitzt noch gotische Fresken vom Vorgängerbau und die **Oberkammlacher Weihnacht**, ein schönes volkstümliches Holzrelief von 1520/1525.

Katzbrui-Mühle Etwa 10 km südwestlich von Mindelheim liegt Katzbrui mit der **ältesten funktionsfähigen Mühle Bayerns**, einem bedeutenden Zeugnis bäuerlicher Architektur. Sie wird bereits 1539 erwähnt, der heutige Bau entstand um 1660. Der Ständerbohlenbau besitzt ein Legschindeldach, das letzte im schwäbischen Voralpenland. Auch die technische Einrichtung ist erhalten. (Der größere Anbau datiert von 1874.) Doch nicht nur als Kulturdenkmal ist die Mühle ein beliebtes Ausflugsziel, sondern als **idyllischer Gasthof** am Bach mit alter Stube und Biergarten. Bier, Brot und Geräuchertes werden selbst gemacht (mit Zimmern, Tel. 0 82 69 / 5 75).

Nesselwang · Pfronten

Landkreis: Ostallgäu

Ein beliebtes Ferienrevier ist das romantisch bucklige, seenreiche Land zwischen dem Grünten und Füssen vor einer eindrucksvollen Bergkulisse.

Nesselwang

Von weitem wird der Luftkurort (3500 Einw., 867 m) vom ansehnlichen Zwiebelturm der Kirche **St. Andreas** angekündigt. Ihre »barocke« Pracht entstand jedoch erst 1904 – 1906; die Ausmalung des Innenraums mit ungewöhnlicher Deckenlösung übernahm W. Kolmsperger. Der Turm stammt noch vom Vorgängerbau, den Johann Schmuzer aus Wessobrunn ab 1682 errichtete. Sonst ist Nesselwang ein Ziel für Bierliebhaber: Von einst fünf Brauereien hält noch die **Postbrauerei** die Tradition hoch, mit Bierseminaren, Brauereibesichtigung, Brauereimuseum und Bierwanderweg. Südlich von Nesselwang bieten **Alpspitz** (1575 m) und **Edelsberg** (1624 m) ein hübsches Revier zum Wandern bzw. Skifahren. Den Aufstieg erleichtert die zweigeteilte Alpspitzbahn. Von der Bergstation (1511 m) braucht man 30 Min. zum Alpspitz (mit Gasthof), 45 Min. zum Edelsberg. Für den Rückweg nach Nesselwang wählt man am besten den Weg über Kappeler Alp und Maria Trost (▶ unten, 2 Std.). Von der Mittelstation der Alpspitzbahn kann man auch die 1 km lange Sommerrodelbahn zum rasanten Abstieg nützen. Die Seen der Umgebung, besonders **Attlesee** und **Grüntensee**, laden zum Bade; sie sind auch schöne Ziele für Radtouren.

Einstiges Brauereidorf Nesselwang: Postbräu

Begegnung der Allgäuer Art: neugieriges Braunvieh in Pfronten-Berg

Maria Trost Vom Nesselwanger Ortszentrum, das unter dem Verkehr auf der Durchgangsstraße leidet, geht man in ca. 45 Min. auf dem Kreuzweg zur Wallfahrtskirche Maria Trost (um 1660/1710) in 1122 m Höhe. 1658 wurde ein Muttergottesbild, das bei einem Brand unversehrt geblieben war, aus Niederbayern hierhergebracht; die rege Wallfahrt machte bald den Bau notwendig und möglich (das Original des Gnadenbilds wurde 1732 nach Maria Plain bei Salzburg gebracht). Das Innere der Kapelle überrascht mit geschmack- und qualitätvollem Spätbarock bzw. Rokoko, die westlichen Deckenfresken hat möglicherweise F. A. Weiß gemalt (1756–1759), die »Immaculata« im Emporenjoch schuf der berühmte Matthäus Günther (um 1770).

Maria Rain Nördlich von Nesselwang prunkt die schlichte spätgotische Kirche Maria Rain (1497) mit einer unglaublich reichen Rokoko-Ausstattung (um 1760). Auch sie geht auf eine Wallfahrt zurück, die im Mittelalter um ein Muttergottesbild und eine heilkräftige Quelle entstand. Einzigartig ist der **Hochaltar**, in dem »Aufbauten und Skulpturen aus verschiedener Zeit (…) zu einer beeindruckenden Einheit verschmelzen« (Dehio). Die Pfrontener Künstler Peter Heel, Mang Anton und Joseph Stapf gestalteten einen spätgotischen Altar um, der Hans Kels d. Ä. zugeschrieben wird (1519). Dieselben sind auch für die großartige Kanzel verantwortlich (1762). Sie wird von dem **»schönsten Engel des Allgäus«** getragen, vermutlich ein Werk des Weilheimers Bartholomäus Steinle. Die Kirche ist 14.00–16.00 Uhr geöffnet, je nach Jahreszeit auch länger; Auskunft im Pfarramt (Tel. 0 83 66 / 14 85). Von der Kirche lässt sich eine schöne Wanderung durchs idyllische **Wertachtal** unternehmen: Den Fluss auf der gedeckten Brücke überqueren, dann nördlich (unter der Autobahnbrücke durch und wieder über die Wertach) bis zum Bischofstein, über Bachtel und die Lohmühle wieder zurück (8 km, 2.30 Std.). 7 km nördlich von Maria Rain schwingt sich ein abenteuerlicher Hängesteg über den Fluss (Zugang von Kaltenbrunn).

Pfronten (7300 Einw., 853 m), der **größte Kur- und Wintersportgemeinde des Ostallgäus**, besteht aus nicht weniger als 13 Dörfern und Weilern: Pfronten-Steinach, -Dorf, -Berg etc. In Berg steht das weithin sichtbare Wahrzeichen des Orts, die Pfarrkirche **St. Nikolaus** (1692). Ihren schönen, eleganten Turm von 1749 sehe man sich genauer an: Seine Haube ist diesmal keine Zwiebel, sondern eine kopfstehende Enzianblüte. Das ausschließlich von Pfrontener Künstlern gestaltete Innere zeigt klassizistische Kühle; die Ausmalung stammt von J. A. Keller (1780). Unterhalb der Kirche ein besonders schöner Bauernhof, ein sog. Ständerbohlenbau, von 1793. Der Ortsteil Kappel wartet mit dem **Waldseilgarten Höllschlucht** auf: sieben Parcours mit 70 abwechslungsreichen Aufgaben (ohne einen einzigen angebohrten Baum; www.waldseilgarten-hoellschlucht.de).

Pfronten

Über Pfronten-Steinach thront in 1267 m Höhe die Ruine Falkenstein, der Rest einer Burg des 11. Jh.s, die ab 1290 dem Augsburger Hochstift gehörte und ab 1803 dem bayerischen Staat. Der »Mär-

★★
Falkenstein

Über den Wolken thront man auf dem Falkenstein.

NESSELWANG UND PFRONTEN ERLEBEN

AUSKUNFT
Tourist-Information
Lindenstr. 16, 87484 Nesselwang
Tel. (0 83 61) 92 30 40
www.nesselwang.de

Vilstalstr. 2, 87459 Pfronten
Tel. (0 83 63) 6 98 88
www.pfronten.de

FESTE UND EVENTS
Ende Febr.: Hörnerschlittenrennen in Pfronten. Viehscheid am 2. Sept.-Sa. in Pfronten, am 16. Sept. in Nesselwang. Letzter Sept.-So.: Alphörner-Bergmesse auf dem Breitenberg.

ESSEN
▶ Erschwinglich / Preiswert
Schankwirtschaft Wohlfart
Pfronten-Dorf, Kienbergstr. 61
Tel. (0 83 63)9 2 87 95, www.schankwirtschaft-wohlfart.de, Mo. – Fr. ab 16.00, Sa. ab 14.00, So. ab 12.00 Uhr
Gemütlichkeit und Wohlgeschmack werden hier groß geschrieben. Etwas Besonderes ist das »Hofbier«, dazu gibt es beste Hausmannskost.

Braugasthof Falkenstein
Pfronten-Ried, Allgäuerstr. 28
Tel. (0 83 63) 96 06 58; tägl. geöffnet
www.braugasthof-falkenstein.de
In dem gemütlichen altbayerischen Wirtshaus werden heimische Spezialitäten serviert, dazu gibt es z. B. selbstgebrautes Bier.

ÜBERNACHTEN / ESSEN
▶ Luxus
Burghotel Falkenstein
Pfronten-Obermeilingen
Tel. (0 83 63) 91 45 40
www.burghotel-falkenstein.de
Die Lage auf dem Falkenstein ist unübertrefflich, die sehr fantasievolle Gestaltung der Zimmer jedoch z. T. Geschmackssache. Hier oben wird feine regionale Küche serviert.

Schloßanger Alp
Pfronten-Obermeilingen
Am Schlossanger 1
Tel. (0 83 63) 9 14 55-0
www.schlossanger.de
200 m unter dem Falkenstein-Gipfel liegt die Schlossanger-Alp, ein großzügiges Hotel im Landhausstil. Barbara Schlachter-Ebert, eine der besten ihrer Zunft, kocht hier modern nach Allgäuer Tradition.

▶ Komfortabel / Günstig
Landgasthof Gockelwirt
Eisenberg, Pröbstener Str. 23
Tel. (0 83 64) 830, www.gockelwirt.de
Familiengeführter Landgasthof unweit der Wallfahrtskirche Maria Hilf; feine regionale Gerichte, u. a. köstliche Hähnchen bzw. »Gockel«.

Alpen-Gasthof Hirsch
Oy-Mittelberg, Wanger Weg 1
Tel. (0 83 61) 92 21 30, www.alpenhotel-hirsch.de – Familienbetrieb nahe der Kirche Maria Rain mit landestypischer Speisekarte.

▶ Günstig
Oberer Wirt
Pfronten-Berg, Kirchsteige 10
Tel. (0 83 63) 4 51 – Schlichter, gemütlicher Gasthof, ordentliche Küche.

Zum alten Reichenbach
Nesselwang, Reichenbach 2, Tel. (0 83 61) 9 20 20 – Stattlicher alter Gasthof am Südende des Grüntensees mit schöner Gaststube. Ein Dorado für alle, die gut und günstig essen wollen. Sehr preiswerte Zimmer.

chenkönig«, Ludwig II., war von dem Platz begeistert und wollte hier eine Burg bauen, die noch größer und prächtiger werden sollte als Neuschwanstein. Straße und Wasserleitung wurden bis Ende 1885 angelegt, doch sein Tod 1886 beendete den hochfliegenden Traum. In einer knappen Stunde geht man hinauf (Gäste des Burghotels haben freie Zufahrt) und genießt das fantastische Panorama. Für die herrliche Tour von Füssen zum Falkenstein ▶ S. 158. Familientauglich ist die Besteigung des Breitenbergs (1838 m) südlich von Pfronten, von dem man einen herrlichen Blick ins Vorland und ins Gebirge hat. Auf den Ostausläufer führt von Pfronten-Steinach eine Kabinenbahn (Skigebiet mit Sessel- und Schlepplift). Der südlich benachbarte **Aggenstein** (1987 m), dessen mächtiger Zacken markant über dem Breitenberg aufragt, verlangt hingegen Trittsicherheit und Schwindelfreiheit (Gesamtgehzeit von Steinach und zurück 6.30 Std., bei Auffahrt mit der Breitenbergbahn 4 Std.). Eine sehr lohnende Variante für den Abstieg nach Steinach ist der Weg durch die **Reichenbachklamm**.

★ **Breitenberg Aggenstein**

> ! **Baedeker TIPP**
>
> **Gutes aus dem Land**
> Im PFAD-Laden vermarkten Pfrontener Landwirte ihre sorgfältig hergestellten, naturbelassenen Produkte (Allgäuer Str. 33, Pfronten-Ried, an der Raiffeisenbank, Tel. 0 83 63 / 92 85 64). Exzellenten Käse macht die Sennerei Lehern bei Hopferau nördlich von Füssen, in Führungen erfahren Sie alles über seine Herstellung (www.sennerei-lehern.de, Tel. 083 62 / 5 07 47 68,). Gute Brotzeiten und feine Tagesgerichte serviert dort die »Käsealp« (Di. geschl.).

Ein wenig Ritterromantik lassen die Burgruinen **Hohenfreyberg** (15. Jh.) und **Eisenberg** (11./12. Jh.) nordöstlich von Pfronten noch spüren. Von Zell – dort vermittelt ein Burgenmuseum Wissenswertes über diese Zeit (geöffnet Sa., So., Fei. 13.00–16.00) – kann man beide in einer kleinen Rundwanderung (knapp 2 Std.) kennenlernen, die Schloßbergalm sorgt für verdiente Rast. In **Speiden** östlich von Eisenberg sind die Gnadenkapelle Maria Hilf (1636) und die gleichnamige Wallfahrtskirche (geweiht 1678) mit schöner, qualitätvoller Ausstattung sehenswert; nach gutem Brauch gibt's nebenan eine kleine Brauerei mit einem gutem Gasthaus (Mo. geschl., www.koessel-braeu.de, Tel. 0 83 64 / 85 56).

Eisenberg

Im Kössel-Bräu den verdienten Feierabend genießen

Als »kleine Wieskirche« wird St. Ulrich in Seeg gerühmt.

Seeg Das hübsch gelegene Seeg verfügt mit der Pfarrkirche **St. Ulrich**, erbaut 1701–1711 nach Plänen von J. J. Herkomer (▶ Füssen, St. Mang), über eine der schönsten Kirchen des Allgäus. Beeindruckend ist das große Deckenfresko mit der Schlacht von Lepanto von Johann Baptist Enderle (1769); das Chorfresko von Balthasar Riepp (1744) zeigt den Sieg über die Ungarn auf dem Lechfeld. Stuck und Altäre (um 1770/1780) sorgen für das elegante Rokoko-Bild. Das Heimatmuseum gibt Einblick in die reiche Allgäuer Kultur. Viehscheid ist in Seeg am 2. September-Samstag. Auf über 140 km markierten Wanderwegen kann man sich in der Umgebung ergehen. Kaum 2 km sind es zum **Schwaltenweiher** mit Bad, Bootsverleih und Café. Unbedingt sollte man die Wanderung zur **Alpe Beichelstein** unternehmen und bei gemütlicher Einkehr das herrliche Bergpanorama genießen (5 km südöstlich, 952 m, ganzjährig bewirtschaftet, Tel. 0 83 64 / 3 97, im Winter Do. geschlossen). Am 2. Samstag im September wird das Vieh zu Tal getrieben.

! Baedeker TIPP

Kamele im Allgäu?

Man erlebt keine Fata Morgana, wenn vor der Kulisse der Berge Kamele auftauchen. Von den über zwei Meter hohen Wüstenschiffen kann man das Allgäu aus einer neuen Perspektive entdecken – ein besonderes Erlebnis auch im Winter und für Kinder. Die Farm im Weiler Hack zwischen Schwaltenweiher und Attlesee ist geöffnet April–Sept. 10.00–18.00, Okt. bis 16.00 Uhr, Nov.–März Sa./So. 10.00–16.00 Uhr. Anmeldung für einen Ritt unter Tel. (0 83 69) 91 06 40; Internet-Info: www.kamelverleih.de.

Oberstaufen

F 4

Landkreis: Oberallgäu **Höhe:** 791 m ü. d. M.
Einwohnerzahl: 7100

Nach Oberstaufen, das zwischen sanften grünen Hängen vor der einprägsamen Kulisse des Hochgrats liegt, kommt man vor allem zum Wandern, zum Wintersport und der Gesundheit wegen.

Neben dem heilkräftigen Klima und der schönen Berglandschaft ist es die besondere Kur, die der Fuhrknecht **Johann Schroth** um 1820 entwickelte und der Arzt Dr. H. Brosig 1949 einführte, die den Ruf Oberstaufens als Urlaubsziel ausmacht. Eine basisch-vegetarische, salzfreie Diät, Ganzkörperwickel und dazu Ruhe und Bewegung sollen den Stoffwechsel wieder ins Lot bringen. Heute ist Oberstaufen ähnlich gut besucht wie Bad Wörishofen, aus einem bäuerlichen Marktort wurde ein fast mondäner Kurort mit ziemlich hochgestochener Hotellerie und Gastronomie. Im Ortszentrum um die Kirche, das noch eine Reihe hübscher schindelverkleideter Häuser und Gasthöfe besitzt, kann man »shoppen«, vom Bergkäse bis zur teuren Uhr, und das »Nightlife« ist bekanntermaßen intensiv.

Moderner Kurort

Oberstaufen vor der Nagelfluhkette mit dem »dreirippigen« Hochgrat

OBERSTAUFEN ERLEBEN

AUSKUNFT
Kurverwaltung, Hugo-von-Königsegg-Str. 8, 87534 Oberstaufen
Tel. (0 83 86) 93 00-0
www.oberstaufen.de

FESTE UND EVENTS
Fasnachtsdienstag (»Fasnatziestag«): Festkonzert/-tanz und Umzug, angeführt vom »Butz«. Viehscheid ist in Oberstaufen am 2. Sept.-Fr., in Thalkirchdorf am 3. Sept.-Freitag. Ende Sept./Anf. Okt.: »Kulturtupfer«.

ESSEN
▶ **Fein & teuer**
Posttürmle
Oberstaufen, Bahnhofplatz 4
Tel. (0 83 86) 74 12
Abends geöffnet, Di. geschlossen
Winziges Gourmetrestaurant mit 15 Plätzen an 3 Tischen. Gute Weinkarte.

▶ **Erschwinglich**
Altstaufner Einkehr
Oberstaufen, Bahnhofstraße 4
Tel. (0 83 86) 71 93
Schönes altes Allgäuer Haus, gute bodenständige Köstlichkeiten, feine Brotzeiten und Tageskarte.

Enzianhütte
Oberstaufen, Mühlenstr. 24
Tel. (0 83 86) 661
www.enzianhuette.de; Mi. geschl.
Von hausgemachten Leberknödeln, über Kalbskutteln in unzähligen Variationen bis zu feiner Gänseleber ... das gibt es in dem rustikalen Lokal.

Rössle
Stiefenhofen, Hauptstr. 14
Tel. (0 83 83) 9 20 90, www.roessle.net
Bodenständige, ambitionierte Küche mit frischen Kräutern aus eigenem Garten, die man auch im Grünen genießen kann. Das auch optisch angenehme Haus bietet sehr preiswerte Zimmer im Landhausstil.

▶ **Preiswert**
Gasthof Adler
Oberstaufen-Aach, Tel. (0 83 86) 21 50
Gemütlicher, 300 Jahre alter Gasthof im Weißachtal an der österreichischen Grenze, mit schönem Wirtsgarten.

ÜBERNACHTEN
▶ **Komfortabel**
Löwen
Oberstaufen, Kirchplatz 8
Tel. (0 83 86) 494-0, www.loewen-oberstaufen.de – 300 Jahre altes Haus in der Ortsmitte, großzügige Zimmer, mit Schroth- und anderen Kuren. Restaurant in schöner alter Bauernstube mit allgäu-schwäbischer Küche.

Berghof am Paradies
Oberstaufen, Berg 8, Tel. (0 83 86) 9 33 20, www.berghof-am-paradies.de
▶Tipp S. 262 – Großzügige Zimmer im neuzeitlichen Alpinstil. Wellnessabteilung und Schrothkuren.

Landhaus Kennerknecht
Oberstaufen-Schindelberg
Im Wurzach 1, Tel. (0 83 86) 9 80 90
www.landhaus-kennerknecht.de
Hübsches Schindelhaus bei Steibis in traumhafter Alleinlage. Moderne, maßvoll rustikale Zimmer, schöne Restaurantstube für Hausgäste. Kuren.

Traube
Thalkirchdorf, Kirchdorfer Str. 12
Tel. (0 83 25) 92 00, www.traube-thalkirchdorf.de – Gediegenes familiäres Hotel in einem großartigen Haus von 1638 ohne Pseudofolklore. Mit gutem Restaurant (Di. geschlossen) und Kurangebot.

Sport und Freizeit

Das Angebot zu sportlicher Betätigung ist, wie zu erwarten, umfassend, bis hin zu den 18-Loch-Golfplätzen in Steibis und im vorarlbergischen Riefensberg (Unterlitten) sowie dem öffentlichen 9-Loch-Platz in Buflings. Das Panoramabad »Aquaria« bietet Spaß rund ums Wasser, 300 km Wanderwege inkl. 90 km großem Nordic-Walking-Park stehen zur Verfügung. Im Winter locken über 100 km Loipen und 40 km Alpinpisten, v. a. an Imberg und Hochgrat; von Letzterem kann man bei günstigen Bedingungen 6 km zu Tal fahren.

Was man sich ansehen kann

In der riesigen neogotischen Pfarrkirche St. Peter und Paul, erbaut 1858–1863, beherrscht eine mächtige **Frührenaissance-Kreuzigungsgruppe** – vermutlich von dem Konstanzer Heinrich Iselin (um 1500) – den Hochaltar. Das **Heimatmuseum** »Beim Strumpfar« war ein Bauernhof, in dem auch Strümpfe gewirkt wurden (Jugetweg 10, geöffnet Mitte Dez.–Mitte Nov. Mi., Fr. 15.00–17.00, So. 10.00 bis 12.00 Uhr). Im Färberhaus, nach einem Brand 1785 neu erstellt, wird dieses seit dem 16. Jh. hier ausgeübte Handwerk illustriert.

Umgebung von Oberstaufen

★ ★
Genhofen

Nördlich von Oberstaufen verlief die Salzstraße von Hall in Tirol zum Bodensee, und bei Genhofen hatten die schweren Fuhrwerke den berüchtigten steilen »Hahnschenkel« zu überwinden. Sicher ha-

Außen unscheinbar, innen ein Juwel: St. Stephan in Genhofen

Westallgäuer Panorama: Atemberaubender Blick von Oberreute ...

ben die Fuhrleute in der kleinen Kirche **St. Stephan** vorher für gutes Gelingen gebetet. Das schlichte spätgotische Gotteshaus (1495) überrascht mit drei hervorragenden **Flügelaltären** (Hochaltar von dem Kemptener Adam Schlanz, 1523; Figuren vermutlich aus dem Umkreis von Jörg Syrlin d. J.) und einer einzigartigen, rätselhaften **naiven Ausmalung** von Ende des 16. Jh.s: Ornamentbänder, heidnische Zeichen wie Druidensterne und Sonnenrunen (Hakenkreuze), an prähistorische Zeichnungen erinnernde Tierfiguren. Die Sakristeitür von 1566 ist mit über 40 Hufeisen als Votivgaben beschlagen, und noch heute gibt es gegenüber der Kirche eine Schmiedewerkstatt (Lingg, hier bekommt man den Schlüssel zur Kirche). Die wohltuende Landschaft vor der Nagel-

! *Baedeker* TIPP

Paradies

Wo die Deutsche Alpenstraße (B 308) westlich von Oberstaufen beim »Paradies« die scharfe Kehre macht, öffnet sich ein herrlicher Blick über das Westallgäu zu den Schweizer Bergen mit dem Säntis. Das Panorama kann man auch bei Kaffee und Kuchen im Café Paradies – auf der Terrasse des Hotels Berghof – genießen. Nicht zufällig heißt dieser Berg »Kapf«: Der Name hängt mit dem Wort »gaffen« zusammen.

... auf die Appenzeller Berge mit dem Säntis.

fluhkette kann man auf einem Rundgang genießen (ca. 1.30 Std.): von Genhofen westlich den Hahnschenkel hinauf, südlich nach Vorderreute und nordöstlich zurück.

Auch die unscheinbare Kirche St. Bartholomäus im properen Bauerndorf Zell östlich von Genhofen stammt aus gotischer Zeit (um 1350, Chor um 1440) und birgt großartige Kunstschätze. Der Flügel-Hochaltar ist ein Werk des Memmingers **Hans Strigel d. Ä.** (1442); auch die Fresken im Chor (um 1450) werden Strigel zugeschrieben. Dargestellt sind u. a. Szenen aus dem Marienleben, Apostelmartyrien und das Jüngste Gericht.

Zell

Das Dorf 3 km nördlich von Genhofen hat sich zum »Kräuterdorf« ernannt: Kräuterführungen werden angeboten, es gibt Kräuterlandhöfe, und im Gasthof Rössle, beim »Kräuterwirt«, kann man in ungewohnten Aromen aus dem hauseigenen Garten schwelgen. Im südwestlich von Stiefenhofen gelegenen Hopfen ist die Kräutergärtnerei Artemisia zu finden (mit Laden und Veranstaltungsprogramm; Tel. 0 83 86 / 96 05 10, www.artemisia.de).

Stiefenhofen

Der Stuiben, luftige Station auf der Nagelfluhtour

Knechtenhofen

In Knechtenhofen (3 km östlich von Oberstaufen, an der B 308) gewinnt man in einem Bauernhaus des 17. Jh.s – einem typischen »Huimatle«, wie es auf Allgäuisch heißt – interessante Einblicke in früheres Landleben (geöffnet Mai – Okt. Mi. 14.00 – 17.00, So. 10.00 bis 12.00 Uhr). Unter anderem gibt es eine »Käskuche« und eine Bändelweberei. Am südlich aufragenden **Hündle** (1112 m, Sessellift) kann man gemütliche Alpwanderungen unternehmen, Skifahren und auch im Sommer rodeln. Für die Wanderung über die Salmaser Höhe / Thaler Höhe ▶Tipp S. 166

✱
Osterdorfer Wasserfall

Zwischen Thalkirchdorf und Konstanzer hat man Zugang zu den Osterdorfer Wasserfällen, die höchst eindrucksvoll 35 m tief vor einer Nagelfluhwand abstürzen. Der Weg (20 – 30 Min.) ist beschildert und nicht schwierig, bei Nässe ist die Rutschgefahr allerdings groß (Bergschuhe nötig). Auch für Kinder ein schönes kleines Abenteuer.

Steibis

Südlich über Oberstaufen liegt der Kurort Steibis. Von hier aus erschließt eine Seilbahn zum **Imberghaus** (1248 m) ein schönes Wandergebiet im größten Alpgebiet Deutschlands (120 km²) mit über 160 Alpen. In vielen können Sie sich mit frischer Buttermilch, Käse, Kässpatzen oder hausgemachtem Kuchen stärken. Unbedingt zu empfehlen ist der Gang von Steibis zu den Buchenegger Wasserfällen (ca. 1 Std., beschildert). Stiebend stürzen dort die Wasser der Weißach in zwei Stufen in leuchtend grüne »Gumpen« (d. h. Becken – Badesachen mitnehmen!). Sehr schön rasten kann man in der urigen Alpe Neugreuth; hier gibt es – der Bodensee ist nicht weit – auch guten Most (Mo. geschlossen).

✱
Buchenegger Wasserfälle ▶

> Oberstaufen ZIELE 265

Bei Weißach südlich von Oberstaufen wendet sich der gleichnamige Fluß nach Südwesten, um der Bregenzer Ach zuzufließen. Im Winter ist das Tal ein schönes Langlaufrevier. Seine Erkundung sollte man mit dem traumhaften Blick vom »**Paradies**« (▶Tipp gegenüber) verbinden (Gesamtgehzeit 4.30–5 Stunden): Vom Kurhaus in Oberstaufen zum Kapf (998 m) hinauf, dann hinunter nach Berg und über Döbilisried nach **Eibele** mit dem beliebten Gasthof Eibelesmühle. In **Aach**, von Eibele über das österreichische Unterhalden zu erreichen, ist die Wallfahrtskirche Maria Schnee von 1719 einen Blick wert, deren Hochaltar eine schöne gotische Schutzmantelmadonna (um 1450) aufweist. Dann zurück nach Eibele; beim E-Werk sind zur Zeit der Schneeschmelze der Eibele- und der Krebswasserfall erlebenswert. Zurück nach Oberstaufen auf dem Weißacher Talweg oder auf dem höher verlaufenden Haldenweg.

Weißachtal

Im Süden wird das westliche Oberallgäu durch einen Bergzug abgeschlossen, der mit seinen charakteristischen Gipfeln – v. a. dem symmetrisch-dreigratigen **Hochgrat** (1832 m) – die Szenerie prägt. Für den passionierten Bergwanderer gehört er zum schönsten, was das Allgäu zu bieten hat: eine überaus abwechslungsreiche, reizvolle Landschaft in stetem Auf und Ab, mit sanften grünen Grashängen zwischen dramatisch steilgestellten Felsrippen (▶ Foto S. 22). Sie ist dem Gestein zu verdanken, das dem Bergzug den Namen gegeben hat: Die **Nagelfluh**, die aufgrund ihrer Härte und ihres Aussehens mit Waschbeton verglichen wird, entstand im Tertiär aus größeren und kleineren Kieseln, die mit Kalk und Sand verkittet sind.

★ ★
Nagelfluhkette

Der Hochgrat ist mit einer **Gondelbahn** zu erreichen; von der Bergstation (1708 m) braucht man 20 Min. zum Gipfel, der ein großartiges Panorama von der Zugspitze bis zum Säntis eröffnet. Von Anfang Juni bis Anfang Sept. kann man dienstags dort oben den Sonnenuntergang genießen (letzte Talfahrt: 22.00 Uhr). Tipp: Übernachten Sie im **Staufner Haus** und erleben Sie nach kurzem Aufstieg den Sonnenaufgang am Gipfelkreuz. Die Skiabfahrt zählt mit 6 km Länge und 850 m Höhenunterschied zu den längsten in den deutschen Alpen.

Trotz Bergbahn sollte man den Hochgrat zu Fuß erobern. Der Aufstieg von der Talstation der Hochgratbahn (auch mit Mountainbike möglich) über Untere und Obere Lauchalpe – unterhalb dieser ist eine mächtige, mehrere hundert Jahre alte Eibe zu beachten – dauert 2.30 Std.; für die Runde von der Talstation über Simatsgundalpe

! *Baedeker* TIPP

Die Kraft heimischer Kräuter
Verbinden Sie doch die Rast im Alpengasthof Hörmoos mit einem Besuch der Kräuteralp nebenan. Michael Schneider, ein echtes »Hörmooser Gewächs«, gräbt nicht nur Wurzeln vom Gelben Enzian aus, er sammelt und kultiviert auch heimische Kräuter, deren Wert nur wenige kennen. Beides brennt er zu wohltuenden Elixieren – in Deutschlands höchstgelegener Destillerie. Michel verkauft von Mitte Mai bis Anf. Nov. Sa., So., Mo. 14.30–16.30 Uhr, sonst kann man im Gasthof einkaufen (www.kraeuteralp.de).

und Brunnenauscharte zum Gipfel, Abstieg über Lauchalpen und Schilpere-Alpe, braucht man ca. 5.30 Stunden. Natürlich kann man auch mit Hilfe der Hochgratbahn großartige Touren unternehmen: von der Bergstation südwestlich über Falken und **Hohen Häderich** zum Alpengasthof Hörmoos (anspruchsvoll, 5 Std., Rückfahrt mit Bus; www.hoermoos.de, Tel. 0 83 86/81 29, Di. Ruhetag), oder nordöstlich die Überquerung des Kamms über **Rindalphorn** (1821 m) und **Stuiben** (1749 m) zum Mittag (1451 m, ▶Immenstadt) – einer der eindrucksvollsten Höhenwege der Allgäuer Berge (6 – 7 Std.), der Kondition, Trittsicherheit und Schwindelfreiheit verlangt. Man kann die Nagelfluh-Tour sogar zu einer 5 – 6-tägigen Bergwanderung ausbauen (Info bei Allgäu Marketing, ▶S. 88).

✶ ✶ Oberstdorf

G 5

Landkreis: Oberallgäu
Einwohnerzahl: 9800
Höhe: 813 m ü. d. M.

Im äußersten Süden Deutschlands, mitten in den Allgäuer Alpen mit ihren höchsten und eindrucksvollsten Gipfeln – wie Nebelhorn, Fellhorn, Höfats und Mädelegabel –, liegt Oberstdorf, der bekannteste Urlaubsort des Allgäus und Zentrum des Oberallgäus.

Oberstdorf gestern und heute

»Entdeckt« wurde der Marktflecken durch Prinz Luitpold – ab 1886 bayerischer Prinzregent –, der 1851 die Gemeindejagd pachtete und viel für Oberstdorf tat, das damals ein armes Dorf war: In einer Sackgasse fern der Welt gelegen, mit rauem Klima und langen Wintern, mehr schlecht als recht von der Landwirtschaft lebend. Besonders hilfreich war Luitpold nach dem Brand 1865, der die Hälfte des Orts einäscherte. Im weiten Talgrund zwischen Stillach und Trettach, die sich weiter nördlich mit der Breitach zur Iller vereinigen, gab es wohl schon zur Karolingerzeit ein Dorf; 1495 verlieh ihm Kaiser Maximilian das Marktrecht. Der Bahnanschluss 1888 schuf die Grundlage für die Entwicklung zum Ferienort, der seit 1937 das Prädikat **Heilklimatischer Kurort** trägt und seit 1964 auch Kneippkurort ist. Mit 230 km² Fläche ist die Gemeinde nach München die zweitgrößte in Bayern, ca. 75 % des Gebiets stehen unter Landschafts- oder Naturschutz. 17 500 Gästebetten und 2,5 Mio. Übernachtungen im Jahr machen den Ort zu **einem der größten Fremdenverkehrsmagne-**

❓ WUSSTEN SIE SCHON …?

■ Den Haferlschuh, der zur »Basis« der bayerischen Männertracht wurde, erfand im Jahr 1803 der Oberstdorfer – mithin Allgäuer – Franz Schratt. Diese Fußbekleidung soll dem Huf einer Gemse nachempfunden sein. Den Namen hingegen prägten britische Touristen, die damals hohe Schuhe gewöhnt waren und von »half shoes« sprachen. Bis heute hält das Schuhhaus Schratt in Oberstdorf die Tradition hoch (www.schratt-1803.de).

Oberstdorf im Illertal – mit Höfats (links) und Kreuzeck (rechte Bildhälfte im Hintergrund)

ten in Deutschland – mit anderen Worten: Der Tourismus hat Oberstdorf im Griff, auch mit seinen Schattenseiten. Einigermaßen überrascht stellt man aber fest, dass noch Vieh durchs Dorf getrieben wird. Im Sommer kommen mehr Gäste als im Winter, was sich im Zeichen des Klimawandels sicher noch verstärken wird. Das **länderübergreifende Skigebiet** von Oberstdorf, das sich als »modernste Skiarena Deutschlands« rühmt, wird gegenwärtig schon zu 70 % künstlich beschneit, und es wird unbeirrt kräftig weiter investiert. 2006 ging am Fellhorn die längste Seilbahn Deutschlands in Betrieb (Bergstation Schlappoldsee, 1780 m).

Das ganze Jahr über kann man – nach Kneipp, Schroth, Ayurveda etc. – kuren bzw. sich pflegen lassen. Renommiert sind die **Oberstdorfer Musikwochen** mit klassischer Musik, auch die Volksmusik hat hier eine hervorragende Tradition. 200 km Wander- und Mountainbike-Wege in unterschiedlichen Höhen, ein 9-Loch-Golfplatz und Moorbadeseen bilden die Basis sommerlicher Betätigung. Wintersport wird natürlich großgeschrieben. Vom **Nebelhorn** (2224 m), dem höchsten Skiberg des Allgäus, führt die längste Abfahrt Deutschlands ins Tal (7,5 km); mit den Bahnen an **Fellhorn und Kanzelwand** verfügt der Verbund Oberstdorf-Kleinwalsertal über ca. 110 km Pisten. Das Eisstadion ist Bundesleistungszentrum für Eiskunstlauf und Curling-Zentrum. 80 km Loipen, zwei je 3,5 km lange Ro-

Zeitvertreib in Oberstdorf

OBERSTDORF ERLEBEN

AUSKUNFT
Kurverwaltung
Marktplatz 7, 87561 Oberstdorf
Tel. (0 83 22) 700-0
www.oberstdorf.de

Gästeinformation
Dorf 16, 87538 Balderschwang
Tel. (0 83 28) 10 56
www.balderschwang.de

FESTE UND EVENTS
Juli / Aug.: Oberstdorfer Musiksommer (Karten Tel. 0 83 22 / 7 00-200, www.oberstdorfer-musiksommer.de). Wilde-Mändle-Tanz (Juli – Sept, alle 5 Jahre, wieder 2010). 4. Dez.: Klausen-Bärbele. 6. Dez.: Wilde Klausen. Um den 20. Juli: Berglar-Kirbe auf dem Fellhorn mit Alphornbläsern aus fünf Ländern. Viehscheid ist in Schöllang am 12. Sept., in Oberstdorf am 13. Sept. und in Balderschwang am 15. des Monats.

ESSEN

▶ Fein & teuer
Maximilians Restaurant
Oberstdorf, Freibergstr. 21
Tel. (0 83 22) 96 78-0
Gediegen bis edel speist man im Restaurant im Landhaus Freiberg, einem kleinen Hotel mit persönlicher Note am südwestlichen Ortsrand. Ab 18 Uhr geöffnet, So. geschlossen.

▶ Erschwinglich
Königliches Jagdhaus
Oberstdorf, Ludwigstr. 13
Tel. (0 83 22) 9 87 38-0
Im Jagdhaus, das sich Prinz Luitpold 1856 erstellen ließ, wird auf Allgäuer Basis leicht und modern gekocht. Das rustikal-feine Interieur gefällt ebenso wie der angenehme Biergarten. Mo./Di. geschlossen.

ÜBERNACHTEN

▶ Luxus / Komfortabel
Geldernhaus
Oberstdorf, Lorettostr. 16
Tel. (0 83 22) 9 77 57-0
www.geldernhaus.de
1911 erbaute, im Laura-Ashley-Stil ausgestattete ländliche Villa am südlichen Ortsrand mit privater Atmosphäre. Sauna, Pool etc. stehen im Parkhotel Frank zur Verfügung.

Hotel Hubertus
Balderschwang, Tel. (0 83 28) 92 00
www.hotel-hubertus.de
Luxuriöse Ländlichkeit und Wellness in allen Variationen vom Heublumenbad bis Ayurveda und LOGI-Kost steht hier auf dem Programm. Nur mit Vollpension zu buchen, auch alle Annehmlichkeiten sind inklusive.

▶ Komfortabel
Birgsauer Hof
Oberstdorf, Birgsau 9
Tel. (0 83 22) 96 90-0
www.birgsauer-hof.de
Modernes Hotel im Alpin-Landhaus-Stil mit Hallenbad und großem Wellnessangebot. Das Schönste ist die Lage im verkehrsberuhigten Stillachtal.

▶ Günstig
Berggasthof Laiter
Oberstdorf, Laiter 5
Tel. (0 83 22) 48 60, www.laiter.de
450 Jahre alter Gasthof südlich des Freibergsees bei Schwand. Einfache Zimmer, z. T. mit herrlichem Bergpanorama; urige Allgäuer Stube.

Landhaus Spielmannsau
Oberstdorf-Spielmannsau
Tel. (0 83 22) 3015
www.spielmannsau.de
Moderner Gasthof mit eigener Land-

wirtschaft im idyllischen Trettachtal (Zufahrtsgenehmigung für Gäste). Schöne alte Stube mit Kachelofen.

Berggasthof Rohrmoos
Rohrmoos, Tel. (0 83 22) 44 17
www.rohrmoos.de

Ziemlich echte Allgäuer Romantik bietet das stattliche Schindelhaus aus dem 19. Jh. wenige Meter von der Kapelle St. Anna und der WM-Trainingsloipe. Natürlich speist man hier bodenständig, aber auf hohem Niveau (mittlere Preiskategorie).

delbahnen (Seealpe mit Lift, Reichenbach-Gaisalpe zu Fuß) und gut 140 km gebahnte Winterwanderwege komplettieren das Angebot. Am 29. Dez. findet auf der Schattenbergschanze das Auftaktspringen der Internationalen Vier-Schanzen-Tournee statt.

Die neogotische Pfarrkirche **St. Johannes der Täufer**, nach dem großen Brand mit den Resten des gotischen Baus errichtet (1867), wurde in Teilen von Oberstdorfer Künstlern gestaltet: von Johann Baptist von Schraudolph (1808–1879), der Professor an der Münchner Akademie war und den Speyerer Dom ausmalte, und seinem Bruder Claudius (1813–1891), der zu den Nazarenern zählte. Weitere interessante Stücke: hl. Anna mit Maria (um 1340); die »Schöne Oberstdorferin« (Muttergottes im Strahlenkranz, aus dem Umkreis des Imberger Meisters, um 1490); eine Muttergottes im Weichen Stil (um 1430) und die stimmungsvolle »Geburt Christi« des Klassizisten Anton Raphael Mengs (um 1770). Neben der Pfarrkirche steht die Seelenkapelle (Ende 15. Jh., Kriegergedächtniskapelle), deren Nordwand Fresken aus der Mitte des 16. Jh.s zieren (Scheinarchitektur in Renaissance-Manier, Passion Christi). Im **Heimatmuseum** (Oststr. 13, geöffnet Di.–Sa. 10.00–12.00, 14.00 bis 17.30 Uhr, bei Regenwetter auch So./Fei.) taucht man in früheres ländliches Leben ein. Zu sehen ist dort auch der größte Schuh der Welt (Größe 480), gefertigt 1950 von Josef Schratt, einem direkten Nachfahren des Haferlschuh-Erfinders. In der Ludwigstraße, bei der **Kristall-Therme**, steht das **Jagdhaus** des Prinzregenten Luit-

Was man sich ansehen kann

Winterliches Oberstdorf

Skiparadies Nebelhorn. In Bildmitte am Horizont der alles überragende Hochvogel.

pold, ein 1856 erbautes Blockhaus, heute ein feines Restaurant mit schönem Biergarten. Kultur anderer Art erlebt man in der italienisch angehauchten **Villa Jauss** im Fuggerpark, die sich der Brauereibesitzer Melchior Jauss 1885 erstellen ließ und unterschiedlichsten kulturellen Ereignissen als Rahmen dient.

Loreto-Kapellen Zum »Pflichtprogramm« gehört der Spaziergang zu den drei Loreto-Kapellen, die an der Straße nach Birgsau malerisch in die Landschaft komponiert sind. Die älteste ist die **Appach-Kapelle** von 1493 mit achteckigem Grundriss; sie besitzt noch spätgotische Fresken aus der Mitte des 16. Jh.s. Wie die anderen süddeutschen Vertreterinnen ihrer Art entstand die Kapelle **Maria Loreto** im 17. Jh. (1657/1658); sie enthält eine Madonna aus Ton (16. Jh.), die als Gnadenbild seit alter Zeit verehrt wird und ursprünglich in der Appach-Kapelle stand. Außer dem hervorragenden Rokoko-Altar (1741) des Füsseners Anton Sturm, von dem z. B. die großen Kirchenväterfiguren in der Wieskirche stammen, ist das Kuppelfresko von Claudius Schraudolph zu beachten (1877, Foto ▶ S. 65). Er schuf auch die Gemälde in den Altären der dritten Kapelle, **St. Joseph**, die 1671 geweiht wurde. Hier ist auch ein Palmesel von Franz Xaver Schmädl zu sehen, dem 1705 in Oberstdorf geborenen Bildhauer, der mit vielen Werken im Pfaffenwinkel berühmt wurde. Anschließend geht man hinauf zum Gasthof Alpenrose und zum Moorweiher mit seinem altmodischen Bad.

Umgebung von Oberstdorf

Von Oberstdorf führen drei Täler fächerförmig südlich ins Gebirge, **Trettachtal**
von Osten: Trettach-, Stillach- und Breitachtal. Im idyllischen Trettachtal gelangt man – auf für den allgemeinen Verkehr gesperrtem Sträßchen – nach **Spielmannsau**, wo die erste Alpenetappe des berühmten Fernwanderwegs E 5 nach Venedig mit dem Aufstieg zur Kemptner Hütte (1846 m, 5 Std.) beginnt. Auf halbem Weg hat man Zugang zum prächtig vor dem »Zahn« der Höfats gelegenen Bergdorf **Gerstruben**, in dem das harte Leben vergangener Zeiten nachvollziehbar ist. Es wurde im Mittelalter von Walsern gegründet und war bis 1892 ständig besiedelt; erhalten sind über 350 Jahre alte, aus Rundhölzern »gestrickte« Bauernhäuser (mit einem Gasthof), eine Sägemühle und eine Kapelle. Sehr interessante Führungen durch das liebevoll restaurierte Museumsdorf veranstaltet die Kurverwaltung Oberstdorf. Man gelangt bequem auf dem – im Winter geräumten – Sträßchen von Dietersberg dorthin (von Oberstdorf ca. 1.15 Std.). Wer gut zu Fuß ist, wählt den steilen, oft nassen und glitschigen Steig durch den großartigen **Hölltobel**, eine sehr schmale, düstere Klamm mit rauschenden Wasserfällen und überaus vielfältiger Flora. Den Rückweg kann man über den Rauthof, Gottenried und den zauberhaften **Christlessee** (mit Gasthof) nehmen.

Gerstruben vor der steil aufragenden Höfats

Auf der Höhe von Gruben zweigt vom Trettachtal östlich das Tal des **Oybachtal**
Oybachs ab. Im Talschluss, auf 1315 m Höhe, ist einer der prächtigsten Wasserfälle des Allgäus zu erleben, der **Stuibenfall**. Seinen Namen hat er von »stieben«, und tatsächlich erzeugt das aufprallende Wasser unter gewaltigem Tosen eine riesige Wolke aus Wasserstaub. Nach kurzem steilem Aufstieg von Gruben schreitet man im fast ebenen Trogtal des Oybachs dahin. Hin und zurück sind es 15 km, für die man ca. 5 Std. braucht; bis zum Oytal-Haus kann man auch mit der Kutsche fahren.

Von Oberstdorf oder von den Loreto-Kapellen führen beliebte Spa- **Stillachtal**
zierwege, u. a. der »Probstweg«, hinauf zum malerischen moorigen **Freibergsee** über dem Stillachtal; eine schöne Badeanstalt, ein Boots-

verleih und ein Café helfen beim Zeitvertreib. Nebenan ragt kühn die **Heini-Klopfer-Skiflugschanze** in den Himmel; nach der Fahrt mit dem Schrägaufzug nimmt einem der Blick von oben den Atem ... Vom Parkplatz der Fellhornbahn – Endstation für den allgemeinen Verkehr – ist in 1 Std. **Einödsbach** (1142 m) zu erreichen, die südlichste Dauersiedlung Deutschlands vor der prachtvollen Kulisse von Trettachspitze (2595 m), Mädelegabel (2645 m) und Hochfrottspitze (2648 m) – siehe Foto S. 18. Sehr empfehlenswert ist die Rundwanderung von Birgsau (949 m) hinauf zum Guggersee (1710 m): Am Hang unter dem Alpgundkopf hat man eines der **schönsten Panoramen der Allgäuer Alpen** vor sich. Der Abstieg führt zunächst in südlicher Richtung, dann über die Breitengernalpe und Einödsbach zurück nach Birgsau (gesamt ca. 5 Std.).

✷ Guggersee ▶

✷ Bacher Loch

Der Weg von Einödsbach zum Waltenberger-Haus – Stützpunkt für Mädelegabel und Heilbronner Weg – führt durch eine besonders wilde, bizarre Schlucht, das Bacher Loch. Wo der Katzentobel von Osten einmündet (von Einödsbach ca. 30 Min.), öffnet sich der Blick auf die steilen Grashänge von Linkerskopf und Laubschrofen, auf Mädelegabel, Wilden Mann und Rotgundspitze. Den Grund des Tals nimmt das Schneeloch ein, in dem Lawinenreste auch den heißesten Sommer überdauern. Das Bacher Loch ist Pflanzenschutzgebiet, und am Linkerskopf gedeiht der weiß-rosa blühende Gletscherhahnenfuß, der im Wallis bis in Höhen von 4200 m anzutreffen ist.

Schaurig-schönes Schluchterlebnis in der Breitachklamm

Breitachklamm

Südwestlich von Oberstdorf hat sich die Breitach 100 m tief in die Schrattenkalke des Engenkopfs gesägt. 1905 wurde, nachdem man mit viel Schwarzpulver und Eisen einen Steig angelegt hatte, der heute sehr frequentierte Weg durch die überaus eindrucksvolle Klamm eröffnet. Die ca. 45 Min. dauernde Durchquerung ist auch im Winter ein Erlebnis (geöffnet im Sommer 8.00–17.00, im Winter 9.00 bis 16.00 Uhr). Zu empfehlen ist die Fortsetzung der Wanderung um 45 Min. zum hübsch gelegenen Gasthaus Waldhaus im ►Kleinwalsertal, Rückfahrt mit dem Bus.

Bergtouren

Die Allgäuer Alpen sind berühmt für ihre schier unerschöpfliche Auswahl an den unterschiedlichsten und schönsten Bergwanderungen und Klettertouren, sei es im Allgäuer Hauptkamm im Südosten mit ihren wild gezackten Hauptdolomitgipfeln, in den vorgelagerten steilen Grasbergen, in der sanften Hörnergruppe im Westen oder am Hohen Ifen (►Kleinwalsertal). Die Bahnen zum 2224 m hohen **Nebelhorn** – das Panorama dort soll 400 Gipfel umfassen – und zum **Fellhorn** (2038 m) erleichtern den Anstieg. Hier können nur ein paar Leckerbissen erwähnt werden, die in den meisten Fällen erfahrenen Berggängern vorbehalten sind: **Hindelanger Klettersteig** vom Nebelhorn zum Daumen; vom Edmund-Probst-Haus zum **Laufbacher Eck** (2179 m, ggf. weiter zum Prinz-Luitpold-Haus); Krumbacher Höhenweg von der Kanzelwand über Fiderepasshütte zur Mindelheimer Hütte (ggf. über den **Mindelheimer Klettersteig**), kombinierbar mit dem Kammweg vom Söllereck über das Fellhorn oder im Süden mit der Umrundung des Großen Widdersteins; und schließlich der berühmte **Heilbronner Weg** von der Rappenseehütte zum Waltenberger-Haus bzw. zur Kemptner Hütte.

Kein Spaziergang: Hindelanger Klettersteig

Schlappold-Alpe

Die seit Jahrhunderten bewirtschaftete Schlappold-Alpe am Fellhorn ist die größte und höchstgelegene Sennalpe im Allgäu. Jedes Jahr werden Anfang Juni 80 Kühe aufgetrieben, über 1000 Liter Milch werden im Hochsommer täglich zu Bergkäse, Butter, Quark und Joghurt verarbeitet. Die Alpe ist von der Bergbahn-Station Schlappoldsee in 30 Min. zu erreichen (kinderwagentauglicher Weg) und kann Anfang Juli bis Anfang September am Dienstagvormittag besichtigt werden (Treff 8.45 Uhr an der Fellhornbahn-Talstation).

Reichenbach Am Ostrand des Dorfs 4 km nördlich von Oberstdorf steht die spätgotische Kapelle St. Jakobus (1540) mit einem schönen Schreinaltar von 1495, dessen Figuren aus Ulmer und Memminger Werkstätten (Multscher-Umkreis) stammen.

Reichenbachtobel und Gaisalpseen Mit herrlichen Ausblicken und Berglandschaften lohnt der Aufstieg von Reichenbach in 1.30 Std. durch den Reichenbachtobel mit seinen Wasserfällen zur Gaisalpe (1149 m, bewirtschaftet). Alpiner wird der Weiterweg zum Unteren Gaisalpsee (1508 m, 1.30 Std.) im Kar zwischen Entschenkopf, Nebelhorn und dem mächtigen Rubihorn. Von dort kann man das **Rubihorn** erklimmen, das einen prachtvollen Rundblick eröffnet (1957 m, Abstieg südlich zur Vorderen Seealpe/Mittelstation der Nebelhornbahn) oder zum Edmund-Probst-Haus am Nebelhorn aufsteigen.

Fischen In dem angenehmen Kurort nördlich von Oberstdorf ist – neben der Kirche St. Verena mit Apostelfiguren von dem Hindelanger Melchior Eberhard (1759) – die **Frauenkapelle** (1667) mit hoher Zwiebelkuppel interessant, ein Werk des bedeutenden Vorarlberger Baumeisters Michael Beer, der zuvor die Stiftskirche Kempten schuf. Wie diese vereint die Kapelle ein Langhaus mit einem kreuzförmigen Zentralbau. Unter der reichen Ausstattung (17.–19. Jh.) sind das Gnadenbild (Pietà, um 1450) und die zahlreichen Votivtafeln des 17. bis 19. Jh.s hervorzuheben.

★ Hörnergruppe Zwischen ►Sonthofen und Fischen wird das Illertal im Westen von der Kette der »Hörner« begleitet, mit Ofterschwanger Horn (1406 m), Sigiswanger Horn (1527 m), Weiherkopf (1665 m) und den Ochsenköpfen; weiter westlich gehört das Riedberger Horn (1787 m) dazu. Die Wandertour über die Hörner ist auch für wenig Geübte und Familien geeignet und gehört zu den **Klassikern der Allgäuer Berge**; die landschaftlichen Eindrücke sind großartig. Bei Benützung der Bergbahnen – in Bolsterlang die Hörnerbahn (moderne, architektonisch hervorragende Bergstation), in Ofterschwang »Weltcup-Express« – braucht man ca. 4 Std., mit Aufstieg vom Tal 2 Std. mehr. Sehr empfehlenswert ist auch der Gang von der Bergstation der Hörnerbahn zum Berghaus Schwaben (Gasthof, 1500 m, Tel. 0 83 26 / 438, Di. Ruhetag) und weiter zum **Riedberger Horn** (2 Std.), dann entweder durch das Bolgental mit seiner interessanten Feuchtvegetation über die Zunkleiten-Alpe nach Sonderdorf (2 Std.) oder zur Grasgehren-Alpe am Riedbergpass (ca. 1 Std., ►S. 276).

★ Sturmannshöhle In den Kalkbergen des Oberalllgäus sind Karstphänomene wie Karrenfelder und Höhlen verbreitet, doch nur eine Höhle ist zugänglich: die Sturmannshöhle südlich von Obermaiselstein. Auf 300 Länge erlebt man – bei 4 °C sommers wie winters – schmale Schächte, hohe Hallen, unterirdische Bäche und Seen. Führungen stündlich Mai – Anf. Nov. 9.30 – 16.30 Uhr, Ende Dez.– So. nach Ostern 11.00 – 16.00

Die überaus reich gestaltete Kapelle St. Anna in Rohrmoos

Uhr. Feste Schuhe und warme, strapazierfähige Kleidung sind nötig! Zu Fuß geht man von Obermaiselstein oder (besonders schön) auf dem wildromantischen Sagenweg vom »Hirschsprung« an der Straße Obermaiselstein – Tiefenbach in ca. 30 Min. zum Gasthaus Sturmannshaus bei der Höhle.

In **Tiefenbach** nordwestlich von Oberstdorf ist die Kirche St. Barbara (1458) mit einem Passionszyklus von Hans Strigel d. J. (1477) sehenswert. Von Tiefenbach hat man Zugang zum schönen **Starzlachtal** (ab Winkel ist die Straße mautpflichtig), über dem südlich die Gottesackerwände aufragen. In **Winkel** sollte man einen Blick in die Kapelle St. Martin werfen; im Altargemälde aus dem späten 17. Jh. wird ungewöhnlicherweise ein bereits toter Christus gekreuzigt. In **Rohrmoos** ca. 6 km westlich trifft man auf eine wunderbare Rarität: die in herrlicher Landschaft stehende, schlichte Holzkapelle St. Anna aus der Spätrenaissance, errichtet um 1568. Auftraggeber waren die Truchsessen von Waldburg-Wolfegg, damals die Grundherren, die auch heute noch in der Gegend begütert sind. Sie ist gänzlich in volkstümlicher Art ausgemalt, z. T. unter Verwendung hochkarätiger Vorlagen: Die Bilder des Flügelaltars (1568) folgen Holzschnitten von Albrecht Dürer, das Jüngste Gericht (1569) an der Westwand einem Stich von Maarten van Hemskerck. Damit nicht genug: Auf dem linken Flügel des Altars sieht man in der Ferne einen **Alphornbläser** – die älteste Darstellung dieses Instruments im Allgäu.

Starzlachtal

◀ St. Anna

Balderschwanger Tal

Radsportler und Motorradfahrer schätzen den 1420 m hohen **Riedbergpass** westlich von Fischen, Deutschlands höchste Passstraße und mit bis 16 % Steigung eine der steilsten. An der Passhöhe geht es rechts zur Grasgehren-Alpe; von hier geht man in gut 1.30 Std. aufs **Riedberger Horn** (1787 m), das einen umwerfenden Blick über die ganzen Allgäuer Berge bietet. Von besonderem Reiz, besonders im Herbst, ist die Vegetation in der Mulde der Grasgehren-Alpe.

Vom Parkplatz jenseits der Passhöhe kann man südlich den 1679 m hohen **Besler** erklimmen, dessen Kalkfelszacken ins Tal schauen, und die fantastische Aussicht genießen; trotz der alpinen Szenerie führt ein unschwieriger Weg über Schönbergalpe und Beslerkopf hinauf (hin und zurück 3.30 Std.).

Kurz vor der Grenze liegt in einem bekannten »Schneeloch« **Balderschwang** (250 Einw., 1044 m) mit einem kleinen Skigebiet am Gelbhansekopf und schönen Loipen; im Sommer ideal für ruhige Familienferien, in der großenteils unter Naturschutz stehenden Umgebung lassen sich schöne Alp- und Bergwanderungen unternehmen. Die Balderschwanger Tracht ist z. T. aus dem benachbarten Bregenzer Wald übernommen; am 15. Sept. ist in Balderschwang Viehscheid.

Am Sträßchen, das östlich von Balderschwang zur Balderschwanger Alpe führt, ist eine **2000- bis 4000-jährige Eibe** mit zwei Stämmen zu bestaunen. Die Eibe (botanisch *Taxus baccata*) war früher aufgrund

Tundra im Allgäu: Blick vom Aufstieg zum Riedberger Horn nach Süden

ihres harten, elastischen Holzes für Bögen und Armbrüste begehrt, weshalb es heute nur mehr wenige alte Exemplare gibt. Hier beginnt die Runde über den **Siplingerkopf** (1746 m), eine landschaftlich wie botanisch sehr lohnende Tour, über Heidenkopf (1685 m) und Obere Wilhelminenalpe (Trittsicherheit nötig, Gesamtgehzeit ca. 4.30 Std.). Der Gipfel gewährt einen großartigen Rundblick. Wer ins Gunzesrieder Tal zur Au-Alpe absteigt, passiert die **Siplinger Nadel**, einen höchst eindrucksvollen Nagelfluh-Obelisken (mit Gipfelkreuz!).

Ravensburg

Landkreis: Ravensburg
Einwohnerzahl: 47 000
Höhe: 477 m ü. d. M.

Vom Allgäu aus lohnt sich ein Ausflug nach Oberschwaben: nach Ravensburg, der »Stadt der Türme und Tore«, die sich ihr mittelalterliches Stadtbild weitgehend bewahrt hat, und Weingarten mit seiner grandiosen Basilika, dem größten Barockbau Deutschlands.

Ravensburg entstand um die gleichnamige Burg, die Welf IV. – seit 1070 Herzog von Bayern – um 1080 als Sitz der von ihm begründeten jüngeren Linie der Welfen errichten ließ. 1180 verlor der Welfenherzog Heinrich der Löwe den Familienbesitz in Süddeutschland an den Stauferkaiser Friedrich I. Barbarossa, der die Ravensburg 1191 zum Sitz der Reichsverwaltung in Schwaben machte. Rudolf von Habsburg wiederum erhob Ravensburg 1278 zur Reichsstadt, die sich mit bedeutenden Privilegien zu einem kleinen Territorialstaat entwickelte. Die etwa zwischen 1380 und 1530 bestehende Große Ravensburger Handelsgesellschaft brachte durch ihren internationalen Handel, besonders mit oberschwäbischer Leinwand, Reichtum in die Stadt. In der Reformation entschied sich die Stadt für konfessionelle Gleichberechtigung, was kuriose Folgen hatte: Es gab zwei Bürgermeister, je acht katholische und evangelische Ratsherren und zwei Rutenfeste. Schlimme Auswirkungen hatten der Dreißigjährige Krieg, unter anderem brannte 1647 die Burg ab. 1802 kam die Stadt zu Bayern, 1810 zum Königreich Württemberg. Den Zweiten Weltkrieg überstand Ravensburg fast ohne Schäden.

Ein wenig Geschichte

Baedeker TIPP

Stadt der Spiele

In Ravensburg ist der 1883 gegründete »Spieleverlag Otto Maier« ansässig, heute »Ravensburger Spieleverlag«. Die Marke mit dem blauen Dreieck ist deutscher Marktführer für Spiele und europaweit Nummer eins in Sachen Puzzles; das weltweit erfolgreichste Spiel ist Memory. Zur Firmengruppe gehören auch der Ravensburger Buchverlag, mit ca. 15 Mio. Büchern pro Jahr größter Kinderbuchverlag Deutschlands, und das Ravensburger Spieleland (▶ S. 282). Und Anfang September wird die Altstadt unter dem Motto »Ravensburg spielt« zur großen Spielwiese.

Der markante »Mehlsack« ist Wahrzeichen Ravensburgs.

Sehenswertes in Ravensburg

Marienplatz

Die meisten großen Bauwerke, die das Gesicht der Altstadt prägen – dazu gehören nicht weniger als **14 Türme und Tore** –, stammen aus der Blütezeit Ravensburgs im ausgehenden Mittelalter, als es durch den Handel mit Leinen und Barchent sowie mit Papierherstellung zu Reichtum kam. Zentrum der Altstadt ist der immer belebte Marienplatz; er markiert die Grenze zwischen der um 1250 angelegten staufischen Oberstadt im Osten und der 100 Jahre jüngeren Unterstadt im Westen. Den Platz dominiert der hübsche, 51 m hohe **Blaserturm**, einst Teil der Stadtbefestigung und ab dem 16. Jh. zentraler (Feuer-)Wachturm der Stadt. Von oben hat man einen prachtvollen Blick über Stadt und Umgebung (zugänglich April – Okt. Mo. – Fr. 14.00 – 17.00, Sa. 11.00 – 16.00 Uhr). An ihn ist das **Waaghaus** von 1498 angebaut, das als Kaufhalle und Stadtwaage diente; der Schwörsaal – mit eindrucksvoller Eichenholzkonstruktion – wird heute für kulturelle Veranstaltungen genützt. Das **Lederhaus** gegenüber dem Blaserturm wurde 1513/1514 als Markthaus der Lederhandwerker erbaut und 1574 mit Grisaillemalerei und Giebelverzierung manieristisch verändert; heute ist hier die Post untergebracht. Dahinter steht das für kranke Pilger und Gesellen errichtete Seelhaus (1408) mit barockem Giebel. Das rote spät-gotische **Rathaus** von 1386 besitzt einen Renaissance-Prunkerker von 1571 und zwei spätgotische Ratssäle. Weiter südlich steht die evangelische **Stadtkirche**, die um 1350 als Kirche eines Karmeliterklosters erbaut wurde; die typische Bettelordenskirche mit Holzbalkendecke besitzt gotische Fresken (14./15.

Jh.) und zahlreiche Grabsteine von Patriziern und Kaufleuten. Nach Einführung der Reformation 1549 diente das Schiff dem protestantischen Gottesdienst, der Chor den Karmelitern (bis 1806). In der an den Chor anstoßenden Kapelle der Ravensburger Handelsgesellschaft (1452) sind vier spätgotische Fenster erhalten, auf denen Schutzheilige der Kaufleute dargestellt sind.

Liebfrauenkirche. Vom Blaserturm führt die Kirchstraße nördlich zu der ab etwa 1360 im Stil der franziskanischen Bettelordenskirchen erbauten katholischen Kirche Unserer Lieben Frau. Schön sind das Westportal und die farbenprächtigen **Fenster im Chor** (1415).

Stadtbefestigung Vom Frauentor (14. Jh.) nördlich der Liebfrauenkirche empfiehlt sich ein Gang westlich um die Reste der turmbewehrten Stadtmauer (die anderen Teile wurden 1835 niedergelegt). Gleich nebenan ragt der Grüne Turm (15. Jh.) auf, benannt nach der Farbe seiner Dachziegeln. Die Nordwestecke der Altstadt markiert der 50 m hohe Gemalte Turm (15. Jh.), der seinen Namen wegen der Bemalung mit Rautenmustern und Wappen erhielt. Weiter südlich das 36 m hohe Untertor (1363) mit einstiger Zollstation. Das Südwesteck der Altstadt nimmt der 44 m hohe Spitalturm ein, erbaut bei der zweiten Stadterweiterung im 14. Jh., der wegen der einstigen Schweineställe des benachbarten Spitals im Volksmund »Sauturm« heißt. Östlich dahinter geht man durch den Hirschgraben mit den am besten erhaltenen Resten der Stadtmauer.

Ravensburg Orientierung

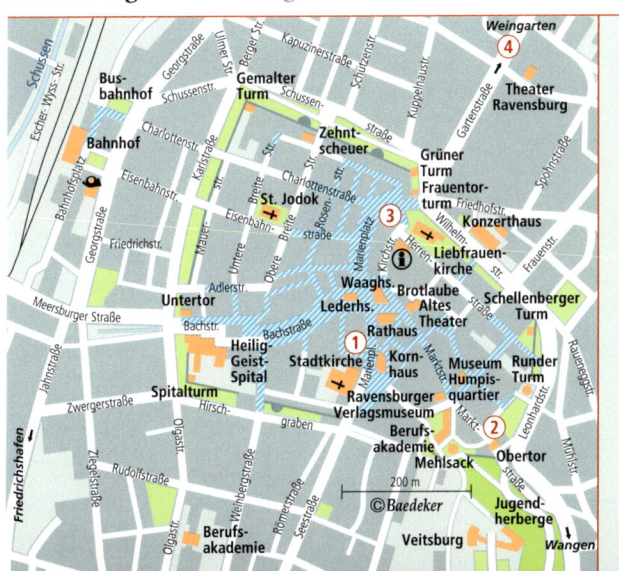

RAVENSBURG ERLEBEN

AUSKUNFT
Touristeninformation
Kirchstr. 16, 88212 Ravensburg
Tel. (07 51) 82-800
www.ravensburg.de

Amt für Kultur und Tourismus
Münsterplatz 1, 88250 Weingarten
Tel. (07 51) 405-125
www.weingarten-online.de

FESTE UND EVENTS
Im Februar Fasnet mit Umzügen. Ende Juli feiert man in Ravensburg das prachtvolle mehrtägige Rutenfest (erstmals 1645 erwähnt) mit Umzug, Rutentheater, Adler-, Bogen- und Armbrustschießen sowie Feuerwerk. In Weingarten am Fr. nach Christi Himmelfahrt Heilig-Blut-Fest. Im Sommer Klosterfestspiele in Weingarten (Freilichttheater im Gartenhof der Abtei und im Hof am Schlössle). Anfang Sept. (letztes Sommerferien-Wochenende) »Ravensburg spielt«.

ÜBERNACHTEN / ESSEN
▶ **Luxus**
① *Hotel Waldhorn*
Ravensburg, Marienplatz 15
Tel. (07 51) 36 12-0
www.waldhorn.de
Die erste Adresse der Stadt. Geschmackvoll romantisch oder modern

Das Rathaus mit Blaserturm und Waaghaus

Vom Rathaus führt die malerische **Marktstraße** (Markt wird samstags gehalten), in der sich die breiten Häuser der Patrizier von den schmalen der Handwerker unterscheiden lassen, zum 42 m hohen **Obertor** von 1432 mit Pechnase und Armsünderglöcklein im Giebel. Am Anfang der Marktstraße (Nr. 13) steht links das Alte Theater (1625), ein frühbarocker Bau, der zunächst als Brotlaube diente und ab 1698 als Theatersaal genutzt wurde; heute präsentiert hier die **Städtische Galerie** in Wechselausstellungen Kunst von internationalem Rang. Das Stammhaus des Ravensburger Spieleverlags in Haus Nr. 26 beherbergt das **Ravensburger Spielemuseum** (geöffnet April – Juni Do. 14.00 bis 18.00, Juli – Anfang Sept. Di. – Fr. 14.00 – 18.00, Sa., So. 14.00 – 17.00 Uhr). Vor dem Obertor steht links (Nr. 59) das gestaltete Gästezimmer. Das Restaurant von Albert Bouley gehört seit vielen Jahren zu den besten in Deutschland (So./Mo. geschl.). Feine regionale Küche genießt man im zugehörigen Rebleutehaus (Schulgasse 15) mit prächtiger Zunftstube von 1469.

▶ Komfortabel
② *Hotel-Gasthof Obertor*
Ravensburg, Marktstr. 67
Tel. (07 51) 36 67-0
www.hotelobertor.de
Das geschichtsträchtige Gemäuer unmittelbar am Stadttor besticht mit besonderem Flair. Hübsche, mit antiken Möbeln gestaltete Zimmer, gute regionale Küche genießt man im heimeligen Restaurant.

③ *Gasthof Engel*
Ravensburg, Marienplatz 71
Tel. (07 51) 3 63 61 30
www.engel-ravensburg.de
Im seit 1878 bestehenden, schönen Gasthof wohnt man ebenso gemütlich wie gediegen. Restaurant mit gutbürgerlicher schwäbischer Küche.

▶ Günstig
④ *Gasthof Bären*
Weingarten, Kirchstr. 3
Tel. (07 51) 56 12 00
www.baeren-weingarten.de
Der über 300 Jahre alte Bären neben dem Weingartner Rathaus bietet nette, großzügige Gastzimmer. Saisonal geprägte schwäbische Küche (Restaurant Mo. geschl.), hübsche Terrasse im Rathaushöfle unter Palmen.

Haus der Großen Ravensburger Handelsgesellschaft mit Barockgiebel. das im Kern aus dem 12. Jh. stammt und 1446 umgebaut wurde.

Mit dem Humpis-Quartier hat sich in der Oberstadt ein eindrucksvolles spätmittelalterliches Ensemble erhalten, erbaut zwischen 1380 und 1508 von der Kaufmannsfamilie Humpis. Die sieben um einen Hof angelegten Gebäude beherben ein großzügiges Stadtmuseum sowie Räume für Sonderausstellungen (Di. – So. 11.00 – 18.00, Do. bis 20.00 Uhr; www.museum-humpis-quartier.de; Marktstr. 45/47).

★ Museum Humpis-quartier

Westlich des Obertors ragt das Wahrzeichen der Stadt auf, der 51 m hohe Rundturm Mehlsack, erbaut um 1425 und benannt nach dem weißen Putz. Man kann ihn erklimmen und die Aussicht über die Stadt genießen (zugänglich April – Okt. So. 10.00 – 13. 00 Uhr).

★ Mehlsack

Der um 1350 erbaute Schellenberger Turm nördlich des Obertors wurde im 17. oder 18. Jh. durch einen Blitzschlag zur Ruine. Er heißt im Volksmund »Katzenlieseles-Turm«, nach einer alten Frau, die im 19. Jh. mit ihren Katzen in der Ruine hauste.

Schellenberger Turm

Vom Obertor geht man durch hübsche Parkanlagen hinauf zur Veitsburg (525 m). Am Platz der 1647 abgebrannten Stammburg der Welfen errichtete Johann Caspar Bagnato 1750 ein Schlösschen, das heute die Jugendherberge und ein Restaurant mit Gartenterrasse beherbergt. Schöne Aussicht über Stadt und Umgebung.

Veitsburg

Konzerthaus Am Nordostrand der Altstadt überrascht das prachtvolle neobarocke Konzerthaus, das bedeutendste Ravensburger Baudenkmal aus dem späten 19. Jahrhundert. Es wurde 1896 / 1897 von dem seinerzeit berühmten Wiener Architekturbüro Fellner & Helmer erbaut, das vor allem Österreich und osteuropäische Länder mit Theatern, Kaufhäusern, Banken und Hotels ausstattete.

Umgebung von Ravensburg

Klosterkirche Weißenau Etwa 3 km südlich liegt das ehemalige Prämonstratenserstift Weißenau – benannt nach der weißen Kutte der Chorherren –, nach Weingarten einst das mächtigste und kulturell bedeutendste Reichskloster im südlichen Oberschwaben. Seine Kirche St. Peter und Paul ist ein vorzügliches Werk der Vorarlberger Schule, erbaut 1717 – 1724 von einem ihrer bedeutendsten Vertreter, Franz Beer von Bleichten (1660 – 1726); von ihm stammen u. a. auch das Kloster Irsee und die Abtei Oberschönenfeld, an Weingarten (▶ unten) war er wesentlich beteiligt. Am Langhaus, einer typisch **vorarlbergischen Wandpfeilerhalle**, sind die unterschiedliche Breite der Joche und die Emporen bemerkenswert, die erst an der Rückseite der Wandpfeiler ansetzen. Den zurückhaltenden, flachen Stuck schuf der Wessobrunner Franz Schmuzer, die Deckengemälde – ausgeführt in Öl auf Leinwand! – der Konstanzer Carl Stauder. Der längsovale Chor des Beerschen Plans wurde nicht gebaut, erhalten blieb der Bau von Martin Barbieri aus Roveredo (1631). Der frühbarocke Hochaltar (1631) ist ein Meisterwerk von Zacharias Binder, das prächtige Chorgestühl kam 1635 hinzu. Die Orgel von Johann Nepomuk Holzhey (1787), dem neben K. J. Riepp und J. Gabler bedeutendsten Orgelbauer des süddeutschen Barocks, wurde nach der Säkularisierung mehrfach verändert und in den 1980er-Jahren originalgetreu restauriert. An die Kirche stößt südlich der ab 1708 ebenfalls von Franz Beer errichtete Konvent an, der seit 1892 vom Psychiatrischen Krankenhaus Weißenau genützt wird. Im großen, reich mit Stuck von Franz Schmuzer (1722) geschmückten **Festsaal** finden Konzerte statt; Termine und Karten bei der Ravensburger Touristeninformation.

Ravensburger Spieleland In Liebenau bei Meckenbeuren (11 km südlich von Ravensburg) können sich Kinder im »größten Spielzimmer der Welt« vergnügen, mit über 40 Attraktionen, darunter bekannte Ravensburger Spiele im Großformat und sieben Themenparks wie Future World und Käpt'n Blaubärs Wunderland. Darüber hinaus gibt es ein »Verrücktes Labyrinth« und konventionellere Attraktionen wie Wildwasser-Rafting, Abenteuerspielplatz und Kletterwand. Geöffnet Anfang April – Ende Okt. tägl. ab 10.00 Uhr, Schließung im Sommer um 18.00, sonst 17.00 Uhr, wechselnde Ruhetage (Info-Tel. 0 75 42 / 400-100, www.spieleland.com).

Waldburg ▶Wangen

Weingarten

Weingarten (485 m, 23 600 Einw.), 4 km nördlich von Ravensburg in einer Weitung des Schussen-Tals gelegen, ist berühmt als Wallfahrtsort mit einem der großartigsten Kirchenbauten.

»Schwäbischer St. Peter«

In Altdorf, wie der Ort bis 1865 hieß, gründete der Welfengraf Heinrich um 940 ein Frauenkloster mit der Familiengrablege. Nach einem Brand 1053 verlegte Welf III. das Kloster 1056 auf den mit Reben bestandenen Martinsberg und nannte es »Weingarten«. 1056 übergab er es den Benediktinern aus Altomünster bei Dachau, während die Nonnen ins Kloster Altomünster zogen. Das Kloster war als Reichsabtei mit ausgedehnten Besitzungen bis zu seiner Aufhebung 1802 ein bedeutendes wirtschaftliches und kulturelles Zentrum in Schwaben. Der ganze Besitz kam 1806 an Württemberg. Von 1922 gab es im Konvent wieder ein Benediktinerkloster. Weitere Teile werden von der Pädagogischen Hochschule und der Akademie der Diözese Rottenburg-Stuttgart genützt. Papst Pius XII. erhob die Abteikirche 1956 zur »Basilica minor«. Ende 2009 gaben die Benediktiner das Kloster auf. Noch ist unbekannt, ob und wenn auf welche Weise klösterliches Leben hier weiterbestehen kann.

Aus der Geschichte

Eine 1048 in Mantua aufgefundene Heilig-Blut-Reliquie gelangte 1094 durch Judith, die Gemahlin Welfs IV., an das Kloster Weingarten. Ihr zu Ehren feiert die Stadt am Tag nach Christi Himmelfahrt ein großes, für ganz Oberschwaben bedeutendes Fest: den Blutfreitag mit dem Blutritt. Am Vorabend ziehen nach dem Festgottesdienst Tausende Pilger in einer Lichterprozession hinauf zum Kreuzberg.

Weingartner Blutritt

Weingartner Blutritt mit über 3000 Pferden und Reitern in Frack und Zylinder

★★ Basilika

Oben auf dem Martinsberg dominiert die eindrucksvolle Front der Abteikirche St. Martin von Tours und Oswald das Bild der Stadt. Die mit 117 m Länge größte Barockkirche nördlich der Alpen, erbaut in den Jahren 1715–1724, nimmt den Platz der 68 m langen romanischen Basilika des 12. Jh.s ein. Die mächtige Tambourkuppel, ein im deutschen Sprachraum seltenes Element, ist dem Petersdom in Rom nachempfunden, die konvexe Fassade mit 58 m hohen Türmen der Kollegienkirche in Salzburg (sie diente wiederum Einsiedeln als Vorbild). Im Nordturm der Basilika hängt die 6,9 t wiegende Hosannaglocke, gegossen 1490 vom Büchsenmacher des württembergischen Grafen Eberhard im Bart. Der Urheber der letztlich realisierten Pläne ist nicht sicher; Norbert Lieb, ein ausgewiesener Kenner der Materie, schreibt sie dem Vorarlberger **Franz Beer von Bleichten** zu, der bis 1716 die Bauleitung hatte. Weiter beteiligt waren lauter herausragende Baumeister: Kaspar Moosbrugger aus Einsiedeln, Johann Jakob Herkomer aus Füssen, Enrico Zuccalli (Architekt der Münchner Theatinerkirche), der Vorarlberger Christian Thumb und der Herzoglich Württembergische Hofbaudirektor Donato Giuseppe Frisoni.

Inneres

Das Innere macht mit seinen Ausmaßen, der plastischen Gestaltung und der Illusionsmalerei einen überaus imposanten Eindruck. Mächtige **Wandpfeiler** teilen das Langhaus in Joche und stützen die durch Gurtbögen abgeteilten Hängekuppeln. Zwischen ihnen liegen konkav eingezogene Emporen, eine Idee von Frisoni, die der machtvollen Geradlinigkeit des Raums eine elegante, weiche Note gegenüberstellt. Dominant ist der auf den Hauptaltar ausgerichtete Längenzug, wie er sich beim Eintreten aus der Vorhalle bietet. Doch auch Elemente des Zentralbaus flossen in den Plan ein, wie man in der von einer 67 m hohen Kuppel überwölbten **Vierung** erkennt. Sie liegt etwa auf der Mitte der Längsachse; die Querarme sind wie die Apsiden im Osten und Westen halbrund geschlossen. Insgesamt gilt der Raum, mit der klaren Dominanz der Architektur und den etwas steifen, italienisierenden Formen, als konservativ-hochbarock. Die farbenprächtigen

Pracht und Eleganz der Weingartner Basilika

Fresken in den Gewölben schuf **Cosmas Damian Asam** 1718–1720, ein Auftrag, der seinen Durchbruch als Kirchenmaler markiert: Im Westen über der Orgel die Geburt Christi, gefolgt von der Verherrlichung der Hl.-Blut-Reliquie, der Vision des hl. Benedikt und der Himmelfahrt Mariens. Die große Kuppel nimmt der »Triumph der Kirche« ein, mit einer unübersehbaren Zahl von Engeln und Heiligen, im Mittelpunkt die zwölf Apostel und die Trinität. Die Flachkuppel über dem Mönchschor zeigt die Ausgießung des Hl. Geistes (Pfingsten), über dem Hochaltar sieht man die Anbetung des Gotteslamms. Den feinen Stuck gestaltete der Wessobrunner **Franz Schmuzer** mit Bandelwerk, Ranken, Rosetten und Muscheln. Weitere herausragende Stücke der Ausstattung sind der prachtvolle Hochaltar und die Querschiffaltäre nach Entwürfen von Frisoni, die Altarplastiken von Diego Carlone, die Altargemälde von Giulio Benso (um 1635), Carlo Carlone und Franz Joseph Spiegler, das prunkvolle, perspektivisch wirkende Chorgitter (1732), das reich geschnitzte Chorgestühl von Joseph Anton Feichtmayr sowie die Rokokokanzel (1762) von Fidelis Sporer aus Weingarten. Im nördlichen Querschiff ist seit 1715 die **Welfengruft** zu finden (Umgestaltung 1860), die einen Sarkophag mit den Resten von neun Mitgliedern des Geschlechts von 990 bis 1126 enthält. Am Choreingang steht der **Heilig-Blut-Altar**, auf dem die Heilig-Blut-Reliquie aufbewahrt wird: angeblich Blut aus der Seitenwunde Christi, vermischt mit Erde von Golgatha.

Gabler-Orgel

Eine eigene Würdigung verdient die Orgel der Basilika, 1737–1750 geschaffen von Joseph Gabler aus Ochsenhausen, die zu den schönsten und größten Barockorgeln Europas gehört. Mit ihren 6890 Pfeifen und 77 Registern hat sie einen einzigartigen Klang. Im Register La Force beispielsweise erklingt der Ton C auf nicht weniger als 49 Pfeifen; Glocken sind ebenso zu hören wie die menschliche Stimme (Vox humana), Kuckuck und Nachtigall. Ein Konzert ist ein unvergessliches Erlebnis: Mai–Okt. »Sonntagsmusik« um 12.00 und 15.00 Uhr, dazu kommen größere Konzerte (Tel. 07 51 / 4 05-232).

Weitere Sehenswürdigkeiten in Weingarten

Im 1621 erbauten **Kornhaus** in der Stadtmitte (Karlstr. 28) ist das Alamannenmuseum untergebracht, das größte seiner Art in Deutschland. Es zeigt die Funde aus einem westlich von Weingarten entdeckten Gräberfeld der Merowingerzeit (5.–8. Jh. n. Chr.), v. a. Skelette und kostbare, hervorragend gestaltete Grabbeigaben (geöffnet Di. bis So. 15.00–17.00, Do. bis 18.00 Uhr). Im repräsentativen **Schlössle** aus dem 16. Jh. (Scherzachstr. 1), dem ehemaligen Landrichterhaus, stellt das Stadtmuseum die Geschichte Weingartens und des Klosters anschaulich dar (geöffnet Di.–So. 14.00–17.00 Uhr, Do. bis 18.00 Uhr). Zur Versorgung des Klosters mit Wasser legten die Mönche im Mittelalter ein Kanalsystem an, eines der ältesten in Deutschland. Der wasserbauhistorische Wanderweg **Stiller Bach**, der zum Rößler Weiher östlich von Weingarten hinausführt, erläutert das aufwendige, hervorragend geplante System (Führer beim Tourismusbüro).

Schongau

L 3

Landkreis: Weilheim-Schongau
Einwohnerzahl: 12 600
Höhe: 710 m ü. d. M.

Schongau, am Westufer des Lechs gelegen, gehört politisch schon zu Oberbayern – das Stadtbild allerdings ist noch ebenso unverkennbar schwäbisch wie das hier gesprochene Idiom.

Auch die Lage der lebhaften Stadt ist speziell: auf einem Hügel, der einst vom Lech umflossen wurde. Fast vollständig erhalten ist die Befestigung des 14.–17. Jh.s mit hölzernem Wehrgang, Toren und Türmen. Um 1235 von Kaiser Friedrich II. gegründet, verdankte die Stadt ihren Aufschwung der günstigen Lage als Umschlagplatz am Lechübergang, den schon die römische Via Claudia Augusta nützte.

Sehenswertes in Schongau und Umgebung

Stadtzentrum Die Hauptachse der staufischen Stadtanlage ist zweigeteilt: im Norden die von behäbigen Giebelhäusern gesäumte Münzstraße, im Süden der Marienplatz. Getrennt werden sie von der Pfarrkirche **Mariä Himmelfahrt** (17./18. Jh.) mit Wessobrunner Stuck (teils von Dominikus Zimmermann) und Deckenfresken von Matthäus Günther. Den prunkvollen Hochaltar (1760) schuf F. X. Schmädl nach einem Entwurf von Ignaz Günther; in der Mitte die Himmelfahrt Mariens (um 1620), seitlich die hll. Mauritius und Martin. Auf dem Marienplatz das große **Ballenhaus** (1515, im 19. Jh. verändert) mit Treppengiebeln und schöner Balkendecke im Ratssaal.

Stadtmuseum Das Stadtmuseum in der ehemaligen Spitalkirche St. Erasmus (Christophstr. 55, geöffnet Sa., So. 14.00 – 17.00 Uhr) zeigt römische und mittelalterliche Funde sowie sakrale Kunst; bedeutendstes Stück ist ein **Rokoko-Hausaltar**, vermutlich von Andreas Häringer, einem Schwiegersohn des berühmten Barockbildhauers Ignaz Günther.

✶ ✶ Altenstadt Der **bedeutendste romanische Kirchenbau Oberbayerns** steht 3 km nordwestlich von Schongau in Altenstadt (heute katholische Pfarrkirche St. Michael). Um 1180 – 1200 wurde die dreischiffige Basilika mit mächtigen Osttürmen aus Tuffstein erbaut. Auf dem Lettnerbalken steht das kostbarste Ausstattungsstück: ein riesiger romanischer Kruzifixus, der **Große Gott von Altenstadt** (um 1220). Er steht ganz in der Tradition der frühesten Darstellungen des gekreuzigten Christus: Zu sehen ist kein Leidender, sondern der majestätische Sieger über Tod und Hölle. Zu seinen Seiten stehen Maria und Johannes, Kopien mittelalterlicher Plastiken (Originale im Bayerischen Nationalmuseum München). Die Fresken im Chor stammen aus dem 14. Jh., aus der Bauzeit der riesige Christophorus an der West-Innenwand. Ebenso alt ist der **romanische Taufstein**, der zu den schönsten in Deutschland zählt. Zu beachten sind auch die unterschiedlich gestalteten Würfelkapitelle.

Peiting (12 000 Einw.) liegt jenseits des Lechs 3 km südöstlich von Schongau im Pfaffenwinkel. Seit 1055 gab es hier eine Burg der Welfen, von der noch Wälle vorhanden sind. Von 1920 bis 1968 wurde hier Pechkohle abgebaut. Die Pfarrkirche St. Michael (1785) besitzt Altäre von F. X. Schmädl und vom romanischen Vorgängerbau noch den Turm (11. Jh.) und die Krypta (um 1200). Zu beachten ist auch die **Wallfahrtskirche Maria Egg** auf dem Friedhof; ihr Langhaus datiert von 1655, der Chor wurde 1737 von Joseph Schmuzer neu erbaut. Nördlich von Peiting sollte man das »Diakoniedorf« **Herzogsägmühle** besuchen, in dem Behinderte und anders Benachteiligte beschützt leben (Tel. 0 88 61 / 219-0, www.herzogsaegmuehle.de); es gibt hier eine Cafeteria und einen Laden mit Handgefertigtem. In **Birkland** weiter nördlich ist die barocke Kirche St. Anna mit Wessobrunner Stuck (18. Jh.) und einem Hochaltar von Dominikus Zimmermann (1715) sehenswert. Vom Kalvarienberg westlich von Peiting und vom Eschenbühl ca. 6 km südlich hat man einen großartigen Blick auf die Kette der Alpen.

Peiting

Ein seltenes Bild im Alpenvorland: Romanische Kirche in Altenstadt

SCHONGAU ERLEBEN

AUSKUNFT

Touristeninformation
Münzstraße 1, 86956 Schongau
Tel. (0 88 61) 21 41 81
www.schongau.de

FESTE UND EVENTS

1. Aug.-Wochenende: Fischerfest am Deutensee. Aug.: Schongauer Sommer. 2. Sept.-So.: Rosstag in Burggen.

ESSEN / ÜBERNACHTEN

▶ **Preiswert / Komfortabel**
Gasthof Blaue Traube
Münzstr. 10, 86956 Schongau
Tel. (0 88 61) 9 03 29
www.hotel-blaue-traube.de
Gemütliches Restaurant in einem mächtigen alten Haus an der Hauptstraße. Großzügige moderne, gut ausgestattete Gästezimmer.

Peißenberg

Von Peiting geht man auf dem König-Ludwig-Weg in gut 2 Std. auf den Peißenberg (auch Hohenpeißenberg), der 400 m über die Moränenlandschaft ragt und die allerschönste Aussicht in Oberbayern bietet: vom Hochstaufen bei Bad Reichenhall bis zum Grünten; in der Mitte das Zugspitzmassiv. 1772 wurde hier eine Sternwarte und 1781 das erste meteorologische Observatorium Bayerns errichtet; heute unterhält der Deutsche Wetterdienst moderne Anlagen (Info-Pavillon). Die **Wallfahrtskirche Mariä Himmelfahrt** (1619) besitzt einen monumentalen Hochaltar aus der Bauzeit (Altarbild 1717); im Chor stellen Holzreliefs von Bartholomäus Steinle Moses und David dar (1619). Die anstoßende Gnadenkapelle von 1514 wurde durch eine wundertätige Madonna zum Wallfahrtsziel. 1747 wurde sie erweitert und 1748 von den hervorragendsten Künstlern der Region gestaltet: Fresken von Matthäus Günther, Stuck von Joseph Schmuzer, Hochaltar (mit dem Gnadenbild) von Franz Xaver Schmädl.

Burggen

In dem Dorf 7 km südwestlich von Schongau sind die Kirchen St. Stephan (1682) und St. Anna (gotisch, nach 1612 umgestaltet) interessant, beide mit Altarfiguren des Füsseners Anton Sturm (um 1735), Letztere auch mit bemalter Holzkassettendecke von 1674. Ein bemerkenswertes Ensemble, das nach dem Dorfbrand 1795 entstand, vereint die **St.-Anna-Straße**: typische, einheitlich nach Osten ausgerichtete Einfirsthöfe mit Flachsatteldächern über geständerten Kniestöcken mit Andreaskreuzen. Die Gebäude wurden meist mit der Nord- und Westseite an die Grenzen gesetzt, um den geschützten Hofraum nach Süden hin nutzen zu können. Die jüngeren, im 19. Jh. erneuerten Anwesen haben einen Wiederkehr, die älteren einen Hakenschopf (▶S. 73). Jedes Jahr am 2. Sept.-Sonntag treffen sich in Burggen die Fuhrleute zum **Rosstag** mit über 300 Pferden. Ein wunderschönes Naturschutzgebiet bildet die **Litzauer Schleife**, der letzte unverbaute Abschnitt des Lechs unterhalb des Forggensees mit eindrucksvollen Steilufern und markierten Wanderwegen.

Schwangau

Landkreis: Ostallgäu
Einwohnerzahl: 3400

Höhe: 796 m ü. d. M.

Wo das Allgäu auf Oberbayern trifft, entfaltet es – im Verein mit den weltberühmten Königsschlössern Neuschwanstein und Hohenschwangau – seine größte Schönheit.

Über 1 Mio. Besucher jährlich zählt man im Schloss Neuschwanstein, womit es das bei weitem meistbesuchte Schloss in Bayern ist (und das einzige, das seinem Eigentümer, dem bayerischen Staat, mehr einbringt als der Unterhalt kostet). Dementsprechend trubelig geht es im Sommerhalbjahr hier zu; wer es einrichten kann, sollte unbedingt die anderen Zeiten des Jahres nützen. Die allermeisten Besucher sind Tagesausflügler, viele aus Japan und den USA. Von der Bekanntheit profitiert auch der heilklimatische Luftkurort Schwangau in der Nähe von ▶Füssen. Dabei hätte er »Nachhilfe« kaum nötig: Vor den Ammergauer Alpen am Forggensee gelegen, bietet er alle Möglichkeiten für einen abwechslungsreichen Urlaub in denkbar schönster Landschaft. Im Winter sind die 4,2 km lange Abfahrt vom Tegelberg und die nachts beleuchtete Rundloipe besondere Attraktionen. In Schwangau sollte man einmal auf die überwiegend aus dem 17. Jh. stammenden **Laubenhäuser** achten, deren Ursprung man in einem Haustyp des Bregenzerwalds vermutet.

Der Tegelberg ist nicht grundlos einer der beliebtesten Startplätze des Allgäus.

SCHWANGAU ERLEBEN

AUSKUNFT
Tourist Information
Münchener Str. 2
87645 Schwangau
Tel. (0 83 62) 8198-0
www.schwangau.de
www.hohenschwangau.de

SCHLÖSSER
Öffnungszeiten für Hohenschwangau und Neuschwanstein: April–Sept. 9.00–18.00, Okt.–März 10.00–16.00 Uhr. Kassenzeiten für Neuschwanstein April–Sept. 8.00–17.00, Okt.–März 9.00–15.00 Uhr; für Hohenschwangau 0.30 Std. länger. Karten für beide Schlösser nur im Ticket-Center im Ort Hohenschwangau. Karten können telefonisch und über Internet reserviert werden.

Ticketcenter
Alpseestr. 12, 87645 Hohenschwangau
Tel. (0 83 62) 9 30 83-0
www.neuschwanstein.de

FESTE UND EVENTS
Mai–Sept.: Mo. 20.00 Uhr Alphornblasen am Alpsee. An Fronleichnam Prozession bei St. Coloman. 2. Okt.-So.: Colomansfest mit Pferdeprozession. Mitte–Ende Sept.: Konzerte im Schloss Neuschwanstein (Karten werden nur an einem Tag Anfang Februar verkauft, Informationen Tel. 0 83 62 / 81 98-31, www.schwangau.de).

ESSEN
▶ Preiswert / Erschwinglich
Drehhütte
östl. Schwangau (von B 17 beschildert)
Tel. (0 83 62) 85 85
Im Kesselgraben am Tegelberg gelegener Stützpunkt für Wanderer und Rodler. Gemütliches Holzhaus, bekannt für gute Wildgerichte.

ÜBERNACHTEN
▶ Komfortabel / Luxus
Schlosshotel Lisl & Jägerhaus
Hohenschwangau
Neuschwansteinstr. 1–3
Tel. (0 83 62) 88 70
Mehr oder weniger königlich wohnt man direkt unterhalb der Schlösser im »Lisl« (besonders schön die Eckzimmer) oder in der etwas teureren und privateren »Villa Jägerhaus«. Vorzügliches Restaurant im Lisl.

Rübezahl
Schwangau-Horn, Am Ehberg 31
Tel. (0 83 62) 88 88
www.hotel-ruebezahl.com
Zwei moderne, etwas überdekoriert im Alpinstil gestaltete Häuser, mit unbezahlbarem Blick auf die Schlösser. Feine Regionalküche, großes Wellness-Angebot mit Therme.

▶ Komfortabel
Lippergütl
Illasbergstr. 21
87642 Halblech-Berghof
Tel. (0 83 68) 94 04 29
Renate und Colin Jackson haben ein altes Haus mustergültig restauriert: ein romantisches Bed & Breakfast nach bester britischer Art, mit stilvoller Bibliothek und Garten. Schön und ruhig in kleinem Dorf ca. 5 km nordöstlich von Schwangau gelegen.

▶ Günstig
Hotelpension Neuschwanstein
Schwangau, Geblerweg. 2
Tel. (0 83 62) 82 09
www.hotelneuschwanstein.de
Im Ort, dennoch ruhig gelegener familiärer Gasthof mit freundlichen Zimmern. Freier Blick auf Neuschwanstein, vom Balkon und vom Wintergarten, in dem man frühstückt.

★★ St. Coloman

Ein großartiges Bild vor der Kulisse der Berge und der Königsschlösser: Nordöstlich außerhalb Schwangau steht auf freiem Feld die Wallfahrtskirche St. Coloman, eine der **schönsten frühbarocken Kirchen** Bayerns (▶ Foto S. 134 / 135). Coloman war ein irischer Pilger auf dem Weg nach Jerusalem, der im Jahr 1012 bei Wien gefoltert und ermordet wurde. Als Schutzheiliger für das Vieh und gegen diverse Gefahren wird er in Schwangau seit dem 14. Jh. verehrt; am 2. Sonntag im Oktober – am 13.10.1014 wurden seine Gebeine in Melk beigesetzt – findet hier eine **Wallfahrt mit einer großen Reiterprozession** statt. Die Kirche, erbaut 1673 – 1678, ist mit ihrem prachtvollen weißen Stuck und den rot-weißen Stuckmarmoraltären das Werk von Johann Schmuzer (1642 – 1701), der in Wessobrunn den berühmten Tassilosaal schuf. Aus der gotischen Vorgängerkirche stammen hervorragende Schnitzfiguren, die Hans Kels d. Ä. zugeschrieben werden (um 1510, vor dem rechten Seitenaltar): Coloman (links), Apollonia (rechts) und eine Muttergottes. Zugänglich ist die Kirche von etwa 25. Mai bis zum Colomansfest tägl. ca. 14.30 – 16.30 Uhr, Führungen Do. 15.00 Uhr, im Winter Führungen für Gruppen unter Tel. 0 83 62 / 82 07.

Seen

Von besonderem Reiz ist der von Wald umgebene blaugrüne, 59 m tiefe **Alpsee** (nicht verwechseln mit dem Alpsee bei Immenstadt) – eindrucksvoller Hintergrund für Schloss Hohenschwangau – am Fuß des schroffen Pilgerschrofens (1760 m). Man kann ihn umwandern und in der nostalgischen Badeanstalt baden, allerdings ist das Wasser immer sehr frisch. Der benachbarte **Schwansee** bezaubert mit der Idylle eines englischen Parks – tatsächlich geht er auf landschaftsgestalterische Bemühungen König Maximilians ab 1838 zurück. Auch hier gibt es ein schönes Bad. Der wärmere **Bannwaldsee** nördlich von Schwangau ist Naturschutzgebiet mit Freibädern und Campingplatz, der **Forggensee** (▶ Füssen) das große Freizeit- und Wassersportrevier. Wohltuendes Wasser in jeder Form kann man auch in der **Königlichen Kristall-Therme** Schwangau genießen.

★ Tegelberg

Auf den Tegelberg (2087 m), Teil des Naturschutzgebiets Ammergebirge, führt von Schwangau eine Kabinenbahn. Bei der Talstation wurden Reste einer römischen Villa mit Badehaus freigelegt, außerdem endet hier eine Sommerrodelbahn. Am schönsten ist der klassische Weg auf den Tegelberg: durch die **Pöllatschlucht** zur Marienbrücke, die die Schlucht in 92 m Höhe überspannt und einen atemberaubenden Blick auf Schloss Neuschwanstein gewährt (in der Nähe liegt der Aussichtspunkt »Jugend« mit fantastischem Ausblick); dann weiter über den Grat zur Bergstation (insgesamt ca. 3 Std.). Sehr schön ist auch der Gang von der Marienbrücke zum ehemaligen königlichen Jagdhaus **Bleckenau** (ca. 1 Std.), das als Jausenstation bekannt und beliebt ist (im Winter ist die Straße eine Rodelbahn). Gegebenenfalls kann man mit dem geländegängigen Unimog-Bus nach Hohenschwangau zurückfahren. Ein Leckerbissen für trittsichere

★★
◀ Marienbrücke

Schloss Hohenschwangau, Lieblingssitz König Max II.

und schwindelfreie Bergwanderer ist der **Säuling** (2047 m), der weithin sichtbare, markante »Hausberg« der Königsschlösser: Von der oberen (älteren) Straße zur Bleckenau hinauf zur unbewirtschafteten Wildsulzhütte, dann östlich auf einem Klettersteig zum Gipfel; Abstieg entlang der Südseite des Pilgerschrofens (mit Rast oder Übernachtung im Säulinghaus) und wieder zur Wildsulzhütte. Gehzeit von Schwangau und zurück 6 – 7 Stunden.

✶ Schloss Hohenschwangau

Ein wenig Geschichte In leuchtendem Ocker thront Schloss Hohenschwangau dort, wo im 12. Jh. die Hohenstaufenburg Schwanstein (12. Jh.) stand. Sie war ein Zentrum des Minnesangs; einer der ersten Ritter von Schwangau, Hiltpolt, ist als Minnesänger in der Heidelberger Liederhandschrift erwähnt. König Konradin, der letzte Stauferkaiser, war im 13. Jh. hier zu Gast. 1538 – 1547 wurde die Burg von der Augsburger Familie Paumgartner erneuert, später verfiel sie. Kronprinz Maximilian, künftiger König Max II., erwarb die Ruine 1832 und ließ sie bis 1837 nach Plänen des Architektur- und Theatermalers **Domenico Quaglio** zu seinem Lieblingssitz aufbauen. Sein Sohn Ludwig II., der Märchenkönig, verbrachte hier einen Großteil seiner Kindheit; Richard Wagner war hier zu Gast. Über den Wittelsbacher Ausgleichsfonds gehört das Schloss heute noch der einstigen Herrscherdynastie.

Sehenswertes Das Innere ist mit Einrichtungsgegenständen aus der Erbauungszeit ausgestattet und mit großen Fresken geschmückt, für die Moritz von Schwind und Wilhelm Lindenschmitt die Zeichnungen lieferten

(Szenen aus der germanischen Sage und Geschichte). Besonders sehenswert sind das Billardzimmer (Sammlung von Orden), der Heldensaal, das Burgfrauenzimmer, der Schwanrittersaal, das Tassozimmer (Malereien nach Motiven des italienischen Dichters Torquato Tasso) und die Schlosskapelle mit Rüstungen aus dem 16. Jahrhundert. Interessant ist auch das Hohenstaufenzimmer, das Ankleide- und Musikzimmer des Königs; die Gemälde darin zeigen Szenen aus dem Leben der Hohenstaufen. Im Schlosspark steht ein Schwanenbrunnen von Ludwig Schwanthaler.

★ ★ Schloss Neuschwanstein

Am Platz der Reste der Burg Vorderschwangau wurde das »Traumschloss« (▶3 D, S. 294) König Ludwigs II. 1869 – 1886 errichtet, und zwar nach Entwürfen des **Theatermalers Christian Jank**. Bauleiter waren Georg Dollmann und Julius Hofmann. Aus der Idee einer kleinen Ritterburg, die die Szenerien in Richard Wagners Opern »Lohengrin« und »Tannhäuser« in Stein nachbilden sollte, entwickelte sich – inspiriert von den Burgen der Ile-de-France und der Sage der Gralsburg Montsalvat – eine monumentale neogotische Anlage. Beim Tod Ludwigs II. 1886 war der Bau nicht vollendet; Bergfried und Kapelle wurden nicht mehr ausgeführt, nur die Kemenate kam noch hinzu. Erstmals wohnte der König von Mai bis Juni 1884 in dem Schloss, insgesamt hielt er sich hier 172 Tage auf. Hier verkündete man ihm am 12. Juni 1886, dass er entmündigt sei, und brachte ihn nach Schloss Berg am Starnberger See; einen Tag später fand er dort im See den Tod. Schon am 29. Juli 1886 wurden seine Schlösser für die Öffentlichkeit freigegeben.

! Baedeker TIPP

Musik auf Neuschwanstein

Das Märchenschloss in 30 Minuten »abhaken«, zwischen zig anderen Touristen eingekeilt? Mit Muße kann man das Flair und den zum Sterben schönen Ausblick vom Söller bei den Konzerten im September genießen. Karten werden nur Anfang Februar verkauft (▶ S. 290), doch bieten die Hotels auch später noch Arrangements an. Nach den Konzerten empfangen die Restaurants in Hohenschwangau zum Diner (reservieren).

Besichtigung

Pro Tag werden bis zu 10 000 Besucher in 35-minütigen Führungen durchs Schloss geschleust. Das bedeutet, dass man in der Hauptsaison im Sommerhalbjahr viel Geduld aufbringen muss, erst im Stau auf den Zufahrten zu den Parkplätzen, dann beim Anstehen am Ticketcenter, das schon einmal Stunden dauern kann. Die Eintrittskarten lauten auf eine bestimmte Zeit, die einzuhalten ist; das heißt, dass man zu diesem Zeitpunkt sich an den Einlass-Drehkreuzen befinden muss. Von den Parkplätzen geht man zum Schloss Neuschwanstein in ca. 40 Min. hinauf, man kann auch vom Hotel Lisl mit dem Bus oder der Kutsche fahren. Der schönste Weg allerdings führt durch die Pöllatschlucht (▶S. 291).

SCHLOSS NEUSCHWANSTEIN

Auf hohem Felsrücken, 200 m über dem Tal, thront in unvergleichlicher Position dieses Schloss, ein im Wortsinn »fantastischer« Prachtbau – wie Linderhof und Herrenchiemsee verdankt er seine Entstehung den romantischen Träumereien König Ludwigs II. von Bayern.

Öffnungszeiten und Eintrittskarten: siehe S. 290

① Palas
Das vierstöckige Hauptgebäude enthielt im Erdgeschoss die Wirtschaftsräume und im ersten Stock die Wohnräume der Bediensteten. Im 76 m hohen Hauptturm steigt man hinauf zur prunkvoll ausgestatteten Königswohnung im 3. Stock. Ihre Räume sind mit Gemälden mit Themen aus der mittelalterlichen Dichtung geschmückt. Den Baldachin des Himmelbetts im Schlafzimmer bildet ein fantastischer Wald aus geschnitzten Säulen, Fialen und Maßwerk.

② Thronsaal
Der repräsentative Thronsaal im Stil einer byzantinischen Kirche nimmt zwei Stockwerke im Hauptgebäude ein. Stufen aus weißem Carrara-Marmor führen zu einem Podest, auf dem einmal der Thron stehen sollte – in einer Kirche der Platz des Altars. Die prachtvollen »Mosaiken« sind nur gemalt, die Säulen bestehen aus Stuckmarmor. Vom Söller, der Aussichtsplattform, blickt man auf Schloss Hohenschwangau, den Alp- und den Schwansee sowie die Tannheimer Berge.

③ Sängersaal
Der Sängersaal im 4. Stock des Palas, nach dem Thronsaal der größte und prächtigste Raum, stand im Mittelpunkt der Planung. Sein Name bezieht sich auf den Wettstreit zwischen den Minnesängern, der auch Thema von Richard Wagners Oper »Tannhäuser« (1845) war. Geschmückt ist er, anders als sein Vorbild, mit Darstellungen aus der Parzival-Dichtung von den Malern August Spieß, Joseph Munsch und Ferdinand Piloty.

④ Oberer Hof
Im weiten Oberen Hof sollten die Kapelle und der Bergfried erstehen. Mit hellen Steinplatten ist der Grundriss der Kapelle markiert. Der Bergfried hätte den mächtigen Treppenturm an der Nordseite des Palas noch überragt.

Schloss Neuschwanstein *Orientierung*

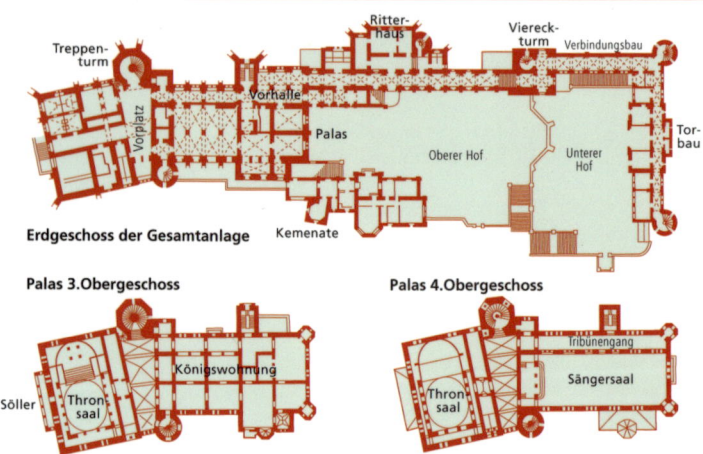

SONTHOFEN ERLEBEN

AUSKUNFT
Gästeamt
Rathausplatz 1, 87527 Sonthofen
Tel. (0 83 21) 61 52 91
www.sonthofen.de

FESTE UND EVENTS
Am Fasnachtssonntag findet alle drei Jahre (wieder 2012) das Egga-Spiel statt. Der Brauch symbolisiert den Kampf der Menschen mit den Naturgewalten. Um den 16. Sept. Viehscheid in Gunzesried. Am 5./6. Dez. Klausentreiben.

ESSEN
▶ **Preiswert / Erschwinglich**
Brauereigasthof Hirsch
Sonthofen, Grüntenstr. 7
Tel. (0 83 21) 67 28-0, Di. geschl.
Alteingesessener, massiv rustikaler Gasthof mit guter Allgäu-Bayern-Küche und Biergarten. Preisgünstige moderne Zimmer.

Goldenes Kreuz
Gunzesried, Talstr. 71, Tel. (0 83 21) 25 60 – Das alte, stattliche Gasthaus stellt das gesellschaftliche Zentrum des Gunzesrieder Tals dar. Auch ist hier die höchstgelegene Kleinbühne Deutschlands ansässig (von Jazz bis Kabarett). Mit handfester Allgäuer Küche und preiswerten Zimmern.

ÜBERNACHTEN / ESSEN
▶ **Luxus**
Sonnenalp Hotel & Resort
Ofterschwang, Schweineberg 10
Tel. (0 83 21) 27 20
www.sonnenalp.de
Das familiengeführte Haus bietet Ruhe und Exklusivität. Auf die Gäste warten eine exquisite Küche, ein großzügiger Wellness-Bereich, ein vielseitiges Sport-, Familien- und Unterhaltungsprogramm sowie auf Golfspieler einer der reizvollsten Alpenkurse Deutschlands (www.golf-resort-oberallgaeu.de).

Allgäu Stern Hotel
Sonthofen, Buchfinkenweg 2
Tel. (0 83 21) 27 90
www.www.allgaeustern.de
Das auf ca. 790 m Höhe gelegene große Hotel mit über 400 Zimmern und Suiten bietet einen herrlichen Panoramablick auf die Allgäuer Alpen, sieben Restaurants, ein »BeautyHealth- und Fitness-Centrum«, vielerlei Sportmöglichkeiten und Kinderbetreuung.

▶ **Komfortabel**
Landhaus Waibelhof
Gunzesried, Talstr. 74
Tel. (0 83 21) 45 80, www.waibelhof.de
Liebevoll gepflegter, 300 Jahre alter Hof in freier Lage an einem Südhang. Mit moderner Dependance und großem Wellness-Angebot incl. Solarium, Kneipp-Einrichtungen, Kräuterbädern und Heublumenwoche.

Gemütliche Ausfahrt im Illertal. Im Hintergrund die Ordensburg vor dem Grünten.

Die Küche im Sonthofener Heimathaus, einem Bauernhaus aus dem 18. Jh.

zu seinen Hauptwerken zählen. Bemerkenswert sind auch die Fresken von J. B. Riepp und das Vierzehn-Nothelfer-Relief aus dem Lederer-Umkreis (1510) im Pfarrhof.

Sonnenköpfe Den Bergzug östlich des Illertals nennt man zusammenfassend »Sonnenköpfe«; ihr höchster Gipfel ist der Schnippenkopf (1833 m). Die Überschreitung des Kamms zwischen Imberg und Reichenbach stellt eine beliebte familientaugliche lange Tour dar (6–7 Std.). Eine schöne kürzere Unternehmung ist der Weg von Hinang (südlich von Altstädten) zum **Hinanger Wasserfall** und weiter über das Berggasthaus Sonnenklause hinauf zum **Sonnenkopf** (1712 m); Abstieg über die Entschenalp zurück zur Sonnenklause (gesamt 5–6 Std.).

Hörnergruppe ▶Oberstdorf

★
Berghofen Östlich von Sonthofen liegt das idyllische Berghofen mit der weithin sichtbaren Kapelle **St. Leonhard**. Sie besitzt einen herrlichen Flügelaltar (1438), der Hans Strigel d. Ä. zugeschrieben wird; die Figuren in der Mitte stammen aus dem Multscher-Umkreis. In Winkel weiter nördlich hat man Zugang zur wilden, geologisch interessanten Starzlachklamm (zugänglich Ende April–Anf. Nov., feste Schuhe nötig), eine der großen Natursehenswürdigkeiten des Allgäus: Außer Dingen wie »Stadschiefer« und »Erzkalken« sind hier mehrere Arten von »Nummuliten« zu finden, münzförmige versteinerte Wurzelfüßler. Im Sommer ist der »Gumpen« beim Wasserfall herrlich zum Baden, besonders für Kinder. Vom oberen Ende der Klamm kann man in ca. 20 Min. zur Brotzeit zur Alpe Topfen oder zum Gasthof Alpenblick hinaufgehen.

★
Starzlachklamm ▶

> Sonthofen **ZIELE** 299

Grünten ★★

Wie ein Bollwerk wacht der 1738 m hohe Grünten (mit 97 m hohem Sendemast des Bayerischen Rundfunks) am Eingang zum Illertal. Von allen Seiten führen Wege hinauf. Familientauglich, mit 1000 m Höhenunterschied recht anstrengend ist der steile Weg von Burgberg durch den Wustbachtobel oder von Winkel durch die Starzlachklamm (3 Std. Aufstieg). Die **Aussicht** vom Hauptgipfel (Übelhorn) mit dem Gebirgsjäger-Denkmal (1924) ist einfach grandios. 1852 ließ Carl Hirnbein das 1535 m hoch gelegene **Grüntenhaus** errichten, das erste »Berghotel« des Allgäus (100 Lager, Tel. 0 83 21 / 33 72). Im Winter erschließen von Kranzegg bzw. Rettenberg aus ein Sessellift und eine Reihe von Schleppliften ein stattliches Skigebiet mit Abfahrten bis 4,5 km Länge. Eine 1,5 km lange Rodelbahn führt vom Berggasthof Kranzegg (1150 m) zum Parkplatz der Grüntenlifte.

? WUSSTEN SIE SCHON …?

■ Bis 1856 verdienten die Burgberger sich ein hartes Zubrot mit dem Abbau von Eisenerz im Grünten. Schürfrechte sind bereits für das Jahr 1471 dokumentiert, und um 1800 wurden jährlich ca. 2500 t Erz gefördert. In einigen Stollen und im Museumsdorf bekommt man einen guten Eindruck von der alten Bergbau- und Hüttentechnik (geöffnet Mitte Juli – Ende Okt. tägl. 10.00 – 18.00 Uhr, Tel. 0 83 21 / 78 78 97, www.erzgruben.de). Zu Fuß braucht man zu den Stollen (von der Ortsmitte Burgberg ausgeschildert) gut 1 Std., von Winkel durch die Starzlachklamm ca. 2 Std.; oder man nimmt das Erzgrubenbähnle.

Agathazell

Das verträumte Dörfchen nördlich von Burgberg gilt als eine der ältesten Pfarren des Allgäus. Die Kirche St. Agatha geht auf einen mittelalterlichen Bau zurück (barocker Umbau 1613, Turm 1667). Erhalten sind Fresken aus dem 15. Jh., der Hochaltar (um 1720) zeigt ein Gemälde von F. A. Weiß (1765) mit dem grausigen Martyrium der hl. Agatha zusammen mit einer Ansicht von Agathazell.

Bad Hindelang

▶ dort

Rettenberg

Rettenberg am Nordfuß des Grüntens ist als Brauereidorf bekannt. Zwei traditionsreiche Privatbetriebe, Zötler (seit 1447, seit 1920 unter dem Namen Zötler) und Engelbräu (seit 1668), brauen diverse Spezialitäten und vermitteln mit Führungen und Seminaren näheren Einblick in die Braukunst. Der Rettenberger Bürgermeister hat über 600 Bierkrüge zusammengetragen, die ein Panorama des bayerischen Biers entstehen lassen (Näheres beim Gästeamt Rettenberg, Tel. 0 83 27 / 93 04-0, www.rettenberg.de). Die lokalen Produkte kann man an Ort und Stelle in den benachbarten Brauereigasthöfen **Adler-Post und Engelbräu** an der Hauptstraße prüfen. Noch besser schmeckt das Bier nach der Tour über den Falkenstein (1116 m, in Karten als »Auf dem Falkenstein« bezeichnet), der als einer der schönsten Aussichtspunkte des Vorlands gilt: Von Rettenberg nordöstlich nach Bommen, dann südwestlich zum Gipfel und hinunter zur Gebhardshöhe und zurück nach Rettenberg. Gehzeit ca. 3 Std., für den z. T. gesicherten Gratweg ist Trittsicherheit nötig.

◀ Falkenstein ★

Ein echtes Ereignis ist der Gunzesrieder Viehscheid – er gilt als größter im Allgäu.

Gunzesrieder Tal

Das abgelegene Tal südwestlich von Sonthofen, zwischen der Nagelfluhkette im Norden und den Flysch-Hörnern im Süden, gehört zu den schönsten Hochtälern des Allgäus. Darüber hinaus darf es sich als **Wiege des Allgäuer Emmentalers** rühmen: 1827 produzierte der Senn Johann Althaus aus dem Emmental auf der Au-Alpe den ersten »Schweizer Käse« im Zentnerlaib-Format. Der Rohmilchkäse der Sennereigenossenschaft ist auch heute exzellent. Wichtige Termine, die viele Zuschauer anziehen, sind das Hörnerschlittenrennen Anfang Januar und der **Viehscheid** am 3. September-Samstag. Die Zufahrtsstraße führt von Rieden bei Sonthofen über ein kleines Joch, wo sich der herrliche Blick in das Tal öffnet. Bei Halden hat sich die Gunzesrieder Ache ein schmales Bett durch die Nagelfluhschichten gefräst; Ausgangspunkt für die Erkundung des **Haldentobels** (gesamt 2–3 Std.) ist der Parkplatz kurz vor Gunzesried. Auch der Spaziergang (ca. 2 Std.) von der **Gunzesrieder Säge** südlich in den Tobel des Ostertalbachs vermittelt schöne Eindrücke. Ein Schmankerl für trittsichere, schwindelfreie Bergwanderer ist die Tour auf den **Stuiben** von der Gunzesrieder Säge aus, den man so von seiner felsig-wilden Seite kennenlernt (Aufstieg über Sommerhausalpe und den Nordostgrat, Abstieg über Rothen- und Ornach-Alpe; gesamt gut 4 Std.).

Imberg

In Imberg (900 m) südöstlich von Sonthofen lohnt ein Blick in die Kapelle St. Katharina, links am Ortseingang: Ihr neogotischer Altar enthält feine Figuren – Muttergottes, hl. Silvester und hl. Katharina – eines unbekannten Künstlers aus dem Umkreis von Hans Multscher (um 1470), der als **Meister des Imberger Altars** bezeichnet wird.

Imberger Horn

Das 1656 m hohe Imberger Horn vermittelt einen eindrucksvollen Blick über die grünen Vorberge und die felsige Welt des Allgäuer Hauptkamms (Rotspitze, Daumen) sowie ins Kleinwalsertal. Von Imberg braucht man für die bequeme Wanderung über die Strausberghütte zum Gipfel ca. 2.30 Std.; dann mit der Sesselbahn nach Hindelang, oder südlich zum Strausbergsattel hinunter und über die Strausbergalm zurück nach Imberg (ca. 2 Std.). Am Sonntag um den 20. Aug. wird auf dem Strausbergsattel eine große **Älplermesse** mit Alphornbläsern gefeiert.

Steingaden · Wieskirche

Landkreis: Weilheim-Schongau   **Höhe:** 763 m ü. d. M.
Einwohnerzahl: 2800

Steingaden liegt zwar östlich des Lechs und somit nicht mehr im Allgäu, doch ist ein Ausflug dorthin Pflicht: Mit dem Welfenmünster besitzt es eine der bedeutendsten Kirchen des Pfaffenwinkels, vor allem aber gehört auch die wunderbarste Schöpfung des deutschen Rokokos zur Gemeinde, die berühmte Wieskirche.

Prämonstratenserstift

Das Stift wurde 1147 von Markgraf Welf VI., dem Onkel Heinrichs des Löwen – bevor er auf den 2. Kreuzzug ging – als »eingädiges Haus von Stein« gegründet und 1803 in der Säkularisation aufgelöst. Erhalten blieben das 1176 geweihte Münster (Pfarrkirche St. Johann Baptist), der romanische Kreuzgang und die Johanneskapelle am Torwärterhaus. Letztere ist ein von Welf VI. errichteter Zentralbau, der seit 1853 als Grablege der Grafen von Dürckheim-Montmartin dient; zu beachten sind das Löwenrelief am Eingang und das Relief im Tympanon mit Christus, Maria und Johannes.

Welfenmünster

Das Westwerk des Münsters, das den Marktplatz mit dem Gasthof zur Post überragt, ist Zeuge aus romanischer Zeit. Die Netzgewölbe in der Vorhalle verweisen auf die Umgestaltung der Kirche in der Spätgotik. Im Chor (1663–1673) herrschen die frühen, symmetrisch strengen Wessobrunner Stuckformen vor; im Langhaus der Pfeilerbasilika, das um 1740 von Franz Xaver Schmuzer umgestaltet wurde, ist dagegen der ganze Überschwang des Rokokos zu bewundern. Die virtuosen Deckenfresken stammen von Johann Georg Bergmüller (1750); dargestellt sind Szenen aus der Legende des hl. Norbert, dessen Wirken eng mit der Geschichte des Klosters verbunden ist. Bei einer Übernachtung in Steingaden hatte er eine Vision vom künftigen Kloster. Unter der Orgelempore ist die Enthauptung Johannes des Täufers dargestellt. In der Renaissance entstanden das Chorgestühl (1534) und die Epitaphe für Welf VI. und seinen Sohn an den Pfeilern des Hauptschiffs.

STEINGADEN UND WIES ERLEBEN

AUSKUNFT
Verkehrsamt
Krankenhausstr. 1, 86989 Steingaden
Tel. (0 88 62) 200
www.steingaden.de

FESTE UND EVENTS
So. nach dem 4. Juli: St.-Ulrichs-Ritt zum Kreuzberg. Mitte Sept.: Fischerfest. Konzerte im Welfenmünster und in der Wieskirche (Karten: Musik im Pfaffenwinkel, Tel. 0 88 61/ 93 58-0, www.musik-im-pfaffenwinkel.de). Wichtige Festtage in der Wieskirche: 19. März Patrozinium St. Joseph. Sa./So. nach dem 14. Juni »Tränen Christi«. 1. Sept.-Sonntag Kirchweih. 2. Okt.-Sonntag Bruderschaftsfest.

ESSEN / ÜBERNACHTEN

▶ **Günstig**
Gasthof Graf
Steingaden, Schongauer Str. 15
Tel. (0 88 62) 2 46
Gediegener Gasthof mit schlichten Zimmern. Man isst hier gut und sehr preiswert, der Biergarten gilt als einer der schönsten im Pfaffenwinkel.

✶ ✶ Wieskirche

Das 1746–1754 erbaute Gotteshaus 5 km südöstlich von Steingaden ist das Hauptwerk des genialen Baumeisters **Dominikus Zimmermann**. 1685 in Wessobrunn geboren, wohnte er bis zu seinem Tod 1766 in dem Haus neben der Wieskirche, das er sich 1746 gebaut hatte (heute Gasthof Schweiger, Tel. 0 88 62/ 5 00). Fürs leibliche Wohl sorgt auch der Gasthof Moser (Tel. 0 88 62 / 5 03). Die Wieskirche ist 8.00–19.00 zugänglich, während der Winterzeit bis 17.00 Uhr (außer zu Gottesdienstzeiten). Informationen und Führungen: Pfarramt, Tel. (0 88 62) 5 01, www.wieskirche.de.

Ein wenig Geschichte

Im Jahr 1738 hatte die Bäuerin Maria Lory vom Kloster Steingaden die schlichte, ausdrucksstarke Statue des »Gegeißelten Heilands« erworben, die dort unbeachtet verstaubte. Nachdem ein Wunder geschehen war – das Ehepaar Lory sah Tränen in den Augen des Gegeißelten –, wurde sie in einer winzigen Kapelle nördlich der heutigen Kirche aufgestellt. Die Kunde von Gebetserhörungen ließ rasch eine große Wallfahrt entstehen, so dass schon fünf Jahre später erste Entwürfe für eine neue Kirche

> ! *Baedeker* TIPP
>
> **Natur- und Kunstgenuss**
> Besonders im Frühsommer und im Herbst sollte man sich der Wieskirche zu Fuß nähern. Von Steingaden bringen zwei Wege (der nördliche ist Teil des Prälaten-/König-Ludwig-Wegs, der südliche verläuft über Hiebler) in ca. 1.15 Std. dorthin. Das letzte Stück führt auf Holzbohlen (»Brettlesweg«, bei Nässe sehr rutschig) durch den Wiesfilz, ein urtümliches Moor. Für den Rückweg holt man südlich aus: bis zum Bauernhof Resle, dann westlich nach Fronreiten und nördlich nach Steingaden (ca. 2 Std.).

Rokoko-Pracht in ländlicher Idylle: die Wieskirche

vorlagen. Heute ist die Wies eines der bedeutendsten Wallfahrts- und Kulturreiseziele Deutschlands, das im Jahr etwa 1 Mio. Menschen besuchen.

Die Kirche – 45 m lang und 32 m hoch – mit ihren rhythmisch gruppierten Fenstern ist durch einen Haubenturm von den Priesterwohnungen und der Sommerresidenz der Äbte von Steingaden abgesetzt. Das steile Dach ist mansardenartig aufgestockt; der westliche Abschluß hat die Form eines Halbkreises mit Säulen und Portalen. **Außenbau**

In der Wies entfaltet sich eine wahre Symphonie an schwingender Architektur und festlichem Rocaille-Stuck. In kaum einem anderen Bauwerk dieser Epoche sind Raumform und Ornament in so eleganter Weise zu einem Gesamtkunstwerk verschmolzen. Stuck und Deckenfresken stammen von Johann Baptist Zimmermann, dem Bruder des Architekten. **Innenraum**

Das Deckenbild im Langhaus, einem ovalen Zentralraum, hat den auferstandenen Christus zum Thema. Er thront auf einem Regenbogen, dem Symbol der Versöhnung; über dem Hauptaltar der zum Weltgericht bereitstehende Thron (in den Farben Rot und Blau, Symbol für Opfer und Gnade), gegenüber das noch verschlossene Tor zur Ewigkeit. In den Grisaille-Medaillons über den Pfeilerpaaren verkörpern Putti die acht Seligpreisungen der Bergpredigt. Auf den Fresken im Umgang des Hauptraums sind Szenen aus dem Alten und dem Neuen Testament dargestellt. ◄ Langhaus

Die herrlichste architektonische Idee der Wieskirche ist der schmale Chorraum, der als selbstständige Kirche zuerst errichtet wurde: Über dem Erdgeschoss durch blaue Stuckmarmorsäulen von den Außenmauern abgesetzt, bildet er ein eigenes »Haus«, wobei Oculi (Fenster) zum Chorgewölbe überleiten – durch sie sieht man, wie durch ◄ Chor

Wieskirche *Orientierung*

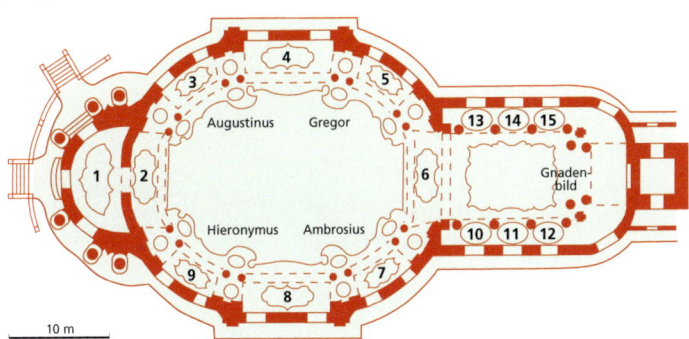

Fresken im Langhausumgang
1 Der Prophet Nathan vor König David
2 Jesus und die Ehebrecherin
3 Berufung des Zöllners Matthäus
4 Petrus verleugnet Jesus
5 Jesus und die Samariterin
6 Jesus und die Sünderin
7 Jesus und Zachäus
8 Jesus und der Schächer
9 Gleichnis vom Feigenbaum

Fresken im Chorumgang
10 Heilung eines Gelähmten
11 Auferweckung des Lazarus
12 Heilung zweier Blinder
13 Heilung eines Kranken
14 Dämonenaustreibung
15 Jesus verkündet Armen die Frohe Botschaft

Kartuschen-Rahmen, auf die Deckenfresken im Chorumgang. Im Chordeckenfresko tragen Engel die Leidenswerkzeuge vor Gottvater. Die roten Säulen des Hauptaltars korrespondieren mit den blauen des Chorraums: die Farben von Opfer und Gnade wie im Richterthron des großen Deckenfreskos. Das Altarbild mit der Heiligen Familie schuf 1753/1754 der Münchner Hofmaler Balthasar Albrecht (1685–1765). Das Jesuskind hat, auf seinen Tod vorausdeutend, die Arme kreuzartig ausgebreitet; der Engel über der Szene trägt den roten Königsmantel, wie ihn Jesus mit der Dornenkrone tragen wird. Das Untergeschoss des Hauptaltars bildet den Rahmen für die ländlich-schlichte Figur des Gegeißelten.   ◀ Hauptaltar

Wie viele Wallfahrtskirchen besitzt die Wies einen Chorumgang, damit die Gläubigen das Gnadenbild umschreiten können. Die Fresken zeigen Jesus als Messias, den der Prophet Jesajas verkündet hat. Die Ausstattung – Altäre, Kanzel, Skulpturen und Orgel – ist meisterhaft. Unter den Skulpturen sind die Evangelisten am Hochaltar (Ägidius Verhelst aus den Niederlanden, 1748) und die Kirchenväter Hieronymus, Ambrosius, Augustinus und Gregor (Anton Sturm aus Füssen, 1754) vor den Doppelpfeilern des Hauptraums hervorzuheben, alles weiß und golden gefasste Schnitzfiguren. Der schönste Putto ist der unter der Kanzel, der auf einem Delphin reitet.   ◀ Chorumgang
◀ Weitere Ausstattung

← *Der Chor der Wieskirche, eine wunderbare Symphonie aus Architektur und Dekor*

Wangen

Landkreis: Ravensburg
Einwohnerzahl: 26 800

Höhe: 525 – 709 m ü. d. M.

Einst Freie Reichsstadt, heute Hauptort des württembergischen Allgäus und Luftkurort: Wangen lockt mit seiner unter Denkmalschutz stehenden Altstadt – einer der schönsten in Süddeutschland – und der sanfthügeligen Umgebung des Westallgäus.

»In Wangen bleibt man hangen«, dieser vielzitierte Spruch ist sogar im Kopfsteinpflaster der Fußgängerzone stolz in Bronze festgehalten. In der Tat sollte man sich Zeit nehmen, die liebevoll restaurierte Altstadt mit gotischen Staffelgiebeln, üppigen Barockfassaden, prachtvollen, goldglänzenden Wirtshausschildern und blumengeschmückten Erkern auf sich wirken zu lassen. Nicht weniger reizvoll ist die Umgebung Wangens, ein buckliges Moränenland mit kleinen Wäldern und feuchten Niederungen, in das sich die Obere und die Untere Argen windungsreich eingegraben haben.

Erstmals wird Wangen in einer Urkunde des Klosters St. Gallen, damals der größte Grundbesitzer der Gegend, im Jahr 815 als Stiftsgut »ze den wangun« erwähnt, d. h. »in den Wiesen«. Gemäß einer Urkunde Kaiser Friedrichs II. von 1217 muß es damals schon Stadt gewesen sein, und 1268 bestätigte Rudolf I. von Habsburg den Status als Freie Reichsstadt. Seit dem 13. Jh. besitzt Wangen das Marktrecht, und seit 1330 (!) wird der **große Wochenmarkt am Mittwoch** abgehalten. Bis ins 17. Jh. dauerte die Blüte durch die Leinenweberei und das Schmiedehandwerk – berühmt waren die Sensen aus Wangen –, die ihre Produkte bis nach Italien und Spanien verkauften. 1539 fiel fast die ganze Oberstadt einem Feuer zum Opfer, 1793 und 1858 traf es die Unterstadt. Nach kurzer bayerischer Episode ab 1802 wurde die Stadt 1810 württembergisch. Die Industrialisierung kam spät, mit der Errichtung einer Baumwollspinnerei 1860, dem Eisenbahnanschluß 1880 und der Gründung von drei Großkäsereien.

Aus der Geschichte

Sehenswertes in Wangen

Das Herz Wangens ist der malerische Marktplatz mit dem Rathaus, der St.-Martins-Kirche und dem Hinderofenhaus. Das **Rathaus** erhielt seine würdige Barockfassade beim Umbau 1719 – 1721 nach Plänen des Bregenzers Franz Anton Kuen; die Teile zur Unterstadt hin enthalten aber noch Bausubstanz aus staufischer und spätgotischer Zeit. Im getäfelten Ratssaal hängt eine historische Kostbarkeit, eine Stadtansicht von J. A. Rauch (1611; bei Stadtführungen zugäng-

Marktplatz

← *Malerische Herrenstraße mit dem Frauentor*

WANGEN ERLEBEN

AUSKUNFT
Gästeamt
Marktplatz 1, 88239 Wangen im Allgäu, Tel. (0 75 22) 74-2 11
www.wangen.de

FESTE UND EVENTS
Mi.vormittag großer Wochenmarkt. Am Fasnachtsmontag buntes Narrentreiben. Mitte Juli (vor den Ferien) wird das Kinder- und Altstadtfest mit Umzug und Feuerwerk gefeiert.

ESSEN

▶ Erschwinglich / Fein
① *Gasthof Adler*
Deuchelried, Obere Dorfstr. 4
Tel. (0 75 22) 70 74 77
Mo.abend und Di. geschl.

Modernisierter alter Gasthof in einem typischen Allgäuer Schindelhaus. Erstklassige ländlich-feine Küche, bestens sortierter Weinkeller.

▶ Preiswert / Erschwinglich
② *Zum Kornhausmeister*
Wangen, Bindstr. 29
Tel. (0 75 22) 23 83, So./Mo. geschl.
Schöne historische Weinstube mit Gewölbekeller. Zur großen Weinauswahl gibt's kleine Schmankerl.

③ *Gasthof Sattel*
Wangen, Sattel 2
Tel. (0 75 22) 70 70 70, Mo. geschl.
Im ehem. Leprosenhaus am Stadtrand – mit seiner Kapelle ein hübsches Ensemble rechts der B 18 nach Lindau – isst man gut, von handfest allgäuerisch bis leicht gehoben.

④ *Fidelisbäck*
▶ Tipp S. 310

ÜBERNACHTEN

▶ Komfortabel
① *Alte Post*
Wangen, Postplatz 2, Tel. (0 75 22) 97 56-0, www.hotel-alte-post-wangen.de – Familiäres Romantikhotel (z. Z. nur garni), zentral und doch ruhig gelegen. Liebevoll eingerichtete Zimmer mit modernem Komfort.

② *Krone Waldburg*
Hauptstr. 21, 88289 Waldburg
Tel. (0 75 29) 9 98-0
www.kronewaldburg.de – Traditionsreicher Landgasthof in stattlichem Barockbau am Fuß der Waldburg, mit komfortablen Zimmern im modernen Gästehaus. Das Restaurant bietet gutbürgerlich-schwäbische Gerichte.

▶ Günstig
③ *Blaue Traube*
Wangen, Zunfthausgasse 10
Tel. (0 75 22) 66 27, Mo., Di. geschl.
Gepflegtes Gasthaus mit ruhigen, gut ausgestatteten Zimmern. Im Restaurant gibt's Schwäbisches auf der Basis regionaler Produkte.

④ *Hotel Mohren-Post*
Wangen, Herrenstraße 27
Tel. (0 75 22) 2 10 76
Ein stattliches Haus aus dem 15. Jh., seit 150 Jahren in Familienbesitz und nicht modernisiert – also ältlicher Charme haufenweise. Das Restaurant hat mittags und Fr./Sa. geschlossen.

lich). Das mächtige **Hinderofenhaus** aus der Renaissance ließ sich der Kaufmann Onofrius Hinderofen 1542 erbauen, der mit Italien Handelsbeziehungen unterhielt. Es beherbergt Stadtverwaltung und Volkshochschule sowie eine Ausstellung von Gemälden des Schlesiers W. von Websky (1895 – 1992). Sehr nett sitzt man im »Hinderofen Café«, vor dem Gebäude oder im kleinen hübschen Innenhof. An der schlichten Stadtkirche **St. Martin** wurde seit dem 12. Jh. immer wieder gebaut, so dass sie ein buntes Stilgemisch zeigt: flachgedeckte Rundpfeilerbasilika mit frühgotischem Langhaus und hochgotischem Chor (1386); barock sind Kanzel und Seitenaltäre (1777), neogotisch der Hochaltar. Die Decken- und Wandmalerei schuf G. Fugel 1899.

Herrenstraße

Vom Marktplatz geht nördich die Herrenstraße ab, sicher eine der schönsten Straßen in Deutschland. Teilweise ist noch das spätgotische Bild mit Treppengiebeln erhalten – beherrschend das Hotel Mohren-Post –; die meisten Häuser entstanden aber nach dem Stadtbrand 1539. Bemerkenswert sind auch die prachtvollen **Wirtshausschilder** des 19. Jh.s Den Abschluss der Straße bilden das Ritterhaus, als Kanzlei des Ritterbezirks Allgäu-Bodensee vom Deutschordens-Baumeister F. A. Bagnato bis 1789 erbaut, und das herrliche **Frauentor** (Ravensburger Tor), das 1472 erwähnt wird und seine Renaissance-Form 1608 erhielt.

Wangen Orientierung

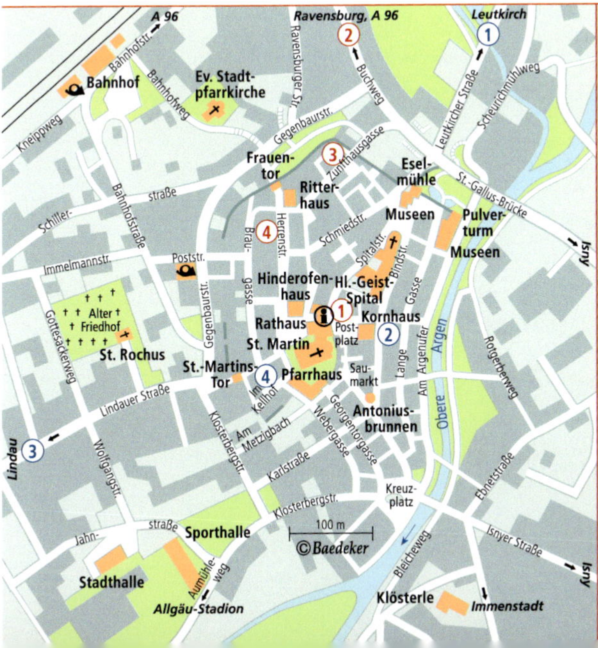

Essen
① Adler
② Zum Kornhausmeister
③ Gasthof Sattel
④ Fidelisbäck

Übernachten
① Alte Post
② Krone Waldburg
③ Blaue Traube
④ Mohren-Post

Paradiesstraße Von der Südwestseite des Markts geht die reizvolle Paradiesstraße mit vielen bemalten Fassaden ab. Besonders nett ist die des **Cafés Walfisch** (feine Torten und Confiserie) mit der Geschichte – eben – von Jonas und dem Walfisch, die man sich genauer ansehen sollte: Verschluckt wird Jonas bärtig und barfuß, ausgespuckt wird er gut rasiert und mit neuen Stiefeln; und das Meer ist eher der Bodensee mit Lindau. Das **St.-Martins-Tor** (Lindauer Tor) am Ende der Paradiesstraße wurde wie das Frauentor im Jahr 1608 neu gestaltet. Es hat seinen gotischen Charakter allerdings stärker bewahrt; im Torchurchgang sind Reste der gotischen Bemalung zu sehen.

> ! **Baedeker TIPP**
>
> **Allgäuer Seele**
>
> Zu den besten Allgäuer Genüssen gehören die »Seelen«. Was das ist, können Sie in jeder Bäckerei herausfinden – z. B. beim 1505 gegründeten Fidelisbäck. Der ist auch für seinen ofenfrischen Leberkäse berühmt, den man sich in der gemütlichen Gaststube schmecken lässt (Paradiesstr. 3, geöffnet Mo. – Fr. 8.00 – 22.00, Sa. bis 14.00 Uhr, www.fidelisbaeck.de).

Rochuskapelle Nordwestlich außerhalb des Martinstors dehnt sich der nach italienischem Vorbild angelegte Alte Friedhof aus, heute Stadtpark. Dort ist das wohl schönste und wichtigste Kulturdenkmal Wangens zu finden, die Rochuskapelle (1593) mit einer originellen **bemalten Holz-**

Gute Stube Wangens am Hinderofenhaus, vor dem Rathaus und St. Martin

decke (»Bilderbibel«) von 1598. Sehr schön sind auch die kostbaren **Rosenkranzmedaillons** aus dem Hochaltar von St. Martin (1622), Werke aus der Werkstatt des Waldseer Bildhauers Hans Zürn. Zugänglich Juli – Okt. Sa. 10.00 – 12.00 Uhr und bei Stadtführungen.

Brunnen

Ein liebenswertes Wahrzeichen Wangens sind seine vielen Brunnen: die alten Steinbrunnen in der Oberstadt (wie St.-Martins-Brunnen auf dem Marktplatz oder Mariensäule in der Herrenstraße), die gusseisernen Brunnen des 19. Jh.s und die skurril-witzigen Figurenbrunnen der 1980er-Jahre. Außer den heimtückischen »Verdruckten Allgäuern« (▶unten) ist besonders der **Antonius-Brunnen** auf dem Saumarkt bei Alt und Jung beliebt, der dem »Sau-Done« gewidmet ist, dem hl. Antonius Eremita (zu unterscheiden vom bekannteren hl. Antonius von Padua, der Verlorenes zurückbringen soll). Weitere Erläuterungen gibt's jeweils an Ort und Stelle.

Postplatz

Vom Marktplatz geht man durch das »Ratloch« im Pfaffenturm – zwischen Rat- und Mesnerhaus eingezwängt – hinunter in die Unterstadt. Vor dem Mesnerhaus sollte man sich vor den »Verdruckten Allgäuern« in Acht nehmen; der mit der Larve spuckt unvorhersehbar Wasser … Den malerischen Postplatz beherrscht das stattliche **Kornhaus** (1603). Vor dem Eingang der Stadtbücherei sinniert der »Wahrheitssucher« über der rätselhaften magischen Formel »SATOR AREPO TENET OPERA ROTAS«.

Heilig-Geist-Spital

Zwischen Spital- und Bindstraße liegt der Komplex des Spitals, das 1440 neu erbaut wurde und nach gelungener Restaurierung wieder als Altenheim dient. Die zugehörige kleine barocke Kirche (1721) besitzt prachtvolle Altäre. Im Hauptaltar eine Mondsichelmadonna, die Hans Zürn d. J. schnitzte (1622); der Kerker-Christi-Altar an der Ostwand, von dem Wurzacher J. J. Ruez (1760), enthält einen Gefangenen Christus von 1543.

★ Museen

In der Eselmühle von 1568, die bis 1937 in Betrieb war, sind einige interessante Museen ansässig. Das **Heimat- und Käsereimuseum** gibt einen Überblick über die Stadtgeschichte inkl. Leinwandherstellung, Milchwirtschaft und Käseherstellung; im 3. Obergeschoss sind Drehorgeln, Spieldosen und andere mechanische Musikinstrumente aus dem 19. und 20. Jh. zu sehen (Vorführungen April – Okt. Mi. und Sa. 15.00 Uhr). Über den Wehrgang gelangt man zum **Deutschen Eichendorff-Museum** mit Briefen und anderen Manuskripten des berühmten romantischen Dichters Joseph Freiherr von Eichendorff (1788 – 1857) und zum **Gustav-Freytag-Museum** mit Erinnerungen an den Schriftsteller Gustav Freytag (1816 – 1895). Im nächsten Gebäude ist eine **Museumsdruckerei** mit alten Druckmaschinen eingerichtet (Vorführungen April – Okt. Di. 14.00 – 17.00 Uhr). Am Ende des Komplexes liegt die **Badstube** von 1589, eine besondere Kostbarkeit, die an mittelalterliche Badefreuden erinnert. Im Obergeschoss

Man versteht, warum sich die Truchsessen von Waldburg hier niederließen ...

⏲ finden Wechselausstellungen der Städtischen Galerie statt. Geöffnet sind die Museen April – Okt. Di. – Fr. 14.00 – 17.00, Sa. 11.00 – 17.00, So. 14.00 – 17.00 Uhr; Nov. – März finden Di. 15.30 Uhr Führungen durch das Heimatmuseum und die Badstube statt.

Umgebung von Wangen

Deuchelried Das eingemeindete Dorf Deuchelried nordöstlich der Stadt besitzt nicht nur eine renommierte Ess-Adresse (▶ S. 308), sondern auch **eine der schönsten Skulpturen des süddeutschen Barocks**: die fast lebensgroße Mondsichelmadonna (um 1720) in der Kirche St. Peter. Als Urheber werden der Bregenzer Franz Anton Kuen oder der Niederländer Ägidius Verhelst genannt, der u. a. in Stöttwang und der Wieskirche Großartiges hinterließ. Auch die Pietà am rechten Seitenaltar, Hans Zürn d. J. zugeschrieben (um 1525), ist hervorragend.

★
Obere und Untere Argen
Für die Erkundung der Umgebung per pedes macht das Wangener Gästeamt eine Reihe von Vorschlägen (mit Wanderkarte). Hier zwei »Klassiker«. Eine Rundwanderung durch das Hügelland nordöstlich von Wangen und das Tal der Unteren Argen (ca. 18 km, 5 Std.): Von Wangen auf dem Hauptwanderweg 9 über Deuchelried (▶oben) und
⏲ Zurwies – hier Abstecher zur **Biokäserei** (geöffnet Mo. – Sa. 10.00 bis 12.00, 16.00 – 18.00 Uhr; Di. und Sa. nachmittags geschl.) – und vorbei am Oberen Schlossweiher nach Ratzenried. Rückweg: Nordwestlich nach Dürren, dann am Südufer der Unteren Argen nach Beutelsau und mit einem Schlenker um den Hammerweiher durch Burgelitz nach Wangen. Wildromantische Flusslandschaft und schöne Aussich-

Im Hintergrund die Appenzeller Berge jenseits des Bodensees.

ten bietet die Rundwanderung in südwestlicher Richtung (12 km, ca. 3 Std.), ausgehend vom Wanderparkplatz Neuravensburg-Grub an der B 18, 8 km südwestlich von Wangen: Unter der Autobahn hindurch und über die Obere Argen, dann nördlich zum **Zusammenfluss von Oberer und Unterer Argen**; weiter südwestlich der Argen folgend, diese auf der 2. Brücke queren und nun teils auf der Höhe, teils unten am Fluss nach Flunau. Den Rückweg nimmt man über **Schloss Achberg** (▶S. 222), Regnitz und Strohdorf.

Zum guten Schluss ein echter Höhepunkt, auch wenn er nicht mehr dem Allgäu zugerechnet werden kann (die Ravensburger sagen allerdings, sie »gehen ins Allgäu«): die ca. 14 km nordwestlich von Wangen gelegene Waldburg. Einmal bietet sie »durch die ungewöhnlich gute Erhaltung ein hochinteressantes historisches Charakterbild« (Dehio), zum andern ist ihre Position – im Land der Drumlins, mit Blick von den Allgäuer Alpen über Oberschwaben und den Bodensee auf die Appenzeller Berge – ganz zauberhaft. Ursprünglich im 11./12. Jh. als **Stammsitz der Truchsessen von Waldburg** errichtet, geht der größte Teil der prachtvoll ausgestatteten Gebäude ins 16. Jh. zurück. Das Museum illustriert die Geschichte der Burg und des Hauses Waldburg, besonders schön sind der Rittersaal und die 1728 von Johann Georg Fischer umgestaltete Kapelle. Zugänglich ist die Burg April – Okt. Di.– So. 10.00 – 17.00 Uhr, in Vollmondnächten (ganz romantisch!) zusätzlich 20.00 – 23.00 Uhr. Wer Sinn für mittelalterliche Kurzweil hat, kann hier im Frühjahr und Herbst am »Spektakulum« (www.freunde-der-waldburg.de) oder an Rittergelagen teilnehmen (www.ritteressen-waldburg.de).

REGISTER

a

Aach **265**
Achberg (Schloss) **222, 313**
Adelegg **171**
Agathazell **299**
Aggenstein **257**
Alatsee **159**
Allgäu
    Begriff, Grenzen **19**
    »Ur-Allgäu« (ursprüngliches Gebiet) **40**
Allgäu Airport **87, 239**
Allgäu-Skyline-Park **144**
Allgäu-Walser-Card **104**
Allgäuer Alpen **22**
Allgäuer Bergbauernmuseum Diepolz **165**
Allgäuer Braunvieh **193**
Allgäuer Freilichtspiele **189**
Allgäuer Gauverband der Gebirgstrachten- und Heimatvereine **67**
Allgäuer Hauptkamm **23**
Allgäuer Käse **194**
Allgäuer Käseweg **189**
Allgäuer Tor **19**
Allgäuer Volkssternwarte **248**
AllgäuGletscherCard **104**
Alp, Alpwirtschaft **194**
Alpabtrieb **195**
Alpakahof **205**
Alpen (Gebirge) **19, 22**
Alpen (Alpbetriebe)
    Bärgündele **139**
    Beichelstein **258**
    Gaisalpe **274**
    Grasgehren **274, 276**
    Hochried **166**
    Lauchalpe **27, 265**
    Mehlblock **190**
    Neugreuth **264**
    Schilpere **266**
    Schlappold **273**
    Simatsgund **266**
    Willersalpe **139**
    Zipfelsalpe **137**
Alpenwildpark (Pfänder) **153**
Alpgundkopf **272**
Alphorn **70**
Alpine Auskunft **118**
Alpines Notsignal **117**
Alpsee (Immenstadt) **163**
Alpsee (Schwangau) **291**
Alpsee-Bergwelt **164**
Alpspitz **253**
Altdorf **230**
Altenstadt **286**
Althaus, Johannes **192**
Altstädten **296**
Alttrauchburg **171**
Altusried **189**
Angeln **108**
Anreise **86**
Apotheken **97**
Archäologischer Park Cambodunum **184**
Argen **26, 221**
Argenbühl **172**
Argensee **207**
Attlesee **253**
Auerberg **231**
Aurbacher, Ludwig **77**
Auskunft **87**
Außerfernbahn **114**
Autobahnen **86, 114**

b

Baad (A) **196, 200**
Bacher Loch **272**
Bad Faulenbach **158**
Bad Grönenbach **243**
Bad Hindelang **136**
Bad Oberdorf **136**
Bad Schachen **220**
Bad Wörishofen **140**
Bad Wurzach **144**
Badegewässer **108**
Bahnverkehr **86, 114**
Balderschwang **276**
Ballonfahren **108**
Baltenstein (Burg) **190**
Banken **97**
Bankkarten **97**
Bannwaldsee **291**
Bärgündele-Alpe **139**
Bauernhausmuseum Knechtenhofen **264**
Bauernhofferien **113**
Bayerische Musikakademie Marktoberdorf **229**
Behindertenhilfe **89**
Benninger Ried **239**
Bergers **232**
Bergführer **119**
Berghofen **298**
Bergrettung **103**
Bergschulen **119**
Bergstätten **165**
Bergsteigen **115**
Bergwacht **119**
Bertoldshofen **231**
Besler **276**
Betzenried **190**
Betzigau **190**
Bier **93**
Birgsau **272**
Birkland **287**
Blasenberg **20, 225**
Bleckenau **291**
Blender **189**
Bodelsberg **190**
Bodenmöser **171**
Bodensee-Erlebniskarte **105**
Bolsterlang **274**
Bolsternang **171**
Bossarts **248**
Brauchtum **73**
Bregenz (A) **148**
Bregenzer Ach (A) **265**
Breitach **26, 191**
Breitachklamm **273**
Breitenberg **257**
Bschießer **139**
Buchenegger Wasserfälle **264**
Bühl am Alpsee **163**
Burggen **288**
Busverkehr **115**
Buxheim an der Iller **240**

c

Cambodunum **180**
Camping und Caravaning **113**
Christlessee **271**
Crescentia-Pilgerweg **117**

d

Dampflokrunde **180**
Degersee **222**
Dengelstein **190**
Deuchelried **312**
Deutsche Alpenstraße **124, 227, 262**
Deutsche Bahn **114**
Deutscher Alpenverein **118**
Dialekte **31**
Diepolz **165**

e

Dietersberg **271**
Dörfler, Peter **80**
Dornier, Claude **77**
Drumlins **24, 221, 313**
Durach-Tobel **190**

e

Edelsberg **253**
Edmund-Probst-Haus **273 f.**
Eglofs **172**
Eibele **265**
Einödsbach **272**
Eisenbahn **86, 114**
Eisenberg **257**
Eisenharz **172**
Eishockey **108**
Eislauf **108**
Eistobel **173**
Eiszeiten **20**
Ellerazhofer Weiher **207**
Enschenstein **227**
Enzensberger, Hans Magnus **78**
Essen und Trinken **89**
Esseratsweiler **222**

f

Falken **266**
Falkenstein (Pfronten) **159, 263**
Falkenstein (Rettenberg) **299**
Falltobel **165**
Faulenbach-Tal **158**
Faulensee **160**
Fauna **23**
Feiertage **94**
Fellhorn **200, 202, 273**
Ferien auf dem Bauernhof **113**
Ferienwohnungen **112**
Fernradwege **110**
Feste **73, 94**
Festspielhaus Neuschwanstein **159**
Feuersteinschlucht **231**
Findlinge **25**
Fischen **274**
Fischers **190**
Flora **23**
Flughäfen **87**
Flugsport **109**
Flysch **20**
Föhn **29**
Forggensee **25, 159**
Freibergsee **271**
Freie auf der Leutkircher Heide **41**
Freie von Eglofs **41**
Freizeitparks **98**
Füssen **154**

g

Gaisalpe **274**
Gaisalpseen **274**
Ganghofer, Ludwig **79**
Gasthöfe **112**
Gebhardsberg (A) **153**
Geißler, Horst Wolfram **223**
Geld **97**
Genhofen **261**
Geologie **19**
Georg Truchsess von Waldburg-Zeil (»Bauernjörg«) **144**
Georg von Frundsberg **78, 249**
Georgenberg **143**
Gerstruben **271**
Geschichte **36**
Gesundheitsvorsorge **97**
Glasmacherweg **207**
Gletscherseen **24**
Golfen **109**
Görisried **190, 232**
Görwangs **231**
Goßholz **225**
Gottesackerplateau **200**
Gottesberg **146**
Grasberge **22**
Grasgehren-Alpe **274, 276**
Großholzleute **171**
Gruben **271**
Gründlenmoos **207**
Grünten **299**
Grüntensee **25, 253**
Gschwender Horn **166**
Guggersee **272**
Gunzesried **300**
Gunzesrieder Ache **300**
Gunzesrieder Säge **166, 300**

h

Hahnschenkel (Genhofen) **261**
Haid **205**
Halblech **160**
Halden **173**
Haldentobel **300**
Hartenthal **143**
Hauchenberg **165**
Hausbachklamm **227**
Haustypen **68**
Hegratsrieder See **68**
Heilbäder **100**
Heilbronner Weg **273**
Heilklimatische Kurorte **29**
Heimatbund Allgäu **68**
Hergensweiler **226**
Herzogsägmühle **287**
Hinanger Wasserfall **298**
Hindelanger Klettersteig **273**
Hinterstein **136 f.**
Hintersteiner Tal **139**
Hirnbein, Carl **80, 164, 192**
Hirschegg (A) **196 f.**
Hochfrottspitze **272**
Hochgrat **265**
Hochried-Alpe **166**
Hochvogel **139**
Höfats **271**
Hohenfreyberg **257**
Hohenpeißenberg **288**
Hohenschwangau (Schloss) **292**
Höhenstufen **23**
Hoher Häderich **266**
Hoher Ifen **200**
Hölltobel (Oberstdorf) **271**
Hopfen (bei Oberstaufen) **263**
Hopfensee **160**
Hörmoos **265 f.**
Hörner (Immenstadt) **166**
Hörnergruppe **22, 274**
Hotels **112**
Hoyren **222**
Hündlekopf **264**

i

Ifen, Hoher **200**
Illasbergsee **160**
Iller **26**
Iller-Durchbruch (Altusried) **190**
Illerbeuren **242**
Illerfähre **241 f.**
Illerwinkel **241**
Imberg (Sonthofen) **300**
Imberger Horn **136 f., 301**
Imberghaus **264**
Immenstadt **161**
Immenstädter Horn **166**
Industrie **34**
Internetauskunft **88**
Internetzugang **104**

Irsee (Kloster) **179**
Iseler **136, 137**
Isny **167**

j

Jakobsweg **117**
Jochstraße **126, 136**
Jugendherbergen **113**
Jungholz **140**

k

Kalden (Burgruine) **190**
Kaltenbrunn **255**
Kanzelwand **200**
Käse **194**
Katzbrui **252**
Katzentobel **272**
Kaufbeuren **174**
Kempten **180**
Kempter Wald **190**
Kemptner Hütte **271, 273**
Kinder, Angebote für **97**
Kißlegg **207**
Kleinwalsertal (A) **191**
Klima **27**
Knechtenhofen **264**
Kneipp, Sebastian **81, 140, 243 f.**
Kneipp-Kur **100**
Kneipp-Wanderweg **143**
Knottenried **165**
Konzerte **98**
Kranzegg **299**
Krebswasserfall **265**
Kreditkarten **97**
Kressbronn **222**
Kronburg **241**
Krumbacher Höhenweg **273**
Kunstgeschichte **55**
Kuren **100**

l

Landesküche **90**
Landwirtschaft **33**
LandZunge **193**
Langlaufen **112**
Lauchalpe **27, 265**
Lauf **273**
Laufbichl-Alpe **139**
Lech **25, 29**
Lech-Höhenweg **117**

Legau **242**
Leuterschach **232**
Leutkirch **202**
Leutkircher Heide **41**
Lindau **212**
Lindenberg **223**
Literaturempfehlungen **100**
Litzauer Lechschleife **288**
Loreto-Kapellen **163, 170, 212, 270**
Luitpold von Bayern **81**

m

Mädelegabel **272**
Maierhöfen **173**
Malleichen **172**
Maria Rain **254**
Maria Steinbach **242**
Maria Trost **254**
Marktoberdorf **228**
Maximiliansweg **116**
Mayr, Ernst **82**
Medien **102**
Mehlblock-Alpe **190**
Memmingen **233**
Menschenstein **227**
Milchwirtschaft **33, 194**
Mindelheim **249**
Mindelheimer Klettersteig **273**
Missen **164**
Mittag (Berg) **166, 266**
Mittelberg (A) **196, 199**
Mobiltelefon **104**
Molassebecken **20**
Moränenlandschaften **24**
Multscher, Hans **205**
Museen **102**

n

Nagelfluh **265**
Nagelfluhkette **22, 166, 265**
Nassenbeuren **252**
Naturschutzgebiete **27**
Nebelhorn **273**
Nesselwang **253**
Neugablonz **178**
Neuschwanstein (Schloss) **293**
Neutrauchburg **167, 170**
Niedersonthofen **165**
Niedersonthofener See **165**
Nonnenhorn **223**
Notrufe **103**

o

Oberallgäuer Rundwanderweg **116**
Obere Argen **26, 172 f., 313**
Oberjoch **136**
Oberkammlach **252**
Oberreitnau **222**
Oberstaufen **259**
Oberstdorf **266**
Ochsenhausen **241**
Ofterschwang **274**
Opfenbach **64**
Ortsnamen **42**
Öschlesee **191**
Osterdorfer Wasserfall **264**
Ostrachtal **136 f.**
Ottobeuren **244**
Oybachtal **271**

p

Pannendienste **103**
Paradies (Oberstaufen) **262**
Parken **114**
Peißenberg **288**
Peiting **287**
Pfänder (A) **153, 227**
Pfronten **255**
Pilgerschrofen **292**
Pöllatschlucht **291**
Post **104**
Prälatenweg **116**
Preise **104**
Prinz-Luitpold-Haus **140**
Privatzimmer **112**

r

Radtouren **109**
Rauhenstein (Blender) **189**
Rauhenzell (Immenstadt) **163**
Ravensburg **277**
Ravensburger Spieleland **282**
Regierungsbezirke **29**
Reichenbach **274**
Reichenbachklamm (Breitenberg) **257**
Reichenbachtobel (Reichenbach) **274**
Reichenhofen **205**
Reisezeit **105**
Reiten **110**
Reiterprozessionen **73**

► Register

Reizklima **28**
Rentershofen **227**
Rettenberg **299**
Rickenbachfälle **225**
Riedberger Horn **274, 276**
Riedbergpass **274, 276**
Rieden **143**
Riedholz **173**
Riedholzer Kugel **173**
Riezlern (A) **196 f.**
Rindalphorn **266**
Rodeln **112**
Rohrach, -schlucht **124, 225**
Rohrdorf **170**
Rohrdorfer Tobel **170**
Rohrmoos **275**
Rohrsee (Bad Wurzach) **147**
Roßhaupten **160**
Rot an der Rot **241**
Rötseemoos **207**
Rubihorn **274**
Rundflüge **109**

s

Salmaser Höhe **166**
Salober **158**
Sameister **160**
Säuling **291**
Scheffau **225**
Scheidegg **225**
Scheidegger Wasserfälle **225**
Schiffsverkehr **115**
Schilpere-Alpe **266**
Schlappold-Alpe **273**
Schleinsee **222**
Schlingen **143**
Schloss Achberg **222, 313**
Schloss Hohenschwangau **292**
Schloss Neuschwanstein **293**
Schloss Syrgenstein **172**
Schloss Zeil **205**
Schmidsfelden **207**
Schmutterweiher **160**
Schneeloch **272**
Schnippenkopf **298**
Schongau **286**
Schrattenkalke **22**
Schroth-Kur **100**
Schutzimpfungen **97**
Schwäbisch-Allgäuer Wanderweg **116**
Schwäbisches Bauernhofmuseum Illerbeuren **242**

Schwaltenweiher **258**
Schwangau **289**
Schwansee **158, 291**
Schwarzer Grat **171**
Schwarzmilzferner **21**
Schwarzwassertal **201**
Schwarzwassertal (A) **197**
Schwerindustrie **296**
Seeg **258**
Segeln **110**
Simatsgundalpe **266**
Sinkmoos **190**
Siplinger Nadel **277**
Siplingerkopf **277**
Skifahren **111**
Skispringen **108**
Söllereck **202**
Sonneck **171**
Sonnenköpfe **298**
Sonthofen **296**
Sorgschrofen **140**
Souvenirs **106**
Speiden **257**
Spielmannsau **271**
Sport **107**
Sprache **31**
Stadler, Josef Aurel **192**
Starzlachklamm **298 f.**
Starzlachtal **275**
Staufner Haus **265**
Steibis **264**
Steigbachtal **166**
Steingaden **301**
Stiefenhofen **263**
Stillach **26**
Stillachtal **271**
Stoffelberg **165**
Stöttwang **180**
Straßenverkehr **114**
Strausbergsattel **301**
Streitelsfingen **221**
Stuiben **166, 266, 300**
Stuibenfall **271**
Sturmannshöhle **274**
Süddeutsche Butter- und Käsebörse **180 f.**
Sulzberg **191**
Syrgenstein (Schloss) **172**

t

Taufach-Fetzach-Moos **207**
Tegelberg **291**
Telefon **104**

Thaler Höhe **165 f.**
Theater **98**
Tiefenbach **275**
Tierwelt **23**
Toteisseen **25**
Touren **122**
Tourismus **34**
Tourismusorganisationen **87**
Trachten **66**
Trettach **26**
Trettachspitze **272**
Trettachtal **271**

u

Übelhorn **299**
Übernachten **112**
Untere Argen **26, 312**
Untergammenried **143**

v

Veranstaltungen **94**
Vereinödung **45**
Vergünstigungen **104**
Verkehr **114**
Via Claudia Augusta **38**
Via Decia **38**
Viehscheid **195**
Vierschanzentournee **108**
Volksmusik **70**
Volkstheater **99**
Vorarlberg **191**
Vorarlberger Münsterschema **62**

w

Waldburg (Schloss) **313**
Waldegg-Wiggensbach (Golfplatz) **189**
Walmendinger Horn **200**
Walser **197**
Walser, Martin **223**
Walserkulturweg **201**
Waltenberger-Haus **273**
Wanderführer **116**
Wanderkarten **115**
Wandern **115**
Wangen **307**
Wasserburg am Bodensee **222**
Weiler **227**

Weingarten **283**
Weißachtal **265**
Weißenau **282**
Weißensberg **221**
Weißensberger Halde **221**
Weißensee **160**
Weißlackerkäse **194**
Weitnau **164, 171**
Weitnauer, Alfred **30, 68**
Weitwanderwege **116**
Wellness-Angebote **100**
Wengen **171**
Wertach **25, 194**
Wertachtal **232, 255**
Westallgäuer Käsestraße **224**

Wetterbericht **118**
Widderstein **200, 202**
Wieskirche **302**
Wiggensbach **188**
Wildwasserfahren **111**
Wilhams **164**
Willersalpe **139**
Windsurfen **110**
Winkel (Starzlachtal) **275**
Winkel (Berghofen) **298**
Wintersport **112**
Wirlings **189**
Wolfegg **209**
Wurzacher Ried **146**
Wustbachtobel **299**

Z

Zaumberg **165**
Zeil (Schloss) **205**
Zeitungen **102**
Zell (Oberstaufen) **263**
Zell (Pfronten) **257**
Zipfelsalpe **137**
Zipfelsbachfälle **137**
Zirmgrat **159**
Zwirkenberg **172**

VERZEICHNIS DER KARTEN
& GRAFISCHEN DARSTELLUNGEN

Top-Reiseziele **3**
Geologie **20**
Klima **28**
Lage in Deutschland **31**
Landeskunde **32**
Touren im Allgäu **123**
Tour 1 **125**
Tour 2 **128**
Tour 3 **131**
Bregenz **151**
Füssen **158**
Immenstadt **163**
Kaufbeuren **176**

Kempten **182**
Kempten St. Lorenz (Grundriss) **187**
Lindau **217**
Memmingen **237**
Ottobeuren (3D) **247**
Ravensburg **279**
Schloss Neuschwanstein (Grundriss) **294**
Schloss Neuschwanstein (3D) **295**
Wieskirche (Grundriss) **305**
Wangen **309**
Übersichtskarte **Umschlagklappe hinten**

BILDNACHWEIS

Abend 5, 15 Mitte, 235, 300
Adler Deuchelried 308
AGCO Fendt GmbH 34
akg-images 44, 79
akg-images / Erich Lessing 50
akg-images / Bruni Meya 76
Amberg Umschlag vorne innen, 36, 43, 84/85, 137
Bäck 112
Bayerische Musikakademie Marktoberdorf 229
Bayerische Schlösserverwaltung 49, 50, 185, 295 links unten, 295 rechts oben und unten
Bodenseeschifffahrt Bregenz 150
Bregenzer Festspiele 148
DuMont Bildarchiv / Heimbach 4, 7, 8, 14, 15 oben, 22, 33, 40, 93, 123 rechts oben, 125 links oben, 128 unten, 133, 161, 164, 169, 171, 172, 175, 179, 184, 195, 208, 213, 218, 222, 225, 231, 242, 247 links oben, 247 links unten, 251, 255, 261, 272, 289, 306, Umschlag hinten außen
DuMont Bildarchiv / Kiedrowski 145, 280, 283
DuMont Bildarchiv / Neidhardt 38, 39, 56, 61, 62, 128 links oben, 157, 177, 178, 183, 205, 209, 228, 236, 247 rechts oben, 247 rechts unten, 258, 284, 295 links oben
Frei 16 Mitte, 121, 192
Freilichtspiele Altusried 189
Freyer 16 oben, 24, 98, 23 links oben, 126, 128 rechts oben, 135, 188, 191, 193, 203, 206, 210, 211, 224 unten, 240, 241, 254
Frundsbergfestring Mindelheim 252
Hartmann 8, 35
Hehl 86
Hirnbein-Museum Missen-Wilhams 80
Huber 18, Umschlagklappe hinten innen
Huber / Gräfenhain 259
Huber / M. Mayer 9
Huber / E. Reiter 67 oben, 271
Huber / R. Schmid 15 unten, 67 unten, 71, 85, 90, 120/121, 125 links unten, 125 rechts unten, 131 unten, 155, 159, 167, 181, 200, 201, 214, 238, 270, 292, 296, 310
Hutmuseum Lindenberg 51
Isny Marketing 312/313
Kleinwalsertal Tourismus 196, 197, 198, 199
Krüger 152
Kurverwaltung Scheidegg 227
laif / Heidorn 10, 122
laif / Lengler 92
Lang 1
look / Fleisher 123 links unten, 215
Landesverband Urlaub auf dem Bauernhof in Bayern 113
Mauritius / Albinger 69
Mauritius / Blume 30
Mauritius / imagebroker.net 75, 95, 194
Mauritius / U. u. H. Kolley 129, 248
Mauritius / Otto 278
Mauritius / Pinn 273
Mauritius / Schröter 269
Mauritius / Siepmann 143, 251
Mauritius / Vidler 303
Mielke 231, 287
Obere Mühle Hinterstein 6, 138
picture-alliance / akg-images 81
picture-alliance / Bildagentur-online / Sunny Celeste 125 rechts unten, 304
picture-alliance / dpa 78, 83
Pfänderbahn Bregenz 153
Rissmann 9, 139
Rosenboom 13, 72, 96, 107, 116, 131 rechts oben, 141, 219, 232, 261, 276
Schimpel 9, 166, 173, 264
Schleich 65
Schneiders, Marco 12/13, 16 unten, 54, 105, 131 links oben, 185, 234
Schneiders, Toni 2, 134/135, 221, 262/263, 267, 275
Segger 123 rechts unten, 139, 210
Pfarramt St. Mang, Füssen / Wiegerling 56
Stadtverwaltung Sonthofen 297
Strigelmuseum Memmingen 60
Thomma 52, 82
Tourismusgemeinschaft Südliches Allgäu 257
Touristinformation Lindenberg 224 oben
Universitätsbibliothek Augsburg, Sammlung Groth-Schmachtenberger 47
Verkehrsmuseum Nürnberg 46
Wagner 58, 63, 103, 109, 147, 174, 186, 243, 245, 253, 298
Werbe Blank Sonthofen 165

Titelbild tigital/pinn

IMPRESSUM

Ausstattung:
232 Abbildungen, 24 Karten und grafische Darstellungen, eine große Reisekarte
Text:
Dr. Bernhard Abend
Mit Beiträgen von Dr. Martin Hirsch, Johannes Hitzelberger und Jochen König
Bearbeitung:
Dr. Bernhard Abend und Baedeker Redaktion (Anja Schliebitz)
Kartografie:
Christoph Gallus, Hohberg; Franz Huber, München; MAIRDUMONT (Reisekarte)
3D-Illustrationen:
jangled nerves, Stuttgart
Gestalterisches Konzept:
independent Medien-Design, München (Kathrin Schemel)

Chefredaktion:
Rainer Eisenschmid,
Baedeker Ostfildern

2. Auflage 2010

Urheberschaft:
Karl Baedeker Verlag, Ostfildern

Nutzungsrecht:
MAIRDUMONT GmbH & Co KG, Ostfildern
Der Name Baedeker ist als Warenzeichen geschützt. Alle Rechte im In- und Ausland sind vorbehalten. Jegliche – auch auszugsweise – Verwertung, Wiedergabe, Vervielfältigung, Übersetzung, Adaption, Mikroverfilmung, Einspeicherung oder Verarbeitung in EDV-Systemen ausnahmslos aller Teile des Werkes bedarf der ausdrücklichen Genehmigung durch den Verlag Karl Baedeker GmbH.

Anzeigenvermarktung:
MAIRDUMONT MEDIA
Tel. 0049 711 4502 333
Fax 0049 711 4502 1012
media@mairdumont.com
http://media.mairdumont.com

Printed in China
Gedruckt auf 100 % chlorfrei gebleichtem Papier

atmosfair

Reisen bereichert und verbindet Menschen und Kulturen. Jedoch wer reist, erzeugt auch CO_2. Dabei trägt der Flugverkehr mit bis zu 10% zur globalen Erwärmung bei. Wer das Klima schützen will, sollte sich somit nach Möglichkeit für die schonendere Reiseform entscheiden (wie z. B. die Bahn). Wenn keine Alternative zum Fliegen besteht, kann man mit atmosfair handeln und klimafördernde Projekte unterstützen.

atmosfair ist eine gemeinnützige Klimaschutzorganisation unter der Schirmherrschaft von Klaus Töpfer. Die Idee: Flugpassagiere spenden einen kilometerabhängigen Beitrag für die von ihnen verursachten Emissionen und finanzieren damit Projekte in Entwicklungsländern, die dort den Ausstoß von Klimagasen verringern helfen. Dazu berechnet man mit dem Emissionsrechner auf **www.atmosfair.de** wieviel CO_2 der Flug produziert und was es kostet, eine vergleichbare Menge Klimagase einzusparen (z.B. Berlin – London – Berlin 13 Euro). atmosfair garantiert die sorgfältige Verwendung Ihres Beitrags. Auch der Karl Baedeker Verlag fliegt mit *atmosfair*. Unterstützen auch Sie unser Klima. Alle Informationen dazu auf www.atmosfair.de.

BAEDEKER VERLAGSPROGRAMM

- Ägypten
- Algarve
- Allgäu
- Amsterdam
- Andalusien
- Argentinien
- Athen
- Australien
- Australien • Osten
- Bali
- Baltikum
- Barcelona
- Bayerischer Wald
- Belgien
- Berlin • Potsdam
- Bodensee
- Brasilien
- Bretagne
- Brüssel
- Budapest
- Bulgarien
- Burgund
- Chicago • Große Seen
- China
- Costa Blanca
- Costa Brava
- Dänemark
- Deutsche Nordseeküste
- Deutschland
- Deutschland • Osten
- Djerba • Südtunesien
- Dominik. Republik
- Dresden
- Dubai • VAE
- Elba
- Elsass • Vogesen
- Finnland
- Florenz
- Florida
- Franken
- Frankfurt am Main
- Frankreich
- Fuerteventura
- Gardasee
- Golf von Neapel
- Gomera
- Gran Canaria
- Griechenland
- Griechische Inseln
- Großbritannien
- Hamburg
- Harz
- Hongkong • Macao
- Indien
- Irland
- Island
- Israel
- Istanbul
- Istrien • Kvarner Bucht
- Italien
- Italien • Norden
- Italien • Süden
- Italienische Adria
- Italienische Riviera
- Japan
- Jordanien
- Kalifornien
- Kanada • Osten
- Kanada • Westen
- Kanalinseln
- Kapstadt • Garden Route
- Kenia
- Köln
- Kopenhagen
- Korfu • Ionische Inseln
- Korsika
- Kos
- Kreta
- Kroatische Adriaküste • Dalmatien
- Kuba
- La Palma
- Lanzarote
- Leipzig • Halle
- Lissabon
- Loire
- London
- Madeira
- Madrid
- Malediven
- Mallorca
- Malta • Gozo • Comino
- Marokko
- Mecklenburg-Vorpommern
- Menorca
- Mexiko
- Moskau
- München
- Namibia

- Neuseeland
- New York
- Niederlande
- Norwegen
- Oberbayern
- Oberital. Seen • Lombardei • Mailand
- Österreich
- Paris
- Peking
- Piemont
- Polen
- Polnische Ostseeküste • Danzig • Masuren
- Portugal
- Prag
- Provence • Côte d'Azur
- Rhodos
- Rom
- Rügen • Hiddensee
- Ruhrgebiet
- Rumänien
- Russland (Europäischer Teil)
- Sachsen
- Salzburger Land
- St. Petersburg
- Sardinien
- Schottland
- Schwäbische Alb
- Schwarzwald
- Schweden
- Schweiz
- Sizilien
- Skandinavien
- Slowenien
- Spanien
- Spanien • Norden • Jakobsweg
- Sri Lanka
- Stuttgart
- Südafrika
- Südengland
- Südtirol
- Sylt
- Teneriffa
- Tessin
- Thailand
- Thüringen
- Toskana
- Tschechien
- Tunesien
- Türkei
- Türkische Mittelmeerküste
- Umbrien
- Ungarn
- USA
- USA • Nordosten
- USA • Nordwesten
- USA • Südwesten
- Usedom
- Venedig
- Vietnam
- Weimar
- Wien
- Zypern

BAEDEKER ENGLISH

- Andalusia
- Austria
- Bali
- Barcelona
- Berlin
- Brazil
- Budapest
- Cape Town • Garden Route
- China
- Cologne
- Dresden
- Dubai
- Egypt
- Florence
- Florida
- France
- Gran Canaria
- Greece
- Iceland
- India
- Ireland
- Italy
- Japan
- London
- Mexico
- Morocco
- New York
- Norway
- Paris
- Portugal
- Prague
- Rome
- South Africa
- Spain
- Thailand
- Tuscany
- Venice
- Vienna
- Vietnam

LIEBE LESERINNEN, LIEBE LESER,

ein herzliches Dankeschön, dass Sie sich für einen Baedeker Allianz Reiseführer entschieden haben. Er wird Sie zuverlässig auf Ihrer Reise begleiten und Sie nicht im Stich lassen. Natürlich beschreibt er die wichtigen Sehenswürdigkeiten, aber er empfiehlt auch interessante Veranstaltungen, nennt Hotels für den großen und kleinen Geldbeutel, gibt Tipps für Restaurants, Shopping und für vieles mehr, was eine Reise zum Erlebnis macht. Dafür haben Bernhard Abend, die übrigen Autoren und die Redaktion Sorge getragen. Sie sind für Sie regelmäßig ins Allgäu gereist und haben all ihre Erfahrungen und Kenntnisse in diesen Reiseführer gepackt.

Trotzdem: Die Erfahrung zeigt, dass Fehler und Änderungen nach Drucklegung, für die der Verlag keine Haftung übernehmen kann, nicht ausgeschlossen werden können. Für Kritik, Berichtigungen und Verbesserungsvorschläge sind wir Ihnen außerordentlich dankbar. Schreiben Sie uns, mailen Sie uns oder rufen Sie an:

▶ **Verlag Karl Baedeker GmbH**
Redaktion
Postfach 3162
D-73751 Ostfildern
Tel. (0711) 4502-262, Fax -343
E-Mail: info@baedeker.com

Besuchen Sie uns auch im Internet unter www.baedeker.com. Hier finden Sie jeden Monat den aktuellen Reisetipp der Redaktion und das gesamte Verlagsprogramm. Hier können Sie auch lesen, wer Karl Baedeker war und wie er seinen ersten Reiseführer geschrieben hat. Mit seinen über 180 Jahren ist der Karl Baedeker Verlag der älteste Reiseführer-Verlag der Welt.

www.baedeker.com

ZU GEWINNEN: STADTREISE NACH LONDON

Unter allen Einsendungen verlost der Verlag am Jahresende – unter Ausschluss des Rechtswegs – eine Städtekurzreise für zwei Personen nach London.
Freuen Sie sich auf ein spannendes Wochenende in London. Natürlich ist ein Baedeker Allianz Reiseführer London auch dabei!